영국
농민시장의
사회학

영국 농민시장의 사회학

지은이 | 김원동
초판 1쇄 발행 | 2025년 8월 30일

펴낸곳 | 도서출판 따비
펴낸이 | 박성경
편　집 | 신수진
디자인 | 이수정

출판등록 | 2009년 5월 4일 제2010-000256호
주소 | 서울시 마포구 월드컵로28길 6(성산동, 3층)
전화 | 02-326-3897
팩스 | 02-6919-1277
이메일 | tabibooks@hotmail.com
인쇄·제본 | 영신사

ⓒ 김원동

* 잘못된 책은 구입하신 서점에서 바꾸어 드립니다.
* 이 책의 무단 복제와 전재를 금합니다.

ISBN 979-11-92169-51-4 93330

책값은 뒤표지에 있습니다.

이 저서는 2020년 대한민국 교육부와 한국연구재단의 지원을 받아 수행된 연구임(NRF-2020S1A6A4045791)

김원동 지음

영국 농민시장의 사회학

· 차례 ·

감사의 글 9

서문 14

제1부
농민시장의 사회학적 함의와 이론적 틀

1장 농민시장 연구의 사회학적 함의와 공동체 27
 1 사회학과 공동체 위기 27
 2 현대 민주주의의 위기와 의사공동체의 준동 35
 3 영국 농업인구의 지역별·연령대별 분포와 농민시장 39
 4 영국 농민시장의 연혁과 연구 동향 44

2장 농민시장을 바라보는 렌즈로서의 배태성과 사회적 자본 50
 1 배태성 50
 2 사회적 자본 68

3장 이론적 분석 틀과 연구 방법 및 자료 89
 1 이론적 분석 틀: 사회적 상호작용, 배태성 그리고 사회적 자본의 순환 89
 2 연구 방법과 연구 전략 및 분석 자료 94

제2부
영국 농민시장 분석(1): 스코틀랜드의 에든버러 농민시장

4장 에든버러 농민시장의 역사와 운영 실태 103
 1 스코틀랜드의 수도, 에든버러 개관 103
 2 에든버러 농민시장의 역사와 운영 실태 105

5장 현지조사를 통해 본 에든버러 농민시장과 사회적 자본 그리고 배태성 110
 1 판매인의 시선으로 바라본 에든버러 농민시장 113
 2 소비자의 눈에 비친 에든버러 농민시장 132
 3 에든버러 농민시장의 미래 전망과 지속가능성을 위한 개선 방안 150
 4 영국 농업과 영국 농민시장의 미래 전망 162

제3부

영국 농민시장 분석(2):
배스 농민시장·리버사이드 농민시장·공동체 성장 농민시장

6장 잉글랜드의 배스 농민시장 171
1 배스 농민시장 개요 171
2 현지조사를 통해 본 배스 농민시장 177

7장 웨일스의 리버사이드 농민시장 195
1 리버사이드 농민시장 개요 195
2 현지조사를 통해 본 리버사이드 농민시장 198

8장 런던의 공동체 성장 농민시장 213
1 공동체 성장 농민시장 개요 213
2 현지조사를 통해 본 공동체 성장 농민시장 217

제4부

영국 농민시장의 사회학

9장 영국 농민시장의 실태와 사회학적 함의 245
1 브렉시트 전후 영국 농식품의 현실과 영국의 농정 현안 247
2 영국 농민시장의 실태(1): 다소 값비싼 양질의 먹거리 거래 공간 249
3 영국 농민시장의 실태(2): 신뢰와 공동체적 결속의 공간 253
4 영국 농민시장의 공동체 이론적 함의 255
5 사회적 자본과 배태성의 관점에서 본 영국 농민시장의 사회학적 함의 263
6 영국 농민시장의 지속가능성: 전망과 과제 269

10장 한국사회와 농민시장에 주는 영국 농민시장의 함의 280
1 지역먹거리체계의 구축을 지향하는 공간 281
2 온라인에서도 언제든 쉽게 만날 수 있는 공간 285
3 포퓰리즘과 양극화 위기에 대응하는 지역공동체 통합의 공간 288
4 신뢰사회의 토대적 공간 291

주석 298

참고문헌 329

찾아보기 349

표 차례

표 1-1   영국의 4개 지역별 인구와 농업인구 분포 실태 (2022)   41
표 1-2   영국 잉글랜드와 한국의 연령대별 농가 인구 분포 (백분율)   42
표 2-1   배태성: 유형과 개념 정의   64
표 5-1   에든버러 농민시장 면접조사 대상자 기본정보 (농민 판매인)   111
표 5-2   에든버러 농민시장 조사 대상자 기본정보 (시장관리인과 피고용 판매인)   112
표 5-3   에든버러 농민시장 면접조사 대상자 기본정보 (소비자)   112
표 6-1   배스 농민시장 면접조사 대상자 기본정보   178
표 7-1   리버사이드 농민시장 면접조사 대상자 기본정보   201
표 8-1   공동체 성장 농민시장 면접조사 대상자 기본정보   222
표 9-1   에든버러·배스·리버사이드·공동체 성장 농민시장 개요   245

그림 차례

그림 3-1   농민시장에서의 사회적 상호작용·사회적 자본·배태성 간의 관계   93

사진 차례

사진 4-1　에든버러성 배경의 장터　106
사진 4-2　시장 입구 철망에 걸어둔 시장 소개용 플래카드　106
사진 4-3　생산물을 살펴보는 소비자의 시선　106
사진 4-4　시장통의 연주자와 흥겨운 소비자　106
사진 5-1　과일과 채소 가게 앞 모습　114
사진 5-2　시장 풍경　114
사진 5-3　유기농 플래카드를 걸어둔 과일과 채소 가게　118
사진 5-4　판매대 모퉁이에 걸어둔 유기농 닭과 달걀 표지판　118
사진 5-5　판매인과 소비자의 대화　126
사진 5-6　소비자 간의 대화　126
사진 6-1　시장 입구에서 바라본 배스 농민시장　173
사진 6-2　배스 농민시장 모습　173
사진 6-3　판매대에 전시된 육류와 유제품　187
사진 6-4　판매대에 전시된 채소·과일·달걀　187
사진 7-1　타프 강 양편의 웨일스 경기장과 농민시장　197
사진 7-2　시장 입구의 시장 안내 플래카드　197
사진 7-3　농민시장에 함께 온 어린아이들　199
사진 7-4　텐트 안 현수막에 걸린 판매인 정보　199
사진 7-5　농장 차량 앞의 과일 판매대　199
사진 7-6　시장통에서 대화하는 소비자　199
사진 8-1　공동체 성장 농민시장 입구　214
사진 8-2　소비자를 바라보는 판매인　214
사진 8-3　농산물 판매인　218
사진 8-4　가공식품 판매인　218
사진 8-5　설치된 판매대의 모습　220
사진 8-6　판매대와 하단의 홍보 현수막　220

일러두기
- 지명과 인명 등은 외래어표기법을 따랐다.
- 인용문 중 ( )에 넣은 말은 가독성을 위해 저자가 삽입한 것이다.
- 미국처럼 영국에서도 농민시장은 farmers' market과 farmers market이 모두 사용되는데, 본문에서 시장 이름을 표기할 때는 해당 농민시장의 공식표기를 따랐다.
- 본문의 사진은 모두 저자가 직접 촬영한 것이다.
- 주 번호는 장마다 새로 시작한다.

| 감사의 글 |

저자가 미국에 이어 영국의 농민시장을 다루게 된 것은 평소 가지고 있던 영국 자체에 대한 궁금증에서 비롯되었다고 할 수 있습니다. 그러한 지적 호기심은 영국이 근대 세계에서 차지해온 역사적 비중과 관련된 것입니다. 주지하듯, 영국은 산업혁명의 발상지로서 제국주의 시대를 구가하며 근대 자본주의를 세계적으로 확산한 국가입니다. 물론 그 추동력은 분명 자국의 이익이었습니다(스미스, 2001). 제국의 종언 이후로도 영국은 유럽연합을 주도하는 강대국의 일원으로 유럽을 포함한 세계 무대에서 나름의 영향력을 행사해왔습니다. 하지만 제2차 세계대전 이후 영국의 국제적 위상은 예전에 비해 크게 기울었고, 최근에는 브렉시트Brexit로 자초한 새로운 도전들과 씨름하고 있습니다. 그럼에도 근대 산업혁명과 자본주의 종주국으로서 영국의 역사적 위상은 긍정적·부정적 평가와는 별개로 여전히 관심의 대상이 아닐 수 없습니다. 이런 점에서 저자는 근대 자본주의의 문을 연 영국에서 시장의 유형 중 하나인 농민시장이 과연 어떻게 등장했고, 그 실태와 성격은 어떻

게 이해해야 하는 것인지 현장조사를 통해 알아보고 싶었습니다.

이 같은 연구 관심사는 에스비에스SBS 문화재단의 연구비 지원으로 구체화될 수 있었습니다. 2015년 2월부터 1년 동안 영국의 스코틀랜드 에든버러Edinburgh, Scotland에 체류하면서 에든버러와 인근의 농민시장 조사를 할 수 있게 재단이 재정적 지원을 해주었기 때문입니다. 귀국 후 저자는 재단에 최종결과보고서를 제출하고, 연구 결과의 일부를 지역사회학회의 정례학술대회에서 발표했습니다(김원동, 2016b, 2016d). 저자의 원래 계획은 보강 조사를 통해 연구 결과를 단행본으로 출간하는 것이었지만, 아쉽게도 진행하지 못했습니다. 하지만 에든버러 농민시장 연구를 어떻게든 매듭짓고 싶었기 때문에 2018년과 2020년 각각 한 차례씩 에든버러를 다시 방문하여 추가 조사를 했습니다. 이렇게 해서 얻은 두 번의 보완조사 결과와 에든버러 체류 당시에 조사했던 내용을 하나로 묶어 이번에 종합적인 재분석을 시도했습니다. 그동안 미뤄두었던 에든버러 농민시장에 관한 연구를 마침내 일단락하게 된 것입니다. 이 책의 제2부에 배치한 에든버러 농민시장에 관한 부분이 그것입니다. 그 내용 중에 2015년과 2016년 사이에 에든버러에서 수행한 조사 결과 또한 녹아 있다는 점에서 이 책은 부분적으로 '2014년도 에스비에스 문화재단 국가미래의제 분야 교수 해외연구지원'의 성과물이라고 할 수 있습니다. 시간이 많이 지났으나 당시 연구비를 지원해준 에스비에스 문화재단에 고마운 마음을 전합니다.

에스비에스 문화재단의 후원이 이번 연구의 시발점이었다고 한다면, 보다 진전된 후속연구를 통해 그 성과를 단행본의 형태로 집대성할 수 있게 해준 결정적인 계기는 한국연구재단이 마련해주었습니다. 그 첫 번째 계기는 한국연구재단의 중견연구자지원사업(2017~2020년: 3년)이었습니다. 중견연구자지원 과제의 수행 과정에서 원래의 주제뿐만 아니라 앞서 언급한 에든버러에서의 추가 조사와 배스Bath, 카디프Cardiff, 런던London 등에서의 조사를 진행할 수 있었기 때문입니다. 두 번째 계기는 한국연구재단이 확정해준 2020년 저술출판지원사업(2020~2023년: 3년)이었습니다. 중견연구자지원사업을 통한 후원에 이어 한국연구재단이 이론적 심화 작업과 더불어 그간의 모든 현지조사 자료를 취합, 재분석해 책으로 빛을 볼 수 있게 저술출판지원을 해준 것입니다. 이 책은 결국 에스비에스 문화재단의 초기 후원과 이후 한국연구재단의 6년에 걸친 연구비 지원에 힘입어 결실을 보게 된 것이고, 그 주된 동력은 저술출판지원사업이었다고 할 수 있겠습니다. 이런 점에서 이 책은 2020년 대한민국 교육부와 한국연구재단의 지원을 받아 수행된 연구(NRF-2020S1A6A4045791) 결과물입니다. 미국 사례를 탐구한 《농민시장의 사회학》에 이어 자매편이라고 볼 수도 있는 《영국 농민시장의 사회학》을 출간할 수 있게 재정적 지원을 해준 한국연구재단에 깊이 감사드립니다.

이번 영국 농민시장 조사 과정에서도 저자는 많은 분들로부터 개인적으로 큰 도움을 받았습니다. 여러 농민시장에서 만났던 사람들이 누구보다 먼저 생각납니다. 생산자 농민, 일반 판매인, 소비자, 시장 관리인입니다. 이들은 손님맞이나 쇼핑 또는 시장 관리로 바쁘게 움직이던 중에도 표현마저 어눌한 외국인 연구자의 면접 요청에 성심껏 응대해주었습니다. 마땅히 전달할 방법이 없어 이들의 협조에 대한 고마운 마음을 여기에 담아둡니다. 특히 에든버러 농민시장에서 만났던 시장관리인 앤더슨 루이사Andersen Louisa와 농민 판매인 드니스 월턴Denise

Walton의 후의에 감사드립니다. 이들은 여러 차례의 현장 면접에 흔쾌히 응해주었을 뿐만 아니라 이메일 설문에도 성의 있게 답변해줌으로써 저자의 연구를 적극 도와주었습니다.

힘든 녹취 풀이 작업을 성실하게 감당해준 김은수 양, 틈틈이 아빠의 통역 봉사자로 애써준 두 딸 세현, 세인, 아내 김정일 님, 그리고 조사 대상 농민과 방문할 농장을 물색해주고 동행해준 이재하 목사님과 박재훈 목사님께도 고마움을 전합니다. 또 에든버러 체류 기간에 저자의 가족에게 큰 힘이 되었던 장영숙 사모님, 김순주 님, 엄인화 사모님, 김현철 박사님과 김우진 님, 모두 고맙습니다. 에든버러대학교에서 연구년을 보낼 수 있게 주선해준 프란체스카 브레이Francesca Bray 교수님, 에든버러에서의 연구 기간 중 각종 편의 제공과 조언으로 큰 도움을 준 이자벨 다먼Isabelle Darmon 교수님, 편안하게 교류할 수 있는 여건을 만들어주었던 그레이엄 크로Graham Crow 교수님, 그리고 활발한 지적 소통의 장에 참여할 기회를 주었던 에든버러대학교 먹거리 연구자 집단FRIED, Food Researchers in Edinburgh의 구성원 여러분에게도 감사드립니다. 척박한 출판 환경에도 불구하고 도서출판 따비의 박성경 대표님은 이번에도 선선히 이 책의 출간을 수락해주었고, 신수진 편집장님은 언제나 그랬듯 저자의 서투름을 철저하고 예리한 시선으로 바로잡고 보완해주었습니다. 고맙습니다. 책의 내용으로 조금이나마 보답이 될 수 있었으면 하는 마음 간절합니다.

끝으로 두 분의 은덕을 기리고 싶습니다. 2023년 8월 13일, 같은 학과에서 오랜 기간 봉직하다 은퇴하신 이복수 선생님이 별세하셨습니다. 이 선생님은 생전에 저자가 무엇보다 학자의 길에 전념할 것을 기대하셨고, 또 격려해주곤 하셨습니다. 늘 잔잔하게 응원해주셨던 선생님께 이 자리를 빌려 다시금 감사드립니다. 2024년 11월 21일, 또 다른 비보를 접해야 했습니다. 양춘 선생님의 갑작스러운 부고였습니다. 양 선생님은 지도교수로서 오랜 기간 저자의 학업을 이끌어주셨던 분입니다. 학부 때부터 대학원을 마칠 때까지 베풀어주신 선생님의 배려와 과분한 신뢰, 거듭 감사드리며 오래 기억하겠습니다. 양춘 선생님과 이복수 선생님의 명복을 빌며 이 책을 삼가 두 분 영전에 헌정합니다.

2025년 어느 맑은 날에
김원동

| 서문 |

12·3 비상계엄 사태 이후 해가 바뀌고 몇 달이 지났으나 지금까지도 정치권은 말할 것도 없고 한국사회 전체가 충격과 우려 속에 연일 격동의 터널을 통과하는 중입니다. 비상계엄 당일 벌어진 군의 위헌적·위법적 국회 난입 장면의 실상은 생중계되었고, 전 국민의 기억 속에 깊은 상흔을 남겼습니다. 너무나 명백해 보이는 잘못마저 전면 부인하거나 왜곡하는 비상계엄 발포자와 연루자들의 이어진 언동은 스트레스와 분노를 가중시켰습니다. 이런 와중에 탄핵정국에서 세를 불린 극우 세력이 법원을 폭력적으로 공격하는 일까지 터졌습니다. 민주적 제도와 공권력의 권위마저 무참하게 짓밟히고 파괴되는 사태로까지 번진 것입니다. 한국 민주주의가 곳곳에서 요란한 경고음을 울리며 파국을 향해 질주하는 양상을 보였지만 헌법재판소의 탄핵 심판 선고는 예상과 달리 계속 지체되었고, 온갖 억측이 끊이질 않았습니다. 그나마 4월 4일 헌법재판소의 탄핵 심판 인용으로 격화일로로 치닫던 진영 간 대결은 일단 한고비를 넘기는 듯했습니다. 하지만 대선 정국은 처음부

터 순조롭게 진행되지 못했습니다. 이재명 더불어민주당 대통령 후보의 공직선거법 위반 혐의 사건 2심 판결에 대한 대법원의 파기환송으로 사법부의 정치 개입 논란이 대선 정국을 강타했기 때문입니다. 당선 가능성이 높다고 전망되는 후보의 정당과 사법부의 극한 대치라는 새로운 국면이 펼쳐졌던 것입니다. 대선 정국에서 더불어민주당 주도의 입법부와 사법부 사이에 일어난 정면충돌 사건은 더불어민주당의 판정승으로 봉합되었습니다. 일반인의 상상을 넘어서는 충격적인 정국 전개에는 국민의힘 또한 한몫을 톡톡히 했습니다. 책동의 시점 선택부터가 기가 막혔습니다. 모두가 잠든 한밤중에 기습적으로 난동을 일으켰기 때문입니다. 전당대회에서 경선을 통해 대선 후보로 선출된 김문수 후보를 당 지도부가 야밤에 한덕수 전 총리로 전격 교체하려 했던 것입니다. 우리의 정당민주주의가 얼마나 취약했으면 이런 막장 드라마까지 보게 되는 것인지 개탄하지 않을 수 없었습니다. 그나마 당원들의 제동으로 후보 교체 시도는 실패로 막을 내렸습니다. 극적으로 당 후보의 지위를 되찾은 김문수 후보는 후보 단일화를 둘러싼 내홍을 조속히 수습하고, 6·3 조기 대선 레이스에 돌입해야 하는 험난한 상황을 맞았습니다.

  여기까지가 지난 연말 이후 올 5월 초순까지 이어져 온 정국 흐름을 간추려본 것입니다. 그동안 정세의 변곡점마다 일반 시민들은 분노와 불안 속에 되물을 수밖에 없었습니다. 민주화가 그래도 어느 정도 궤도에 오른 국가로 평가받아온 대한민국에서 왜 이런 황당한 일이 벌어지고 있는지, 우리 국회의원 중 상당수는 국가 이익을 최고의 가치로 삼고 일하는 수탁자가 아니라 자신과 자당自黨의 이익 수호에 매몰된 정당 거수기에 불과한 사람들인지, 우리 사회의 정치지도자 육성 제도와 경로에 결정적인 하자가 있었던 것은 아닌지, 우리 사회의 민주시민교육은 실효성實效性을 상실한 것인지, 아니면 아예 그런 교육 자체가 그동안 유명무실했던 것인지, 정의나 상식은 아랑곳하지 않고 온갖 법조문을 들먹이며 자신의 황당한 주장을 버젓이 설파하는 법조인들을 우리 사회는 속수무책으로 바라볼 수밖에 없는 것인지, 이성과 합리성이 실종된 맹목적 군중행동이 이렇듯 번지는 것을 어떻게 이해해야 하는 것인지, 우리의 목전에서 전개되는 일련의 사태가 우리에게 시사하는 바는 과연 무엇인지, 문제 해결의 실마리는 어디서 찾아야 하는지. 수많은 물음이 꼬리를 물고 끝없이 떠오릅니다.

저자는 이번 연구를 마무리하던 즈음에 이와 같이 온갖 갈래의 생각을 불러일으키는 전혀 예상치 못했던 복병과 마주쳤습니다. 다른 사람들도 마찬가지였겠지만 한동안 일이 영 손에 잡히질 않았습니다. 연일 쏟아지는 보도에 시선을 떼지 못하고 있기는 지금도 매한가지입니다. 다른 한편에서는 이 판국에 영국 농민시장을 계속 붙들고 있는 게 맞는 건가 하는 생각도 들었습니다. 하지만 조금씩 정신이 들면서 저자가 다루고 있는 이 연구 주제가 지금의 정국과 결코 무관할 수만은 없다는 생각이 들었습니다. 서문을 시국 얘기로 시작하게 된 배경이기도 합니다.

먼저 이번 사태의 성격을 되짚어봤으면 합니다. 시발점과 주된 무대는 정치 영역이지만 그 여파는 사회 제반 영역으로 확산되고, 이미 한국사회 전체의 문제로 비화되었습니다. 그런 만큼 여기에서 사회학이 줄곧 주목해온 사회질서, 공동체, 가치와 규범 같은 주제를 연상하게 됨은 새삼스러운 일이 아닐 것입니다. 이를테면, 이번 비상계엄은 사회질서의 근간인 규범, 특히 법 규범을 이탈함으로써 법치국가의 이념을 송두리째 뒤흔들었습니다. 민주주의 국가 질서의 토대인 공동체적 가치를 도외시하고 민주적 제도와 절차에 대한 신뢰를 저버림으로써 공동체 위기를 초래한 것입니다. 비상계엄 세력은 나와 입장을 달리하는 상대방, 특히 경쟁자를 인정하고 존중하기보다는 격퇴해야 할 적 내지는 반反국가 세력으로 규정하는 반민주적 태도를 적나라하게 드러냈습니다. 그로 인해 화합과 공존의 공동체적 지평은 사라질 위기에 직면했고, 그 자리를 야금야금 꿰차는 혐오와 비합리적 적대감이 사회를 도배하고 수많은 국민을 집단적 탈진 상태로 내몰았습니다. 특히 극우세력의 전면적 등장과 함께 나타난 분열적이고 파괴적인 의사공동체擬似共同體의 준동으로 사태는 악화일로에 있습니다. 국민이 선출한 최고 지도자의 비이성적이고 치명적인 헛발질과 그 동조 세력들로 인해 나라 전체가 혹독한 대가를 치르고 있는 것입니다. 건강한 공동체의 주춧돌을 다시 놓고 그 위에 민주적 가치를 복원하고 공고히 함으로써 상식적인 사회질서를 회복해야 할 공동의 과제를 우리는 떠안고 있는 셈입니다.

건강하고 상식적인 사회질서는 각박한 자본주의적 환경 속에서도 공동체의 구성원들이 서로의 존재 가치를 인정하고 신뢰하는 가운데 사회적 관계를 맺고 지속해갈 때 비로소 자리를 잡을 수 있습니다. 그와 같이 신뢰에 기초한 공동체가 사회 여러 영역에서 점차 뿌리내리고 확산한다면, 그렇게 축조된 민주사회의 사회적 기반은 날로 견고해질 것입니다. 당장은 혼돈과 고통 속에 많은 대가를 치르고 있음을 부인할 수 없지만 한국 민주주의의 진화적 방향성을 믿고 기대하는 저자가 영국 농민시장 연구에서 한국 현실과의 접점과 실마리를 찾게 되는 맥락도 바로 이런 부분입니다. 미국 농민시장에서 작지만 그 가능성을 보았던 저자는 이제 그 잠재력을 영국 농민시장에서 또 한 번 확인해 보고 싶었습니다.

영국 농민시장의 역사와 진화 과정 및 오늘의 현실은 한국 농민시장의 그것과는 여러 측면에서 차이가 있습니다. 그렇기 때문에 영국 농민시장에서 발견하게 되는 그 어떤 것이 한국 농민시장과 한국사회의 현안에 대한 최적의 처방전이 되리라고 전망하기도 어렵습니다. 그럼에도 앞서 시사했듯, 이번 영국 농민시장 연구의 기저에 내재해 있는 사회학적 문제의식은 한국의 요즘 시국에서 주목해야 할 사회질서나 공동체의 문제와 본질상 교집합을 구성하는 측면이 있다는 점을 저자는 강조하고자 합니다. 공동체를 떠받치고 지속성을 갖게 하는 핵심 요인은 국가 단위의 대규모 공동체든 소규모 공동체든 간에 구성원들의 사고와 행동의 지침이 되는 공유된 가치이기 때문입니다. 농민시장에 참여하는 판매인과 소비자는 서로의 존재 가치와 자신들을 이어주는 먹거리의 품질을 인정하고 존중합니다. 농민시장의 토대는 먹거리라는 상품을 거래하는 시장 관계이기 때문에 생산자로서는 생산물의 품질에 대한 소비자의 절대적인 신뢰 확보가 무엇보다 중요합니다. 농민시장에 참여하는 농민과 가공식품 생산자들이 최상의 품질로 소비자의 기대에 부응하려 노력하는 과정에서 생산물에 대한 소비자의 신뢰는 점점 더 확고해졌습니다. 그러한 신뢰는 마침내 생산자 농민 자체에 대한 신뢰로 확장되고, 시장 자체의 구조적 특징이 되었습니다. 영국 농민시장에서 보게 되는 여러 유형의 배태성이 그것입니다.

외부의 강력한 경쟁적 환경이 농민시장의 존속을 부단히 위협하는 게 오늘의 현실이지만, 그런 가운데서도 영국 농민시장에서 지속적인 공동체적 관계를 엿볼 수 있는 것은 독특한 구조적 속성이 있기 때문일 것입니다. 농민시장도 기본적으로 자본주의적 시장 관계의 틀에서 작동한다는 점을 부인할 수 없지만 다른 매장과는 구별되는 '신뢰'라는 사회적 자본이 곁들여 있다는 것입니다. 신뢰는 농민시장의 지속가능성을 뒷받침해온 핵심 요인입니다. 농민시장의 판매인과 소비자가 서로 인정하고, 존중하면서 신뢰를 시장의 공동체적 자산으로 정착시켜왔다는 점에 주목할 필요가 있습니다. 영국 농민시장의 특징이 우리에게 뭔가 시사점을 제공하는 시의성을 지닐 수 있다고 보는 것도 이런 점에서입니다. 평화롭고 생산적인 공존을 위해 지혜를 모아야 할 구성원들이 견해가 다른 상대방을 적대시하고 불합리한 갈등과 균열을 확대재생산하는 우리의 현재 정국과는 정반대되는 모습을 영국 농민시장은 보여줍니다.

현대사회에서 이미 실종된 듯한 공동체를 되찾는 데 관심이 있다면, 어쩌면 농민시장에서 소박하면서도 값진 실마리를 발견하게 될지 모릅니다. 이해관계에 너무나 예민한 오늘의 씁쓸한 세태와 부딪칠 때마다 저자는 종종 농민시장을 떠올리게 됩니다. 우리의 생활필수품 중 하나인 먹거리 문제를 해결해줌과 동시에 공동체의 잠재력을 보여주는 공간이 바로 농민시장이라고 생각해왔기 때문입니다. 앞서 시사했듯, 저자는 그동안 미국 농민시장 연구 과정에서 그런 생각과 체험을 다지게 되었고, 영국 농민시장 연구 또한 그 영향으로 시작한 것입니다.

책을 쓰기에 앞서 연구 대상의 선정과 분석 전략의 차원에서 염두에 두었던 점들이 몇 가지 있었습니다. 본문 내용을 이해하는 데 참고가 될 듯하여 적어봅니다.

첫째, 영국을 구성하는 주요 권역이라고 할 수 있는 잉글랜드England, 웨일스Wales, 스코틀랜드, 북아일랜드Northern Ireland의 주요 도시를 한 곳씩 먼저 선정하고, 다시 그곳의 대표적인 농민시장으로 알려진 시장 한 곳씩을 선택해 조사하고자 했다는 점입니다. 앞서 언급한 스코틀랜드 수도 에든버러의 '에든버러 농민시장Edinburgh Farmers' Market', 웨일스의 수도 카디프의 '리버사이드 농민시장Riverside Farmers Market', 잉글랜드 배스의 '배스 농민시장Bath Farmers Market'이 그 면면들입니다. 하지만 계획에 차질을 빚었던 도시가 한 곳 있습니다. 북아일랜드의 수도 벨파스트Belfast에서 있었던 일입니다. 방문 전 인터넷 검색을 통해 벨파스트의 유명한 농민시장은 세인트 조지 시장St George's Market이라고 이해하고 찾아갔습니다. 하지만 막상 현장에서 확인한 세인트 조지 시장의 모습은 농민시장이라기보다는 장식용 공예품을 비롯한 갖가지 일상생활용품을 파는 잡화점 같은 시장이었습니다. 벨파스트나 인근의 다른 지역에서 열리는 농민시장을 다시 물색해 장이 열리는 날까지 기다렸다 방문할 시간적 여유는 없었기 때문에 북아일랜드의 농민시장 조사는 다음을 기약하고 연구 대상에서 뺄 수밖에 없었습니다. 이렇게 해서 원래 계획했던 영국의 4대 권역에서 열리는 농민시장 중 한 곳은 빠지고 세 도시에서 열리는 농민시장만 이번 조사에 포함되게 되었습니다. 하지만 여기에 영국의 수도 런던의 '공동체 성장 농민시장Growing Communities Farmers' Market'을 추가했습니다. 이상이 영국의 주요 도시에서 각각 한 곳씩 4곳의 농민시장이 이번 연구의 주된 분석 대상으로 선정된 과정입니다.

이번 연구에서 영국의 특정 지역 농민시장들에 대한 집중적인 조사가 아닌 여러 지역의 농민시장을 조사하는 방식을 채택한 데에는 의도가 있었다는 점도 언급했으면 합니다. 특정한 한 권역의 농민시장 사례들만으로는 영국 농민시장의 전체적인 성격이나 흐름을 이해하는 데 제약이 클 수밖에 없다고 판단했습니다. 지역적 특수성이 작용할 수 있다고 보았기 때문입니다. 그래서 비록 한군데씩이기는 하나 에든버러, 카디프, 배스, 런던 같은 영국 도처의 주요 도시에서 운영 중인 농민시장을 연구 분석 사례로 선택했던 것입니다. 또 이번 연구에서는 조사 대상으로 선정한 농민시장의 소재지인 에든버러, 배스, 카디프의 도시적 특징을 조사하여 그 개요를 해당 장의 앞부분에 정리해두었습니다. 도시 성격에 대한 배경지식 또한 농민시장의 특성을 이해하는 데 도움이 될 수 있다고 생각했기 때문입니다. 다만, 이번에 검토한 농민시장 소재지 중 런던에 대한 소개는 생략했습니다. 런던은 우리에게도 너무나 잘 알려져 있는 데다 다른 지면이나 동영상 등을 통해 세밀한 정보까지 쉽게 파악할 수 있는 도시라고 판단했기 때문입니다.

둘째, 이 연구도 저자의 미국 농민시장 연구 때와 마찬가지로 경험적 사례연구를 중심으로 진행했다는 점입니다. 주지하듯, 사례연구는 설문조사와는 달리 현장에서만 체감할 수 있는 역동성과 구체성, 조사 대상자와의 깊은 정서적 공감대의 확보 같은 상당한 강점을 지니고 있습니다. 이 같은 장점에도 불구하고, 사례연구가 빠지기 쉬운 연구의 편향성을 저자는 이번에도 경계하지 않을 수 없었습니다. 다시 말해, 일부 개별 사례들에 천착하다 보면 전체 그림을 보지 못하거나 그 실체를 왜곡시킬 수 있다는 우려가 있었습니다. 저자가 이번 주제와 관련된 영국의 최근 전국 통계나 한국 자료 등을 적극적으로 찾아보고 연구의 보충 자료로 활용하고자 했던 것은 그러한 위험을 최대한 불식시키고 사례조사 결과의 일반화 가능성을 제고하기 위해서였습니다. 이를테면, 영국의 주요 지역 인구와 농업인구 분포, 식량자급률, 브렉시트 전후 영국의 농식품 교역 현황, 영국 소비자의 먹거리 인식, 영국 슈퍼마켓의 실태와 해외 진출 동향, 영국과 한국의 연령대별 농가 인구 분포 등에 관한 양적 자료들을 적절히 활용함으로써 사례연구 결과를 보강하고자 한 것입니다. 또 영국 농민시장의 특성이 좀 더 잘 드러날 수 있도록 필요하다고 여겨지는 대목에서는 미국이나 한국 농민시장과의 비교도 간간이 시도했습니다.

셋째, 이번 연구에서는 영국 농민시장을 이전보다 다채롭게 조망해보기 위해 이론적 접근을 확장하고자 각별히 신경을 썼다는 점입니다. 저자는 그동안 미국 농민시장이나 한국 농민시장을 연구해오면서 배태성 이론을 준거로 삼았습니다. 이번에는 배태성 이론 자체도 칼 폴라니Karl Polanyi, 마크 그라노베터Mark Granovetter, 클레어 힌리히스Clare Hinrichs, 로버트 피건과 데이비드 모리스Robert Feagan and David Morris 등을 통해 이전보다 가능한 한 심도 있게 탐색해보고자 했습니다. 이런 점에서 이번 연구는 지금까지의 연구와 어느 정도 차별성을 확보했다고 생각합니다. 또 이번 연구의 이론적 틀에 배태성 이론과 더불어 사회적 자본론을 추가했습니다. 사회적 자본론에서는 피에르 부르디외Pierre Bourdieu, 제임스 콜먼James S. Coleman, 로버트 퍼트넘Robert D. Putnam의 논지를 집중적으로 검토했습니다. 공동체의 이론적 계보도 대략 되짚어 봤습니다. 페르디난트 퇴니스Ferdinand Tönnies, 막스 베버Max Weber, 게오르그 짐멜Georg Simmel 같은 고전사회학자로부터 찰스 테일러Charles Taylor 나 로버트 퍼트넘의 공동체론에 이르기까지 공동체를 둘러싸고 그동안 전개되어온 다양한 이론적 논의가 그 대상들입니다. 이에 더해 최근 우리 사회에서 심각한 갈등과 분열을 초래하고 민주주의 자체를 위협해온 정치적 의사공동체에 대해서도 생각해보았습니다. 이러한 공동체 논의의 흐름을 전반적으로 살펴본 이유는 영국 농민시장이 그러한 논지들과는 어떤 다른 공동체적 함의가 있는지 알아보기 위해서였습니다.

이 책의 세부 내용은 본문에 자세히 서술되어 있기 때문에 여기서는 책의 구성과 함께 간단히 기조만 언급하는 것으로 서문을 맺으려 합니다. 이 책의 골격은 감사의 글로 시작해서 1부에서 4부까지 모두 10개의 장으로 짜여 있습니다.

제1부는 3개의 장으로 구성했습니다. 농민시장 연구가 갖는 사회학적 함의를 공동체 위기의 맥락과 관련지어 짚어본 1장과 농민시장을 조망하는 이론적 렌즈로서의 배태성과 사회적 자본 논의를 검토한 2장, 그리고 이번 연구의 분석 틀과 연구 방법 및 분석 자료 등을 정리한 3장이 그것입니다.

제2부는 스코틀랜드 에든버러 농민시장을 다룬 2개의 장으로 편성했습니다. 4장은 에든버러 농민시장의 역사와 운영 실태를 살펴본 것이고, 5장은 시장 참여자들의 생생한 목소리를 통해 에든버러 농민시장의 특징을 직접 확인해보고, 이를 사회적 자본과 배태성의 관점에서 해석해본 것입니다.

제3부는 잉글랜드의 배스, 웨일스의 카디프, 그리고 런던에서 열리는 농민시장을 각각 한 곳씩 선별해 다룬 3개의 장으로 구성했습니다. 6장은 영국 최초의 농민시장으로 유명한 배스 농민시장에 관한 것이고, 7장은 웨일스의 수도 카디프의 대표적 농민시장인 리버사이드 농민시장을 조사한 것이며, 8장은 영국의 유일한 유기농 전문 농민시장

으로 평가되는 런던 소재의 공동체 성장 농민시장을 분석한 것입니다. 3부에서도 물론 공동체, 배태성, 사회적 자본의 관점에서 3개 시장의 특성을 조명해보았습니다.

제4부는 '영국 농민시장의 사회학'이라는 소주제 아래 2개의 장으로 구성했습니다. 9장은 4개 영국 농민시장 사례조사 결과들을 토대로 영국 농민시장의 실태를 재정리하면서 그 안에 담긴 사회학적 함의를 살펴본 것이고, 10장은 이번 영국 농민시장 연구가 한국사회와 우리 농민시장에 주는 함의를 도출해본 것입니다.

제1부

농민시장의
사회학적 함의와 이론적 틀

1장

농민시장 연구의
사회학적 함의와 공동체

1. 사회학과 공동체 위기

공동체! 참 많은 생각을 하게 하는 용어다. 뭔가 방향이 잡힐 듯하다가도 금세 사방으로 흩어지는 바람에 어디서 어떻게 얘기를 시작해야 할지 막막함과 마주하기 일쑤다. 하지만 쉽게 무시하거나 떨쳐버릴 수도 없다. 우리는 너나 할 것 없이 크고 작은 공동체에 둘러싸여 제각각 나름의 관계를 맺고 살고 있기 때문이다. 가족, 친족, 동창, 친구, 취미, 종교, 직장, 아파트, 도시, 경제, 국가에 이르기까지 공동체[1]라는 용어가 합성어로 자연스럽게 후미에 따라붙는 것도 그래서다. 가족공동체, 도시공동체, 종교공동체 같은 전통적인 공동체뿐만 아니라 예전에 없던 수많은 온라인공동체도 등장했다. 오프라인상의 전형적인 공동체 못지않게 인터넷 웹 사이트와 소셜 네트워킹 서비스social networking service, SNS에 기반한 공동체가 강력한 실체로 우리의 일상에 스며든 것이다. 이처럼 물리적 공간에 사이버 공간까지 더해지면서 개인과 공동체 간의 분리가 예전보다 더 불가능해진 것처럼 보이는 현실에서 '공동체 위기'라는 말이 대체 왜 나오는 것일까?

오늘날 대다수가 느끼는 공동체 위기의식을 초래한 주된 구조적·거시적 요인은 근대 자본주의의 출현에서 찾을 수 있다. 주지하듯, 개인적 자유의 지속적인 추구는 근대 자본주의사회로의 진입 이후 마침내 개인에게 공동체적 구속으로부터의 해방을 선사했다. 하지만 개인은 그 반대급부로 치열한 생존경쟁과 자본의 압도적인 위세에 짓눌려 허덕이며 살아가야 할 운명을 맞게 되었다. 인간을 통째로 갈아서 무차별의 떼거리로 만들어버린 그 "사탄의 맷돌"(폴라니, 2009: 163) 앞에서 '불안'[2]에 떨며 서 있는 개인, 그것이 바로 우리 각자의 모습이 되어버린 것이다. 무자비한 자본에 의해 끝없이 강요되는 무한경쟁의 구조적 압박은 개인을 만성적인 '피로사회'[3]의 수인囚人으로 전락시켰다. 공동체에 대한 관심과 애정은 사치로 여겨지고, 가까운 이들을 돌볼 여력마저 소진될 정도로 개인의 삶은 피폐해졌다. 지칠 대로 지친 개인은 자본주의의 고도화에 따라 강화된 개인주의를 어쩔 수 없이 수용하면서도 다른 한편으론 기댈 언덕이 되어줄 공동체를 소망하고 또 구현하고자 발버둥 쳤다.[4]

고전사회학자들은 이러한 시대적 전환과 그에 따른 사회적 관계의 성격 변화를 공동체 개념에 초점을 맞춰 진단하고, 이해하고자 했다.[5] 공동체 개념의 역사를 되돌아보면, 19세기 후반 이전까지만 해도 '공동체'와 '사회'는 대체로 동의어로 쓰였음을 알 수 있다. 하지만 19세기 산업자본주의의 진전에 따라 빈곤층이 양산되고, 개인의 무기력증과 소외감이 심화되면서 공동체와 사회 개념은 분화되기 시작했다. 사회는 자본주의적 논리가 작동하는 곳으로, 그리고 공동체는 그로 인해 '상실된 안정감이 투영되는 장소'의 개념으로 각각 자리를 잡았다(로자 외, 2017: 29-33). 대표적인 개념화는 페르디난트 퇴니스에 의해 이루어졌다. 그는 '모든 지속적인, 자연발생적인, 진정한, 감정적인, 전통적인, 고유한, 따뜻한, 자기목적적인, 유기적인, 그리고 살아 있는 인간 결합'을 '공동체'라고 했고, '일시적인, 만들어진, 가상적인, 인위적인, 합리적인, 목적지향적인, 계약적인, 추상적인, 기계적인, 그리고 차가운 연합'을 '사회'라고 규정했다(로자 외, 2017: 39-40에서 재인용). 이 개념을 19세기 상황에 적용하면, 자본주의가 이 시기에 빠른 속도로 지배적 위치를 차지하면서 종래의 '공동체적 생활 형태들은 사회적 인공물로 대체'되었음을 의미한다고 할 수 있다. 이는 곧 '공동체의 상실' 문제가 대두되었음을 뜻하는 것이기도 했다(로자 외, 2017: 36-55). 이런 맥락에서 퇴니스의 '공동체' 개념은 추상적 수준에서 단순히 '사회'와 짝을 맞춰 제시된 것이라기보다는 앞서 살펴본 '19세기의 핵심적 경험', 즉 자본주의라는 시대적 상황에 대한 그의 날카로운 역사 인식을 반영한 것이라고 볼 수 있다.[6]

이와 같이 공동체와 사회를 도구 삼아 당대의 현실을 진단했던 퇴니스의 이론적 개념화는 뒤이은 고전사회학자들에게 큰 영감을 준 것으로 평가된다(로자 외, 2017: 46). 이를테면, 막스 베버와 게오르그 짐멜은 '사회적 관계'를 공동체의 형태나 사회의 형태 중 양자택일 방식이 아니라 '과정'의 관점에서 이해해야 한다고 보면서 퇴니스의 개념에 근거하되 나름의 이론적 전환을 시도했다(로자 외, 2017: 46-48). 즉, 이들은 퇴니스의 공동체와 사회에 '과정'의 의미를 덧붙여 각각

'공동체화Vergemeinschaftung'와 '사회화Vergesellschaftung'라는 새로운 개념을 제시하면서 이를 자신의 이론 틀 속에 녹여내고자 했다. 결국 베버나 짐멜의 공동체화와 사회화는 퇴니스의 공동체와 사회 개념을 계승하고 있다는 점에서 퇴니스가 이들에게 미친 명시적 영향과 함께 공동체와 사회의 관계를 바라보는 개념적 렌즈의 또 다른 진전을 보여준 것이다.

이후 한동안 뜸했던 '공동체'에 대한 이론적 논의는 20세기 후반 자유주의자들과 공동체주의자들 간에 벌어진 논쟁에서 다시 주요 쟁점으로 부상했다. 공동체주의자들은 사회나 공동체보다 '존재론적으로' 개인을 우위에 두는 자유주의 철학의 전통과는 정반대 입장을 피력했다. 즉, 개인이 자신의 합리적 계산과 계약에 근거해 사회를 구성하는 것이 아니라 그 반대로 개인의 가치, 도덕, 자기 이미지, 언어, 사회적 행동 양식 등이 모두 개인에 우선하는 공동체에 의해 규정된다는 것이다. 일례로 대표적인 공동체주의자 중 한 사람인 테일러[7]는 개인의 생활양식 자체가 사회화 과정을 통해 학습되는 것이라는 점에서 공동체가 개인보다 '존재론적 우위'에 있다고 주장한다(로자 외, 2017: 86-91). 서로 다른 다양한 개인적 정체성의 차이에 대한 상호인정이 가능하기 위해서는 공동체 수준에서 '모두가 공유하는 의미의 지평'이 있어야 하는 것도 이러한 공동체 우위론의 설득력을 보여준다. 말하자면, 개별적 차이를 차별의 근거로 삼기보다는 동등한 가치를 갖는 것으로 인정해주는 더 큰 공통된 가치 기준이 있기 때문에 그 틀 속에서 개인의 정체성 형성도 가능해진다는 얘기다. 테일러는 이런 맥락에서 개인의 정체성을 고정불변의 것이 아니라 공동체 속에서 다른 사람과 함께 살면서 평생 완성을 향해 나아가는 유동성을 지닌 것이라고 본다(테일러, 2015: 61-74). 또 이런 점을 간과한 채 사회보다 개인에 초점을 맞추는 일종의 '원자론적 관점'은 자아실현에 매몰되어 공동체적 통합의 토대를 훼손하는 정책의 실체를 제대로 인식하지 못하고 오히려 이를 지지하는 우愚를 범하는 결과를 낳기도 한다고 그는 지적한다. 1980년대 영국과 미국에서 단행되었던 복지 예산 삭감과 퇴행적인 소득재분배 정책이 그 실례다. 그러한 사태가 실제로 벌어질 수 있었던 것은 그러한 관점이 '사회 속에서 이루어지는 행위와 결과 간의 연관성에 대한 우리의 인식을 너무 모호하게 만들었기 때문'이다. 다시 말해, '자아실현의 우선성'이 공동체 귀속성이나 연대 의식 같은 것들을 모두 '부차적인 것'으로 밀어내는 부정적인 결과를 초래했던 것[8]이다(테일러, 2017: 1021-1026). 이와 같이 테일러를 비롯한 공동체주의자들은 개인의 전 생애에 걸쳐 자아 형성에 구성적 영향력을 행사함과 동시에 개인들 간의 연대감 속에 함께 추구해가야 할 공동선을 규정해주는 공동체의 실존적 함의를 부각시킨다(문성훈, 2017).

공동체주의자들의 공동체 논의에 이어 주목받으며 등장한 것은 '사회적 자본론'이었다. 사회적 자본 이론가들은 시민사회에 축적된 공동체적 자산 또는 개인들 간 관계의 연결망으로서 사회적 자본이 공동체의 성격이나 제도 개혁의 성과에 영향을 미친다는 점을 강조했다.[9] 21세기로 접어들면서 더욱 거세진 '신자유주의적 지구화'의 격랑激浪에서 벗어나 새로운 삶의 공동체를 일구고자 하는 운동에 대한 관심이 사회적 자본론 논의에 뒤이어 학계에서 대두했다. 협동조합 운동처럼, 무한경쟁 대신 뜻을 같이하는 사람들 간의 '협력'과 '평등'을 지향하면서 소규모의 '협력적 자치공동체'를 구현하고자 일어난 일련의 운동들이 그것이다(문성훈, 2017: 55-59).

이와 같이 사회학의 고전적 문제의식을 내포한 역사적 개념으로서의 공동체는 점차 개인과 사회의 생존을 위협하는 공동체성의 위기 상황을 의식하는 가운데 다양한 이론과 운동을 통해 의미의 변화와 함께 그 중요성을 표현해왔다. 그러한 구조적 흐름의 저변을 관통하는 요소는 전 사회 영역에 걸쳐 날로 강화되어온 자본주의의 지배력이었다. 자본주의의 구조적 압력이 공동체성보다는 개체성을, 협력보다는 경쟁을, 그리고 집단적 이익보다는 개인적 이익을 우선시하는 분위기를 부단히 확대재생산함에 따라 공동체성은 점차 약화되고 공동체 해체 위기의 기운마저 감돌게 만들어온 것이다.

로버트 퍼트넘은 실제로 미국사회가 20세기 후반에 이르러 '공동체 쇠퇴' 징후를 분명하게 드러냈음을 2000년에 출간한 저서 《나 홀로 볼링》에서 보여주었다. 퍼트넘에 의하면, 20세기로 접어든 이후로 시민단체 회원 유지율, 교회 참석률, 국민소득 대비 기부금 비율 등에서 미국인의 참여도는 꾸준히 증가했고, 1950년대와 60년대에는 정점에 이르렀다. 하지만 그 이후로 20세기 말까지의 시기에는 각종 공동체에 참여하는 시민들의 숫자가 빠른 속도로 감소했다. 퍼트넘은 그러한 현상을 미국사회가 '20세기의 마지막 3분의 1 동안'에는 이전과는 정반대로 '서로와 공동체로부터 멀리 떨어져 단절'되었음을 의미한다고 해석했다. 이 같은 미국사회의 변화 추이와 그 함의를 발견한 퍼트넘은 미국인들이 이제 다시 서로 간의 사회적 연계를 강화하고, '공동체 쇠퇴' 추이를 되돌려야 한다고 주장했다.[10] 아울러 그는 미국인과 미국사회가 그렇게 할 수 있는 힘을 갖고 있다고 희망 섞인 확신을 누차 드러내기도 했다(퍼트넘, 2009: 9-38, 594-598, 2023b).

하지만 21세기의 미국사회는 20세기 말에 퍼트넘이 생각했던 기대와는 다른 방향으로 전개되었다. 퍼트넘은 《우리 아이들》에서 1950년대 자신의 고향 오하이오 주 포트클린턴Fort Clinton에서 자신과 또래가 겪었던 학창 시절과 이후의 생애를 반세기가 지난 오늘 그곳에서 살아가는 아이들의 삶과 대비시켜 서술했다. 그의 회고에 의하면, 자기 세대의 동네 아이들은 인종적·계층적 배경의 차이에 따른 차별을 거의 겪지 않았고, 공동체의 보살핌 속에 '우리 아이들'[11]로 성장할 수 있었다. 가정의 경제력, 인종, 계급이 달라도 당시 아이들은 함께 어울려 자라면서 '아메리칸드림American Dream'을 향해 나아갔다. 퍼트넘의 추적 조사에 의하면, 그렇게 컸던 아이들은 나름 자신의 꿈을 이루었다. 하지만 1970년대 이후 지역의 제조업 기반이 흔들리기 시작하고, 소득 불평등과 빈부 격차가 날로 심각해지면서 가정의 계층적 배경에 따른 기회 격차는 훨씬 더 벌어졌다. 주민의 대다수도 이제는 동네 아이들을 '우리 아이들'로 생각하지 않는다(퍼트넘, 2017). '우리 아이들'은 내 자식만을 뜻하는 용어로 변질되었고, 공동체와 푸근함을 연상케 하던 사회적 함의는 흔적도 없이 증발했다. 21세기로 접어든 이후 빈부 격차와 계층 양극화는 자기 고향에서만 아니라 미국 전역에서 더 심각하게 진행되었다고 퍼트넘은 지적한다. 미국은 지난 수십 년 사이에 이전보다 훨씬 더 불평등한 사회로 변모했고, '아메리칸드림'마저 사라진 사회가 되었다. 이러한 구조적 변화가 몰고 온 엄청난 영향은 아이들의 삶 속에도 고스란히 투영되었다. 오늘날 가난한 가정의 자녀들은 비슷한 처지의 1950년대 아이들과는 달리 꿈을 잃은 채 위험한 동네에서 고통스럽게 살아가는 데 반해, 부유한 가정의 아이들은 안전하고 풍요로운 동네에서 부모와 공동체의 지원 속에 미래를 향해 달려간다. 이러한 차이는 아이들의 삶에서만이 아니라 어느 영역에서나 전방위적이고 전면적으로 나타났다. 예전과는 달리 거주지, 초중등학교의 유형, 고등학교 진학과 중도 포기율, 고등학교 시절의 과외활동 참여율, 대학 진학률과 진학하는 대학의 수준 및 최종 학위 취득률, 가족 구조, 부모의 사회적 연결망, 이웃의 성격, 멘토링을 해줄 비공식적 멘토의 존재, 종교공동체의 참여나 지원, 결혼 등 모든 영역에서 '계급 경계선'에 따른 격차와 분리 현상이 뚜렷해졌다(퍼트넘, 2017, 2023c, 2023d). 얘기가 이렇게 흘러가면, 이쯤에서 되묻지 않을 수 없다. 이러한 변화 경향과 오늘의 모습이 과연 미국만의 특수한 현상일까? 이 같은 질문 자체가 이미 너무 진부한 것일 수도 있다. 어느새 우리 사회에서도 이런 얘기의 상당 부분이 그리 생소하지 않기 때문이다.

 그렇다면, 우리는 이 상황에서 무엇을 어떻게 해야 할까? 이는 퍼트넘이 《나 홀로 볼링》과 《우리 아이들》의 마지막 부분에서 거듭 제기했던 물음이기도 하다. 전 세계적 수준에서 예외 없이 관철되고 있는 자본주의의 강력한 위세를 부인하거나 거부할 수도 없다. 하지만 그 폐해를 보완하면서 어떻게 공동체성을 새롭게 숙성시키고 확산해 갈 수 있을지는 전적으로 사회구성원들의 개인적·집단적 의지와 노력 여하에 달려 있음도 사실일 것이다. 이러한 문제의식 아래 이 연구에서는 그 가능성의 작은 실마리를 영국 농민시장에서 찾아보려 한다. 자본의 논리가 가장 적나라하게 작동할 수밖에 없는 시장적 상황에 상호인정과 배려에 기반한 '인간성'이 접목된 일상 친화적 공간이 바로 농민시장이기 때문이다.

2. 현대 민주주의의 위기와 의사공동체의 준동

공동체 이론의 역사적 줄기와는 별개로 공동체의 관점에서 주목해야 할 한 문제를 최근 정치 영역에서 보게 된다. '민주주의의 위기'가 그것이다. 이것이 중요한 이유는 공동체의 정치적 토대라고 할 수 있는 '민주주의'를 근본적으로 뒤흔드는 현상이기 때문이다. 이런 관점에서 이 문제를 짚어보려 한다.

민주주의의 위기는 탄핵 정국에서 무엇보다 먼저 시급히 해결해야 할 정치사회의 현안으로 급부상했다. 현실 정치의 혼란과 국정 난조亂調로 인한 사회적 갈등의 심화, 민심 이반離反, 정치 혐오의 팽배 현상이 우리 사회의 민주주의를 퇴행과 벼랑 끝으로 내몰고 있기 때문이다. 그로 인해 활발하게 논의되어온 민주주의 위기 담론을 공동체의 관점에서 찬찬히 다시 들여다보면, '의사공동체pseudo community'가 여기에 도사리고 있음을 발견하게 된다. 그 진원지는 오늘의 민주주의 위기 징후를 대변한다고 해도 과언이 아닌 '양극화polarization'와 '포퓰리즘 popularism'이다.

쉐보르스키Adam Przeworski의 주장에 의하면, 양극화와 포퓰리즘은 현대 민주주의의 작동에 가장 큰 위협이 되는 두 가지 요소다(쉐보르스키, 2022, 2023). 여기서 양극화란 정치 세력 간의 적대성이 커져서 '사람들이 정부의 무조건적 지지자나 반대자로 분열된 상황'을 지칭한다.[12] 극단적인 정치적 대립이라는 의미에서의 양극화로 인한 갈등은 이미 많은 나라에서 가정에까지 영향을 미칠 정도로 사회 전반에 깊숙이 침투했다고 그는 주장한다. 또 세계 곳곳에서 새로 집권한 정부가 '특정 집단의 이념, 종교, 인종, 심지어 국수주의 정서에 호소해 다수의 지지를' 얻으면서 수단을 가리지 않고 반대 세력의 존재를 부정하는 포퓰리즘도 양극화와 더불어 기성을 부리고 있다는 것이 그의 진단이다. 즉, 중도 좌파 정당이나 중도 우파 정당이 우파 및 좌파와 공존하던 서유럽의 전통적인 정당체계에서 중도파 정당들이 급속히 쇠퇴하고 '극우'라 불리는 '우익 포퓰리스트'가 상승세를 타고 있다는 것이다. 그의 분석에 의하면, 이처럼 사람들이 민주주의에 반反하는 포퓰리즘에 빠져드는 까닭은 국민의 기대를 번번이 저버리는 정부와 대의정치에 지칠 대로 지쳤기 때문이다.

뮐러Jan Werner Müller 역시 근자의 포퓰리즘 현상을 바라봄에 있어 쉐보르스키와 비슷한 입장을 피력한다(뮐러, 2022a, 2022b). 권위주의적 포퓰리스트들은 '반대 세력을 부정하고 이로써 많은 시민을 부정'함으로써 '특정 사람들을 정치 주체가 될 수 없는 존재로 만들어'버린다는 것이다. 다시 말해, 자신의 반대자들을 '비非미국적 사람들'이라고 비난했던 도널드 트럼프Donald J. Trump의 비판에서 볼 수 있듯, 극우적 포퓰리스트들은 '상대를 나와 같은 정치 주체로 인정하지 않고 상대조차 안 하겠다고 선언'한다는 것이다. 이런 태도는 트럼프뿐만 아니라 빅토르 오르반Viktor Orbán, 레제프 타이이프 에르도안Recep Tayyip Erdoğan, 나렌드라 모디Narendra Modi, 레흐 카친스키Lech Kaczyński 같은 극우 정치인들 사이에서 한결같이 확인되는 특징이다. 이들은 자신과 정당만이 유일하게 '진정한 시민'을 대변한다고 주장하면서 자신들의 생각이나 주장에 동의하지 않는 사람들은 '잘해야 이류 시민' 정도로, 심지어 '아예 시민 자격이 없는 사람'으로 매도해버린다. 요컨대, '서로 정치적 주장이 달라도 상대방을 정당한 존재로 인정하고 … 제거해야 하는 적으로 대해서는 안 된다는 점'에 대한 인식을 이러한 포퓰리스트 지도자들의 권위주의적 행동에서는 전혀 찾아볼 수 없다(뮐러, 2022a, 2022b).

그렇다면, 이러한 포퓰리즘과 양극화 과정에서 준동蠢動하는 집단들의 성격을 우리는 과연 어떻게 이해해야 할까? 이들은 정치에 대한 실망으로 정치를 혐오하거나 정치에 전혀 관심이 없는 개인으로 개체화된 사람들과는 다르다. 그들과는 대조적으로 이들은 매우 적극적인 극우 성향을 갖고 있고, 점차 집단으로 세력화되고 있다. 민주주의와 공동체의 관점에서 경계해야 할 새로운 현상이 출현한 셈이다.

앞서 살펴보았듯, 정치적 양극화와 포퓰리즘은 자신과 입장이나 색깔이 다른 집단을 선의의 이념적 경쟁자가 아니라 퇴치해야 할 적으로 간주한다. 따라서 이들을 개인주의가 만연한 현대사회에서 공동체를 회복하고 활성화할 계기를 조성해줄 새로운 집단으로 볼 수는 없다. 즉, 이러한 극단적 이념 집단에게 파편화된 집단 간의 이해 갈등을 정치 과정을 통해 합리적으로 조정하고 사회구성원들을 하나로 묶어주는 공동체적 기능을 기대할 수는 없다. 오히려 그와 정반대로 이러한 집단은 상대방의 실존적 가치 자체를 부정하기 때문에 갈등을 증폭시키고 공동체를 해체의 길로 치닫게 한다. 권위주의적 포퓰리스트 지도자에 대한 맹목적 추종에 방점을 찍는 정치 집단은 집단 간의 갈등 해소를 지향하는 정치의 기능을 원천적으로 무력화함으로써 절박한 공동체 회복의 과제를 우리의 시야에서 더욱 멀어지게 만드는 것이다.

물론 이러한 현안에 대처할 수 있는 정치적 대안 모색의 움직임이 없는 것은 아니다. 이를테면, 앞서 언급한 뮐러는 민주주의의 필수 인프라로 정당과 전문 뉴스 기관을 지목하면서 '다원주의pluralism'를 강조한다. 즉, 정당 다원주의와 언론 다원주의, 그리고 정당과 언론 내부의 다원주의가 민주주의를 위한 대안이 될 수 있다는 것이 그의 핵심 주장이다. 예컨대, 정당이 '팬덤 정치politics of fandom'에 휘둘리지 않으려면, 당내 민주주의가 가능할 수 있게 다원주의가 인정되어야 한다. 다시 말해, 정당 안에서도 지도자나 정책을 비판하거나 견제할 수 있어야 하고, 그러한 반대 세력의 형성이 허용되어야 한다는 얘기다(뮐러, 2022a, 2022b). 뮐러의 제안을 실현하려면 상당한 용기와 인내심을 갖고 기득권 세력의 거센 저항을 극복해야 하겠지만 그의 대안은 정치적 차원의 해법으로 추진할 만한 매우 설득력 있는 주장이라고 볼 수 있다.

지금까지의 논의에서 간과하지 말아야 할 또 한 가지 사실이 있다. 그것은 극우 포퓰리즘의 부상과 양극화로 혼탁해진 정치 풍토에서 싹트고 세력화된 비합리적 정치 집단이 우리가 소망하는 사회 갈등 해소와 공동체 회복 및 민주주의의 성숙을 향해 나아가는 과정에서 결코 주체가 될 수 없다는 점이다. 그러한 세력은 오히려 현대 민주주의를 위협하고 위기를 더욱 조장하는 정치적 의사공동체에 불과하다. 계속 주시하고 경계해야 할 대상이다.

그렇다면, 포퓰리즘이 난무하고 양극화가 심화되고 있는 현실에서 서로에 대한 존중과 상생의 가치를 살릴 수 있는 공동체 회복의 실마리를 과연 어디서 발견할 수 있을까? 고심하던 중 우연히 당도한 저자의 정박지는 건강한 공동체의 형성과 강화 방법의 단서를 좀 더 일상적인 삶 속에서 찾아보자는 생각이었다. 장기적인 정치적 처방[13]과 공동체 문제에 대한 일상적 접근의 접목이 무수한 집단 갈등을 '보다 합리적이고 평화로운 방식으로 해결'해가는 작지만 의미 있는 길[14]이 될 수 있으리라는 판단에 이른 것이다. 힘겹겠지만 장애물을 하나씩 걷어내며 그 길을 꾸준히 걷다 보면, 건강한 공동체들의 출현과 확산, 그리고 민주화의 사회구조적 진전을 일상에서 좀 더 선명한 모습으로 체감하게 될 것으로 전망한다.

3. 영국 농업인구의 지역별·연령대별 분포와 농민시장

앞서 언급했듯이, 공동체의식의 복원과 지역사회로의 확산을 기대할 만한 일상에서의 단초端初를 영국 농민시장에서 찾아보려는 관심이 이 연구의 시발점이다. 이런 착상에는 두 가지 측면에 대한 고려가 있었다. 우선, 먹거리는 어디에 살든 관계없이 인간이 일상적 삶을 영위하는 데 있어 필수적으로 충족시켜야 할 요건이라는 점이다. 또 다른 하나는 적어도 영국의 경우, 그러한 먹거리의 핵심적인 수급 공간 중 한 곳이 바로 농민시장이라는 점이다. 이러한 생각을 기반으로 하되 여기서 한 걸음 더 나아가 먹거리의 거래 공간인 농민시장이 어떤 점에서 오늘날의 심각한 사회적 갈등과 분열을 조정하고 해소해갈 수 있는 공동체의 가능성을 내포하고 있다는 것인지 살펴보려는 것이다. 물론 농민시장이 포퓰리즘과 양극화의 심화로 인한 공동체 해체 위기를 타개할 만한 엄청난 힘을 갖고 있다고 주장하려는 것은 아니다. 거대한 금융자본과 산업자본이 자본주의 시장 구석구석을 빈틈없이 장악하고 있다고 해도 과언이 아닌 현실에서, 아직 너무나 미약한 농민시장이 공동체 문제에 정면으로 맞서 씨름할 역량은 제한적일 수밖에 없기 때문이다. 저자도 이 같은 한계를 분명하게 인지하고 있다. 그럼에도 농민시장에는 경제적 시장으로서의 특징을 넘어 사회적 차원의 공동체 문제와 관련해 중요한 함의를 지니고 있음을 이 연구를 통해 드러내 보이려 한다. 다시 말해, 농민시장에 내재해 있는 공동체의 사회학적 함의를 영국 농민시장을 통해 다각도로 조명하는 것이 이번 연구의 주된 목적이다.

농민시장이라는 명칭이 시사하듯, 여기서 핵심 주체는 '농민'이다. 농민시장에서 판매 활동을 하는 사람 중에는 농민도 있지만 가공식품업자나 음료 및 음식 판매인들도 있다. 그렇지만 농민시장의 중심은 역시 '농민 판매인farmer-vendor'[15]이다. 가공식품이나 음식을 판매하는 이들도 지역산 농축산물을 식재료로 활용한 식품 제조를 요청받을 정도로 농민들의 생산물은 모든 농민시장에서 원재료나 가공된 모습으로 손님을 맞는 토대다. 이처럼 농민시장에서 거래되는 농산물을 필두로 가공식품의 원재료를 생산하고 직접 판매하는 주체가 바로 농민이기 때문에 농민을 농민시장의 주춧돌이라고 보는 것이다.

농민시장에 참여하는 농민에 대해 알아보기에 앞서, 여기서는 먼저 주요 지역별 분포를 통해 영국 농업인구의 윤곽을 살펴보고자 한다.

영국의 4개 지역별 농업인구 분포를 정리한 〈표 1-1〉에서 우리는 영국과 영국 농업구조의 몇 가지 인구학적 특징을 파악할 수 있다. 우선, 영국 인구의 약 85%가 잉글랜드에 거주하고 있고, 스코틀랜드의 비중은 그다음이지만 10%에 채 미치지 못한 편이고, 웨일스와 북아일랜드는 그보다 인구 비중이 더 작다는 점이다. 그런가 하면, 지역별 농업인구의 상대적 비중은 전체 인구 비중과는 또 다름을 알 수 있다. 잉글랜드부터 보면, 전체 인구가 압도적으로 많다 보니 농업인구 비중도 4곳 중 가장 크다. 하지만 잉글랜드 농업인구의 비율이 영국 농업인구 전체에서 차지하는 비중은 전체 영국 인구에서의 상대적 지역 인구 비중에 비해 4개 지역 중 유일하게 작다. 이는 곧 런던London, 맨체스터

표 1-1 영국의 4개 지역별 인구와 농업인구 분포 실태 (2022)

		잉글랜드	스코틀랜드	웨일스	북아일랜드	합계
전체 인구	전체	57,106,000	5,448,000	3,132,000	1,911,000	67,597,000
	전체 인구 대비 지역별 인구 비율	84.5	8.1	4.6	2.8	100.0
농업 인구	전체	301,146	67,349	49,876	51,760	470,131
	전체 인구 대비 농업인구 비율	0.4	0.1	0.1	0.1	0.7
	전체 농업인구 대비 지역별 농업인구 비율	64.1	14.3	10.6	11.0	100.0

주1: 전체 인구는 2022년 연앙 인구(mid-year 2022) 추계치.
주2: 제시된 전체 인구 추계치는 67,596,281명이지만 4개 지역 합계한 수치에 맞춰 여기서는 67,597,000명으로 수정, 표기하고 비율(백분율, %)도 이에 준해 계산.
주3: 인구 비율은 백분율로서 저자에 의해 계산.
자료: UK DEFRA(2024b)와 UK ONS(2024)에서 재구성.

Manchester, 버밍엄Birmingham 같은 영국의 주요 도시를 끼고 있는 잉글랜드가 다른 지역들보다 도시적 성격이 훨씬 더 뚜렷함을 시사한다. 잉글랜드와는 대조적으로, 나머지 3개 지역은 전체 인구 중 개별 지역의 인구 비중보다 전체 농업인구에서 각 지역이 차지하는 농업인구의 상대적 비중이 모두 더 큰 편이다. 특히 인구가 가장 적은 북아일랜드 농업인구의 상대적 비중은 이 지역이 영국 전체 인구 중 차지하는 상대적 인구 비중의 약 4배에 근접할 정도로 4개 지역 가운데 가장 크다. 이런 점에서 북아일랜드는 나머지 세 지역보다 인구 규모는 가장 작으면서 농촌적 특색은 상대적으로 좀 더 뚜렷한 지역이라고 볼 수 있다. 다른 한편, 잉글랜드를 제외한 나머지 3개 지역에서 전체 인구 대비

농업인구 비율이 각 지역 인구의 상대적 비중보다 크다고 해서 영국을 농업국가로 오해해서는 곤란하다. 영국은 도시 중심의 비농업국가 정도가 아니라 '첨단기술국가'로 볼 수 있기 때문이다(김원동·박준식, 2018). 여기서 초점은 농업 쪽에 맞추어져 있지만 전체 인구 대비 농업인구 비중은 1%[16]에도 미치지 못할 정도로 영국인 중 상당수는 비농업 부문, 특히 고부가가치 직종에서 일하고 있다는 점 또한 놓치지 말아야 한다는 얘기다.

〈표 1-2〉는 2023년 기준 영국과 한국 농민의 연령대별 분포를 비교하기 위해 만든 것이다. 양국의 비교를 위해 자료를 일부 가공해서 만들기는 했지만 〈표 1-2〉에는 일부 아쉬운 점들이 있다. 이를테면, 양국의 연령대별 농가 인구 범주의 분류 기준이 달라 정확한 비교가 어렵

표 1-2 영국 잉글랜드와 한국의 연령대별 농가 인구 분포 (백분율)

	영국 잉글랜드(2023)		한국(2023)	
연령대	16-24세	1	20세 미만	5.1(106,000)
	25-34세	5	20~29세	3.8(79,000)
	35-44세	10	30~39세	3.3(69,000)
	45-54세	18	40~49세	5.5(115,000)
	55-64세	32	50~59세	14.9(312,000)
	65세 이상	35	60~69세	30.6(640,000)
			70세 이상	36.7(767,000)
계		101		99.9(2,089,000)

주1: 한국의 연령대별 백분율은 저자에 의해 계산.
주2: 한국 자료에서 ( ) 안의 숫자는 실수實數.
주3: 한국 인구는 추계치.
자료: UK DEFRA(2023)과 통계청(2024)에서 발췌.

고, 영국 전체의 2023년 연령대별 농가 인구 분포 자료를 찾을 수 없어 잉글랜드의 자료로 대체할 수밖에 없었다는 점이 그것이다. 하지만 〈표 1-1〉에서 보듯, 잉글랜드가 영국 농업인구의 64.1%를 차지할 정도로 비중이 압도적이라 영국을 대변하는 자료로 간주하고 한국 자료와 비교해도 크게 무리는 없을 것으로 판단된다.

양국 자료에서 35~54세 사이의 농가 인구를 비교하면, 영국은 28%인 데 비해 한국의 경우는 연령대를 30~59세로 확대해도 23.7%밖에 되지 않는다. 청장년층 농민 비중이 한국보다 영국이 상대적으로 더 큰 것이다. 65세 이상 연령층을 비교하면 영국의 경우에는 이 연령대의 비중이 35%인 데 비해 한국은 52.6%[17]로, 한국의 고령 농민층 비중이 영국보다 훨씬 더 크다. 물론 영국도 65세 이상 연령대의 농민이 전체의 3분의 1 이상을 차지할 정도로 고령 농민이 많기 때문에 농민의 고령화가 상당히 진전되었다고 볼 수 있다. 하지만 한국 농민의 고령화가 영국보다 더 심각한 상태임을 〈표 1-2〉는 확인해준다.

그렇다면, 농민시장에 참여하는 농민 판매인의 경우는 어떨까? 이들의 연령대별 분포는 전체 농민의 그것과 어떤 차이가 있을까? 아쉽게도 이에 관한 통계 자료는 영국과 한국 모두에서 찾을 수 없었다. 양국 다 농민시장 현황조차 제대로 파악하지 못하고 있는 게 현실이기 때문에 이런 구체적인 자료가 없을 것이라는 점은 미루어 짐작할 수 있다. 상황이 이런 만큼, 이 점에 대해서는 저자가 농민들과의 대화에서 이와 관련하여 일부 들었던 얘기와 경험적 관찰을 통해 감지感知한 주관적 견해로 대신할 수밖에 없을 듯하다. 우선, 영국의 여러 농민시장을 직접 방문해 면접조사를 하고 참여관찰을 하면서 파악하거나 느낀 바에 의하면, 고령 판매인들도 있었지만 50대 전후의 판매인들이 의외로 많았다.

한국 농민의 고령화와 영농 후속세대의 단절 위기를 듣고 논의해온 저자로서는 영국 농민시장에서 궁금했던 사항 중 하나가 농민들의 연령대였기 때문에 시장을 둘러보거나 면접조사를 할 때 이 점을 늘 관심 있게 살펴보았다. 요컨대, 저자의 조사와 경험적 관찰을 위의 통계자료와 종합하면, 영국 농민시장에 참여하는 농민 판매인들의 연령대 분포는 일반 농민 전체보다 좀 더 젊은 편이라고 판단된다.

하지만 한국 상황은 정반대인 듯하다. 2023년 원주 농민시장 조사 당시에 올해 자신의 나이를 환갑이라고 했던 남성 농민은 본인보다 나이가 적은 판매인이 원주 농민시장에는 두세 명밖에 안 될 것이라고 했다.[18] 〈표 1-2〉에서 보듯, 우리나라 농민 중 70세 이상은 36.7%다. 저자가 현지조사를 할 때 원주 농민시장에서 볼 수 있었던 판매인들은 대부분 70대 이상의 고령층이었다. 그렇다면, 원주 농민시장의 고령 농민층은 우리나라 전체 농민의 고령자 비율보다 훨씬 더 높은 편인 셈이다.[19]

그러면 전체 인구 중 농민 비중이 0.7%에 불과하고, 한국보다는 덜 해도 고령화 또한 꽤 진전된 영국에서 농민시장은 언제, 어디서 시작되어 오늘에 이른 것일까? 또 영국 농민시장은 어떤 성격의 시장 개념을 안고 성장해온 것일까?

4. 영국 농민시장의 연혁과 연구 동향

영국 최초의 농민시장은 1997년 잉글랜드 배스에서 문을 연 '배스 농민시장'이다. 1998년 한 신문 기사에 의하면, 농민시장이라는 명칭은 농민시장이 활성화되던 미국에서 따왔다고 한다. 1973년 약 300개였던 미국 농민시장은 1998년 무렵 이미 약 2,500개로 대폭적인 증가세를 보였다(Hurst, 1998; Holloway and Kneafsey, 2000: 286).[20] 게다가 그 무렵 프랑스에서도 농민시장이라고 지칭할 만한 약 6,000개의 시장이 매주 운영되고 있었기 때문에[21] 농민시장 개념이 당시 새로운 것은 아니었다고 한다(Hurst, 1998). 그럼에도 양질의 지역산 먹거리 시장으로 다시 등장한 농민시장은 영국 소비자들의 이목을 끌었고, 성장의 조짐을 보였다.

그 배경을 살펴보면, 제2차 세계대전 이후 영국에서는 농민시장이 거의 다 사라졌고, 그로부터 농민시장이 다시 등장하기까지 약 50년 동안 시장은 그저 그런 싸구려 상품을 최저가로 투매하는 곳으로 인식되어왔음을 확인할 수 있다(Hurst, 1998). 배스 농민시장을 필두로 여러 지역에서 연이어 등장하기 시작한 영국 농민시장이 '전후 거의 자취를 감춘 옛 전통의 복원'으로 다가왔던 것은 이런 맥락에서였다(Hurst, 1998에서 재인용).

최근 한 자료에 의하면(Yassin, 2024), 2023년 기준 영국 농민시장 숫자는 2,500개 이상으로, 대략 인구 28,000명당 한 곳꼴이다. 지역별로는 잉글랜드에 1,800개 이상, 스코틀랜드에 대략 300개, 웨일스에 거의 200개, 그리고 북아일랜드에 100개쯤 된다고 한다. 1997년 배스에서 시작된 영국 농민시장이 전국적인 확산 과정을 거치면서 2000년 200개에 육박했고, 2002년 약 300개로, 2009년에는 약 800개로(애슬리 외, 2014: 178; 펑커턴 외, 2012: 247-248), 그리고 2023년에는 약 2,500개로 계속 증가한 것이다. 결국 1997년 한 곳에서 출발한 영국 농민시장이 지난 약 25년 동안 2,500곳으로 급증한 셈이다.[22]

영국 학계는 농민시장 등장 초기부터 이에 관심을 보였다. 영국 농민시장 초창기에 발표된 농민시장에 관한 한 연구(Holloway and Kneafsey, 2000: 286-287)는 영국 농민시장이 다음과 같은 포괄적 특성을 지닌다고 보았다. 즉, '지역산local' 먹거리, 생산자와 소비자 간의 '대면적face-to-face' 상호작용, '유기농 생산organic production', '복지 친화적인welfare-friendly' 동물 사육, '품질 좋은quality' 생산물, '윤리적ethical' 먹거리 같은 특성을 강조하는 시장이 영국의 농민시장이라는 것이다. 다시 말해, 영국 농민시장은 이런 복합적인 특성을 내포한 시장 또는 '지역에서 재배하거나 지역산 식재료를 포함한 먹거리에 주로 초점을 맞춘 지역산 생산물을 거래하는 전문 시장specialist markets'으로 이해되었다.

이러한 논의에서도 알 수 있듯, 영국 농민시장은 특히 처음부터 유기농법[23]을 강조하는 편이었다.[24] 사례 분석에서 살펴보겠지만 실제로 유기농만을 취급하는 영국 농민시장도 있다. 하지만 영국의 농민시장은 유기농 못지않게 지역산과 광의의 친환경 생산물에 큰 관심을 보였다. 즉, 영국 농민시장은 거래되는 생산물들이 유기농법의 기준에 따라 재배되어 유기농 인증을 받은 것들이거나 공식 인증까지 받은 것은 아니더라도 친환경농법에 준해 생산된 것들임을 적극 부각시켜왔다. 농민시장이 슈퍼마켓supermarket과의 차별화된 강점으로 내세우는 것이 생산물의 질적 우수성이고, 생산과정에서 이를 뒷받침할 수 있는 생산방법이 바로 친환경농법이라고 생각했기 때문이다.

그렇다면, 영국 농민시장에 관한 그간의 연구에서는 어떤 주제들이 검토되었을까? 주로 농민시장 공간의 의미, 영국 농식품체계의 대안 전략으로서의 농민시장, 농민시장 직거래의 특징과 함의, 농민시장에 대한 소비자 태도, 농민시장과 정보통신기술의 활용, 먹거리 사막 지역에 대한 농민시장의 영향, 농민시장 입지가 지역사회에 미치는 효과, 소비자의 농민시장 참여 동기, 농민시장과 지역먹거리 경제, 농민시장과 영국 먹거리체계, 농민시장에 대한 영국인 소비자와 외국인 간의 인식 차이 비교, 농민시장과 공동체 및 노년층 소비자 간의 관계, 농민시장과 지역산 생산물 소비, 농민시장에서의 장보기가 갖는 의미, 농민시장의 먹거리에 대한 소비자의 이해 방식 같은 주제들이 다루어졌음을 확인할 수 있다(Holloway and Kneafsey, 2000; Trobe, 2001; Archer et al., 2003; Bentley et al., 2003; Szmigin et al., 2003; Youngs, 2003; Jones et al., 2004; Pickernell et al., 2004; Kirwan, 2004, 2006; Kirwan, 2006; Lyon et al., 2008; Larsen and Gilliland, 2009; Carey et al., 2011; Spiller, 2012; Qendro, 2015; Wardle et al., 2024).[25] 이처럼 영국 농민시장을 연구 주제로 표방하며 진행된 논문은 의외로 그리 많은 편은 아니다. 또 농민시장이 영국에서 확산되던 초기에 연구된 것들이 많다.[26] 그러면 한국 내에서의 연구 동향은 어떨까?

영국 농민시장을 일부 간단하게 소개하고 있는 글로는 영국 농민시장의 초기 동향에 대한 영국농민연맹UK National Farmers' Union, NFU의 조사보고서를 요약한 글(오현석, 2002)과 배스 농민시장을 비롯해 영국의 농민시장 세 곳의 개요와 농민시장 설립을 위한 팁을 담은 번역서(핑커턴과 홉킨스, 2012: 247-266)가 있다. 논문으로는 미국 팜 스프링스 인증 농민시장Certified Farmers' Market-Palm Springs과 영국의 배스 농민시장 비교 연구, 영국 농민시장 참여 농민을 통해 본 브렉시트와 국가정체성 연구, 브렉시트 이후 영국 농민시장의 지속가능성 탐색 연구(김원동, 2018a, 2020a, 2021a) 등이 있다. 이 밖에 이 주제의 이해에 도움이 될 만한 영국인의 정체성이나 브렉시트 이후 영국의 지속가능성 문제 등을 다룬 글들이 있다(김원동, 2016a, 2021c). 하지만 영국 농민시장에 관한 단행본은 아직 출간된 것이 없다. 그러면, 이 같은 영국 농민시장 연구 동향을 미국이나 한국 농민시장 및 관련 분야의 연구 동향과 견주어본다면, 그 수준을 어떻게 평가할 수 있을까?

미국 농민시장에 관한 단행본은 《농민시장의 사회학—미국 사례를 중심으로》[27]와 《미국의 농민시장과 공동체지원농업》[28]의 두 권밖에 없지만, 북 챕터의 형식이나 논문으로 발표된 미국 농민시장 연구는 제법 되는 편이다(김원동, 2011, 2012a, 2014a, 2014b, 2016c, 2018b, 2020a; 김종덕, 2004, 2009; 박덕병, 2004).[29] 한국 농민시장에 관한 논문으로는 춘천 농민시장과 원주 농민시장 연구가 있다(김원동, 2010, 2023a, 2023b; 김철규, 2011; 윤병선·김선업·김철규, 2011, 2012). 또 농민시장과 연관성이 있는 지역먹거리체계local food system, 음식시민, 생협, 한국 및 현대 농식품체계, 대안농업 운동, 대안먹거리 운동, 농촌시장 같은 다양한 주제들이 그동안 논문이나 서평 같은 형식으로 여러 차례 논의되었다(김원동, 2020b; 김자경, 2010; 김종덕, 2012; 김철규, 2006, 2020a, 2020b; 김철규·김진영·김상숙, 2012; 김홍주, 2006; 박민선, 2009; 송원규·윤병선, 2012; 윤병선, 2009, 2010; 윤수종, 2011; 이우진, 2011; 이해진, 2012, 2019a, 2019b; 이해진·이원식·김홍주, 2012; 정은미, 2011; 정은정, 2012; 정은정·허남혁·김홍주, 2011; 조옥라, 2020).

이 같은 연구 동향이 보여주듯, 국내 연구자들에 의해 그동안 농민시장과 연관성이 있는 주요 쟁점들이 검토되어왔지만 영국 농민시장 연구는 외국 학계의 연구 성과뿐만 아니라 미국이나 한국 농민시장 연구에 비해서도 아직 매우 미진한 수준임을 알 수 있다. 그 근본적인 이유는 먹거리 문제를 연구해온 국내 연구자 자체가 소수이기 때문일 것이다. 현실이 이렇다 보니 외국 사례연구의 축적은 더욱 부족하고 더딜 수밖에 없었다. 영국 농민시장 연구로 눈길을 돌리게 된 것은 우리의 이런 척박한 연구 현실도 역설적이지만 한몫했다. 영국 농민시장 연구자들은 우리보다 앞서 공동체와 영농의 지속가능성 문제를 농민시장과 연계해 고민해왔기 때문에 이런 점에서 영국 농민시장 사례연구가 우리에게도 농민시장의 공동체적 함의를 이해하는 발판이 될 수 있으리라고 본 것이다. 이런 기대감을 갖고 지난 몇 년 동안 영국 농민시장을 이곳저곳 쫓아다니며 조사한 자료들에 근거해 농민시장이 작지만 일상친화적인 공동체의 단초가 될 수 있음을 이 연구를 통해 확인해보고자 한다.

2장

농민시장을 바라보는 렌즈로서의 배태성과 사회적 자본

1. 배태성

'배태성embeddedness'은 경제와 사회의 관계, 경제적 행위와 사회적 관계나 사회적 연결망의 관계, 혹은 제도와 행위의 관계 분석에 활용되어온 대표적인 사회과학 개념 중 하나다. 경제와 사회의 관계라는 맥락에서 배태성을 좀 더 구체적으로 규정해보면, 배태성은 경제가 전체 사회의 한 영역으로서 다양한 사회적 관계 안에 통합되어 있다는 관점에 기초해 사회적 관계들의 구조에 의해 받는 영향의 정도를 지칭하는 개념이라고 할 수 있다. 영역 대신 인간의 행위와 제도 간의 연계성에 비추어 살펴봐도 마찬가지 얘기가 가능하다. 즉, 인간의 행위, 특히 경제적 행위가 단순히 경제적 요인에 의해서만이 아니라 사회적 관계와 제도들에 의해 제약받는다는 점을 설명할 목적으로 사용되는 용어가 배태성이다.

사회학자들은 배태성 개념에 준거해 교환 과정과 연대, 기업, 금융, 대안적 먹거리 공급망 같은 여러 영역의 주제들을 연구해왔다. 이를테면, 투자은행들의 연결망 전략을 복합적인 배태성 구조의 측면에서 분석한 연구(김우식, 2003), 상품·서비스 유형별로 개인이 사회적 배태성을 어떻게 동원하는지를 비교 분석한 연구(박찬웅, 2010), 미국 대기업들의 자금조달 행위에 기업 간 연결망이 미치는 효과에 관한 연구(Mizruchi, Stearns and Marquis, 2006), 상보적 사회적 교환의 형태와 맥락이 배태성과 연관된 신뢰나 유대에 미치는 영향에 관한 연구(Molm, Whitham and Melamed, 2012), 대안적 먹거리 공급망이 생산자 간의 유대 관계의 성격과 그 변화에 미치는 영향에 관한 연구(Chiffoleau, 2009) 등이 그것이다. 그런가 하면, 선행연구에서는 경제적인 것과 사회적인 것에 초점을 맞춘 배태성 논의를 넘어서 시장이 '생태계의 틀ecological frameworks'에 배태되어 있음을 입증하려는 시도(Kaup, 2015)도 볼 수 있다. 말하자면, '자연이 역사적이고 지리적인 과정들을 통해 생산되고 따라서 사회와 분리될 수 없다'(Kaup, 2015: 281)는 점에 착안해 배태성의 통상적인 토대를 확장하려는 연구 또한 이루어지고 있는 것이다. 이와 같이 배태성은 사회학 내에서도 여러 영역에 걸쳐 다양한 주제들을 탐색하는 유용한 개념적 도구로 활용되고 있다.

배태성은 사회학뿐만 아니라 다른 사회과학 분야에서도 종종 등장한 개념이다. 예컨대, 조직이론 분야의 한 연구는 특정한 네트워크에 직접 관여하지 않는 기업조직이라도 자신의 네트워크에 배태되어 있는 조직이나 행위자와의 지속적인 관계로 인해 형성된 또 다른 배태성이 그 기업의 조직 관행에 영향을 미칠 수 있음을 보여준다(정동일, 2012b).

즉, 각국의 개별 기업이 직면하는 '중층적 배태성two-fold embeddedness'이 국제적 수준의 조직 관행의 확산에 이바지할 수 있다는 것이다. 이는 지구화 시대의 각국 정부가 국가 간에 형성되는 제도적 네트워크에 배태되고, 개별 기업들은 자국 정부와의 지속적인 관계 속에 배태되기 때문에 결과적으로 타국 기업들과도 간접적으로 연결됨으로써 빚어지는 현상이라고 볼 수 있다(정동일, 2012b: 170). 그런가 하면, 금융실명제를 '배태성의 역설paradox of embedded agency'이라는 틀로 분석한 행정학 분야의 연구도 있다(김지연, 2018). 이는 김영삼 대통령이 그 이전에 작동하던 '기존의 비실명 금융거래 관행에 대한 강한 제도적 배태성'의 제약을 어떻게 극복하고 금융실명제의 도입이라는 개혁을 실현할 수 있었는지를 규명한 연구다. 배태성의 관점에서 보면, 인간의 행위는 기존의 제도에 의해 크게 제약받기 마련인데, 특정한 행위자가 어떻게 거꾸로 제도를 변화시킬 수 있는지, 다시 말해 그러한 배태성의 이론적 역설을 금융실명제라는 제도 개혁의 사례를 통해 구체적으로 해명하려 한 시도라고 할 수 있다. 이외에도 사회적 기업가와 배태성(Grohs, Schneiders and Heinze, 2017), 기업 간 경쟁 구조와 사회적 관계의 배태성(Wolff et al., 2020), 농촌지역의 경제발전과 배태성(Bosworth and Willett, 2011), 영농사업체의 다양성과 농민의 사회적 배태성(Ferguson and Hansson, 2015), 카르텔 형성에 의한 기업 범죄와 사회적 배태성(Jaspers, 2020), 배태성과 혁신(Galaso and Kovářík, 2020) 같이 다양한 대상 또는 현상을 배태성 개념과의 연계성 속에서 살펴보려는 탐색들이 최근까지 계속 이어졌다.

 이와 같이 배태성 개념은 여러 전공 영역에서 다채롭게 활용되어왔지만 여기서는 경제사회학을 비롯한 사회학적 연구, 특히 농민시장과 관련하여 이루어진 연구들에 초점을 맞추고자 한다.

그렇다면 사회학적 관점에서 볼 때, 배태성은 과연 어떤 배경에서 출현한 개념이고, 그 주된 내용은 무엇일까? 이런 맥락에서 배태성 논의의 이론적 근간인 칼 폴라니와 마크 그라노베터의 배태성 개념을 먼저 살펴본 후 농민시장을 배태성의 관점에서 접근한 클레어 힌리히스Clare Hinrichs의 논지를 포함한 여러 논의를 검토함으로써 영국 농민시장 분석을 위한 이론적 기반을 다져보고자 한다.

폴라니, 그라노베터, 그리고 배태성

조지프 스티글리츠Joseph Stiglitz는 폴라니의 고전 《거대한 전환》의 발문에서 이 책의 주제, 그리고 시장, 경제, 사회 간의 상호관계에 대한 폴라니의 시각을 다음과 같이 풀이했다.

> 이 책은 유럽 문명이 산업혁명 이전의 세계로부터 산업화의 시대로 넘어가는 거대한 전환[1], 그리고 그에 수반되는 여러 사상과 이념, 사회적·경제적 정책들의 변화를 기술하고 있다. … 폴라니는 시장을 더 넓은 의미에서의 경제의 일부로 보며, 또 그 넓은 의미에서의 경제를 다시 훨씬 더 넓은 사회의 일부로 본다. 그는 시장경제를 목적 그 자체로 보지 않으며 훨씬 근본적인 목적들을 달성하기 위한 수단으로 본다. (스티글리츠, 2009: 28)

위의 설명에서 보듯, 폴라니는 시장과 경제 및 사회의 관계를 규정하고 '사회'에 초점을 둔 나름의 해결 방향을 《거대한 전환》을 통해 피력하고자 했다. 그는 '산업혁명으로 나타난 복합사회'[2]에서 '경제를 각종 계약 관계와 동일시하며 또 그러한 계약 관계를 자유와 동일시'함으로써 자유의 의미를 오도해온 것이 '자유주의 경제'라고 비판한다. 여기서 제시된 자유의 이상은 사회를 시장의 관점에서 바라본 결과물로서 망상에 불과하다는 것이다. 시장은 인간의 삶을 오로지 생산자와 소비자의 양대 영역으로만 '파편화'시켜 우리의 시야를 협소화함으로써 '전체로서의 한 사회'라는 관점을 놓치게 만들기 때문이다. 결국 자유주의자들의 귀결점은 자유라는 허상의 집착에서 벗어나지 못한 채 엄연히 실재하는 '사회'를 부정하는 것이다(폴라니, 2009: 586-600). 1930년대의 세계 대공황의 교훈에서 보듯, 시장의 힘이 정부의 규제나 기존의 사회적 관계와 무관하게 독자적으로 공정하고 효율적으로 작동하는 것은 아니라고 폴라니는 지적한다. 그는 '진정으로 자유로운 자기조정 시장경제란 한 번도 존재한 적이 없다'고 주장하면서 '자유시장의 신화를 폭로'했다(스티글리츠, 2009). '시장경제가 가져온 사회의 황폐화'야말로 산업혁명이 몰고 온 '최대의 비극'이었고, '사회의 단결과 유대'의 의미가 무엇인지 사람들이 깨닫지 못했던 까닭도 그 때문이었다는 것이다(매키버, 2009: 13-14).

그렇다면, '시장 유토피아'의 실체를 파악하고 여기서 탈피하고자 할 때 우리가 직면하게 되는 현실은 어떤 것일까? 폴라니에게 있어 이 물음이 중요했던 이유는 '시장경제의 사멸은 유례를 찾아볼 수 없는 새로운 자유 시대의 개막'(폴라니, 2009: 598)일 수 있었기 때문이다.[3] 이런 관점에서 폴라니는 '인간적인 삶에 본질적으로 필요한 가치들', 특히 '개인의 자유'를 새롭게 창조하고, '우리 손으로 사회를 다시 세워야 한다'(매키버, 2009: 14)는 소망을 《거대한 전환》의 결론 부분에서 강력히 표방한다.

인간은 사회 실재의 현실 앞에서 스스로 체념하게 되었으며 이는 인간이 예전에 믿었던 모습의 자유가 종말을 고했음을 의미한다. 하지만 이렇게 가장 밑바닥의 체념을 받아들이게 되면 다시 새로운 생명이 솟구치게 된다. 사회 실재의 현실을 불평 없이 묵묵하게 받아들인 이상, 인간은 이제 자신의 힘으로 제거할 수 있는 종류의 불의와 비非자유라면 모조리 제거해내고 말겠다는 그 아무도 꺾을 수 없는 용기와 힘을 얻게 된다. 이제 인간은 자신의 모든 동료들이 누릴 수 있도록 풍족한 자유를 창조해야 한다는 새로운 과제를 안게 되었다. 인간이 그러한 스스로의 과제에 충실하기만 한다면, 권력이나 계획과 같은 것들을 도구로 삼아 자유를 건설하려 한다고 해도 그것들이 인간의 원수로 변하여 자유를 파괴할 것이라고 두려워할 이유가 없다. 이것이 복합사회에서의 자유의 의미이다. 이것만 이해한다면 우리는 우리에게 필요한 모든 확신을 얻을 수 있다. (폴라니, 2009: 604)

《거대한 전환》의 역자가 지적하듯, 시장경제 혹은 시장 자본주의에 대한 폴라니의 이러한 진단과 대안의 방향은 새로운 시각으로 평가받을 만하다. 시장 자본주의의 비인간성과 내적 모순을 파헤치고 이의 폐기를 주장한 카를 마르크스Karl Marx나 시장 자본주의에 대한 국가의 개입과 규제를 주장한 존 메이너드 케인스John Maynard Keynes와는 달리 폴라니는 시장경제의 허구성과 파괴성을 지적하되 사회를 기점으로 한 실천적 대안을 방향으로 제시하고 있기 때문이다. 즉, '사회라는 실체와 거기에 담겨 있는 인간의 자유와 가치와 이상을 틀어쥐고서 국가와 시장을 그러한 목적에 복무할 수 있는 기능적 제도로서 제자리로 돌려놓는 것이 폴라니가 제시하는 사회변혁의 방향'이었다(홍기빈, 2009b: 632-633).

이러한 대안은 19세기 이전에는 항상 '사회에 묻어 들어가 있었던 embedded in society'[4] 경제가 19세기 '시장사회'의 형성에 수반된 '자기조정 시장'[5]이라는 비현실적 관념의 부상과 함께 사회보다 우위를 점하게 되었다는 진단을 토대로 제시된 것이었다. 이러한 폴라니의 분석과 문제의식에 관한 유사한 설명은 블록Fred Block의 논의에서도 엿볼 수 있다. 그는 자본주의가 발흥하면서 고전파 경제학자들이 이를 간과하고 사회로부터 완전히 벗어난 자기조정적 시장경제의 실현이 가능하다고 주장했다는 점을 지적한다. 경제가 여러 사회적 관계 안에 묻어 들어가 있는 것이 아니라 거꾸로 사회적 관계가 경제 안에 묻어 들어가게 되는 구조, 다시 말해 '사회를 시장 논리에 종속시킬 것을' 상정했던 것이 '고전파 경제학자들의 자기조정 시장 체제'라는 아이디어였다는 것이다. 그러한 시장경제는 현실에 존재할 수 없는 유토피아에 불과하다는 점이 폴라니에 의해 누차 강조된 바 있음을 블록은 환기한다(블록, 2009: 39-40). 폴라니는 19세기 시장경제의 실체를 밝히고 여기서 한 걸음 더 나아가 사회적 통제를 받지 않는 시장체계의 폐해를 바로잡기 위해서는 경제 영역을 사회에 의해 구속받는 상태로 되돌림으로써 제 위치를 찾게 해야 함을 역설했던 것이다(박길성·이택면, 2007: 130). 다시 말해, 현실 사회의 지속성을 위해서는 권력과 강제(폴라니, 2009: 600)의 활용도 불가피함을 인식하고 개개인 모두가 충분한 자유를 누릴 수 있는 사회를 지향하면서 사회에 의해 통제받는 경제 체제로 사회와 경제의 위상을 재정립해야 함을 폴라니는 강조한 것이다.

경제 혹은 시장과 사회 간의 관계에 관한 학계의 관심은 자본주의의 심화에 따른 시장의 중심성이 더욱 눈길을 끌게 되면서 폴라니 이후에도 줄곧 이어졌다.[6] 한 연구자의 표현처럼, 취업시장, 상품시장, 배우자시장 등과 같이 일상적 담화의 제반 영역에서도 '시장'이라는 말이 쓰일 정도로 우리는 오늘날 '시장의 시대the age of the market'에 살고 있다고 해도 과언이 아니기 때문이다.[7] 특히 공산주의 붕괴 이후 시장은 바람직한 제도일 뿐만 아니라 심지어 계속 생존할 것으로 전망되는 유일한 교환 경제 양식으로까지 그 위상이 높아졌다. 이 같은 현실을 고려하면, 신고전경제학이 사회적 삶의 모든 영역을 분석하는 핵심 패러다임으로 부상했던 것도 자연스러운 현상으로 비칠 수 있을 듯하다(Lie, 1997: 341). 하지만 동시에 이러한 현실은 폴라니와 그 계열의 비판적 주장들을 여전히 실효성을 담지한 이론적 기반으로 검토하게끔 유도하는 배경이기도 하다.

다른 한편, 연구 관심사에서의 지각변동은 사회학 분야에서도 일어났다. 이를테면, 1980년대 이후 약 25년이 지난 시점까지의 연구 동향을 검토한 한 연구에 의하면(Fligstein and Dauter, 2007), 사회학 내에서 이 시기에 연구가 가장 활발하게 진행된 영역 가운데 하나가 '시장사회학sociology of markets'이었다.[8] 특히 그라노베터의 1985년 논문 〈경제적 행위와 사회구조: 배태성의 문제〉는 발표 이후 2,500회 이상 인용됨으로써 전후 시기를 통틀어 가장 많이 인용된 사회학 논문으로 기록될 정도로 영향력이 컸다(Fligstein and Dauter, 2007: 106). 그라노베터는 이 논문을 계기로 폴라니에 이어 배태성이라는 일종의 은유적 표현(Dale, 2011)을 통해 경제와 사회 간의 관계를 심도 있게 분석한 대표적인 연구자로 자리를 굳혔다. 이와 같이 연구 대상과 분석의 핵심 개념에 있어 폴라니와 그라노베터는 공통점을 보여준다.

하지만 폴라니와 그 후예들이 배태성 개념을 갖고 '자율적 경제'라는 관념을 비판함과 동시에 경제와 사회의 상호 연계성에 주목했다면,

그라노베터와 그 계열의 연구자들은 연결망 분석을 통해 개인 행위자가 경제적 맥락에서 취하는 '사회적 행위의 관계적 토대'를 규명하는 데 역점을 두었다는 차이점이 있다(Krippner and Alvarez, 2007: 234). 다시 말해, 폴라니의 배태성 용법이 '전체 사회체계 내에서 기능적으로 분화된 제도적 복합체들 사이의 관계', 특히 사회체계와 경제 간의 관계에 초점을 맞추었던 것과는 대조적으로, 그라노베터에게 있어 배태성은 시장에서의 경제적 행위가 '개인들 간의 연결망'에 의해 제약을 받는다는 점을 강조하는 것으로 초점이 달라졌다고 볼 수 있다(Dale, 2011: 333). 여기서는 그라노베터의 시각을 가장 압축적이고 탁월하게 보여주고 있는 1985년 논문을 중심으로 그의 주요 논지를 간략히 살펴보려 한다.

그라노베터는 1985년 논문 서두에서 서술한 요약문에서 경제적 행위가 사회적 관계의 구조 속에 분명하게 배태되어 있음에 주목해야 함을 강조했다.

> 인간의 행동과 제도가 사회적 관계에 어떻게 영향을 받는가 하는 것은 사회이론의 고전적 물음 중 하나다. 이 논문은 현대 산업사회에서 경제적 행위가 사회적 관계의 구조들 속에 어느 정도 배태되어 있는지에 관심이 있다. 신고전파에서는 그러한 행위에 대해 '과소사회화된undersocialized' 혹은 원자화된 행위자atomized-actor로 설명하는 게 일반적이지만 개혁주의 경제학자들은 사회구조를 다시 설명에 끌어들여 데니스 롱Dennis Wrong이 비판했던 '과잉사회화된oversocialized' 방식으로 설명하려 애쓴다. 그런데 역설적이게도 과소사회화된 설명과 과잉사회화된 설명은 여전히 진행 중인 사회적 관계의 구조들을 도외시한다는 측면에서 둘 다 유사한 문제점을 드러

낸다. 경제적 행위를 정교하게 설명하기 위해서는 그것이 그러한 사회적 관계의 구조들 속에 배태되어 있다는 점을 반드시 고려해야 한다. 이러한 주장은 올리버 윌리엄슨의 '시장과 위계' 연구 프로그램에 대한 비판에서 분명히 실증된 바 있다.(그라노베터, 2012: 334-335, 번역 일부 수정; Granovetter, 1985: 481)

그라노베터는 폴라니와 그의 후학들이 경제와 사회의 관계 설정에서 문제점이라고 지적했던 것과 동일한 문제의식에 공감한다. 즉, 전前시장사회에서는 경제적 행위가 사회적 관계에 깊숙이 묻어 들어가 있었지만 근대화 과정을 거쳐 현대사회로 오면서 경제가 '별도의 분화된 영역'으로 자리를 잡았고, 경제적 행위도 이전보다 한층 더 자율성을 갖게 되었다는 견해가 사회학자뿐만 아니라 인류학자, 정치학자, 역사학자들 사이에서 오랫동안 지배적이었다는 데 그라노베터도 동의한다(그라노베터, 2012: 336). 게다가, 그는 경제적 거래가 예전과는 달리 점점 더 사회적 관계의 영향에서 벗어나 개인적 수준에서의 합리적인 이익 계산에 준거해 이루어짐에 따라 사회적 관계가 오히려 시장의 부수현상이 되었다는 견해까지 제기되고 있다는 점에 주목한다(그라노베터, 2012: 336). 앞서 언급한 신고전경제학은 경제적 생산이나 소비와 같은 인간의 경제적 행위에 사회적 관계나 사회구조가 영향을 미치지 않는 것으로 가정한다는 점에서 '원자화되고 과소사회화된 개념'을 갖고 있다고 그라노베터는 지적한다. 경제와 사회의 전통적 관계가 역전되는 현실이 오늘날 전개되고 있다는 주장을 그는 심각하게 바라본 것이다(그라노베터, 2012: 339-341).

위의 인용문에서도 볼 수 있듯이, 그라노베터는 과도하게 사회화된 탓에 기존의 규범이나 가치가 내면화되어 있어 취해질 행동 유형이 그 어떤 상황에서든 사회구조나 사회적 관계의 성격이나 차이에 거의 영향을 받지 않는다고 보는 과잉사회화된 주장들도 물론 거부한다(Krippner and Alvarez, 2007: 223; 그라노베터, 2012: 338-344). 결국 그의 주장의 핵심은 대부분의 인간 행위가 결코 사회적 맥락 바깥에서 이루어지지 않으며 '구체적이고 계속 진행 중인 사회적 관계의 체계' 또는 '인간 상호관계의 연결망'에 밀접하게 묻어 들어 있다는 것이다. 경제적 행위도 마찬가지다. 경제적 행위를 정교하게 제대로 설명하려면 '신고전경제학의 방법론적 개인주의'의 주장과는 달리 '사회적 관계의 구조 속에 묻어 들어 있는 특성, 즉 배태성의 특성을 반드시 고려'해야 함을 그라노베터는 확실하게 환기하고자 했던 것이다(그라노베터, 2012; Velthuis, 1999: 637; 김원동, 2016c: 145). 이와 같이 시장에서의 행위를 비롯한 인간의 경제생활 전반을 이해하는 데 사회학자들이 기여할 수 있음을 배태성 개념을 동원해 입증하고자 했던 그라노베터의 시도와 기대는 후속연구자들을 통해 상당한 성과를 거둔 것으로 보인다.[9] 인간의 경제적 삶이 사회적 삶에 배태되어 있다는 그의 선언은 이후 수많은 사회학적 연구를 촉발한 지적 계기가 되었기 때문이다(Fligstein and Dauter, 2007: 112). 사회와 시장 및 경제 간의 관계를 배태성 개념을 중심에 두고 사회학적 관점에서 조명하고자 할 때마다 그라노베터의 논지가 끊임없이 소환되는 것도 이 때문이다.

힌리히스의 농민시장 연구와 배태성

폴라니와 그라노베터 그리고 이들의 사유를 계승, 발전시킨 후속 연구자들의 성과는 줄곧 인간의 행위, 특히 경제적 행위에 작용하는 비경제적 요인 혹은 사회적 요인에 관심을 가진 사회학자들의 이목을 끌었다. 그러한 연구들은 먹거리사회학 영역에도 상당한 영향을 미쳤다. 먹거리의 생산과 판매 및 구매 과정에도 경제적 이해관계만이 아니라 비경제적 동기들이 동시에 작동한다는 시각에 착안한 연구들이 배태성 개념을 중심으로 활성화되었기 때문이다(김원동, 2016c: 80). 이러한 새로운 관점의 등장은 '농식품체계agro-food system'에 대한 기존의 주류적 접근방식과는 확연히 다른 것이었다. 1970년대 초반 이후 사회과학자들의 주된 관심은 정치경제적 거대 담론을 통해 '농식품체계의 지구화'를 설명하는 데 맞추어져 있었기 때문이다. 이런 경향은 물론 앞서 언급한 '신고전경제학적 사고와 시장 논리'에 토대를 둔 것이었다. 하지만 지구적 차원에서의 경제적 과정에 대한 논의들은 점차 먹거리의 수급 과정에서 일어나는 지역 수준의 행위자들 간의 관계 변화에도 영향을 미치면서 이에 상응하는 새로운 이론적 틀을 모색하게 한 계기가 되었다(Kirwan, 2004: 397). 2000년대를 전후로 앞서 언급한 폴라니와 그라노베터의 사유에 기반한 연구가 줄을 잇기 시작했다(이를테면, Feagan and Morris, 2009; He and Morales, 2022; Hinrichs, 2000; Kirwan, 2004; Morris and Kirwan, 2011; Norton., Kim, and Zuiker, 2022; Penker, 2005; Rice, 2015; Sage, 2003; Tregear and Cooper, 2016; Winter, 2003).

이 중 가장 먼저 눈길이 가는 연구자는 힌리히스다. 힌리히스는 지역먹거리체계, 지속가능한 먹거리체계, 농민시장 같은 주제에 주목할 만한 연구 성과(Hinrichs, 2000, 2003, 2010; Hinrichs and Lyson, 2007; Hinrichs, Gillespie & Feenstra, 2004)를 생산해온 학자이기 때문이다. 특히 그녀의 2000년 논문인 〈배태성과 지역먹거리체계: 직접적인 농산물시장의 두

가지 유형에 관한 연구〉는 농민시장을 배태성의 관점에서 분석한 대표적인 연구로서, 이후 이 분야의 연구에서 늘 인용될 정도로 준거가 되었다.[10]

힌리히스는 농민시장과 공동체지원농업을 비교 분석하기 위한 이론적 개념으로 배태성을 채택한 후 이 두 가지 유형의 시장에서 나타나는 사회적 관계들의 성격을 그 논문에서 밝히고자 했다. 농민시장에 초점을 맞춰 그녀의 핵심 논지[11]를 간추려보면, 기존 연구에서는 농민시장에서 발견되는 농민과 소비자 간의 신뢰나 사회적 친밀성 같은 '사회적 배태성social embeddedness'의 강점에 함몰되어 농민시장에서 이루어지는 경제적 거래 과정에서도 시장성 혹은 도구성이 사회적 배태성과 동시에 작동한다는 현실을 간과해왔다는 것이다. 다시 말해, 농민시장에서도 먹거리 가격이나 농가의 지속가능성을 위한 농민 소득 같은 경제적 요인이 판매인과 소비자 간의 상호작용 과정에서 중요한 고려 사항이 된다는 점을 힌리히스는 부각시킨다. 가격이나 소득과 같은 시장적 요인을 제대로 인식함으로써 생산자와 소비자 간의 대면적 관계에서 비롯되는 개인적 연결이나 사회적 결합과 같은 사회적 배태성 요인의 이점에 대한 지나친 낙관과 가정을 완화하고 균형을 잡을 필요가 있다는 얘기다(Hinrichs, 2000). 이와 같이 힌리히스의 주장은 배태성 변수가 중요하지만, 그렇다고 이에 맹목적인 집착을 보이는 것은 경계해야 함을 강조한다. 농민시장 연구 과정에서 염두에 두어야 할 결정적인 한 지점을 일깨워주고 있는 것이다.

사회적 배태성·공간적 배태성·자연적 배태성

앞서 언급했듯, 농민시장이나 먹거리사회학 분야에서 배태성 개념에 초점을 둔 연구는 그동안 해외 연구자들에 의해 지속적으로 이루어졌다. 외국 학계에 비해 농민시장 연구 자체가 양적으로 매우 적지만 국내 연구진의 농민시장 연구 성과들도 거의 다 배태성 개념에 토대를 둔 것(김원동, 2016c, 2017, 2018b, 2023a, 2023b; 윤병선·김선업·김철규, 2011, 2012)이라는 점에서는 이론적 틀의 공통점을 엿볼 수 있다. 여기서는 국내외를 막론하고 농민시장 연구의 주된 이론적 논거로 활용된 배태성 개념이 폴라니나 그라노베터 이후 농민시장이나 먹거리 영역에서 과연 어떤 의미로 진화했는지 살펴보고자 한다.

먼저 앞서 검토한 힌리히스의 경우를 보면, 그녀의 농민시장 연구에서 사용된 배태성은 사회적 배태성이었다. 선행연구 중에는 힌리히스처럼 특정한 하나의 배태성 개념에 초점을 맞춰 농민시장의 특성이나 농민시장에서의 행위자 분석을 시도한 것들이 있는가 하면(이를테면, Sage, 2003; Kirwan, 2004; Penker, 2006; Migliore, Caracciolo, Lombardi, Schifani and Cembalo, 2014; He and Morales, 2022), 두 가지 이상으로 세분화된 여러 배태성 개념을 분석 도구로 함께 활용한 연구들도 있다. 후자에 속하는 연구들은 농민시장에서 발견되는 배태성의 특성이 복합적임에 주목한다. 그렇다면, 그간의 농민시장 연구에서 거론된 배태성의 유형에는 어떤 것들이 있을까? 그 윤곽을 파악하기 위해 눈에 띄는 몇 가지를 간추려 정리하면 〈표 2-1〉과 같다.[12]

〈표 2-1〉은 배태성 개념과의 연관성 속에서 농민시장이나 지역산 먹거리, 대안적 먹거리 네트워크 등을 분석한 선행연구들이 동일한 배태

표 2-1 배태성: 유형과 개념 정의

유형	정의	출처
생태적 배태성	4가지 차원으로 규정 1. 생산자가 영농과 먹거리 사업에서 생태적 가치의 중요성을 인식하고, 생산의 생태적 상황과 생산물의 품질 간의 관계를 이해하는 것. 2. 생산자가 특정한 사육 방식의 채택이나 생태적 조경 관리 등과 같이 생태적 이익을 실현하고자 애쓰는 것. 3. 생산의 생태적 상황에 관한 정보가 교환 과정에서 활용될 수 있게 하는 것. 4. 소비자가 자신이 얻은 생산물의 생태적 정보를 자신의 구매 의사결정 과정, 즉 교환 과정에서 근거로 삼는 것(대안적 먹거리 네트워크의 형성 및 전개의 맥락에서 생태적 배태성 규정).	Morris and Kirwan (2011a)
	먹거리 공급망에서 유기농 먹거리, 환경친화적 생산, 친환경 표식(에코라벨) 등과 같이 '자연'과의 연계성이나 맥락을 강조하는 형태의 배태성.	Penker (2005)
공간적 배태성	지역먹거리체계, 짧은 먹거리 연결망, 원산지 표식 등과 같이 공간적 맥락을 강조하는 형태의 배태성.	Penker (2005)
	자기 지역에서 생산된 농산물을 구매함으로써 소비자와 생산자가 서로 좀 더 직접적인 연계성을 갖고자 하는 동기뿐만 아니라 농민시장에서의 직거래를 통해 지역 농가와 공동체를 후원하고자 하는 동기를 의미하는 배태성.	Feagan & Morris (2009)
	생산자와 구매자가 좀 더 긴밀하게 연결되는 지역산 먹거리를 구매하고자 하는 소비자의 욕구(소비자의 지역산 먹거리 선호), 농민과 판매 장소 간의 물리적 근접성과 그에 따른 농민과 소비 간의 물질적 근접성 및 먹거리의 신선도 등을 특징으로 하는 배태성.	Norton et al (2022)
사회적 배태성	사회적 유대(연줄), 호혜, 신뢰 등에 의해 특징지어지는 배태성.	Hinrichs (2000)
	사회적 유대, 신뢰, 배려의 관계, 사회적 연결망, 직거래, 농민시장, 공정거래 등을 포괄하는 사회적 맥락을 강조하는 형태의 배태성.	Penker (2005)
	배려의 경제, 신뢰, 책임감 등과 연계된 일련의 가치들이나 연계성, 소속감, 공동체의식, 전통, 헌신, 장소 같은 부류의 사회문화적·비경제적 정서의 배태성.	Feagan & Morris (2009)
	시장에서의 재화 교환 과정에 작동하는 생산자와 소비자 간 사회적 상호작용에 토대를 둔 시장 관계와 헌신 및 신뢰 관계로 인해 형성된 배태성.	Migliore et al (2014)
자연적 배태성	환경에 해로운 관행농법과는 대비되는 유기농법과 지속가능한 영농법 같은 생태적 가치들이 묻어 들어 있는 먹거리를 구매하고자 하는 소비자의 욕구, 지구 온난화를 유발하는 화석연료의 사용이나 푸드마일의 문제점에 관심을 가지고 먹거리의 생산과정에서 제초제나 비료와 같은 농자재의 투입을 억제하려는 생산자 농민의 태도나 가치, 그리고 안전하고 신뢰할 수 있는 지역산 먹거리를 농민시장에서 구매할 수도록 영농법에 관한 정보를 좀 더 쉽게 접할 수 있는 환경의 조성 등으로 인해 형성되는 배태성.	Feagan & Morris (2009)
	유기농법이나 지속가능한 농법같이 친환경적인 방식으로 생산되는 먹거리에 대한 소비자 욕구, 유전자조작이나 오염물질·살충제 등을 사용하지 않고 생산한 먹거리를 포함해 전반적으로 품질이 좋고 안전한 먹거리에 대한 소비자의 관심, 지역산 먹거리나 원산지 표시가 되어 있는 안전하고 신뢰할 수 있는 먹거리, 유기농 과일과 채소 등의 특징을 지닌 배태성.	Norton et al. (2022)

성 개념을 사용할 경우에도 그 의미나 포섭하는 구성 내용은 다소 차이가 있음을 보여준다. 또 서로 다른 배태성 유형으로 제시되었으나 용어만 다를 뿐 내용상 대동소이한 것들도 있음을 알 수 있다.[13] 여러 배태성 개념을 동시에 활용하는 연구자들은 선행연구에서 논의된 배태성 개념들을 취합해 자신의 분류 틀을 구성하면서 그 구성 개념들이 내용에 있어 서로 중첩되는 부분이 있음을 인정하기도 한다. 그럼에도 이들이 유형을 나눈 것은 각 유형의 특징적 측면을 부각시켜 분석 도구로 삼고자 했기 때문으로 보인다. 이번 연구에서도 배태성 개념이 갖는 분석적 유용성을 확보하기 위한 일정한 분류 틀의 채택은 불가피하다. 저자는 〈표 2-1〉의 예시에서도 볼 수 있는 다양한 배태성 개념들을 사회적 배태성, 공간적 배태성, 자연적 배태성의 세 가지로 재정리한 피건과 모리스(Feagan and Morris, 2009)의 분류를 이번 연구에서 일차적 준거로 활용하고자 한다.

피건과 모리스에 의하면, 이들의 배태성 분류 틀은 주류를 이루는 관행적 먹거리체계의 대안적 전략으로서 농민시장이 갖는 고유한 특성에 주목한 커완(Kirwan, 2004)과 먹거리 공급망의 성격을 탐색하면서 생태적 배태성에 각별한 관심을 보였던 펜커(Penker, 2006)의 배태성 논의로부터 발전시킨 것이다(Feagan and Morris, 2009: 236). 이들이 제시한 세 가지 배태성은 독자적인 성격을 띠고 있다기보다는 기존 연구에서의 배태성 논의를 세 가지로 종합, 정리한 것으로서 그 내용은 다음과 같다.

먼저, 사회적 배태성은 농민시장에서 판매인과 소비자 간의 사회적 상호작용 과정에서 형성된 신뢰, 책임감, 상호 배려 같은 일련의 가치, 또는 연계성(유대감), 소속감, 먹거리에 대한 지식, 공동체, 전통, 특정한 장소, 헌신 등의 가치에 대한 소비자의 갈망과 같은 일련의 비경제적이고 사회문화적인 가치나 정서를 의미한다. 그런가 하면, 자연적 배태성은 환경 파괴적인 관행농법과는 대비되는 유기농법이나 지속가능한 영농법같이 좀 더 생태적인 가치가 배태된 방식으로 생산된 먹거리를 구매하고자 하는 소비자의 욕구, 제초제나 화학비료 투입의 억제, 유전자조작식품, 패스트푸드같이 먹거리로 인해 유발될 수 있는 각종 질병과 비만, 지구 온난화와 관련이 있는 화석연료의 사용이나 푸드마일 food miles에 대한 관심, 다른 곳보다 농민시장에서 안전하고 신뢰할 수 있는 지역산 친환경 먹거리 정보를 더 쉽게 접할 수 있다는 인식, 친환경 식품 원산지 표시제, 친환경 먹거리 표시제 등과 관련된 배태성을 말한다. 결국 먹거리의 생산과 구매 과정에서 생태적 가치에 관한 관심이 계속 스며들면서 형성되는 배태성이 자연적 배태성이다. 공간적 배태성은 생산자와 소비자가 직접 연결되는 자기 지역에서 생산된 먹거리를 구매하고자 하는 소비자의 동기로 인해 형성되는 배태성을 가리킨다. 이런 소비자의 가치와 태도에는 농민시장에서의 직거래로 인한 경제적 이익뿐만 아니라 지역산 먹거리의 구매를 통해 지역 농가와 공동체를 후원하려는 동기도 내포되어 있다. 피건과 모리스는 공동체의 후원을 언급하면서 공간적 배태성이 이런 점에서 사회적 배태성 개념과도 중복된다는 점을 환기한다. 지역산 농산물을 구매하는 소비자의 행위가 자금의 역외 유출을 줄임으로써 공동체의 안정에도 기여하기 때문에 지역 농가를 후원하려는 동기와 관련된 사회적 배태성과도 연계된다는 것이다(Feagan and Morris, 2009: 236-237; 김원동, 2016c: 93-99, 2023a: 144-147).

피건과 모리스는 자신들의 세 가지 배태성 분류가 서로 분리된 것이지만 상호 밀접하게 연관되어 있는 범주라는 점을 명시한다(Feagan and Morris, 2009: 236). 이런 점을 감안하고 다시 살펴보면, 자연적 배태성과 공간적 배태성도 양 개념 모두에 '지역산' 먹거리에 대한 강조가 들어 있다는 점에서 중복되는 측면이 있다.[14] 또 이들의 논의가 주로 소비자의 욕구에 초점이 맞추어져 있다 보니 농축산물의 생산자이자 농민시장에서의 판매인인 농민에 관한 내용은 소비자의 경우만큼 그렇게 선명하지 않다. 이들의 배태성 유형 논의는 소비자와 생산자를 균형 있게 대비시키면서 양자의 특징을 서술하고 종합하는 방식을 취하고 있지는 않기 때문이다.

이런 점들을 고려해 저자는 이전 연구에서처럼 이번 연구에서도 피건과 모리스의 세 가지 배태성 개념을 차용하되 배태성의 구분이 좀 더 선명하게 이루어질 수 있게 배태성 개념에 대한 기본 입장과 각각의 의미를 재정리한 상태에서 분석 개념으로 활용하고자 한다. 첫째, 세 가지 배태성 개념 각각을 생산자와 소비자 모두에게 적용하고자 한다.[15] 둘째, 양질의 안전한 먹거리를 생산하려는 농민의 태도나 그러한 먹거리를 원하는 소비자의 욕구를 관통하는 '안전한 양질의 먹거리' 그 자체에 주목하는 배태성을 자연적 배태성으로, 그리고 신선한 양질의 먹거리 그 자체보다는 자기 지역 농민에 의해 생산된 안전한 양질의 먹거리에 방점을 둔 배태성을 공간적 배태성으로 규정하고자 한다. 신선한 양질의 먹거리라는 대상의 동일성에도 불구하고 그 일차적 관심의 초점이 지역성에 맞추어져 있느냐, 아니면 먹거리 그 자체에 있느냐를 구분해야 개념의 분석적 차별성을 확보할 수 있다고 보기 때문이다. 셋째, 공동체에 대한 후원 같은 측면은 사회적 배태성 영역에 포함시켜 분석하고자 한다. 앞서 언급했듯이, 공간적 배태성을 지역산 먹거리 그 자체에 무게 중심이 있는 용어로 이해하는 것이 사회적 배태성과의 개념적 차별성과 유용성을 가질 수 있다고 판단했기 때문이다. 넷째, 농민시장에서 생산자와 소비자 간에 이루어지는 지속적인 사회적 상호작용의 결과는 농민시장의 구조적 특징으로 배태되고, 그 양상은 시장의 지속성이나 거래되는 먹거리의 성격 등에 따라 다를 수 있다. 또 농민시장별 배태성은 농민시장에 참여하는 생산자와 소비자 간의 상호작용에 영향을 받기도 하지만 동시에 영향을 미치기도 한다. 다섯째, 농민시장에서의 배태성 중 사회적 자본과 가장 근접한 유형은 사회적 배태성이다. 다만, 사회적 자본이 농민시장뿐만 아니라 사회 제반 영역에 적용할 수 있는 비교적 보편성을 갖는 개념이라고 한다면, 농민시장에서의 사회적 배태성은 먹거리를 둘러싼 생산과 거래 과정에서 형성되고 축적된 것으로서 농민시장에 특화된 개념이라고 볼 수 있다.

2. 사회적 자본

주지하듯, '사회적 자본social capital'[16]에 대해서는 국내외적으로 이미 수많은 학술적 논의가 이어져왔다.[17] 이 용어의 학술적 인용 빈도 추이를 보면, 좀 더 구체적이고 거시적인 수준에서 사회적 자본에 쏠린 학계의 관심과 인기를 쉽게 짐작할 수 있다. 사회적 자본은 1980년대 초만 해도 학술적으로 제대로 조명받지 못했다. 하지만 1980년대 후반에 이르자 서서히 이목을 끌기 시작했다. 1990년대 후반부터 2000년대 중반 사이에는 약 16,000번이나 인용될 정도로 사회적 자본에 관한 관심은 폭발적이었다. 20년 전과 비교해볼 때, 이는 100배가 넘는 수준이다(Woolcock, 2010). 1985년대부터 2013년까지 언론과 학술 논문에 언급된 사회적 자본의 빈도 추이를 검토한 로버트 퍼트넘의 분석에 의하면, 언론에서 이 용어를 언급한 횟수도 학술 논문의 급증세 못지않았다(퍼트넘, 2023a). 이처럼 급속한 인기 상승에 힘입어 사회적 자본은 학계를 넘어 일반 시민들에게도 친숙한 일상적 어휘로 자리 잡았다(Woolcock, 2010). 여기서 저자의 주된 관심은 사회적 자본 그 자체에 대한 정밀한 이론적 탐색보다는 사회적 자본의 핵심 아이디어를 간추려보는 데 있다. 농민시장을 조명하기 위한 개념적 렌즈의 한 축을 사회적 자본의 문제의식과 핵심 내용에 대한 개관을 통해 확보하려는 것이 목적이기 때문이다. 따라서 이 장에서는 그 방법으로 사회적 자본에 관한 논의에서 가장 자주 거론된다고 여겨지는 세 명의 사회이론가, 즉 피에르 부르디외, 제임스 콜먼, 로버트 퍼트넘의 사회적 자본론을 살펴보고자 한다.

부르디외의 사회적 자본

부르디외는 《구별짓기: 문화와 취향의 사회학》(2006)으로 국내 학계에서도 명성이 자자한 연구자다. 알레한드로 포르테스Alejandro Portes에 의하면(포르테스, 2003: 145), 부르디외는 사회적 자본에 대해 이론적으로 가장 정교하고 체계적인 분석을 처음 시도한 사회학자다.[18] 그는 사회적 자본의 개념과 성격을 다음과 같이 규정한다.

사회적 자본이란 상호 면식이나 인정이 어느 정도 제도화된 관계를 뜻하는 어떤 지속적인 연결망을 가짐으로써 다시 말해 그러한 집단의 구성원이 됨으로써 얻게 되는 실제적인 또는 잠재적인 모든 자원aggregate of the actual or potential resources을 의미한다. 말하자면, 구성원 각자에게 집단 소유의 자본이라는 뒷받침, 즉 여러 가지 신용의 측면에서 그들에게 자격을 부여하는 일종의 '보증서credential'를 제공해주는 것이 바로 사회적 자본이다. 이런 관계들은 오직 실천적인[19] 상태에서만, 즉 그들 간의 관계를 유지하는 데 도움이 되는 '물질적 내지는 상징적 또는 양자 모두의 교환material and/or symbolic exchanges' 속에서만 존재할 수 있다. 그러한 관계들은 또한 (가족, 계급, 또는 부족이나 학교, 정당 등과 같은) 공통의 명칭을 적용함으로써, 그리고 그러한 것을 경험하는 사람들을 형성함과 동시에 그들에게 정보를 주도록 고안된 일련의 제도적 행위에 의해 사회적으로 제도화되고, 보증될 수 있다. 이런 경우에 그 관계들은 실제로는 거의 교환 속에서 형성되어 유지되고 강화된다. (부르디외, 2003: 75, 번역 일부 수정; Bourdieu, 1986: 21)

부르디외의 설명은 다음과 같이 좀 더 쉽게 정리할 수 있다. 즉, 사회적 자본은 특정인들이 물질적이고 상징적인 교환을 통해 서로 같은 집단의 구성원임을 계속 인식하게 승인해주는 '제도화' 과정을 거쳐 형성된다. 또 사회적 자본의 유지와 공고화는 그렇게 형성된 사회적 관계를 재생산하려는 개인이나 집단의 '끝없는 노력'과 '투자 전략'에 좌우된다(부르디외, 2003: 77-78). 이러한 맥락에서 사회적 자본은 결국 일종의 집합적 자본으로서 개인들이 지속적인 물질적 또는 상징적 교환 과정을 통해 특정한 집단을 형성해 유지하고 강화해가는 '관계의 연결망'이라고 할 수 있다.

관계자들의 부단한 투자로 사회적 자본이 형성·유지되는 것이라면,

사회적 자본에 자연스럽게 수반되는 것은 무엇일까? 부르디외는 '결속력'과 '이익'을 제시한다.

> 한 집단의 구성원이 됨으로써 생기는 이익은 그 집단의 결속력에 토대를 두는데, 이 결속력이 사회적 자본으로 인해서 생기는 이익을 발생시킨다.
> (부르디외, 2003: 76)

일정한 개인들 간에 지속적인 물질적·상징적 교환 과정에서 형성된 특정한 범위의 집합적 연결망이 집단 결속력의 토대가 되면서 소속 구성원들에게 일종의 이익을 제공하게 된다는 것이다. 말하자면 특정인들 사이에서만 작동하는 관계의 연결망으로서 사회적 자본이 구성원 각자에게 이익의 원천이 될 수 있다는 얘기다. 그렇다면, 개인이 소유하는 사회적 자본의 양은 어떤 요소들에 의해 결정되는 것일까?

부르디외는 이를 또 다른 자본 유형인 경제적 자본economic capital, 문화적 자본cultural capital, 상징적 자본symbolic capital 등과 관련해 설명한다. 여기서 경제적 자본이란 '즉각적이고 직접적으로 화폐로 전환이 가능하고, 재산권의 형태로 제도화될 수 있는' 자본이다. 문화적 자본은 '특정한 상황에서는 경제적 자본으로 변환이 가능하고', 개인의 몸에 체화, 축적되는 방식으로 존재하는 지식, 교양, 감성, 취미를 비롯해 책이나 예술 작품과 같이 객체화되거나 육화된 문화상품, 그리고 학교 졸업장처럼 제도화된 교육적 성취 같은 세 가지 형태로 존재하는 자본이다. 상징적 자본은 '(어떤 형태이든 간에) 어떤 지식의 관계 속에서, 좀 더 정확하게 말하자면 오인誤認과 올바른 인식의 관계 속에서 표현되는 한, 다시 말해 상징적으로 이해되는 한, 사회적으로 구성된 인지력cognitive capacity인 아비투스habitus의 개입을 전제로 하는 자본'을 뜻한다. 그런가 하면, '사회적 자본'은 '특정한 상황에서는 경제적 자본으로 변환이 가능하며 사회적 의무("연결connections")로 구성되고 귀족과 같은 경칭의 형태로 제도화될 수 있는' 자본을 의미한다(부르디외, 2003: 65, 2006: 13-14, 411, 1986).* 이와 같이 자본을 네 가지 유형으로 나누면서 부르디외는 특정한 개인이 소유하는 사회적 자본의 양에 대해 언급한다. 즉, 그것은 "그가 효과적으로 동원할 수 있는 연결망의 크기와 그와 연결된 각각의 사람들이 소유하고 있는 경제적, 문화적, 상징적 자본의 양에 달려 있다."(부르디외, 2003: 76)는 것이다.

이 말의 의미를 온전히 파악하기 위해서는 몇 가지 사항에 대한 추가적인 논의가 필요하다. 먼저, 사회적 자본의 형성과 확장이 갖는 의미를 이해하기 위해서는 '관계의 연결망' 그 자체만이 아니라 경제적 자본, 문화적 자본, 상징적 자본 같은 다른 형태의 자본들과의 상호 관계를 짚어보아야 한다. 부르디외는 이와 관련하여 다음과 같은 답변을 내놓았다. 이를테면, 사회적 자본은 경제적 자본이나 문화적 자본과 동등한 것으로 간주될 수 없지만 그러한 자본들로부터 결코 독립적일 수도 없다. 사회적 자본의 형성에 필요한 상호인정을 제도화하는 교환은 관계자들 간에 '최소한의 객관적 동질성'이 먼저 인정되어야 이루어질 수 있기 때문이다(부르디외, 2003: 76). 그렇다면, 여기서 다음과 같은 물음이 연이어 제기될 수 있다. 여러 유형의 자본이 사회적 자본에 미칠 수 있는 영향은 어떤 것일까?

이 질문에 대한 답변을 구하기 전에 먼저 한 가지 기억할 것은 부르

---

* 인용 부분들의 번역은 일부 수정한 것이다.

디외가 '자본의 총량'을 얘기할 때, 그 자체를 정태적 성격을 갖는 개념으로 오해하지 말아야 한다는 생각을 일종의 전제처럼 은근슬쩍 언급하고 있다는 점이다. 그는 그것을 어디까지나 실천의 여러 측면을 설명하기 위해 만든 '이론적 구성물'이라고 보았기 때문이다. 즉, "한 종류의 자본과 다른 종류의 자본 간의 전환은 언제나 격렬한 투쟁의 대상이며 따라서 끊임없이 유동하게 된다."(부르디외, 2006: 444)는 점을 잊지 말아야 이 개념에 내포된 역동성을 놓치지 않게 된다는 것이다. 《구별짓기: 문화와 취향의 사회학》도 크게 보면, 문화적 자본을 중심으로 자기 집단의 '계급문화'를 구축함과 동시에 자신보다 하류계급 또는 그렇게 여기는 계급을 차별화하면서 다른 한편으론 상류계급으로의 '상승지향적' 욕구를 인정받고 쟁취하려는 계급투쟁이 상징적 상품시장에서 끊임없이 전개되고 있음(특히 부르디외, 2006: 406-463)을 보여주려는 시도라고 볼 수 있다. 이 저작은 또한 '취향'의 이데올로기성[20]에 초점을 맞춤과 동시에 문화적 자본이 사회적 자본 같은 또 다른 자본들과의 상호 관계 속에서 '사회계급의 장'에 투입되고 자본으로서의 명실상부한 효력도 그러한 과정에서 발휘됨을 실증해준다.

다시 앞서 제기했던 물음으로 돌아가면, 부르디외는 '자본이 기능하는 장field에 따라 그리고 각각의 장에서 효력을 발휘하도록 변형되기 위해 다소간의 비용을 치른 후에' 앞서 언급한 경제적 자본, 문화적 자본, 사회적 자본 같은 위장된 자본 형태로 자신을 드러낸다고 말한다. 그러면서도 그는 '경제적 자본'이 모든 형태의 자본 중 근간임을 명시한다(부르디외, 2003: 65-82). 하지만 경제적 자본의 우위성을 인정하면서도 '모든 종류의 자본은 최종적인 분석에 있어서 경제적 자본으로 변환할 수 있다는 경제주의적 입장'을 그는 분명하게 거부한다. 그러한 관점은 '다른 자본들의 특수한 효과를 무시'하기 때문이다(부르디외, 2003: 83). 자본의 형태를 나눈 부르디외의 의중은 《구별짓기: 문화와 취향의 사회학》의 옮긴이가 정리한 해설을 통해서도 짐작할 수 있다.

> 부르디외는 마르크스와는 달리 자본을 결코 경제적 차원에 국한시키기를 거부하면서, 자본을 사회적 경쟁에서 (의식적으로 또는 무의식적으로) 도구로 사용할 수 있는 모든 에너지로 봄으로써 경제적 갈등과 다른 갈등의 분석을 가능케 한다. (최종철, 2006: 13)

이런 논의들은 부르디외가 왜 자본의 다양한 현상 형태들과 그것들 간의 상호 관계, 특히 경제적 자본이 차지하는 위상에 대해 언급하면서도 사회적 자본을 비롯한 여타의 비경제적 자본이 갖는 '특수한 효과'와 분석 개념으로서의 가치를 동시에 인정하고 있는지를 이해할 수 있게 해준다.

이 맥락에서 되짚어볼 만한 대목은 사회적 자본이 여타의 자본 형태와 긴밀한 연관성을 가지면서도 나름의 독자적 효과를 내장하고 있다고 본 부르디외의 관점이다. 예컨대, 특정한 개인이 소유한 사회적 자본은 그에게 여러 영역의 자원에 접근할 수 있는 혜택을 제공할 수 있다고 그는 주장한다. 좀 더 부연하면, 개인은 자신의 사회적 자본을 매개로 전문가들과 접촉함으로써 '자신의 문화적 자본을 증가시킬 수도 있고', 자신에게 '가치 있는 자격을 수여하는 단체에 가입할 수도' 있다는 것이다(포르테스, 2003: 146). 이런 맥락에서 보면, 사회적 자본의 이점을 인지한 개인이 더 많은 사회적 자본을 확보하기 위해 사교에 장기적인 투자를 하는 것은 당연하다. 끊임없이 재확인을 거침으로써 승인받는 지속적인 교환 행위를 뜻하는 사교에 관심을 기울여야 비로소 사회적 자본의 재생산이 가능하기 때문이다(부르디외, 2003: 78-81).

다양한 유형의 자본을 그 효과와 관련하여 얘기한 부르디외의 설명에서 간과해서는 곤란한 또 한 가지 측면이 있다. 개별 자본의 효력과 그것들의 시너지 효과는 특정한 장場에서 형성되는 자본들 간의 '관계' 속에서만 이루어진다는 개별성 내지 특수성에 대한 강조가 그것이다. 즉, 부르디외의 자본 논의는 탈脫사회적이거나 탈맥락적인 것이 아니라 어디까지나 '역동적 상황'에 놓여 있는 어떤 장 안에서 맺어지고 작동하는 자본들 사이의 관계 속에서 효과를 발산할 수 있는 것으로 규정된다는 것이다. 따라서 관찰이나 분석의 대상이 되는 현재의 장이 바뀌거나 다른 장으로 이동하게 되면 그때의 자본 효력은 아예 사라지거나 때로는 역효과를 빚을 수도 있다(부르디외, 2006: 180-187). 요컨대, 부르디외는 '현대사회가 상대적으로 자율적인 장들의 집합으로 구성'되어 있고, 각 장에는 종교자본, 언어자본, 경제자본같이 각 장의 특성에 상응하는 자본이 존재한다고 상정한다. 《구별짓기: 문화와 취향의 사회학》에서 보듯, 그는 여러 유형의 자본 중에서도 문화적 장에서 발현되는 문화적 자본에 주목했고, 사회적 자본도 문화적 자본과 연관 지어 다루었다(이재열, 2006: 47-48). 이런 이론적 틀 속에서 사회적 자본의 위상은 지속적인 연결망, 관계성, '사회성'[21] 등으로 인해 파생되어 유지되는 실제적·잠재적 효력을 갖는 자원의 집합체로 설정되어 있다. 또 그것은 경제적 자본이나 상징적 자본과의 긴밀한 연계성 속에서 작동하는 것으로 간주된다.

콜먼의 사회적 자본

영어권에서 사회적 자본에 관한 논의를 본격적으로 촉발한 학자는 부르디외보다 제임스 콜먼이라고 할 수 있다. 이러한 평가를 뒷받침할 만한 근거는 콜먼이 1988년 〈인적자본 형성에 있어서의 사회적 자본〉을 발표한 이후 그의 사회적 자본 개념에 쏠린 학계의 반향이 매우 컸었다는 점[22]에서 찾을 수 있을 것으로 보인다. 그렇다고 해서 콜먼이 사회적 자본 같은 사회학의 특화된 이론적 주제에 매몰되었던 학자는 아니었다. 콜먼의 학문 세계는 사회학이라는 한 학문 분야를 넘어 교육학, 경제학, 경영학 등 사회과학의 다양한 영역에 폭넓게 펼쳐져 있다. 사회학 내에서도 사회학 이론, 교육사회학, 수리사회학, 네트워크 분석 등에 이르기까지 광범위한 영역에서 이목을 끈 수많은 연구 성과를 남긴 저명한 사회학자가 콜먼이다(이재혁, 2015). 이처럼 사회학은 물론 다른 인접 분야로까지 연구 주제를 확장해왔음에도, 콜먼의 이름과 함께 사회적 자본을 떠올리게 되는 것은 사회적 자본이 그의 사회학적 유산 중에서도 가장 영향력 있는 개념 중 하나로 꼽히기 때문일 것이다(Marsden, 2005). 그렇다면, 콜먼의 사회적 자본 개념은 어떤 맥락에서 제기되었고, 그가 여기에 담고자 했던 내용은 무엇이었을까?

콜먼은 인적자본의 형성에 미치는 사회적 자본의 효과에 대한 설명을 통해 이 개념의 의미와 적용 가능성을 보여주고자 했다. 즉, 고등학생의 학업 중도 포기율이 가족 내의 사회적 자본, 가족 밖의 사회적 자본 등과 어떤 관계에 있는지를 분석함으로써 사회적 자본의 의미와 효과를 입증하고자 했다. 그의 조사에 의하면, 가족 내외의 사회적 자본이 학생들의 학업 중도 포기율을 감소시키는 효과가 있는 것으로 나타났다(콜먼, 2003). 그러면, 콜먼이 여기서 언급한 사회적 자본이란 구체적으로 어떤 것일까?

콜먼은 '합리적 선택 이론'의 진영에 속하는 대표적인 이론가(이재혁, 2015)답게 사회적 자본을 어떤 합리적 행위자가 자신의 목적 달성을 위해 활용할 수 있는 특정한 사회구조적 특성이라고 규정했다. 이때 특정한 사회구조적 특성이란 개인들 사이의 관계 구조에서 발견되는 특성을 의미하며, 그러한 특성이 행위자의 목적 달성에 동원될 수 있다는 점에서 그것은 '생산적productive' 자원이라고 할 수 있다.

콜먼은 사회적 자본과 물리적 자본 및 인적자본 간의 차이점과 공통점을 다음과 같이 요약한다.

> 만일 물리적 자본이 관찰 가능한 물리적 형태로 만들어진 실체적인 존재라면, 인적자본은 개인에 의해 습득된 기술과 지식 속에 구현된 덜 실체적인 존재이며, 사회적 자본은 그것의 존재가 개인들 사이에 존재하는 관계를 기반으로 한 것이기 때문에 다른 무엇보다 실체적으로 확인하기 어렵다. 물리적 자본이나 인적자본이 생산 활동을 용이하게 하는 것처럼 사회적 자본 역시 그와 동일한 작용을 한다. (콜먼, 2003: 96)

이와 같이 사회적 자본은 다른 자본처럼 목적의 실현에 활용될 수 있다는 점에서 기능적으로 생산적이면서도 다른 형태의 자본들과는 달리 '둘 혹은 다수의 행위자들 사이의 관계 구조 안에 내재해 있다'는 고유한 특성을 지닌다. 또 개인 행위자처럼 기업과 같이 특정한 목적을 지향하는 조직체들도 행위자가 될 수 있다는 점에서 조직들 사이의 관계 속에서도 형성될 수 있는 것이 사회적 자본이다(콜먼, 2003: 93).

콜먼에 의하면, 사회적 자본을 구성하는 중요한 형태는 '사회적 환경 속의 신뢰성에 기반하여 존재하는 의무와 기대, 사회구조의 정보 유통 능력, 그리고 효과적인 제재를 동반하는 규범'의 세 가지로 대별할 수 있다. 예컨대, 개인들 사이에 상대방의 의무에 대한 강한 기대감이 있고, 실제로 상대방이 높은 수준의 의무감을 갖고 신뢰성 있게 그러한 기대에 답하는 관계가 유지된다면, 그러한 상호작용의 관계 속에서는 사회적 자본이 형성되어 있는 셈이다. 또 어떤 기존의 사회적 관계가 특정한 행위에 도움이 되는 정보를 제공한다면, 그러한 관계는 가치를 보유하고 있다는 점에서 일종의 사회적 자본을 구성한다고 볼 수 있다. 이와 동일한 논리로, 일정한 관계를 맺고 있는 행위자 집단 속에 개인의 이기적 행동을 자제하고 전체의 목표를 지향하게 하는 효과적인 규범이 작동하고 있다면, 그것은 '강력한 사회적 자본'을 구성하게 된다. 특히 그러한 관계의 연결망 구조가 폐쇄성이 강할 경우, 규범의 효과는 더욱 커진다고 콜먼은 덧붙인다(콜먼, 2003: 96-121, Coleman, 1990: 306-313). 결국 콜먼에게 있어 사회적 자본은 기본적으로 '사람들 사이의 관계'에서 형성되는 것인 동시에 상호작용의 규범, 신뢰, 정보 등의 형태로 구조화되어 관련된 행위자들의 상호작용에 생산적인 기능을 수행하는 것을 가리키는 용어다.

이 같은 콜먼의 사회적 자본 개념은 자원 그 자체와 자원을 획득할 수 있는 사회 구성원의 능력을 제대로 구분하지 못하고 있다거나 그의 주장과는 달리 상호 구속력이 강한 제재가 사회적 자본의 가치를 높여준다기보다는 오히려 그 반대인 경우도 많다는 비판을 받는다(포르테스, 2003: 148-149; 김상준, 2009: 111-112). 또 콜먼이 가정한 목적지향적 행위자를 그의 이론적 모형에 비추어보면, 규범, 공동체, 신뢰 같은 구조들이 처음부터 들어설 여지가 거의 없다는 이론적 허점이 드러난다는 지적도 받는다(이재혁, 2015: 277-278). 그런가 하면, 콜먼에게는 미국 사회학계에 사회적 자본 개념을 소개함으로써 그것에 관한 관심과 후속연구를 불러일으켰고, 인적자본의 형성 과정에서 갖는 사회적 자본의 중요성을 잘 보여주었다는 긍정적인 평가도 따라다닙니다(포르테스, 2003: 149). 사회적 자본 개념의 개관 작업에서 콜먼의 주장을 점검해본 이유는 이렇듯 그의 사회적 자본론이 다양한 긍정적·부정적 평가와 해석을 낳는 지적 자극의 한 원천으로 자리를 잡은 것은 분명하다고 판단했기 때문이다.

퍼트넘의 문제의식과 사회적 자본

퍼트넘은 이탈리아에서 지방분권 개혁이 이루어진 1970년에 출범한 지역정부들이 이후 20여 년간 '제도적 성취도'[23]에 있어 현격한 차이를 보였다는 점에 주목했다. 그는 지방자치제 요구의 관철에 따라 남부 지역과 북부 지역에 산재해 있던 20개 지역정부[24]가 동등한 법적·재정적·조직적 구조를 갖고 출발했음에도 불구하고 남부보다 북부의 지역정부들이 전체적으로 더 성공을 거둘 수 있었던 까닭은 무엇인지 알고 싶었다(퍼트넘, 2000). 다시 말해, 체제의 형태나 잠재력 측면에서 유사한 자치정부들이 전국적으로 동시에 깃발을 올렸음에도 지역별로 정부의 성패가 엇갈리게 나온 원인이 무엇인지 탐구하고자 했던 것이다(퍼트넘, 2003: 127-131).

새로운 제도라고 해도 일부는 잘 작동하고 있으며 다른 것들은 잘 작동

하지 않는다. 제도의 성과에 있어서 이러한 차이를 무엇으로 설명할 것인가? (퍼트넘, 2000: 120)

이 같은 자문自問에 대한 일종의 답변서가 그의 유명한 저작《사회적 자본과 민주주의》다. 퍼트넘은 북부의 지역정부들이 남부의 지역정부들보다 전반적으로 높은 제도적 성취도를 보여준 근본적인 원인을 두 지역의 시민성 차이로 설명하고자 했다. 남부 지역과는 달리 북부 지역의 시민들은 그들의 사회생활과 정치생활에서 '시민공동체civic community의 이상'에 근접한 특성을 보였고, 그러한 차이가 지역정부의 제도적 성과 차이를 초래한 중요한 요인이었다는 것이다(퍼트넘, 2000: 127-192).

퍼트넘은 시민공동체를 구성하는 규범과 가치의 토대로 특히 결사체에 큰 관심을 보였고, 결사체 논의의 중요한 이론적 논거를 알렉시드 토크빌Alexis de Tocqueville에게서 찾았다. 토크빌은《미국의 민주주의》에서 미국인들이 자발적 결사체를 조직하는 경향과 그것의 민주적 함의를 다음과 표현한 바 있다.

> 모든 시대의, 모든 조건의, 모든 성향의 아메리카인들은 끊임없이 결사를 조직한다. … 아메리카인들은 오락을 제공하기 위해서, 학교를 세우기 위해서, 다른 나라에 선교사를 파견하기 위해서 결사를 구성한다. … 어떤 새로운 사업을 시작할 때 … 아메리카합중국에서는 어떤 단체를 틀림없이 발견하게 된다. … 아메리카인들은 아주 작은 사업을 위해서도 단체를 구성한다. … 민주국가에서는 모든 시민이 독립되어 있으며 그리고 취약하다. 그들은 혼자서는 아무것도 할 수 없다. … 그들이 상부상조하는 법을 자발적

으로 배우지 않게 된다면 그들은 모두 무력한 존재가 된다. … 아메리카합중국 주민 중의 몇 사람이 만약 그들이 이 세상에서 발전시키고 싶을 만한 어떤 견해나 감정을 갖게 되면, 그들은 곧 상호 지원을 위한 방법을 모색하게 된다. 그래서 그들이 서로 상대자를 찾아내면 곧 결합하게 된다. 그 순간부터 그들은 고립된 인간이 아니고 멀리서도 볼 수 있는 하나의 세력이 되며, 그들의 행동은 본보기가 되며, 그들이 하는 말은 경청된다. … 만약 인간이 문명화되고 싶어하거나 또는 문명 상태에서 머무르고자 하면, 사회의 평등화가 이루어지는 것과 비례해서 단체 구성의 기술이 성장·발전해야 한다. (A. 토크빌, 2003: 676-680)

시민공동체와 그 핵심 구성요소로서의 결사체에 대한 퍼트넘의 논지에는 이러한 토크빌의 관찰과 분석이 강하게 배어 있다. 그 흔적은 여러 곳에서 발견된다. 퍼트넘은 토크빌이 미국인들의 자발적 결사체에 대해 큰 감동을 받았다고 생각했다. 퍼트넘의 해석에 의하면 (Putnam, 1995: 65), "토크빌이 1830년대에 미국을 방문했을 당시에 미국인들이 전례가 없을 정도로 민주주의를 잘 꾸려갈 수 있었던 핵심 요인으로 인식할 수 있게 그에게 가장 깊은 인상을 주었던 것은 바로 미국인들 사이에서 번창하던 시민결사체였다."[25] 퍼트넘은 그의 이탈리아 연구 결과에서 토크빌이 제기했던 바로 그 요인들, 즉 '강력한 시민참여civic engagement의 전통'이 지역정부의 성공을 가져온 가장 중요한 요인인 것으로 드러났다고 결론을 내렸다(퍼트넘, 2003: 127-128).

퍼트넘은 여러 부류의 비교 근거들을 제시하면서 이탈리아 남부 지역과는 달리 북부 지역에서는 각종 결사체에 참여하는 시민이 많았고, 이들은 평등한 수평적 관계를 맺는 가운데 상호 연결망을 확장해

갔음을 입증하고자 했다. 또 그는 투표를 매개로 한 정치 참여와 각종 결사체의 참여 과정에서 시민들 사이에 협력, 규범, 준법, 연대성, 평등주의적 정치 같은 가치가 생성, 축적되었고, 그것이 다시 또 다른 많은 시민적 공동체를 만들어가는 선순환이 이루어졌다고 보았다. 다시 말해, 퍼트넘은 시민적 공동체에 신뢰, 규범, 네트워크와 같은 사회적 자본과 구성원 간의 협력을 촉진하는 속성이 내재해 있고, 그러한 시민적 공동체의 활성화 정도에 있어 이탈리아 남부 지역과 북부 지역은 상당한 차이가 있음을 발견했던 것이다. 20세기 후반에 새롭게 도입된 제도 또한 이러한 시민적 요소가 강한 지역적 환경에서 더 잘 작동했고, 그것이 결과적으로 지역별 지방정부의 제도적 성취 여부를 갈라놓은 중요한 요인으로 작용했다는 것이 퍼트넘의 연구 결과다(퍼트넘, 2000: 127-192, 273-320). 이탈리아 북부의 지역정부가 민주주의 제도를 성공적으로 운영해서 성과를 낼 수 있었던 것은 시민들의 사회적·정치적 생활 속에 녹아든 시민공동체적 자산이 있었기 때문이라는 그의 중요한 결론도 이런 맥락에서 도출된 것이다.

이때 공동체 내에서 시민들의 자발적 협력을 촉진해 사회적 효율성을 높일 수 있게 해주는 '개인들 사이의 연계connections, 그리고 이로부터 발생하는 사회적 네트워크, 호혜성과 신뢰의 규범'(퍼트넘, 2009: 17) 같은 사회조직의 속성이 바로 퍼트넘이 말하는 '사회적 자본'이다.[26] 시민들 간의 지속적인 상호작용 과정에서 호혜성의 규범이 발생·강화되고, 신뢰가 쌓이고, '밀도 높은 수평적 상호작용'을 가능하게 하는 시민적 참여의 네트워크가 조밀할수록, 시민들이 '집단행동의 딜레마'에서 벗어나 서로의 이익을 위해 소통하고 협력할 가능성이 높고, 그것이 점차 공동체적 수준의 협력으로까지 확장될 수 있다는 것이다(퍼트넘,

2000: 273-320, 2003: 129-131). 결국, 퍼트넘의 핵심 논지는 북부 지역의 시민사회에 축적된 사회적 자본이 북부 이탈리아 지역정부로 하여금 남부의 지역정부들보다 훨씬 더 분명한 제도 개혁의 정치경제적 성과를 거둘 수 있게 했다는 것이다.

그런데 퍼트넘의 분석에서는 한 가지 더 주의 깊게 살펴보아야 할 점이 있다. 그것은 시민공동체의 역사적 연원에 관한 그의 주장이다. 퍼트넘은 이탈리아 북부와 남부 지역정부 간의 제도적 성취도에서의 차이가 역사적 전통의 차이와도 밀접한 관련이 있다고 보았다. 이를테면, 전제군주제 아래 있던 남부 지역과는 대조적으로 피렌체, 베네치아, 볼로냐, 플로렌스, 제노아 같은 이탈리아 북부 지역에서는 중세에 '공동체적 공화제' 자치정부가 등장했고, 그로 인해 시민들의 자발적 공동체 참여와 수평적 협력 및 풍부한 시민적 연대의 토양이 마련될 수 있었다는 것이다. 퍼트넘은 여기서 한 걸음 더 나아가 남부와는 달리 북부 지역의 정치경제적 번영이 가능했던 것도 지난 약 1,000년에 걸쳐 지속된 바로 이런 남북 지역 간의 '시민성의 차이'에 크게 영향을 받은 것이라고 해석했다(퍼트넘, 2000: 193-272, 2003: 128-129). 마이클 울콕Michael Woolcock은 이 같은 방식의 인과론적 해석에 문제가 있다고 지적한다. 즉, 사회적 자본이 수 세기에 걸쳐 특정한 사회의 역사와 문화에 깊숙이 스며들 정도로 '경로 의존적인path dependent' 것이라고 본다면, 그것은 곧 사회가 국가의 개입 형태나 개입 정도에 의해 이렇다 할 영향을 받지 않을 수도 있다는 의미일 수 있기 때문이다(울콕, 2003: 221).

그렇다면, 이런 부류의 비판은 얼마나 타당한 것일까? 저자가 보기에도 충분히 제기될 수 있는 타당한 비판이라고 판단된다. 퍼트넘 자신이 《사회적 자본과 민주주의》에서 다소 혼란스럽고 무리한 해석을 시도함으로써 이런 비판을 자초했다고 볼 수 있기 때문이다.

그가 제시한 분석 결과들을 놓고 얘기하자면, 다음과 같은 해석적 재정리가 필요해 보인다. 우선, 이탈리아 남부와 북부 지역정부 간의 제도적 성취도 차이를 설명함에 있어 퍼트넘이 직접적인 원인으로 강조한 것은 새로운 제도 개혁이 이루어진 1970년 이후 20여 년간 양 지역에서 확인된 시민 참여의 차이였다고 보는 게 적절한 첫 번째 해석이 될 수 있으리라는 것이다. 퍼트넘도 이 점은 분명히 강조한 바 있다. 그러면, 시민성의 역사적 연원에 있어 남북 지역 간의 차이와 지역정부 간의 제도적 성취도 차이, 이 양자 간의 관계는 어떻게 보는 게 설득력이 있을까? 남부와 북부 지역 간에 역사적으로 시민참여 전통에 차이가 있었다는 점에 착안해 최근의 시민적 참여의 양태와 지역정부의 제도적 성취도 차이에 작용한 역사적 배경이 있는지를 찾아보려는 궁금증은 충분히 이해할 수 있다. 하지만 그 시기를 약 1,000년 전으로까지 소급해 논의한다는 것은 사료적 근거든 논리든 그 어느 측면에서도 수긍하기 어려운 과도한 해석[27]일 것이다.

앞서 살펴보았듯, 퍼트넘의 사회적 자본 연구는 이탈리아에서 끝나지 않았다. 그는 이탈리아 연구에 이어 미국사회에서의 사회적 자본에 관한 후속연구를 이어갔다. 즉, 20세기 초반부터 오늘에 이르기까지 100여 년에 걸친 미국사회의 거시적 구조 변화를 사회적 자본 개념을 중심으로 분석했다. 정치학자이지만 사회학자의 연구라고 봐도 손색이 없을 정도로 사회학적 색채가 짙은 《나 홀로 볼링》과 《우리 아이들》이 그 대표적인 연구 성과라고 할 수 있다. 이러한 일련의 연구를 통해 퍼트넘은 오늘의 미국사회가 사회적 자본의 결핍과 그로 인한 공동체 해체 위기를 맞고 있다고 지적한다. 물론 퍼트넘이 오늘과 같은 심각한 사태가 갑자기 빚어졌다고 본 것은 아니다. 미국사회에서 사회적 자본은 20세기로 접어들면서 대체로 상승세를 보였고, 특히 1950~60년경에는 절정을 이루기도 했다고 한다. 하지만 이후 줄곧 하락했고, 지금은 최악의 상황이라는 것이다.

이와 같이 퍼트넘은 미국사회의 변화 추이와 오늘의 현실을 진단한 후 이를 극복하기 위해 나서야 할 주체에 대해서도 본인의 입장을 명확히 제시한다. 즉, 퍼트넘은 미국 진보 시대의 청년을 소환하면서 오늘의 청년들이 그들처럼 미국사회의 변화 주체로 나서서 진보적 역할을 감당해야 한다고 강조한다. 다시 말해 진보 시대의 청년들이 당시 사회의 정치적·경제적 불평등을 완화하고 사회적 자본을 확대하는 데 앞장섰듯, 오늘의 청년들도 '내'가 아닌 '우리'에 집중하면서 다시금 '함께하는 사회'를 지향하는 방향으로 상승세를 이끌어줄 것을 강력히 촉구한다(퍼트넘, 2023e, 2023f).

지금까지 살펴본 것처럼, 퍼트넘의 사회적 자본론은 이탈리아에서부터 미국사회의 오늘에 이르기까지 현대사회의 구조적 특징을 사회적 자본과 연관 지어 분석함과 동시에 처방을 제시하고 있다는 점에서 눈길을 끈다. 이러한 퍼트넘의 연구는 이번 연구에도 적지 않은 시사점을 제공한다. 공동체의 해체가 현대사회의 보편적 위기로 부상하고 있다고 보는 가운데 농민시장의 잠재력에서 작지만 하나의 돌파구를 찾아보고자 하는 것이 이번 연구의 이론적·실천적 문제의식이기 때문이다.

사회적 자본 개념에 대한 재성찰

사회적 자본에 대한 좀 더 명료한 이해를 위해 여기서는 앞서 살펴본 부르디외, 콜먼, 퍼트넘의 사회적 자본론에서 두 가지 측면에 대해 되짚어보려 한다.

우선, 사회적 자본 개념을 어떻게 이해할 것인가 하는 점이다. 사회적 자본은 통상 '사람들이 자신의 개인적 목적의 실현을 위해 사회적 관계social relationships를 활용할 때 등장하는' 개념으로 알려져 있다(Graeff, 2009: 143). 부르디외, 콜먼, 퍼트넘 등이 제시한 사회적 자본 개념의 초점은 실제로 사회적 자본의 도구성에 맞추어져 있다. 이런 공통점은 이를테면 사회적 관계의 연결망이 행위자의 목적 달성에 요긴하게 활용될 수 있다고 한 콜먼의 주장에서 쉽게 확인할 수 있고, 사회적 자본이 또 다른 형태의 자본 획득에 도움이 될 수 있다고 본 부르디외에게서도 발견된다. 이탈리아 북부 지역의 시민들이 자신들의 관심에 따라 합창단이나 축구팀 같은 다양한 자발적 결사체를 조직해왔다고 본 퍼트넘의 설명도 이 점에 있어서는 마찬가지다.

그렇다면, 사회적 자본은 결사체를 구성하는 인간 행위의 동기가 전적으로 사회적 네트워크라는 관계적 자본을 동원한 사적 이익 추구에 있음을 설명할 목적으로 고안된 개념이라고 이해하면 충분한 것일까? 간단히 답하자면, 사회적 자본 개념을 이런 식으로 이해하는 것은 부분적으로만 타당하다고 할 수 있다. 왜냐하면 사회적 자본은 공익을 지향하는 것도 있고, 공익과 사익을 동시에 추구하는 형태도 있기 때문이다. 예컨대, 퍼트넘은 공적 목표를 지향하는 사회적 자본 형태로 구급차 자원봉사 단체를, 그리고 공익과 사익 모두에 기여하는 것으로

로터리클럽을 들었다(퍼트넘, 2000: 25).

사회적 자본 논의에서 유의해야 할 또 한 가지 측면은 사회적 자본의 부정적 측면이다. 사회적 자본 연구자들은 사회적 자본의 긍정적 기능 못지않게 사회적 자본의 부정적 잠재력을 간과하지 말아야 한다고 강조한다(포르테스, 1998, 2003; 울콕, 2003). 사회적 자본을 둘러싼 학술적 논쟁에서는 사회적 자본의 긍정적 결과에 관한 관심이 지배적이지만 사회적 자본의 성격을 온전히 이해하기 위해서는 그 부정적 함의에도 주목할 필요가 있다는 것이다(Graeff, 2009: 143). 부르디외나 콜먼, 퍼트넘 등도 실제로 이런 측면에 관심을 기울였다. 예컨대, 콜먼은 특정인의 사회적 자본이 타인에게는 무용하거나 심지어 때로는 해가 될 수 있음을 분명히 했다(콜먼, 2003: 93). 그런가 하면, 퍼트넘은 사회적 자본으로부터 혜택받는 사람과 그렇지 못한 사람에 대해 공동체적으로 항상 고민할 것을 주문했다. 사회적 자본에 사회적 불평등이 배태되어 있다고 보았기 때문이다. 사회적 자본이 네트워크 밖에 있는 사람들에게 미치는 효과가 결코 늘 긍정적인 것은 아니며 심지어 "사회적 자본이 반사회적인 결과를 가져올 수도 있다."[28]는 그의 지적도 같은 맥락에서 나온 것으로 볼 수 있다. 따라서 퍼트넘은 사회적 자본의 긍정적 결과를 극대화하고 부정적 결과를 최소화할 수 있도록 신경을 써야 함을 강조했다(퍼트넘, 2003: 140, 2009: 23-25).

이와 같이 사회적 자본 개념 그 자체와 사회적 자본의 부정적 잠재력에 주목하면서 지역공동체 수준에서의 사회적 자본 구축을 위해 노력하는 것은 지역의 공동체성 유지와 강화를 통한 지역의 지속가능성 확보라는 관점에서 매우 중요하다. 사회 제반 영역에서 사회적 자본을 축적하고 확산하려는 집합적 시도들은 우리 사회를 보다 '품위 있고 성숙한 사회'로 나아가게 하는 사회진화의 엔진이기 때문이다. '신뢰와 소통, 협력에 기반한 사회적 역량'(KBS 사회적 자본 제작팀, 2011: 311)으로서의 사회적 자본은 상호인정과 존중의 문화를 정착시키는 사회적 씨앗인 것이다.

3장

이론적 분석 틀과 연구 방법 및 자료

1. 이론적 분석 틀: 사회적 상호작용, 배태성 그리고 사회적 자본의 순환

앞서 살펴본 바와 같이, 배태성 개념은 진화를 거듭하면서 사회적 관계의 구조 안에 묻어 들어가 있는 경제적 행위 또는 '개인들 간의 연결망'에 의해 제약받는 경제적 행위에 각별한 관심을 기울여왔다. 다시 말해, 시장에서 취해지는 이해당사자들 간의 상호작용에 미치는 비경제적 요인의 중요성에 주목해온 것이다. 이러한 발상은 먹거리 영역, 특히 농민시장 연구로 확장되었고, 마침내 사회적 배태성, 공간적 배태성, 자연적 배태성처럼 한층 더 정교화된 개념적 분석 틀을 갖추기에 이르렀다. 그렇다면, 농민시장에서 이루어지는 생산자와 소비자 간의 상호작용과 농민시장의 배태성을 어떤 관계로 이해해야 할까?

미국의 공동체지원농업과 농민시장의 배태성을 비교한 저자의 연구에 의하면(김원동, 2016c), 농민시장은 공동체지원농업에 비해 사회적 배태성은 다소 약했으나 자연적 배태성과 공간적 배태성의 수준은 대체로 유사했다. 소비자들은 농민시장에 참여하는 농민과 판매되는 먹거리에 대해 상당한 신뢰감을 보였고, 지역산 친환경 먹거리의 구매를 위해 시장을 찾는 것으로 나타났다. 농민시장의 특징으로 확인된 상당한 수준의 사회적 배태성, 자연적 배태성, 공간적 배태성은 그러한 신뢰와 지속적인 거래 관계의 결과이자 원인이었다. 다른 한편, 한국 원주 농민시장 사례 연구에 의하면, 사회적 배태성과 공간적 배태성의 특성은 현저했으나 자연적 배태성은 다소 약했다(김원동, 2023a, 2023b). 원주 농민시장의 자연적 배태성이 약했던 이유는 소비자들의 주된 관심과 관련이 있었다. 즉, 소비자들의 시장 방문 동기는 공식적인 유기농산물 구매가 아니라 원주 지역에서 생산되는 제철 농산물이었다(김원동, 2023b). 이렇듯 농민시장에서 농민과 소비자가 어떤 부류의 먹거리를 염두에 두고 어떤 식의 지속적인 상호작용을 하느냐에 따라 농민시장의 배태성과 사회적 관계의 성격은 달라질 수 있다. 요컨대, 농민시장에서의 사회적 상호작용이 농민시장의 다양한 배태성을 형성하듯, 농민시장의 배태성 또한 생산자와 소비자 사이의 상호작용과 관계의 구조화에 부단히 영향력을 행사한다는 것이다.

그런가 하면, 사회적 자본은 신뢰에 중점을 둔 개념으로 점차 자리를 잡았다. 일례로 감베타Gambetta에 의하면, 불신distrust처럼 신뢰trust란 어떤 행위자가 특정한 맥락에서 다른 사람 또는 집단의 특정한 행위를 실제로 관찰하기에 앞서 그러한 행위를 하리라고 예상할 수 있는 어떤 주관적 수준의 확률이다(Gambetta, 2000: 217). 이러한 신뢰 개념은 다소 추상적인데, 그의 다음과 같은 후속논의를 보면, 그 의미가 좀 더 선명해진다. "우리가 누군가를 신뢰한다거나 신뢰할 수 있다고 얘기할 때, 그 말은 우리가 그와 어떤 협력적 행동을 고려해도 좋을 정도로 그 사람이 우리에게 충분히 도움이 되거나 적어도 해롭지는 않을 행위를 할 것이라는 확률을 은연중 함축한다. 마찬가지로 우리가 누군가를 신뢰할 수 없다고 말할 때는 우리가 그렇게 할 수 없을 정도로 그런 확률이 매우 낮음을 시사한다(Gambetta, 2000: 217-218)." 국내의 한 연구자는 신뢰와 사회적 자본에 관한 감베타의 개념을 환기하면서 신뢰야말로 사회적 관계를 전제로 함과 동시에 그러한 관계 속에 존재하는 전형적인 사회적 자본임을 강조한다(박찬웅, 2000: 169). 이는 사회적 자본과 신뢰 간의 개념적 상호 관계의 핵심을 간명하게 정리한 것이라고 볼 수 있다. 물론 사회적 자본의 지적 계보를 추적해보면, 사회적 자본 개념은 '집합적인 관계의 연결망'(부르디외), 특정한 사회적 관계의 구조에서만 유통되는 '유용한 정보, 기대감과 의무감, 효과적인 규범'(콜먼), '호혜성의 규범, 시민적 참여의 네트워크'(퍼트넘) 같은 신뢰의 여러 구성요소 또는 신뢰와 병렬적 위상을 갖는 여러 가치의 집합적인 복합체라는 좀 더 포괄적인 함의를 지니고 있음을 알 수 있다.

이러한 관점에서 사회적 자본과 사회적 상호작용 또는 사회적 관계 구조 간의 상호 연관성을 재점검할 필요가 있다. 여기서 주목해야 할 것은 양자의 관계가 일방적이지 않다는 점이다. 앞서 시사했듯, 사회적 상호작용을 통해 형성되고 축적되는 사회적 자본이 이후의 사회적 관계의 성격과 구조에 역으로 영향을 주고, 그것이 다시 사회적 자본의 성격과 깊이에 영향을 미친다는 점이다. 말하자면, 사회적 자본과 사회적 상호작용은 일종의 선순환적 관계라는 것이다.

그렇다면, 사회적 자본과 배태성 간의 관계는 어떻게 이해해야 할까? 사회적 자본의 핵심적 구성요소인 신뢰는 시장의 생명선이라고 할 수 있는 '정보의 확실성credibility of information'을 제고해줄 뿐만 아니라 '거래비용의 절감lowering transaction costs'을 통해 경제적 교환을 쉽게 해주고, 복잡한 시장 거래에서 비롯되는 '위험과 불확실성risk and uncertainty'을 감소시켜준다(Mariola, 2012: 579). 이는 곧 사회적 자본이 농민시장에서의 거래를 촉진하고[29], 그에 수반되는 배태성, 특히 사회적 배태성의 형성과 축적에 도움을 줄 수 있음을 시사한다. 다른 한편, 배태성과 사회적 자본 간의 관계는 이와 반대 방향으로 움직일 수도 있다. 이를테면, 사회적 배태성이 부정행위를 차단하고 경제적 교환에 요구되는 신뢰를 발생시킴으로써 사회적 자본의 형성과 축적에 기여할 수 있다는 것이다(Ferguson and Hansson, 2015; Morris and Kirwan, 2011a; Granovetter, 1985).

〈그림 3-1〉은 지금까지의 논의를 토대로 생산자와 소비자 간의 지속적인 상호작용, 사회적 자본 및 배태성 간의 관계를 종합적으로 다시 정리하여 도식화한 것이다.

〈그림 3-1〉에서 보듯, 농민시장에서 판매인으로서의 농민과 소비자 사이에 이루어지는 지속적인 상호작용은 사회적 자본의 형성과 축적으로 이어지고, 이것이 농민시장에서 주로 거래되는 먹거리의 성격과 맞물려 여러 유형의 배태성을 농민시장의 특징으로 자리 잡게 한다. 하지만 앞서 언급했듯, 이 과정이 이렇듯 한 방향으로만 기계적으로 진행되는 것은 아니다. 다시 말해, 농민시장에서 발견되는 사회적 자본이나 배태성이 역으로 생산자와 소비자 간의 상호작용에 영향을 주고, 판매인과 소비자 간의 상호작용에 침투한 그러한 영향력이 다시 이후

그림 3-1 농민시장에서의 사회적 상호작용·사회적 자본·배태성 간의 관계

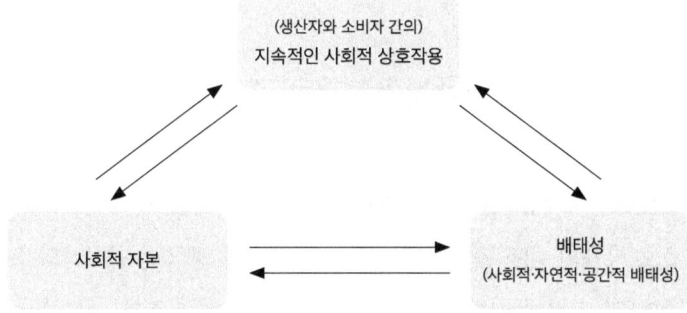

의 상호작용 과정에서 농민시장의 사회적 자본과 배태성의 성격에 어떤 식으로든 스며들게 된다는 얘기다. 농민시장에서 계속 이어지는 이러한 순환 관계가 농민시장에서 전개되는 판매인과 소비자 간의 상호작용의 성격과 시장의 배태성 및 사회적 자본의 조합 양상을 다양하게 만드는 현실적 요인이자 작동 원리인 셈이다. 현저한 배태성의 유형이 농민시장별로 서로 다른 이유도 마찬가지로 이런 맥락에서 찾을 수 있음은 물론이다.

결국 농민시장이라는 주기적 공간에서 반복되는 생산자와 소비자 간의 상호작용, 그리고 그 과정에서 생성되는 사회적 자본과 배태성은 그곳에서 거래되는 먹거리의 성격을 매개로 끊임없이 서로 영향을 주고받는 양방향성 속에서 계속 변화하는 유동성을 특징으로 한다고 볼 수 있다.[30] 이런 점에서 영국 농민시장에서의 사회적 상호작용과 사회적 자본 및 배태성의 특성은 한마디로 일반화할 수 있는 성격의 것이라기보다는 이러한 이론적 분석 틀을 토대로 농민시장별 사례연구를

통해 구체적으로 밝혀내야 할 경험적 연구 과제라고 봐야 할 것이다.

2. 연구 방법과 연구 전략 및 분석 자료

이 연구의 목적은 영국 농민시장에서 이루어지는 판매인과 소비자 간의 상호작용의 내용을 분석하고, 그 과정에서 영국 농민시장의 특징을 사회학적 관점에서 파악하는 데 맞추어져 있다. 주된 연구 대상은 농민시장에 참여하는 농민과 가공식품 판매인 그리고 소비자다. 이 밖에 이번 연구 목적의 실현에 도움이 될 수 있는 농장의 피고용 판매인, 농민시장 관리인, 농민시장 비참여 일반 농민, 시민 등에 대한 조사를 부차적으로 병행했다. 특히 집중적인 분석을 시도했던 '에든버러 농민시장'의 시장관리인과는 여러 차례에 걸쳐 직접 만나 면접조사도 하고, 이메일을 통해 취득한 추가 의견을 연구에 반영했다.

이번에 사용한 주된 연구 방법은 심층면접법이다. 친근한 분위기 속에 실시되는 심층면접이 계량적 방법보다 면접 대상자들의 진솔한 생각을 이끌어내는 데 훨씬 더 유용한 접근방법이 될 수 있다고 판단했기 때문이다. 그렇게 확보한 각종 자료를 생생하게 전달하고 분석하기 위해 면접 과정에서 오간 대화 내용을 가능한 한 직접인용의 형식으로 자세하게 서술하고자 했다.

이번 연구에서는 어느 연구에서나 기본적으로 활용되는 문헌연구도 이루어졌다. 이 책의 주제가 영국 농민시장인 만큼 이와 관련된 연구 문헌과 자료를 주로 검토했다. 또 영국 농민시장의 모델 격인 미국 농민시장과 견주어볼 필요가 있다고 판단되는 대목에서는 비교 작업을 시도했다.[31] 이와 더불어 영국 농민시장이 우리에게 주는 함의의 관점에서 영국과 한국 농민시장 간의 비교 검토 또한 연구의 끝부분에 곁들였다. 이러한 일련의 작업 과정에서 영국을 비롯한 미국, 한국 정부 및 관련 공공기관[32]에서 제공하는 보고서와 통계 자료들도 폭넓게 검색, 활용했다. 특히 이번 연구가 농민시장의 경험적 사례들에 기반을 둔 분석이기 때문에 연구 결과의 일반화 과정에서의 설득력 제고를 위해 영국 농민시장을 둘러싼 구조적 환경에 관한 최근의 통계 자료들도 최대한 찾아 활용하고자 했다.

참여관찰법 또한 쓰임새 있게 적용해 그 결과를 본문에 녹였다. 이는 현지조사에서 보고 느낀 점들도 농민시장의 핵심을 파악하는 데 있어 매우 소중한 자원이 될 수 있기 때문이다. 몇 시간에 걸쳐 시장통을 여러 차례 오가다 보면, 실제로 현장이 발산하는 다채로운 매력에 흠뻑 젖어 들게 된다. 판매인과 고객의 화사한 표정, 인간미가 묻어나는 정겨운 거래 장면, 시장통을 감도는 거리 음악의 선율, 유모차, 부모의 손을 꼭 잡거나 아빠의 어깨에 걸터앉아 이곳저곳 구경하느라 정신이 없는 어린아이들, 컬러 화보畫報 사진용으로도 어울릴 법한 매혹적인 색상의 채소와 과일, 환경 의식을 연상케 하는 소비자들의 다양한 에코백. 이 같은 다양한 장면들이 퍼즐처럼 어우러져 주기적인 먹거리 공동체를 형성하는 가운데 여타의 시장과는 구별되는 농민시장의 독특한 분위기를 만들어낸다. 농민시장에 따라 규모나 입지는 달랐으나 영국 농민시장은 한결같이 농민시장 고유의 공동체적 특성을 이방인인 저자에게도 오감五感으로 오롯이 전달해주곤 했다. 그래서인지 현지조사에서 체감했던 것들은 문헌연구와는 견주기 어려울 정도로 언제나 강렬했고 여전히 기억의 저장고에 추억처럼 쌓여 있다. 저자가 지난 약 15년간 농민시장이라는 주제를 중심으로 현장조사를 계속할 수 있었던 동력의 원천도 바로 이런 점이 아니었을까 싶다.

현장에서 촬영했던 사진들 또한 이번 연구의 유용한 자료로 적극 활용하고자 했다. 저자는 연구 현장의 사진이 현지조사 연구에서는 매우 요긴한 보조 자료가 될 수 있다고 생각해왔다. 따라서 영국의 여러 농민시장을 방문할 때마다 시장 안에서 이루어지는 다양한 움직임을 사진으로 담아내는 작업을 틈틈이 시도했다. 이 책에 그중 일부를 추려 연관된 대목의 서술 내용을 보완하는 시각적 자료로 배치했다.

경험적 대상들에 대한 분석의 이론적 토대는 앞서 살펴본 바와 같이 배태성과 사회적 자본 개념이다. 즉, 사회적 자본과 배태성 개념을 중심에 두고 영국 농민시장에서 전개되는 사회적 상호작용의 성격과 시장의 특징을 살펴보려 한 것이다. 이 작업은 물론 농민시장의 공동체적 함의에 관한 관심을 늘 염두에 두고 진행하고자 했다.

분석 대상 중 비중이 가장 큰 곳은 영국 스코틀랜드 에든버러에서 열리는 '에든버러 농민시장'이었다. 이 시장은 저자가 2015년 2월에서 2016년 2월까지 국외 연구년 차 머물렀던 에든버러에서 열리던 농민시장이었기 때문에 체류 중 여러 차례 방문하여 참여관찰과 면접조사를 추진할 수 있었다. 다른 지역의 농민시장보다 충분한 시간을 갖고 여유롭게 조사를 이어갈 수 있었고, 그렇게 해서 얻은 비교적 풍부한 기록을 보관하고 있었기 때문에 이번에 집중적인 분석을 시도할 수 있었다. 한국에서 해외로 현장조사를 갈 경우에는 예산과 시간상의 제약으로 인해 대개 3주 안팎의 짧은 기간에 조사를 마쳐야 하는 게 일반적이다. 따라서 에든버러 농민시장의 사례처럼 같은 시장을 여러 차례 방문하기는 어렵다. 단기 체류 기간 중 같은 시장을 여러 번 방문하는 게 현실적으로 거의 불가능한 또 다른 이유는 같은 장소의 농민시장이라 하더라도 많아야 대개 일주일에 한 번 정도 열리기 때문이다. 이런 현실에 비추어보면, 에든버러에서의 연구년은 저자에게 에든버러 농민시장을 깊이 있게 경험하고 연구할 수 있었던 절호의 기회였다. 게다가 저자는 2018년과 2020년 한국연구재단의 지원으로 에든버러 농민시장을 각각 한 차례씩 더 방문하여 추가적인 현장 조사를 할 수 있었다.[33] 결국 에든버러 농민시장은 2015년 체류 당시부터 2020년까지 10여 차례 넘게 드나들며 조사한 셈이다. 여러 번 조사했지만 모두 5년 사이에 이루어진 것들이라 조사 시점에 따른 유의미한 차이는 발견되지 않았다. 따라서 여기서는 조사 연도와는 무관하게 하나의 자료로 보고 종합적으로 분석했다. 특히 시장을 여러 차례 드나드는 과정에서 시장관리인이나 상당수의 농민과 얼굴도 익히고, 친숙해졌기 때문에 에든버러 농민시장에서는 다른 농민시장과는 비교되지 않을 정도로 시장 참여자들과의 허심탄회한 대화가 가능했다.[34] 이번 연구에서 다른 농민시장들과는 달리 별도로 한 부部를 할애해 에든버러 농민시장을 비중 있게 다루고자 한 것은 이렇듯 이 시장과 참여자에 대해 집중적인 관찰과 연구를 할 수 있었기 때문이다. 저자가 에든버러 농민시장에 대한 분석 결과를 영국 농민시장의 사회학적 이해를 위한 토대로 삼고자 한 이유도 이런 배경에서 비롯된 것이다.

앞서 언급했듯이, 저자는 2018년과 2020년 영국을 재차 방문하여 런던, 배스, 카디프, 에든버러, 쿠파Cupar, 벨파스트, 맨체스터 등에서 여러 농민시장을 찾아다니며 현장조사를 수행했다. 재정 여건상 체류 기간을 각각 약 2~3주 정도로 짧게 잡아야 했던 데다 여러 도시로 이동하며 조사를 해야 했기 때문에 대상 농민 시장의 방문은 어디든 한 번으로 한정할 수밖에 없었다. 이러한 현실에서 영국 농민시장을 가능한 한 폭넓게 이해하기 위해서는 연구 전략이 필요했다. 우선, '배스 농민시장'과 적어도 웨일스의 농민시장 한 곳 정도는 반드시 연구 대상에 넣기로 마음먹었다. 배스 농민시장을 필수 대상지로 선택한 이유는 이 시장이 영국 최초의 농민시장이기 때문이었다. 이 시장이 어떻게 설립되어 오늘에 이르렀는지, 그 특징은 무엇인지 파악할 필요가 있다고 생각했다. 또 웨일스를 포함하려 했던 이유는 앞서 스코틀랜드의 에든버러 농민시장을 집중적으로 살펴보기로 한 만큼 영국의 또 다른 기둥인 웨일스에서 운영 중인 농민시장도 최소한 한 군데는 탐색해봐야겠다고 생각했기 때문이다. 이런 전략에 따라 선정된 웨일스의 농민시장이 바로 카디프의 '리버사이드 농민시장'이었다. 에든버러가 스코틀랜드의 수도이자 제1의 도시이듯, 카디프는 웨일스의 수도이면서 규모가 가장 큰 도시다. 따라서 4개 지역의 연합체인 영국의 농민시장이 지닌 일반적 특성을 이해해보려는 이번 작업에서 웨일스의 대표적인 농민시장 검토는 지역적 대표성을 반영하는 작업이 될 수 있다고 본 것이다. 이런 맥락에서 리버사이드 농민시장에 이어 이번 연구에서 살펴보았던 또 하나의 농민시장[35]이 '공동체 성장 농민시장'[36]이다. 런던이 영국 전체의 수도인 만큼 이곳에서 운영되는 농민시장도 분석 대상에 포함하는 게 당연하다고 보았기 때문이다. 조사에 투입된 시간과 조사의 깊이 측면에서 비교해보면, 리버사이드 농민시장과 공동체 성장 농민시장은 에든버러 농민시장에 크게 못 미친다. 이런 점에서는 배스 농민시장도 마찬가지다. 하지만 앞서 언급했듯, 저자가 국외 연구년을 맞아 1년 동안 체류하고, 이후 두 차례나 다시 방문조사까지 할 수 있었던 에든버러 농민시장은 오히려 예외에 속하는 사례라고 봐야 할 것이다. 국내에 터를 둔 연구자가 외국 농민시장에 대한 현지조사를 에든버러 농민시장에서의 경험처럼 자주 한다는 것은 현실적으로 거의 불가능하기 때문이다. 이런 몇 가지 이유에서 저자는 에든버러 농민시장을 별도의 부部 편제 아래 둠으로써 다른 곳보다 비중 있게 다루었고, 웨일스, 잉글랜드, 런던이 갖는 지역적 상징성과 영국 농민시장의 역사에서 갖는 위상을 고려해 이들 지역의 농민시장을 각각 한 곳씩 선정해 3곳의 농민시장을 하나로 묶어 제3부에 배치했다.

이 밖에 이번 연구의 주된 분석 대상이 아닌 다른 농민시장에서 면접했던 판매인, 소비자, 시장관리인뿐만 아니라 일반 농가의 농민, 대학 캠퍼스에서 대화할 기회를 가졌던 학생 등[37]이 제시해준 의견들도 필요한 대목에서 분석 자료로 적극 활용하고자 했다.

제2부

영국 농민시장 분석(1):
스코틀랜드의 에든버러 농민시장

4장

에든버러 농민시장의
역사와 운영 실태

1. 스코틀랜드의 수도, 에든버러 개관

에든버러는 15세기 이후 지금까지 영국 스코틀랜드의 수도다. 2024년 기준 추계 인구는 약 55만 8,700명이다.[1] 에든버러의 관문이라고 할 수 있는 웨이블리역Waverley Station을 빠져나오면 곧바로 웅장한 에든버러의 풍광이 한눈에 들어온다. 마치 철도역의 후면을 장식하기 위해 그려놓은 한 폭의 병풍처럼 스코츠맨Scotsman 호텔을 비롯한 중세풍의 견고한 석조건축물들은 보는 이의 감탄을 자아낸다. 시선을 우측의 가파른 언덕 쪽으로 돌리면, 난공불락의 요새 같은 에든버러성Edinburgh Castle이 도시의 역사를 웅변하듯 버티고 서 있다. 그 아래쪽 평지에는 '신고전주의 양식의 건축물'로 알려진 스코틀랜드 국립미술관Scottish National Gallery이 반듯한 자태로 오가는 이들의 눈길을 사로잡는다. 미술관 전면에는 벤치와 풀밭에 기대어 햇살과 여가를 즐기는 시민들로 붐비는 공원이 길고 넓게 펼쳐져 있다. 주변의 웅장함에 평온함이 더해진 느낌이다. 미술관과 맞닿아 있는 시내 초입 대로의 신호등 앞에 서면 이번에는 길 건너편에 줄지어 서서 세련된 현대도시 에든버러의 개성을 발산하고 있는 프린세스 거리Princes Street를 만나게 된다. 스코틀랜드의 특산품과 음식 그리고 각양각색의 명품이 이제 막 중세 거리를 지나온 시간 여행자들을 볼거리와 먹거리, 기념품으로 반기며 유혹하는 듯하다. 중세와 현대가 교차하는 듯한 분위기 속에 도로 중앙으로는 환경친화적인 대중교통수단, 에든버러 전차Edinburgh Tram와 버스가 도심을 가로지르며 달린다. 웨이블리역을 경계로 사방에서 제각각 시선을 끌어당기는 대조적인 모습들이 방문객들에게 과거와 현재가 공존하는 도시, 에든버러의 묘한 매력을 선사한다.

에든버러는 1995년 '유네스코 세계문화유산UNESCO World Heritage Site'으로 지정된 역사적 도시이기도 하다. 구시가지Old Town와 신시가지New Town로 구성된 에든버러는 곳곳에 도시를 수놓은 듯 자리 잡은 고풍 어린 수많은 명소를 품고 있다. 앞서 언급한 에든버러성을 필두로 스코틀랜드 국립미술관, 스코틀랜드 국립현대미술관Scottish National Gallery of Modern Art, 스코틀랜드 국립초상화미술관Scottish National Portrait Gallery, 스콧 기념탑Scott Monument, 조니 워커 프린세스 거리Johnnie Walker Princes Street, 스코틀랜드 의회Scottish Parliament, 스코틀랜드 국립박물관National Museum of Scotland, 에든버러 왕립식물원Royal Botanic Garden Edinburgh, 스카치위스키 체험장The Scotch Whisky Experience, 홀리루드하우스 궁전Palace of Holyroodhouse, 왕실 요트 브리타니아호The Royal Yacht Britannia 등이 그것이다.[2] 구도심의 로열마일Royal Mile, 로열마일에 세워진 애덤 스미스Adam

Smith와 데이비드 흄David Hume 동상[3], 도시 전경을 내려다볼 수 있는 아서 시트Arthur's Seat, 스코틀랜드의 명문 에든버러대학교[4], 존 녹스 하우스John Knox House, 코끼리 하우스Elephant House 등도 그냥 지나치기에는 아쉬운 개성과 서사가 깃들어 있다.

2. 에든버러 농민시장의 역사와 운영 실태

에든버러 농민시장은 이렇듯 다채로운 매력의 도시 에든버러에서 열리는 시장이다. 그것도 에든버러의 '대표적인 명소'라고 일컬어지는 유서 깊은 '에든버러성'의 테라스Castle terrace에서 개장한다. 매주 토요일 오전 9시부터 오후 2시까지 운영되는 정기 시장이다.

여기서 먼저 짚어보려는 것은 에든버러 농민시장의 역사[5]다. 21세기를 시작하는 첫해인 2000년에 문을 연 이 시장은 스코틀랜드 최고의 시장으로 널리 인정받고 있다.[6] 처음에는 한 달에 두 번씩 장이 섰으나 수요의 증가로 인해 2005년 주말마다 소비자를 맞는 시장으로 전환되어 오늘에 이르렀다. 이처럼 한 장소에서 매주 운영되는 농민시장은 스코틀랜드의 경우, 에든버러 농민시장이 유일하다.

그렇다면, 에든버러 농민시장은 어떻게 운영되고 있을까? 여성 관리인(시장관리인 E13)에게 시장의 운영 방식에 관해 물었다. 그녀의 설명에 의하면, 이 농민시장은 판매인들의 자체 조직이 아닌 별도의 관리 대행 사기업[7]에 의해 운영되고 있다고 한다. 8명 정도로 구성된 시장 관리팀이 아침 5시에 시장에 나와서 판매대 설치를 비롯해 개장에 필요한 모든 준비를 해놓고 돌아갔다 오후 2시에 다시 와서 폐장 마무리

사진 4-1 에든버러성 배경의 장터

사진 4-2 시장 입구 철망에 걸어둔 시장 소개용 플래카드

사진 4-3 생산물을 살펴보는 소비자의 시선

사진 4-4 시장통의 연주자와 흥겨운 소비자

작업을 한다. 또 장이 열리는 시간대에는 자신을 포함한 3명의 회사 직원이 함께 판매인과 소비자들의 민원 처리를 포함한 시장 운영 관련 제반 업무를 맡아서 처리한다. 외부 지원 예산이 전혀 없기 때문에 시장의 지속적인 운영과 개선 작업에 요구되는 비용은 주週 단위로 계산되는 당일 참여 판매인들의 회비[8]로 전액 충당한다고 한다.

그러면 이런 방식으로 운영되는 에든버러 농민시장의 방문객은 얼마나 되고, 이들이 시장에 와서 쓰는 돈은 대략 얼마나 될까? 여성 관리인(시장관리인 E13)이 2015년 이메일을 통해 전해준 정보에 의하면,

주당 평균 방문객 숫자는 6,000명(성수기에는 9,000명) 정도 되고, 연간 방문객은 30만 명 정도로 추산된다고 한다. 소비자들이 시장에 와서 사용하는 액수는 평균 20파운드 정도라고 한다. 시장에서 만났던 또 다른 시장관리인(관리인 E14)은 방문객의 시기별 증감 추이와 그에 따른 시장 운영 분위기의 변화 양상에 대한 설명을 통해 에든버러 농민시장 운영의 연중 흐름을 알려주었다. 그에 의하면, 에든버러 농민시장에는 매주 거의 정기적으로 방문하다시피 하는 고객들이 많음에도 불구하고 지역 주민과 외지인의 시장 방문 규모에는 시기별 편차가 제법 있다고 한다. 우선, 그는 최고 성수기로 크리스마스 시기를 꼽았다. 크리스마스가 다가오는 11월부터 크리스마스 때까지 여기서는 언제나 연중 가장 규모가 큰 장이 서고, 제일 바쁜 나날을 보낸다.[9] 크리스마스 시기가 지나고 1~2월이 되면 시장은 매우 한산해지고 5월까지 비교적 느슨하게 운영된다. 5월이 끝나고 6월 일종의 휴가철이 시작되면 지역 소비자 중 일부는 휴가차 다른 곳으로 떠나기 때문에 사라지고, 그 대신 관광객이 늘기 시작한다. 그러다 여름 에든버러 축제 시기가 되면 몰려드는 관광객들로 인해 에든버러에는 사람들이 평소의 몇 배가 될 정도로 급증하고, 에든버러 농민시장도 덩달아 분주해진다. 축제 기간이 끝나고 나면 11월 이전까지 잠수하듯 다시 한산해진다. 결국 에든버러 농민시장의 사계(四季)는 매년 이런 식으로 계속 이어지고 채워진다는 게 그의 설명이었다.[10]

다른 농민시장과 마찬가지로 농민시장의 지속적인 운영 과정에 큰 영향을 미치는 변수는 소비자 못지않게 판매인들의 시장 참여 빈도일 것이다. 생산물의 공급자가 일정 수준 이상으로 늘 유지되어야 에든버러 농민시장도 시장으로서 제 기능을 수행할 수 있기 때문이다. 남성 관리인(시장관리인 E14)은 2015년부터 수집한 통계 자료[11]를 근거로 이 점에 대해 다음과 같이 얘기했다. 성수기인 8월과 크리스마스 시기를 제외한 나머지 달의 경우, 월평균 기준으로 매주 참여하는 생산자의 비율은 41.5%, 세 번 참여하는 사람은 9%, 격주 참여자는 27.4%, 그리고 한 번꼴로 참여하는 생산자는 22.1%라고 했다. 결국 판매인 중 약 절반은 거의 빠지지 않고 참여하고 있고, 격주 참여자까지 포함하면, 약 80%의 생산자가 적어도 격주로는 에든버러 농민시장에 판매인으로 참여하고 있는 셈이다. 이러한 판매인 참여 빈도에 비추어볼 때, 에든버러 농민시장은 시장으로서 제 기능을 수행하고 있다고 봐도 무리가 없을 듯하다. 스코틀랜드에는 에든버러뿐만 아니라 글래스고, 퍼스, 세인트 앤드루스 St. Andrews 같은 여러 다른 지역에서도 농민시장이 계속 열리기 때문에 지역 농민들이 에든버러에만 매주 참여하기는 어렵다. 그럼에도 에든버러 농민시장이 지금까지 계속 운영될 수 있는 것은 상당수의 판매인이 비교적 자주 참여해왔기 때문일 것이다.

또 매달 첫 주간에 열리는 농민시장에서는 시장 활성화 차원에서 슬로푸드 행사와 함께 이곳 시장에서 구한 식재료를 이용한 요리사 초청 요리 시범 행사를 개최한다고 한다(시장관리인 E13).

에든버러 농민시장의 운영에 결정적인 변수는 아니지만 시장의 운영과 모습이 날씨에 의해 영향을 받는다는 점도 언급할 필요는 있어 보인다. 물론 장이 서는 데 방해가 될 정도의 날씨가 아닌 한, 시장은 예정된 주말에 주기적으로 열린다. 하지만 기상 악화로 비바람이 거세게 몰아치는 날에는 평소처럼 가판대를 설치하는 것이 아니라 장터와 바로 인접한 길가에 트럭을 세워놓고 트럭의 측면에 물건을 전시해 소수의 판매인이 고객을 맞는다. 이메일이나 전화로 일기 예보를 통보받는 농민들은 날씨가 매우 안 좋을 것으로 예상되는 날에는 대부분 시장에 나오지 않기 때문이다(농민 E7). 날씨가 궂은 날에는 구매자 또한 적다. 일반 소비자도 그런 날엔 집에서 나오지 않고, 충성스러운 일부 고객만 장을 보러 온다고 여성 관리인(시장관리인 E13)은 말했다. 저자도 바람이 꽤 불고 비마저 조금씩 흩날리던 날에 에든버러 농민시장을 방문한 적이 있다. 아니나 다를까, 오가는 판매인도 소비자도 거의 없어 파장罷場 분위기였고, 조사도 제대로 진행할 수 없었다. 이 같은 현상은 에든버러 농민시장이 정례적인 시장이기는 하지만 건물 내부가 아닌 옥외에서 열리는 탓에 빚어지는 측면도 있어 보인다. 옥외 장터는 아무래도 날씨에 예민할 수밖에 없기 때문이다.

앞서도 언급했듯이, 에든버러 농민시장은 묘하게도 21세기를 여는 바로 그 첫해에 고색창연한 에든버러성을 배경으로 이곳에 들어섰다. 판매인과 소비자들은 에든버러 농민시장을 과연 어떤 시장으로 인식하고 있고, 이들의 생각을 통해 읽을 수 있는 이 시장의 특징은 어떤 것일까? 5장에서는 에든버러 농민시장과 농장에서 만난 판매인과 소비자, 시장관리인 등과의 대화, 참여관찰 및 이메일 교신에서 발견하고 확인한 것들을 정리하는 가운데 사회적 자본과 배태성의 렌즈로 이 물음에 대한 궁금증을 풀어보려 한다.

5장

현지조사를 통해 본 에든버러 농민시장과 사회적 자본 그리고 배태성

　에든버러 농민시장과 농장에서의 면접과 이메일을 통한 조사는 판매인과 소비자 그리고 시장관리인을 상대로 진행했다. 여기서 판매인은 편의상 두 가지로 분류한 범주를 모두 포함한다. 그중 하나는 농축산물 생산 농민뿐만 아니라 식품가공업자(낙농제품 제조업자, 제빵업자 등)를 포괄하는 범주로서 '농민 판매인'으로 일괄 표기했다. 농축산물을 재배하거나 그것을 원재료로 삼아 식품을 만드는 '직접 생산자'이면서 동시에 농민시장에 와서 판매인 역할도 하는 사람들을 '농민 판매인'이라는 대범주로 묶어 표기한 것이다. 또 다른 부류는 농장의 피고용인으로서 농장에서 농사를 같이 지으면서 농민시장이 열리는 날에는 판매인으로도 활동하는 사람, 농민시장에서의 판매를 전업으로 하는 사람, 그리고 인근 농민의 생산물을 구매해서 시장에서 되파는 사람 등을 총칭하는 범주로서, 여기서는 '판매인'으로 표시했다. 그리고 에든버러 농민시장 현장에서 근무하는 두 명의 시장관리인을 면접 대상자로 선정하여 면접과 이메일을 통한 조사를 병행했다. 이렇게 해서 판매인 12명, 소비자 16명, 시장관리인 2명을 상대로 크게 보면 세 시기에 걸쳐, 즉 2015~2016년 1년 체류 기간, 2018년 2월, 그리고 2020년 2월 각각 현지조사를 실시했다.

현지조사 대상자[1]의 기본정보는 〈표 5-1〉, 〈표 5-2〉, 〈표 5-3〉과 같다.

표 5-1 에든버러 농민시장 면접조사 대상자 기본정보 (농민 판매인)

조사 연도	조사 대상자	성별	비고
2015~2016	농민 판매인 E1	여	- 2015년 8월과 2016년 2월 두 차례 농민시장에서 면접 - 전직 의사였다 농민으로 전직한 사례 - 농민시장이 소득원의 전부
	농민 판매인 E2	남	- 2015년 8월은 농민시장에서, 그리고 2016년 1월은 농민의 소유 농장에서 방문 면접 - 주로 공동체지원농업을 하면서 농민시장 참여 병행 (소득원의 95%는 공동체지원농업이고 농민시장은 5%)
	농민 판매인 E3	여	- 축산 식품가공업 - 전직 IT 소프트웨어 전문가
	농민 판매인 E4	남	- 제빵업
	농민 판매인 E5	여	- 유기축산업 판매인 - 면접조사와 이메일 조사 병행
2018	농민 판매인 E5	여	- 유기축산업 판매인(2015년에 이어 두 번째 면접조사)
	농민 판매인 E6	남	- 유기농 채소 재배 - 주로 공동체지원농업을 하면서 농민시장 참여 병행
2020	농민 판매인 E7	남	- 유기농 채소·과일 재배
	농민 판매인 E8	여	- 우유·치즈 제조

표 5-2 에든버러 농민시장 조사 대상자 기본정보 (시장관리인과 피고용 판매인)

조사 연도	조사 대상자	성별	비고
2015~2016	피고용 판매인 E9	여	- 주요 판매 품목: 치즈와 귀리 비스킷 - 전직: 축산업(닭, 오리, 양, 젖소 등 사육)
	피고용 판매인 E10	여	- 주요 판매 품목: 유기축산물(육류와 계란)
	단순 판매인 E11	여	- 주요 판매 품목: 축산물(물소)
	피고용 판매인 E12	여	- 시장 면접조사와 농장 방문조사 병행
	관리인 E13	여	- 에든버러 농민시장 관리인 - 시장 면접조사와 이메일 조사 병행
	관리인 E14	남	- 에든버러 농민시장 관리인 - 시장 면접조사와 이메일 조사 병행

표 5-3 에든버러 농민시장 면접조사 대상자 기본정보 (소비자)

조사 연도	조사 대상자	성별	비고
2015~2016	소비자 E1	여	- 이탈리아 출신으로서 미국에서 살다 2004년 에든버러로 이주해 거주 중
	소비자 E2	남	- 채식주의자
	소비자 E3	여	- 업무차 에든버러에 체류 중인 호주인
	소비자 E4	여	- 70대 후반 지역 주민
	소비자 E5	여	- 20대 초반 지역 주민
	소비자 E6	남	- 20대 초반 지역 주민
	소비자 E7	여	- 30대 후반 지역 주민
	소비자 E8	여	- 50대 초반 지역 주민
	소비자 E9	남	- 30대 후반 지역 주민
	소비자 E10	남	- 30대 후반 지역 주민
	소비자 E11	남	- 40대 후반 지역 주민
	소비자 E12	여	- 50대 초반 지역 주민
	소비자 E13	여	- 30대 초반 지역 주민
	소비자 E14	여	- 30대 중반 지역 주민
	소비자 E15	남	- 80대 초반 지역 주민
	소비자 E16	여	- 80대 초반 지역 주민
2020	소비자 E15	남	- 2015~2016 조사 당시 만났던 E15와 동일인

1. 판매인의 시선으로 바라본 에든버러 농민시장

에든버러 농민시장을 수차례 오가며 농민 판매인들의 전시 품목을 둘러보면, 과일과 채소 판매처가 의외로 적음을 발견하게 된다. 저자가 목격했던 과일과 채소 판매대는 늘 두 군데였다. 시장에 따른 편차가 적지 않았지만 저자가 방문했던 대다수의 미국 농민시장에서는 대략 3분의 1 안팎의 판매대가 과일과 채소 품목을 취급하고 있었던 것과는 대조적이었다. 과일과 채소 판매대가 적어서 그런지 시장에 갈 때마다 그곳에는 다른 판매대보다 늘 길게 늘어선 줄을 볼 수 있었다. 저자가 방문했던 스코틀랜드의 다른 농민시장들도 사실은 이 점에 있어 크게 다르지 않았다. 왜 그럴까? 에든버러 농민시장에서 면접했던 한 남성 농민(농민 판매인 E2)[2]과의 대화에서 이런 의문 해소에 도움이 되는 약간의 단서를 얻을 수 있었다.

우선 다양한 채소를 재배하는 농가 자체가 잉글랜드에는 많은 데 비해 스코틀랜드에는 매우 적기 때문에 농민시장에서 채소나 과일을 판매하는 농가도 당연히 적다는 것이다.

> (농민시장에 참여하는 농가가 적은 이유는) 농장의 대부분이 상당히 많은 종류의 작물을 재배하지는 않기 때문입니다. 우리는 약 200종류의 작물을 재배합니다. 하지만 에든버러에 있는 농장 중 대다수는 밀, 보리, 유채를 재배합니다. 그런 작물이 재배하기 쉽기 때문이지요. 그런 농장에서는 200에이커의 농지에서 한 사람이 큰 트랙터를 이용해 농사를 짓습니다. 스코틀랜드에는 매우 다양한 종류의 채소를 재배하려는 농민이 그렇게 많지 않습니다.
> (농민 판매인 E2)

사진 5-1 과일과 채소 가게 앞 모습

사진 5-2 시장 풍경

스코틀랜드의 기후가 농작물 재배에 불리하다는 점 또한 채소나 과일을 재배해 농민시장에 지속적으로 공급하는 농가가 적을 수밖에 없는 이유라고 할 수 있다.[3] 이에 관한 농민의 답변을 정리해보면, 스코틀랜드의 기후 조건이 미치는 영향은 두 가지 양상으로 나타나는 듯했다. 우선 사계절 모두 비닐하우스에서 재배하는 농작물이 많다는 점이다. 스코틀랜드 지방은 비가 많이 오는 데다 바람이 거세게 부는 날이 많고 날씨가 추운 편이라 노지 재배도 하지만 작물을 보호하고 좀 더 오랜 기간 공급하기 위해 사철 모두 거의 비닐하우스에서 재배하는 것들이 많다고 한다. 또 다른 양상은 여름을 빼고는 개별 농장에서 직접 재배한 것을 공급하기가 어렵다는 점이다. 이 농민의 경우(농민 판매인 E2), 여름에는 자신이 판매하는 채소의 90%가 자신의 농장에서 재배한 것이지만, 겨울에는 10% 정도밖에 되지 않는다고 했다. 물론 겨울에는 자신이 직접 생산하지 못한 품목들은 다른 유기농 농장에서 생산한 것들을 구매해 제공한다고 했다. 이때 공급하는 것 중 60% 정도는 지역산이고, 영국산 여부를 기준으로 산정하면 대부분 이에 포함된다고 했다.

이 농민의 농장에서 농사도 짓고 농민시장에 나와 판매인 역할도 한다고 한 여성(피고용 판매인 E12)에 의하면, 이 농장에서 생산되는 것들은 유기농이라 슈퍼마켓보다 가격은 비싸나 품질은 월등히 좋다고 했다. 또 가격이 다소 비싸게 느껴질지 모르나 유기농업은 노동집약적 농업이기 때문에 그것은 수고에 따른 '공정한 가격'임을 강조했다.

이러한 사례는 에든버러 농민시장에 공급되는 과일과 채소의 상당수가 양질의 친환경 농작물이지만 지역의 기후 조건으로 인해 지역 농민에 의해 직접 생산된 것 외에도 인근 지역에서 생산된 것들이 적잖

게 포함되어 있음을 시사한다. 계절별로 보면, 지역 농장에서 대부분의 농작물을 직접 재배할 수 있는 기후 여건이 되는 여름철에는 지역산이 다른 계절보다 상대적으로 많이 공급되지만 그와 대조적으로 겨울철에는 그럴 개연성이 매우 낮다고 할 수 있다.

에든버러 농민시장에서 만났던 농민들의 얘기를 좀 더 들어보자. 여기서는 한 여성 농민(농민 판매인 E1)과 나눈 여러 측면에서의 대화에 특히 주목하고자 한다. 농민시장 참여 농민들이 농산물과 가축 및 가금류를 대개 어떤 규모와 방식으로 재배하고 사육하면서 생계와 영농의 지속성을 확보하고 있는지 잘 보여주는 사례라고 판단되기 때문이다. 이 농민은 다른 사람에게 빌려 쓰는 일부 농지와 자기 소유 농지를 모두 합쳐도 규모가 작은 편에 속하는 부지에서 양, 돼지, 닭, 오리, 크리스마스용 칠면조 등을 기르고, 양봉도 한다고 했다. 또 과수원에서 30여 종의 과일과 채소도 재배한다고 했다. 이 많은 농가 일을 누구와 하냐고 물었다. 평상시에는 주로 자신과 남편, 딸, 그리고 2명의 시간제 피고용인이 함께 감당하고 있고, 크리스마스 시즌과 같이 일손을 많이 필요로 하는 시기에는 임시로 많은 사람을 고용해 활용한다고 했다(농민 판매인 E1).

판로가 궁금해 농민시장 참여에 관해 물었다. 에든버러 농민시장에 판매인으로 참여한 햇수는 이미 12년이 넘었다고 했다. 자기 농장은 자동차로 이곳에서 북쪽 방면으로 1시간 정도 걸리는 곳에 있고, 그곳에서 살면서 토요일 아침마다 운전해서 여기로 와서 판매하고 당일 밤에 짐을 꾸려 귀가한다고 했다. 현재 참여하는 농민시장은 이곳 외에도 여러 곳이라고 했다. 세인트 앤드루스 St. Andrews와 던디 Dundee의 농민시장을 포함해 대략 8개 정도의 농민시장에 매달 나가 판매하고 있다는 것이다. 특히 농민시장에서 자신의 생산물 전부를 판매하기 때문에 농민시장 이외의 다른 판로는 필요하지 않고 원하지도 않는다고 단호하게 말하기도 했다(농민 판매인 E1). 여기까지의 얘기를 정리하면, 이 여성의 경우는 소규모 가족농에 속하고 다양한 가금류와 가축, 과일 및 채소를 길러 여러 농민시장에 내다 팔면서 자신의 생계와 영농 활동을 이어오고 있는 농가라고 할 수 있다. 이 여성 농민과는 달리 에든버러 농민시장에 참여하는 농민 중에는 특정한 작물이나 품목에 특화된 생산물을 판매한다거나 농민시장뿐만 아니라 다른 판로를 통해 얻는 수입을 합쳐 가계비와 영농 유지비를 충당하는 농민도 적지 않았다. 또 자기 수입원의 극히 일부를 농민시장에서 얻고, 다른 판로를 주된 수입원으로 삼는 농민도 있었다.[4] 하지만 저자의 사례조사 경험들에 의하면, 위의 여성 농민 사례는 영국 농민시장 참여 농민들 사이에서 발견되는 일반적인 특징을 어느 정도 보여준다고 할 수 있다. 생산 품목의 다양성, 소규모 가족농, 여러 농민시장에의 참여 같은 요소가 그것이다. 그러면 이 농민은 과일과 채소, 육류 등을 어떤 방식으로 생산해 공급하고 있는 것일까?

이 농민(농민 판매인 E1)이 예시한 꿀 사례를 먼저 보면, 소비자들이 슈퍼마켓에 가면 꿀을 여기보다 저렴하게 살 수 있겠지만 그 꿀은 유럽연합산産과 비非유럽연합산을 혼합한 것이고, 상당량의 중국산 꿀을 섞은 꿀이며 설탕 시럽도 첨가한 것들이다. 이에 비해 자기 농장에서 내놓는 꿀은 가격은 비싸나 품질이 훨씬 더 좋은 다른 제품이라는 것이다. 달걀 얘기도 비슷했다. 슈퍼마켓의 달걀은 매장에 들어올 때 이미 나온 지 2주 정도 지난 것들이지만 자기 농장에서 공급하는 달걀은 이틀밖에 되지 않은 것이라고 했다. 비슷한 가격을 받지만 슈퍼마

사진 5-3 유기농 플래카드를 걸어둔 과일과 채소 가게

사진 5-4 판매대 모퉁이에 걸어둔 유기농 닭과 달걀 표지판

켓 달걀보다 훨씬 더 신선하다는 것이다. 또한 슈퍼마켓의 닭은 2주 정도 팔 수 있게 포장지 안에 가스를 주입하지만 자기 농장의 닭은 가스를 넣지 않기 때문에 일주일 안에 팔아야 한다고 했다. 소비자는 가스가 들어간 닭을 원치 않기 때문에 당연히 자기 농장에서 공급하는 닭을 선호한다고 했다. 이 농민의 농가에서 주된 판매 품목을 "닭장에 가두어놓지 않고 방목해서 기른 닭, 유기농 닭고기와 달걀free range & organic chicken & eggs"이라고 표현한 것도 이런 얘기와 맞닿아 있는 듯했다(농민 판매인 E1). 꿀, 달걀, 닭의 사례가 시사하듯, 농민시장의 근거리에 위치한 지역 농장에서 대규모의 관행적 축산이나 양봉과는 구별되는 친환경적 방식으로 생산한 것들을 공급하려 애써온 이 농민의 사고와 행동이 결과적으로 에든버러 농민시장에 자연적 배태성과 공간적 배태성을 축적, 유지하는 데 일조해온 요인임은 재론의 여지가 없을 것이다.[5]

소비자의 반응과 관련한 물음에서 이 농민은 생산품이 곧 자기 자신을 보여주는 것이나 다름없다는 생각을 갖고 생산했기에 품질이 기막히게 좋은 것이라고 강조하면서, 실제로 소비자들이 매주 자기 판매대를 찾아와 구매해 간다고 했다. 고객이 행복해하면서 매주 자신의 가게를 찾는 것 자체가 그만큼 자기 물건의 품질을 인정하기 때문이라는 것이다(농민 판매인 E1). 이 농민에게 단골이 많으냐고 묻자 손님의 90%가 '단골repeat customers'이고, 이들의 계속되는 방문이 자기 가족 모두에게도 행복감을 선사하기 때문에 이런 점을 정말 중요하게 생각한다고 답하면서 뿌듯해했다. 직업 만족도에 대해서는 100% 만족한다는 흔쾌한 답변이 돌아왔다. 물론 바람이 많이 불고 춥고 땅이 젖어 질퍽해서 농장에 나가 일하는 게 즐겁지 않은 날도 있지만 대체로 아침 일찍 일어나 다양한 영농 작업을 하면서 사는 게 전체적으로 보면 정말 즐겁다고 했다. 특히 농민시장에 나와 다양한 모습[6]을 보면서 자기 농장에서 생산한 것들을 팔고, 소비자들과 대면하는 시간을 갖는 게 너무 즐겁다는 것이다(농민 판매인 E1). 소비자의 대다수가 단골이고 이들과의 정기적인 만남이 삶에 활기를 불어넣어주는 소중한 시간이자 삶이라는 얘기는 생산자 농민과 소비자 간의 관계에 경제적 이해관계뿐만 아니라 이를 넘어선 인간적 친밀감과 신뢰도 함께 배태되어 있음을 시사한다.

한 채소 재배 농민은 자신의 생산품의 품질이 대형마트의 것보다 우월한 근거로 '신선도'를 강조했다.

> 이제 막 수확한 것이기 때문에 역시 신선하죠. 오늘이 토요일이잖아요. 이 양배추들은 금요일에 수확한 거예요. … 개별 슈퍼마켓의 경우에는 빨라도 (수확한 지) 4~5일 정도 지난 것들이죠. 하지만 오늘 이 물건은 어제 딴 것이에요. 집에 가져가셔서 4일 정도 보관하셔도 문제가 없을 겁니다. 슈퍼마켓에서라면, 이걸 그때쯤 사게 되겠지요. … (여기서는) 소비자가 신선한 것을 구할 수 있고, 생산지도 알 수 있어요. 여름철에는 저희가 여러 가지 잎들을 혼합한 샐러드를 취급하는데요, 저희 것은 최장 3일까지는 보관하면서 드실 수 있답니다. 가게에서는 봉지에 유통기한이 6~7일 정도로 표기된 샐러드를 보곤 하잖아요. 저희 것은 그때쯤이면 다 썩어버리죠. 저희 샐러드는 3일 정도 보관이 가능한데 슈퍼마켓 것이 7일 동안이나 가능하다고 하면, 웃기는 일이지요. (농민 판매인 E7)

육류의 품질에 대해서도 유사한 답변을 들을 수 있었다. 한 농장 직원[7]은 자기 농장에서 나오는 육류의 품질이 뛰어난 이유를 여러 갈래로 설명해주었다.

> 무엇보다도 저희는 윤리적 사육을 합니다. 저희가 키우는 가금류는 자유롭게 오래 삽니다. 예컨대, 테스코에서 파는 닭고기는 3주 정도 우리에 가두어 사육한 것이지만 저희 고기는 … 12주나 때로는 14~16주 동안에 걸쳐 … 방목해 키운 것입니다. 훨씬 더 많은 작업이 요구되고, 돌보는 데 손이 많이 갑니다. … 이런 윤리적 측면이 중요하다고 생각해요. 덧붙여 얘기하자면, 저희는 그 어떤 화학물질이나 첨가제도 동물에게 먹이지 않는다는 점입니다. 그래서 (품질이) 더 좋다는 것이지요. … 이 점도 매우 중요합니다. 사람들이 농민시장을 찾는 이유도 바로 이런 점 때문이니까요. 고기 맛이 좋은 거죠. 소비자들은 이곳에 와서 첨가제나 화학물질이 전혀 투입되지 않은 고기를 사 가는 것이지요. (다른 곳의) 많은 고기에는 속성 사육을 하다 보니 첨가제가 들어갑니다만, 저희는 그런 게 전혀 없습니다. 저희는 토양협회의 인증도 받습니다. 이 말은 저희가 (사육 과정에서 유기농 같은) 어떤 기준을 준수하고 있다는 의미지요. (피고용 판매인 E10)

유기농 기준을 지키면서 화학물질이나 첨가제를 사용하지 않고 방목 상태의 윤리적 사육을 하는 이른바 '동물복지'에 입각해 생산된 육류이기 때문에 슈퍼마켓에서 파는 것보다 품질이 월등하게 좋을 수밖에 없다는 얘기다. 이러한 고품질 육류에 대한 욕구가 소비자들의 발길을 농민시장으로 끌어들이는 중요한 요인임을 구체적인 근거를 들어가며 설명해준 것이다.

에든버러 농민시장의 물소고기 판매인도 비슷한 얘기를 들려주었다

(판매인 E11). 이 여성 판매인[8]은 여기서 자기가 파는 고기는 식료품점보다 가격이 다소 비싸기는 하지만 품질은 지역 농민에 의해 생산된 것이라 최상급이라고 말했다. 또 자기네 고기를 계속 와서 사 가는 손님이 많다는 것은 그만큼 소비자들도 구매품의 품질을 인정할 뿐만 아니라 판매인을 확실하게 믿고 있다는 의미로 받아들일 수 있다고 자신감 있게 얘기했다. 이와 같은 소비자 신뢰에 대한 확신은 시장에 나와 많은 다양한 소비자와 만나 즐겁게 대화하는 과정에서 체득한 것으로 보였다. 특히 이 점은 자신이 농민시장에 판매인으로 참여하는 주된 이유가 소비자와의 즐거운 만남과 대화 때문이라는 답변에서도 짐작할 수 있었다.

고객이 농민시장에서 제공되는 먹거리의 품질을 신뢰하고 이로부터 만족감과 행복감을 느끼기 때문에 이곳을 계속 찾는다는 생각은 또 다른 농민 판매인에게서도 확인할 수 있었다. 채소, 육류에 이어 이번에는 가공식품에서 볼 수 있었던 실례를 살펴보려 한다. 지역에서 기른 돼지를 훈제한 고기 제품을 판다고 자신을 소개한 한 여성 가공식품 판매인(농민 판매인 E3)은 자신의 식품을 매우 자랑스럽게 생각한다며 자부심을 보였다. 그러면서 이 여성 판매인은 고객들의 말과 표정, 그리고 시장을 다시 찾아오는 사람들의 숫자에서 자기 식품에 대한 이들의 만족도를 읽을 수 있다고 했다. 이 농민에게 당신의 제품의 질을 소비자들이 신뢰한다고 생각하느냐고 좀 더 구체적으로 묻자, 두 가지 측면으로 나누어 답변했다.

하나는 농민시장에 와서 장을 보는 사람들은 가격보다 품질을 먼저 본다는 것이다. 가격을 먼저 보는 사람은 아예 이곳에 오지 않기 때문에 여기서는 품질이 먼저고, 가격은 그다음이라는 얘기였다. 자기가 파는 먹거리의 가격이 약간 비싸서 경제력이 되는 사람들이 찾는 편이지만 그래도 팔리는 이유는 소비자들의 그러한 인식에서 비롯된 것이라고 했다.[9] 두 번째는, 고객은 물건도 보지만 판매인과의 관계를 형성하면서 판매인 자체를 본다는 것이었다. 고객이 거래 과정에서 판매인을 좋아하게 되고, 그 과정에서 신뢰 관계가 구축되면 미래에도 계속 그 관계가 이어질 것이라고 했다. 자신 또한 주변의 다른 농민뿐만 아니라 고객을 만나서 대화하는 것 자체가 즐겁기 때문에 앞으로도 이 일을 계속할 생각이라고 했다. 이 농민의 경쾌한 얘기에서도 소비자와의 관계에서 형성된 믿음이 내면에 깊숙이 자리 잡고 있음을 충분히 감지할 수 있었다. 이렇듯 농민 판매인과 소비자 간의 지속적인 상호작용 과정에서 형성된 신뢰의 사회적 자본이 농민시장의 사회적 배태성과 맞물려 에든버러 농민시장의 특징으로 서서히 자리 잡아왔음을 알 수 있다.

　이 농민 판매인(농민 판매인 E3)과의 대화에서 눈길을 끌었던 또 다른 대목은 지역 시민들의 의식과 관련지어 설명해준 지역산 식재료로 만든 먹거리에 대한 얘기였다. 이 판매인은 에든버러 시민들을 좋은 먹거리의 가치와 그러한 먹거리를 만드는 힘든 작업의 가치를 인정해주고 스코틀랜드산 식재료로 만든 제품들에 대해 자부심을 지닌 사람들이라고 규정했다. 다시 말해, 지역산 식재료로 만든 제품에 애정을 갖고 이를 즐길 줄 아는 식문화가 이 도시에 형성되어 있기 때문에 지역의 축산업 소농에게 구입한 돼지를 가공해 만든 자신의 제품도 인정을 받는다고 생각한다는 얘기였다. 넓게 보면 에든버러의 일반 주민이, 그리고 좁게는 에든버러 농민시장의 고객들이 시장에서 판매되는 지역산 먹거리의 소중함과 가치를 신뢰하고 구매하는 반복적인 과정에서 에든버러 농민시장은 공간적 배태성의 형성과 축적의 계기를 또 한 번 확보하게 된 셈이라고 할 수 있다. 이 농민이 고소득 직업을 기꺼이 포기하고 지역산 식재료에 기반한 가공식품의 생산과 판매라는 새로운 일에 뛰어들 수 있었던 이유 중 하나도 소비자의 이러한 인식을 분명하게 간파하고 있었기 때문일 것이다. 이 판매인은 자신의 작업 공정을 비교적 자세하게 언급하면서 이 일이 자신에게 만족감을 안겨주며 그로 인해 현재의 직업에 자부심을 느낀다고 했다.

저는 도축을 즐기기 때문에 이런 제 일에 만족합니다. 이 일은 매우 창조적인 과정 가운데 진행됩니다. 돼지가 8마리든 2마리든 입고되면, 저는 돼지를 자르고 조각을 내고 변형시킵니다. 저는 돼지를 가지고 탐구도 하고 훈제도 하고 요리도 합니다. 일단 돼지가 제 손에 들어오면 … 정말 제가 전체 공정을 다 맡습니다. 멋진 돼지는 무한한 가능성의 세계를 의미하기 때문에 그것이 저의 창의성을 자극합니다. 도축은 흥미롭습니다. 고기를 1년 이상 숙성시켜 햄을 만드는 과정에서 화학적 변화와 고기 조직의 변화가 일어나기 때문에 그것은 매우 흥미진진합니다. 포도주나 위스키를 보는 것처럼 시간의 경과에 따라 일어나는 그런 변화 과정이 제게 매우 큰 만족감을 줍니다. (농민 판매인 E3)

그는 자기가 이전에 IT 분야에서 소프트웨어 전문가로 일할 때 하루에 벌던 액수를 지금은 한 달 일해야 번다고 얘기했다. 그러면서도 '행복한 농부'가 되기로 결심하고 전직轉職해서 갖게 된 지금의 일을 흔쾌히 즐기고 있다는 느낌이 대화 과정 내내 자연스럽게 묻어났다. 식재료의 '지역산'에 대한 판매인과 지역 주민 및 소비자의 인식이 에든버러 농민시장에서 이루어지는 사회적 상호작용에 반영되어 공간적 배태성을 낳고 환류하는 선순환 관계를 목격하는 순간이었다.

농민시장도 소비자의 욕구와 기대에 반드시 부응해야 지속될 수 있는 경제적 시장의 한 유형임을 부인할 수 없다는 관점에서 보면, 지금까지의 얘기는 상품의 품질이 소비자의 신뢰를 얻는 기반임을 농민시장의 참여 농민들이 잘 알고 있음을 확인해준다. 소비자와의 지속적인 거래 과정에서 생산자 농민의 존재 그 자체를 믿는 관계로까지 진화하게 만드는 요인은 무엇보다 시장에 내놓는 양질의 생산품을 통해 소비자의 신뢰를 확보하는 것임을 농민 판매인들은 분명하게 인식하고 있다는 얘기다. 그러한 소비자 신뢰가 다시 농민의 자부심과 직업 만족도, 그리고 생산과정에 들이는 정성을 자극하며 끌어올리고, 그로 인해 생산품의 품질은 일정 수준 이상을 유지하거나 더 개선되고 소비자의 신뢰는 더욱 두터워지는 것이다. 이와 같은 선순환 관계가 지속되고 강화되면서 에든버러 농민시장은 평범한 경제적 시장을 넘어 사회적 배태성, 자연적 배태성, 공간적 배태성을 구조적 특징으로 내포한 독특한 공간으로 거듭나는 것이다.

그러면, 농민시장과 지역공동체 간의 관계는 어떻게 이해해야 할까? 농민시장이 지역공동체에 어떤 기여를 한다고 생각하는지 물었다.

한 농민(농민 판매인 E1)은 자기 고객들이 농민시장을 좋아하는 이유에 대해 먼저 얘기했다. 고객들이 농민시장을 좋아하는 까닭은 기본적으로 대도시의 한복판에서 생산자로부터 농장의 신선한 농축산물을 구할 수 있다는 점에 있는 것 같다고 했다. 농민의 말은 간단했지만 여러 의미를 내포하고 있었다. 우선, 위의 얘기는 농민시장이 먹거리를 매개로 도시와 농촌을 이어주는 공간으로서 기능하고 있음을 시

사진 5-5 판매인과 소비자의 대화

사진 5-6 소비자 간의 대화

사한다. 즉, 농민시장이 농촌의 생산자 농민과 인근 도시 주민 간의 주기적인 대면적 직거래를 통해 도농먹거리공동체를 형성하게 함으로써 자본주의의 발전과 도시화로 인해 분리된 도시와 농촌의 간극을 다시 메우고 좁히는 접속 공간이 되고 있다는 것이다. 여기서 한 가지 더 주목해야 할 점은 농민시장에서 거래되는 먹거리의 특성이다. 농민시장에서 거래되는 먹거리는 슈퍼마켓 같은 매장에서는 구하기 어려운 '신선한' 먹거리다. 친환경적인 지역산 먹거리가 상징하는 신선도는 소비자의 공신력으로 자연스럽게 연결된다. 농민시장의 생명력이 자연적·공간적 배태성과 친화적일 수밖에 없는 이유도 바로 이런 점에 있다.

이 농민(농민 판매인 E1)은 농민시장이 농민 판매인 사이에 형성되는 '시장공동체'가 된다는 점에서도 공동체로서 기능한다고 했다. 예컨대, 판매인들이 닭과 생선을, 닭과 달걀을, 그리고 과일과 또 다른 것들을 서로 맞바꾸는 일이 농민시장에서는 계속 많이 일어난다는 것이다(농민 판매인 E1). 농민 판매인들이 팔다 남은 것을 다른 판매인의 것과 맞바꾸어 필요를 충족시키는 과정에서 형성되는 '공동체'(좀 더 구체적으로 얘기하자면, 일종의 물물교환 공동체)도 농민시장이 있음으로 인해 가능한 것임을 이 농민은 일깨워주었다. 이러한 성격의 공동체 형성에 대해서는 미국 농민시장 조사 과정에서도 들은 적이 있었다. 내용은 대동소이하나 당시 면접했던 농민 판매인은 아직 기억날 정도로 이 점을 좀 더 생생하게 표현한 바 있다.

농민시장에서 일어나는 또 다른 멋진 일은 (장을 마감한 후에 판매인인) 우리끼리 먹거리를 교환한다는 것입니다. 그래서 우리가 귀가할 때에는 유기농 닭, 생선, 채소, 빵, 치즈 같은 먹거리를 기분 좋게 가져간다는 것이지요.

… 이것은 환상적입니다. … 우리는 지금껏 먹거리를 (돈을 주고) 사러 간 적이 거의 없습니다. 우리가 필요로 하는 먹거리의 대부분을 바로 여기서 얻기 때문이지요. (김원동, 2007: 107)

이 여성 농민이 언급한 또 다른 공동체는 '소비자 공동체'였다. 많은 단골 소비자들이 매주 농민시장에 장을 보러 오기에 이곳에서 그들끼리 만나게 되고, 그런 과정에서 소비자 상호 간의 공동체가 자연스럽게 형성된다는 것이다. 많은 소비자가 농민시장을 친구를 만나는 만남의 장소로 삼는 경우가 대표적이다. 공동체의 관점에서 보면, 이 또한 농민시장이 공동체에 기여하는 방법이 될 수 있다는 것이다(농민 판매인 E1). 요컨대, 농민 판매인 상호 간에는 물물교환 공동체를, 그리고 소비자 상호 간에는 만남의 공동체를 형성하고 유지할 수 있게 뒷받침한다는 의미에서 공동체적 기능을 수행하는 공간이 바로 농민시장이라고 할 수 있다.

농민시장은 양질의 먹거리를 구하려는 소비자들이 그러한 먹거리의 구매가 가능한 장소라고 인식하고 마음먹고 찾아오는 곳이기 때문에 그렇게 해서 모인 사람들이 자연스럽게 공동체를 형성하게 된다. 한 여성 판매인은 이 점에 대해 다음과 같이 말한다.

농민시장은 일종의 '사회적 장소social site'입니다. 사람들이 이것(양질의 먹거리 구입)을 목적으로 선택해서 오는 곳이지요. 사람들은 뭔가를 구매해야 할 필요성 때문에 (어쩔 수 없이) 테스코에 가지만 여기는 자신이 원해서 오는 곳입니다. (피고용 판매인 E10)

특히 가족공동체의 결속력을 다지는 사회적 공간으로서 기능과 의미에 주목하는 얘기도 눈길을 끈다.

> 농민시장은 공동체의 측면에서도 좋아요. 농민시장은 사람들을 집 밖으로 나오게 하고, 슈퍼마켓이 아닌 그곳에서 장을 보도록 장려하거든요. … 사람들을 토요일 이른 아침에 장터로 오게 한다는 것은 … 농민시장이 공동체 차원에서 분명히 중요한 역할을 하고 있는 것이라고 저는 생각해요. 사람들은 이제 지역산과 우리의 특별한 생산품을 즐겨 구입하지요. 시장에서 파는 저희 스테이크도 분명히 그런 것이구요. 농민시장은 가족 구성원들을 외출하게 합니다. 가족은 일종의 일일 야외 나들이로 시장을 찾게 되는 셈이지요. 따라서 저는 이런 점이 훌륭한 사회적 측면임이 확실하다고 생각합니다. (판매인 E11)

가족 집단이 지역사회공동체의 가장 기본적이면서도 핵심적인 구성요소라는 점에 비추어보면, 농민시장이 가족 구성원의 야외 나들이와 이를 통한 결속력 강화를 촉진하는 사회적 공간이라는 점은 매우 의미 있는 공동체적 함의가 아닐 수 없다.

그런가 하면, 농민시장이 지역경제 활성화를 통해 지역공동체에 기여한다는 점을 강조하는 농민도 있었다. 이 농민은 이를 슈퍼마켓과 차별화되는 농민시장의 경제적 기능에서 찾고자 했다.

> 농민시장은 소비자들이 슈퍼마켓에서는 구할 수 없는 지역산 먹거리를 구매할 수 있게 해줍니다. 슈퍼마켓은 끔찍합니다. 지역산 먹거리를 구입해서 팔 수 있을 때조차도 좀 더 저렴하게 구입해서 더 많은 이윤을 남기고

팔 수 있다는 이유 때문에 슈퍼마켓은 외국산을 들여옵니다. 농민시장에서 구매하는 것이 슈퍼마켓에서 장을 보는 것보다 역시 공동체 내에 돈이 머물게 합니다. (농민 판매인 E2)

이는 공동체 유지의 필수적 토대에 해당하는 지역경제에 대한 기여를 환기하면서 결과적으로 지역공동체의 지속가능성을 견고하게 뒷받침하는 농민시장의 경제적 기능을 지적한 것이라고 볼 수 있다. 다시 말해, 농민시장이 생산자 농민과 소비자 간의 거래 과정에서 오가는 생산 및 구매 비용의 지역 내부적 선순환을 유발한다는 점에서 지역 순환경제에 일조하는 방식으로 공동체에 기여할 수 있다는 얘기다.

다른 한편, 에든버러 농민시장에 오랫동안 참여한 농민에게 그동안 여기서 달라진 게 뭐라고 생각하느냐고 물었을 때, 그녀는 공동체의 관점에서 새롭게 되짚어볼 만한 답변을 했다. 이 농민은 여행의 활성화로 여행지에서 맛봤던 음식을 거주지에서 다시 먹어보고 싶은 욕구에 대해서도 언급했지만 농민시장에서 거래되는 새로운 식재료나 음식이 이민자 집단에 대한 지역 주민들의 이해도를 제고하고, 확장된 공동체로의 재편에 기여할 수 있다는 점을 환기해주었다.[10]

두 번째 변화는 (농민시장에서 일어난) 사람들의 구매 품목 변화를 들 수 있습니다. 소비자들이 원래 구매하던 것은 매우 전통적인 것들이었는데 지금은 그 품목이 이전보다 훨씬 더 다양해졌습니다. 사람들이 여행을 하면서 유럽 여러 곳에서 맛본 것들을 에든버러로 돌아와서 다시 맛보고 싶어한다는 것이 그 첫 번째 원인이라고 할 수 있습니다. (영국에는) 폴란드, 루마니아, 헝가리, 체코 같은 동유럽 이민자들이 많은데[11] 두 번째 원인은 이와 관런이 있습니다. 이들은 훨씬 더 다양한 음식을 먹습니다. 그래서 저 또한 그들이 필요로 하는 것들을 팔고 있고, 원래의 지역 주민들도 이런 식재료나 음식을 보게 되면서 삽니다. 이민자들이 에든버러로 이주해 오면서 우리의 음식문화에 좋은 영향을 미치고 있는 것이지요. 매우 바람직한 현상이라고 저는 생각합니다. (농민 판매인 E5)

물론 이와 같은 생각이 아직 두드러질 정도로 표면화되고 있다고까지 말하기는 어렵다. 그럼에도 불구하고 이민자들이 농민시장을 드나들면서 자신에게 필요한 식재료를 찾고, 농민 판매인들이 그 수요에 적절히 호응하고, 평소 무관심하거나 관심이 적었던 원래의 지역 주민들도 호기심을 갖고 구매하면서 자신의 먹거리 목록에 이를 자연스럽게 포함시킨다는 사실은 주목할 만하다. 공동체의 성격에 영향을 미칠 수 있는 의미 있는 사회적 과정이라고 볼 수 있기 때문이다. 이색적인 새로운 먹거리 품목의 추가와 그에 따른 다양성의 증대, 포용적 음식문화의 창출 등을 토대로 농민시장이 이민자에 대한 지역공동체의 포용력과 확장성을 키우는 공간이 될 수도 있음을 조심스럽게 전망하게 된다. 브렉시트 이후 사회의 내적 통합이 그 어느 때보다 중요해진 것이 오늘의 영국 현실이라고 한다면, 농민시장의 이런 측면은 지역사회 통합 차원에서 작지만 주목할 만한 단서가 될 수 있을 듯하다. 공동체 통합의 관점에서 공기관의 정책적 손길이 미친다면, 이러한 불씨를 제도적 차원에서 살릴 방안 모색도 좀 더 구체화될 수 있을 것으로 보인다.

에든버러 농민시장의 판매인 중에는 직접 생산자이면서 장터에 나와 판매인 역할을 겸하는 농민도 있지만 농장 생산물의 단순 판매인도 있다. 그렇다면, 농민시장이나 판매 업무를 대하는 이들의 태도는 어떨까?

한 소농에서 만든 치즈를 전달받아 파는 일을 한다는 70대 여성 피고용자는 20년 전까지만 해도 가족과 더불어 농사를 지었고, 그 시절이 자신의 인생에서 최고의 황금기였다고 했다. 가족과 함께 농지에서 일을 하고 먹거리를 생산하는 것은 매우 멋진 일이라고 생각했기 때문이다. 이제는 그런 일을 하는 누군가의 생산물을 판매하는 일을 하는데, 이 일은 직접 농사를 짓던 것에 이어 그다음으로 자신에게 행복을 안겨주는 최고의 일이라고 뿌듯해했다(피고용 판매인 E9). 이 판매인은 이전에 해왔던 농사를 일종의 천직으로 여기고 있었고, 당시 하던 일 또한 그에 못지않은 즐거운 일로 생각하면서 판매 업무에 종사하고 있었기 때문에 일반 농민 판매인과 전혀 다른 바가 없어 보였다. 다시 말해, 비록 직접 생산자는 아니지만 그녀도 농민시장의 주요 구성원 중 한 사람으로서 소비자와의 친밀한 관계 속에서 에든버러 농민시장의 배태성 형성에 일정한 역할을 감당하고 있었다.

2. 소비자의 눈에 비친 에든버러 농민시장

10년 전 에든버러로 이사 온 이후로 거의 매주 토요일마다 에든버러 농민시장을 찾는다는 한 여성 소비자에게 구매 품목의 품질에 관해 물었다.

품질이 매우 좋아요. 슈퍼마켓에서 사는 물건에 비해 지역산인 데다 훨씬 더 신선하답니다. 특히 육류, 그중에서도 닭고기는 슈퍼마켓에서 사는 것보다 품질이 훨씬 더 좋아요. … 먹거리의 품질, 특히 채소의 품질은 (그 어느 매장보다) 신선합니다. 제가 알기로는 닭고기의 경우에는 (장터로 나오기) 바로 전날이나 당일 아침에 도축한다고 해요. 신선하고 품질이 더 좋을 수밖에 없지요. 생산물의 품질이 (에든버러 농민시장의) 가장 큰 매력입니다. (소비자 E1)

또 다른 남성 소비자도 이곳의 채소가 슈퍼마켓의 물건에 비해 품질이 좋다고 했다.

(이곳에서 판매하는 생산물은) 품질이 좋습니다. 슈퍼마켓에서는 공기를 넣은 포장지에 채소를 싸서 먹음직스러워 보이게 합니다. 하지만 봉지를 걷어내자 말자 바로 질적 저하가 시작되지요. (소비자 E15)

이 소비자(소비자 E15)에 의하면, 슈퍼마켓과 농민시장은 포장 여부에서도 차이가 난다고 했다. 즉 슈퍼마켓에서는 유기농을 포장해서 팔지만 에든버러 농민시장에서는 농장에서 재배한 것을 바로 가져다 파는 것이기 때문에 포장하지 않은 채로 판매한다는 것이다. 농민시장의 물건이 그만큼 신선하다는 것은 이런 비교에서도 확인할 수 있었다.

이와 같이 채소나 과일의 품질을 신선도와 연관 지어 얘기[12]하듯, 에든버러 농민시장에서는 육류의 품질과 건강관리를 묶어 강조하는 소비자도 만날 수 있었다.[13]

물론 슈퍼마켓에서는 보다 저렴한 가격으로 구매할 수 있을 거예요. 하지만 (에든버러 농민시장의 물건은) 품질이 훨씬 더 좋기 때문에 좀 더 비싸게 지불하고도 살 만한 가치가 있다는 거지요. 매일 닭고기를 먹는 것보다는 매주 한 마리 정도 먹는 것이 건강에도 더 좋습니다. 매일 먹는 건 좋지 않아요. 이를테면, 약 10파운드 정도 하는 품질 좋은 닭고기를 한 마리 구입하면 두 끼 식사를 해결할 수 있을 겁니다. 그렇게 보면, 가격이 그렇게 지나칠 정도로 비싸다곤 할 수 없겠지요. (소비자 E1)

이 여성 소비자가 다른 농민시장도 이용하고 있다면, 그 시장의 판매품에 대해서도 비슷한 생각을 갖고 있을지 궁금해져 그녀에게 다른 농민시장도 이용하는지를 물었다.

아닙니다. 에든버러에서는 이 농민시장이 규모가 가장 크고, 저희 집과도 가장 가깝습니다. 저희로선 (이용하기) 가장 편리한 곳이기 때문에 여기로 옵니다. 다른 농민시장도 있지만 저희에겐 이 시장만큼 편리하지는 않아요. … 여기서 20분 정도 떨어진 곳에 살기 때문에 저희는 늘 여기로 걸어서 온답니다. (소비자 E1)

위의 얘기들은 에든버러 농민시장의 몇 가지 특징을 재확인해준다. 에든버러의 소비자들이 보기에도 에든버러 농민시장은 지역에서 규모가 가장 큰 시장이고, 거주지 인근의 슈퍼마켓보다 가격은 다소 비싸나 훨씬 양질의 생산물을 판매하는 정기적 시장이라는 것이다. 특히 슈퍼마켓보다 물건 값이 비싼 만큼 적은 양을 구매하게 하고, 소식小食을 유도함으로써 저렴한 생산물을 많이 섭취하는 것보다 오히려 건강에도 도움을 주는 시장이 에든버러 농민시장이라는 것이다. 소비자들이 이런 의식을 폭넓게 공유한다면, 가격이 슈퍼마켓보다 좀 더 비싸더라도 소득이 적은 소비자들도 소량 구매와 소식을 통한 건강식健康食 전략으로 이곳을 이용할 수도 있을 것이다. 에든버러 농민시장의 이용자 계층이 다양해졌다(농민 판매인 E5)는 진단은 이런 방향으로 시민들의 의식 변화가 어느 정도 생기고 있음을 암시한다. 또 위의 소비자 얘기는 에든버러 농민시장을 자주 활용하는 소비자 중에는 도보로 이동할 만한 시장 인근에 거주하는 이들이 많이 포함되어 있을 것이라는 점을 시사한다.[14] 이 소비자는 의외로 여행객이 에든버러 농민시장을 많이 찾는 이유는 모처럼 온 경우라 자신의 숙박 장소와 관계없이 지역의 좋은 먹거리를 사러 시장을 기꺼이 방문하려 하기 때문이라고 했다. 여행객의 상황은 지역 주민이 거주지와 시장 간의 거리에 영향을 받는 것과는 다르다는 얘기였다. 이 소비자와의 대화에서 저자는 물건의 품질이나 가격 외에도 슈퍼마켓과 비교해 에든버러 농민시장이 갖는 의미와 한계 및 배경을 좀 더 잘 이해할 수 있게 해주는 단서를 발견할 수 있었다. 에든버러 농민시장에서 한 주 동안 필요한 일용품을 충분히 구할 수 있는지, 그리고 판매 물품이 다양한 편이라고 보는지 소비자에게 물었다.

그렇진 않습니다. 우유를 비롯해서 이 시장에서 구할 수 없는 것들은 지금도 (다른 곳에서) 살 수밖에 없지요. 여기서 모든 걸 구할 순 없답니다. 이를테면, 필요한 먹거리의 30~40% 정도를 조달하는 것 같아요. 채소는 거의 다 여기서 구입하구요, 닭고기와 달걀도 가끔 사지요. 그러니까 신선한 먹거리는 거의 다 여기서 해결하는 셈이지만 그 밖에 필요한 먹거리는 모두 슈퍼마켓에서 구합니다. ⋯ (에든버러 농민시장의) 물건은 선택지 측면에서 팬

찮은 편이기는 하지만 그렇게 많다고 볼 수는 없습니다. … 과일이 좀 더 많았으면 더 좋을 것 같아요. 하지만 스코틀랜드 날씨가 그런 걸 충분히 가능하게 할 만큼 좋지 않거든요. 그렇기 때문에 여기선 지역산 먹거리만 구할 수 있습니다. 당신이 여기서 없는 것들이 있음을 발견하게 되는 것은 (이곳의) 날씨 탓이지요. 하지만 (그래도) 좋아요. (소비자 E1)

이 소비자(소비자 E1)에게 에든버러 농민시장에 참여한 지난 10여 년 사이에 어떤 변화가 있었다고 보는지 물었다. 그녀에 의하면, 처음보다 규모가 커졌고 판매 품목도 다양해졌으며 좋은 먹거리를 사러 오는 외국 여행객들이 늘었다고 한다. 또 농민 판매인들과 마찬가지로, 성수기는 소비자들이 추수감사절이나 크리스마스 행사를 위해 칠면조를 비롯한 많은 것을 사러 오는 12월, 그리고 다양한 채소가 많이 출하되는 여름철이라고 했다.

가격에 상응하는 품질을 갖춘 신선한 지역산 먹거리의 구매처가 곧 에든버러 농민시장이라는 소비자 인식은 계절과 무관하게 거의 주기적으로 이들의 농민시장 방문을 유발한다. 또 그러한 과정에서 판매인과의 소비자 사이에는 친밀함과 상호 신뢰가 쌓이고, 지속적인 고객 관계로 점차 발전하게 된다. 판매인과 대화를 많이 하냐고 질문하자 소비자는 이렇게 답했다.

네, 저희는 대화를 많이 합니다. 저희는 항상 같은 판매인을 찾아가거든요. 저희가 닭고기를 사다 먹는 여성 판매인의 경우, 저희는 그녀의 가족, 딸에 대해서도 압니다. 그녀는 딸 사진을 보여줍니다. 그러니까 저희는 친구가 된 거죠. 가끔 그녀는 제게 선물을 주는데요, 저도 그녀에게 크리스마스 선물을 합니다. 늘 같은 판매인과 거래하기 때문에, 저희도 그 사람들을 잘 알게 된 거죠. 이와는 정반대로, 당신이 슈퍼마켓에 간다면, 당신은 그 사람들이 누군지 모릅니다. 설령 매주 간다고 하더라도, 그들은 여전히 당신이 누군지 모르지요. 하지만 여기는 다릅니다. 칠면조 판매인의 경우, "제가 나중에 와서 구매해 갈 테니 제걸 따로 떼어놔줄 수 있을까요?"라고 부탁하면, 이날 와서 저희가 가져갈 수 있거든요. 판매인이 그렇게 해주니까요. 그러니까 참 좋지요. (소비자 E1)

또 다른 소비자에게도 구매 제품의 품질과 가격에 관해 물었다. 매주 에든버러 농민시장에서 남편을 위한 육류도 사지만 본인은 채식주의자라 일주일 동안 먹을 채소를 주로 구매한다는 한 소비자(여성 소비자 E7)의 견해는 앞서 살펴본 소비자와 유사하면서도 약간 달랐다. 생산품들의 품질은 매우 좋은데, 슈퍼마켓과 비슷한 가격으로 여기서는 최상품의 먹거리를 구할 수 있다고 했다. 말하자면, 농민시장의 물건이 슈퍼마켓에 비해 가격 대비 품질이 좋다는 얘기였다. 이 소비자는 특히 에든버러 농민시장의 강점으로 자신이 선호하는 유기농 먹거리가 많다는 점을 꼽았다.[15] 이 시장에서 판매되는 먹거리의 질적 우수성을 담보해주는 토대가 바로 유기농임을 시사하는 평가였다.

슈퍼마켓을 뭉뚱그려 얘기하지 않고 고급 슈퍼마켓과 견주어 에든버러 농민시장 물건의 품질과 가격을 얘기하는 소비자도 만날 수 있었다. 사슴고기와 유기농 닭 등도 사지만 두 곳의 유기농 채소 가게에서 주로 채소를 구매한다는 이 소비자에 의하면(소비자 E8), 이곳 농민시장에서 거래되는 생산물의 품질은 매우 좋은데, 본인이 이용하는 매우 값비싼 슈퍼마켓과는 거의 비슷한 가격이라고 했다. 에든버러 농민시장 물건의 품질과 가격을 영국에서 운영 중인 다양한 슈퍼마켓의 상호와 수준을 구체적으로 거론하면서 비교해준 소비자도 있었다.

> (이 시장은) 양질의 유기농 생산물을 제공하는 매우 훌륭한 농민시장입니다. 닭고기의 경우를 들어보면, 여기 닭고기가 에든버러에서는 최상품입니다. 값싼 슈퍼마켓은 말할 것도 없고 가장 값비싼 슈퍼마켓의 것보다도 품질이 더 좋아요. (좀 더 구체적으로 얘기하자면), 에든버러에서 품질과 가격 모두에서 최고급으로 꼽히는 두 개의 슈퍼마켓인 '막스 앤 스펜서Marks and Spencer'와 '웨이트로즈Waitrose'의 것보다 여기서 파는 닭고기의 품질이 더 낫다는 거지요. 채소도 마찬가지구요. … (물론) '테스코Tesco'도 유기농을 취급합니다. 그곳 물건은 (유기농 중에서는) 가장 싸지만 그래도 괜찮은 편이죠. 세인즈버리Sainsbury's는 (테스코 물건보다는) 좀 더 비싸고, 유기농 채소의 품질은 약간 더 좋아요. … 이곳 농민시장의 채소는 심지어 품질이 매우 우수한 웨이트로즈의 것보다도 훨씬 더 좋답니다.(소비자 E11)

에든버러 농민시장과 슈퍼마켓[16]에서 판매하는 유기농의 차이점에 대해 지적하는 소비자도 있었다. 한 여성 소비자(소비자 E16)는 슈퍼마켓에는 대체로 유기농이 양적으로 적을 뿐만 아니라 종류도 다양하지 않다고 했다. 게다가, 채소의 경우 에든버러 농민시장의 것은 이곳에서 생산한 유기농이지만 슈퍼마켓의 유기농 먹거리는 상당수가 스페인에서 수입한 것이라고 했다.

15분 정도 걸어서 이곳에 온다는 한 여성 소비자(소비자 E12)도 집 근처 가게에서 구매하는 것들에 비해 역시 이곳의 물건이 훨씬 좋다고 했다. 물건의 품질이 좋고, 주변 환경도 멋지고 분위기도 좋기 때문에 이곳에 오는 걸 즐긴다는 것이다. 하지만 이 소비자는 이곳 물품들의 가격이 너무 비싸 다른 곳에서 조금 싼 지역산 먹거리를 사기도 한다고 했다. 이곳의 판매인들에게는 가게 임대료를 포함해 감당해야 할 비용들이 있기 때문에 이해할 수 있다고 하면서도 가격에 대해서는 다소 아쉬움을 드러냈다.

그런가 하면, 에든버러 농민시장에서 판매되는 생산물은 가격이 비싸나 품질은 '환상적'이라든가 슈퍼마켓과는 '완전히 다른' 물건이라는 식의 표현을 써가며 품질에 역점을 두고 그 질적 우수성을 전달하려는 소비자들도 볼 수 있었다.

> (에든버러 농민시장의) 물건은 더 비싸지요. 하지만 오래 갑니다. 이곳에서 산 샐러드는 한 주 내내 먹을 수 있는 데 반해 세인즈버리와 테스코의 것은 사나흘밖에 못 먹습니다. (소비자 E9)

> (에든버러 농민시장의) 생산품은 슈퍼마켓에서 구하는 물건보다 품질이 훨씬 더 좋습니다. 가격은 훨씬 비싸지만 품질은 정말 좋지요.… 세인즈버리와 테스코에 가서도 유기농을 살 수 있습니다. 그것들도 역시 비쌉니다. 그래서 저는 테스코나 세인즈버리보다 이곳에서 유기농 구매하는 것을 더 좋아합니다. (소비자 E10)

또한 슈퍼마켓에 비해 에든버러 농민시장에서 파는 생산물에 붙어 있는 다소 비싼 가격은 품질에 상응하는 정당한 것이라고 보는 소비자도 있었다(소비자 E13).

에든버러 농민시장이 문을 연 초기부터 지금까지 계속 이 시장을 이용한다는 또 다른 여성 소비자(소비자 E4)는 물건의 품질뿐만 아니라 가격도 저렴하다고 했다. 이 소비자는 신선한 지역산 채소와 육류 등을 이곳에서 구매한다고 하면서 슈퍼마켓의 물건보다 품질이 훨씬 좋다는 점을 먼저 언급했다. 그러면서 돼지고기 같은 경우에는 슈퍼마켓보다 품질이 절대 떨어지지 않으면서도 가격은 오히려 저렴한 편이라고 강조했다.[17] 이 소비자는 연간 식료품비의 90% 이상을 여기서 지출하고 있다고 했다. 또 판매인들과의 대화를 즐기고 있고, 자신의 생산물에 대해 자부심을 보이면서 소비자에게 조리법까지 알려주는 이곳의 판매인들을 전폭적으로 신뢰한다고 했다.

집과 농민시장의 거리가 매우 가까워 사철 내내 주말마다 아내와 함께 농민시장에 온다는 한 남성 소비자(소비자 E2)에게도 이곳 판매품의 품질과 가격에 대해 물었다. 그는 품질을 매우 높게 평가하면서도 테스코나 세인즈버리의 물건과 가격을 비교하기는 좀 어렵다고 했다. 채식주의자로서 특히 신선하고 품질 좋은 에든버러 농민시장의 제철 채소와 과일을 주로 구매하는 자기로서는 슈퍼마켓에 가서 장을 보는 일이 거의 없어서 가격을 잘 모르기 때문이라고 했다. 그의 가족의 한 달 식료품비 중 이곳에서 사는 식품비가 차지하는 비중이 얼마나 되는지 물었다.

> 봄과 여름철에는 … 60%가량 됩니다. 이곳 농민시장에 과일과 채소가 적게 나오는 겨울철에는 20~30% 수준으로 비중이 줄어드는 것 같습니다.
> (소비자 E2)

계절에 따라 농민시장에 출하되는 과일과 채소의 양과 종류가 달라지기 때문에 농민시장에서 먹거리 구매에 투입되는 소비자 비용도 가변적임을 알 수 있다.[18] 식품비 지출에 관한 얘기를 하면서 식료품 예산 중 상당액을 이곳에서 쓰는 주된 이유 중 하나로 판매인들에 대한 후원 동기를 언급한 부분은 특히 눈길을 끌었다(소비자 E8). 또 다른 여성 소비자(소비자 E14)도 여기서 이루어지는 농민들과의 직거래와 특히 유기농 구매를 통해 농민들에게 도움을 줄 수 있다는 게 좋아서 에든버러 농민시장에서 장을 본다고 했다.

> 저는 농민시장을 이용하기 전까지는 농민시장에서 구매하는 것과 슈퍼마켓에서 사는 것 간의 차이에 관해 생각해본 적이 전혀 없었어요. 그저 잘 먹으려고 했을 뿐이지요. 농민시장에서 구매한다는 것은 일종의 지역 영농과 지역 재배자에 대한 후원의 중요성을 이해한다는 의미지요. 주변에 슈퍼마켓이 너무 많기 때문에 저는 그 편의성에 대해서도 분명히 알고 있어요. 저희가 지역 농민들을 더 많이 후원해야 할 때라고 저는 생각합니다. (소비자 E14)

이러한 소비자들의 반응은 농민 판매인과 생산물에 대한 배려와 후원 동기에 기반한 신뢰가 에든버러 농민시장의 사회적·공간적·자연적 배태성을 형성하고 강화해온 또 다른 중요한 요인이었음을 짐작하게 해준다.

바로 앞서 언급한 소비자(소비자 E2)에게 주로 거래하는 판매인들을 얼마나 신뢰하는지 물었다. 그는 '더할 나위 없이 당연히' 그들을 신뢰한다고 응답했다. 이 소비자는 주로 찾는 판매인들의 판매대 위치를 일일이 언급하면서 그들로부터 특산물, 채소, 과일, 감자, 아스파라거스,

빵, 도심에서는 구하기 어려운 버섯 같은 여러 먹거리를 산다고 했다. 단골이 되어 농민시장에 올 때마다 이들을 찾아 구매하는 이유는 판매인들을 전폭적으로 믿기 때문이었다. 또 이 소비자는 지역공동체나 지역의 먹거리 생산자 그리고 소비자 모두에게 농민시장이 유익하다고 그 기여에 대해 언급하기도 했다. 물건을 소매점이나 중간 상인을 통해 유통하면서 빚어지는 유통 기간의 지체는 물론이고 운송비로 인해 추가되는 물건 원가의 증액 없이 생산자가 소비자에게 직접 파는 직판장 역할을 농민시장이 한다고 보았기 때문이다. 요컨대, 지역 생산자들은 농민시장에서 소비자들과 직거래를 할 수 있고, 소비자들은 보다 신선한 지역산 먹거리를 손쉽게 구할 수 있기 때문에 모두에게 이익이 된다는 얘기였다.

또 다른 한 소비자(소비자 E12)는 사슴고기의 거래 과정을 실례로 들면서 판매할 사슴을 어떻게 구하는지, 도축은 어떻게 하고, 요리 준비는 또 어떻게 하는지를 물으며 얘기를 나눈다고 했다. 그는 자신이 판매인과 이런 대화를 나누는 것을 좋아하고, 판매인들을 전적으로 신뢰한다고 했다.

생산자 농민에 대한 소비자의 신뢰와 그러한 신뢰에 기초한 관계의 형성이 어떤 식으로 이루어지고 어떤 의미를 갖는지 한 젊은 여성 소비자의 다음과 같은 얘기는 이를 좀 더 생생하게 보여준다.

(물건의 품질은) 탁월합니다. 정말 좋습니다. … 저는 이전부터 유기농 먹거리에 대해 관심이 많았습니다. … 그래서 제가 구매하는 먹거리를 생산하는 농장이나 판매인에 대해 더 많이 이해하고 있다고 생각해요. 저는 그 사람들과 관계를 맺어왔고, 그것은 역시 신뢰에 기반한 것이지요. 일례로 (제

가 구입하는 채소) 판매인 여성에 관해 얘기하자면, 그녀의 먹거리는 인증을 받지 않은 유기농입니다. 그녀는 인증을 받기 위해 예산을 쓰지는 않습니다. 그렇게 하려면 비용이 훨씬 더 많이 들고, 그로 인해 먹거리 가격도 더 비싸질 수밖에 없기 때문이지요. 저는 그녀를 신뢰하고 있고, 그녀의 그런 방침을 좋아합니다. 저는 어떤 물품이 유기농이라고 표기되어 있느냐보다는 인간 그 자체human being를 즐겁게 대하고 믿을 뿐입니다. 실제로 계속 오가면서 개인 간의 신뢰가 쌓이고, 그 판매인 여성과의 관계도 그렇게 형성되는 것이라고 봅니다. 매주 올 때마다 저는 그녀에게 안부를 묻고, 그녀는 제 안부를 묻습니다. 그러면서 저희는 대화하지요. 제가 서로 만나는 걸 좋아하고, (저희 사이에) 신뢰가 있는 것도 그래서입니다. 그 먹거리가 완전한 유기농인지 아닌지에 대해 저는 정말 개의치 않습니다. 저에게 그보다 더 중요한 것은 바로 그러한 관계거든요. (소비자 E5)

한 남성 소비자는 또 다른 각도에서 농민시장 생산물의 품질 확보와 판매인에 대한 신뢰 형성 과정을 설명해주었다. 즉, 같은 장소에서 주로 단골을 상대로 계속 장사를 해야 하는 게 농민시장 판매인의 구조적 환경이기 때문에 양질의 생산물을 내놓을 수밖에 없고, 결과적으로 소비자들도 그 품질과 판매인 자체를 신뢰하게 된다는 것이다.

저희는 사람을 신뢰합니다. 물건의 품질이 좋지 않다면, 저희가 당연히 얘기를 하겠지요. 농민들은 매주 여기로 와서 장사를 하기 때문에 마찬가지로 매주 그들의 손님을 필요로 합니다. 이들의 사업에 있어서 이 점은 매우 중요합니다. 그들이 자신의 직업에 충실해야 할 필요가 있는 것이지요. (소비자 E9)

네, 저는 (판매인들을) 100% 신뢰합니다. (구매해서 먹었는데) 제 속에서 잘 받지 않는다거나 뭔가 좋지 않다면, 판매인에게 가서 "이게 좋질 않아요."라고 얘기할 수 있을 것 같아요. 그러면 판매인들은 좋게 만들려고 노력할 것이고, 보상도 해줄 겁니다. (소비자 E13)

네, (판매인들을) 거의 100% 신뢰하는 것이나 마찬가지죠. (소비자 E14)

위의 인용문들은 물건의 질적 우수성에서 출발한 관계가 반복적인 거래 과정에서 서로 '대화'[19]도 나누면서 점차 물건에 대한 신뢰를 넘어 인간에 대한 신뢰로 발전하게 되고, 신뢰에 기반한 관계 그 자체가 소중한 가치로 자리 잡게 된다는 점을 실증해준다. 이는 또한 판매인의 먹거리에 대한 소비자 신뢰가 농민시장의 사회적 배태성으로 어떤 경로를 거쳐 축적되는지 예시해주는 것이기도 하다.

이 여성 소비자처럼 자신의 연령대를 20대 초반이라고 했던 남성 소비자(소비자 E6)의 얘기를 들으면서 무엇보다 두 사람의 유사점이 눈길을 끌었다. 거의 매주 토요일마다 에든버러 농민시장에 온다고 한 이 소비자는 유전자조작식품 같은 것 대신에 좋은 먹거리, 특히 지역산 유기농 먹거리이자 지속가능한 먹거리를 사기 위해 여길 온다고 했다. 유기농의 가치를 인지하고 이를 구하려는 친환경적인 먹거리 시민의식이 아직 소득이 적을 것으로 추정되는 젊은이들 사이에서도 한결같이 확인된다는 점에 주목하게 되는 것이다. 이런 현상은 에든버러 농민시장에 젊은 층이 예전과 달리 늘어났다고 진단한 여성 농민(농민 판매인 E5)의 얘기나 건강과 함께 소득을 동시에 고려해 양질의 먹거리를 소량 구매하는 전략을 연상케 한 또 다른 농민(농민 판매인 E1)의 언급과도 일맥상통하는 듯하다. 동시에 이는 농민시장을 경제적 여력이 있는 중산층 소비자들만의 공간으로 단정하는 계층적 시각이 다소 편향된 것일 수 있음을 시사한다.

이처럼 판매인과의 신뢰 수준이 이미 상당한 수준에 이르렀음을 보여주는 사례도 있었으나 소비자와 판매인 간의 대화의 성격이 지닌 다소의 실용성과 농민시장과 슈퍼마켓 간의 차별성을 엿볼 수 있게 해주는 사례도 볼 수 있었다. 먹거리의 건강적 측면에 많은 관심을 보였던 한 남성 소비자에게 판매인과 대화를 많이 하는지 물었다.

> 그럼요. (많이 합니다.) … 제가 먹거리에 대해 알고 싶은 게 많거든요. 저는 판매인들에게 질문합니다. 동물에게는 어떤 것을 먹이는지 등 … 저는 정말 많은 질문을 합니다. … 저희 어머니는 매주 이곳에 오시곤 하셨어요. 어머니는 그저 먹거리를 사기만 하셨기 때문에 티본스테이크처럼 여러 유형의 고기를 지칭하는 용어들에 대해 저는 잘 모릅니다. … 그런 것들에 관한 지식이 많지 않다는 것이지요. … (여기서는) 제가 판매인들에게 (먹거리의) 종류 등에 관한 것들을 물을 수 있습니다. 아스다, 세인즈버리 또는 테스코에 가서는 그런 질문을 할 수 없기 때문입니다. … 제가 여기에 와서 판매인들에게 배우는 것이지요. (소비자 E6)

농민시장이 성격상 먹거리를 사고파는 공간이기 때문에 양질의 먹거리에 관심이 많은 소비자들이 와서 먹거리의 생산과정을 둘러싼 내용을 대화의 출발점이자 주된 소재로 삼는 것은 당연하다. 그러면서도 농민시장이 돋보일 수 있는 것은 그곳에서는 너무나 자연스러운 먹거리 소재의 구체적인 대화가 슈퍼마켓에서는 전혀 이루어질 수 없다는 점이다. 소비자들은 이런 측면을 농민시장의 차별적 강점의 하나로 이해하고 있음을 위의 소비자는 보여준다. 결국 그러한 대화가 장날마다 반복되는 과정에서 생산물의 품질에 대한 신뢰는 두터워지고, 먹거리를 매개로 맺어진 판매인과 소비자 간의 지속적인 사회적 관계도 점차 먹거리 이상의 견고한 수준으로 진화하게 되는 셈이다. 그에 따라 시장의 배태성 또한 더욱 공고해짐은 물론이다.

업무차 에든버러에 머무르는 중이라고 한 호주 여성과의 대화는 일반적인 농민시장 방문의 계기나 에든버러 농민시장에 관해 여러 생각을 하게 했다. 그녀는 호주에 살면서 농민시장을 무척 좋아했기 때문에 매주 농민시장에 가서 좋아하는 먹거리를 구입하곤 했다고 한다. 요즘 호주에서는 유기농 채소와 과일을 포함한 온갖 종류의 먹거리를 펼쳐놓고 거래하는 농민시장이 전국 어디에서나 엄청난 인기 속에 열리고 있다고 했다. 본인은 최근 외국 여행을 자주 가는데, 그곳의 신선한 지역산 먹거리를 구해 먹는 것을 좋아하기 때문에 방문 지역의 농민시장을 찾아간다고 했다. 특히 본인이 슈퍼마켓보다 농민시장을 선호하는 이유는 주로 채식을 하는 사람으로서 슈퍼마켓에 비해 훨씬 더 신선한 채소를 구할 수 있기 때문이라고 했다. 에든버러 농민시장은 자기 친구들도 온라인을 통해 여러 해 전부터 알고 있었고, 본인도 이번 기회에 이용하게 되었다고 했다.[20] 인터넷을 매개로 한 연결망이 농민시장 애호가들에게 외국의 농민시장에 대해서도 관심을 갖게 하고, 기회가 되면 실제로 방문하게 유도하는 요인이 되고 있음을 시사한다. 또 그녀의 얘기를 통해 에든버러 농민시장이 평소 자국에서 농민시장을 이용하는 외국인들에게도 잘 알려진 영국 농민시장 중 하나라는 점도 감지할 수 있었다. 에든버러 농민시장에 대한 인상을 묻자 호주의 농민시장들에 비해 규모는 매우 작은 편이지만 상당히 품질 좋은 먹거리가 많고 사람들의 태도도 아주 친절한, 멋진 시장이라는 느낌을 받는다고 했다.

이 소비자는 농민시장에서의 먹거리 구매가 갖는 건강 측면의 강점에 대해서도 언급했다. 자신이 신선한 지역산 먹거리를 구해 먹으려 노력하는 이유는 지역산 먹거리가 건강에 도움이 되기 때문이라는 것이었다.[21] 또 향미가 물씬한 양질의 먹거리는 소량의 섭취만으로도 기분이 좋아지고, 체력도 더 좋아지게 한다고 했다. 양질의 지역산 먹거리의 이점에 대해 공감하는 이러한 소비자가 늘어나게 되면, 그것이 곧 농민시장의 자연적·공간적 배태성의 강화로 귀결될 수 있음을 이 소비자의 얘기는 짐작게 한다.

그런가 하면, 에든버러 농민시장의 소비자들은 농민시장이 지역공동체에도 여러 측면에서 분명히 기여하는 바가 있다는 견해를 보였다. 한 젊은 남성 소비자는 농민시장이 개인과 사회의 건강성 제고와 이를 통한 건강 관련 국가 예산의 절감에 도움을 준다는 점에서 공동체에 기여하는 바가 있다고 했다.

지속가능한 먹거리를 제공하고 건강에도 도움을 준다는 점이지요. 여기에 와서 유기농 먹거리를 산다면, 그게 곧 당신과 당신 가족의 건강에 좀 더 도움이 되는 먹거리를 구매하는 것이고, 결과적으로 사회를 더 건강하게 만드는 것인 동시에 (건강과 관련된) 국가 예산이나 기금을 절감하는 방법이 될 수 있다는 겁니다. … 더 건강한 식사를 하게 되기 때문이지요. (소비자 E6)

좋은 먹거리의 공급지로서 에든버러 농민시장이 지역사회를 건강한 공동체로 육성하는 데 기여할 수 있다는 얘기다. 농민시장의 지역공동체 기여도를 주말에 여유롭게 산책하면서 시장통을 오가는 사람도 구경하고 친구도 만나는, 매우 흥미로운 '만남의 장소meeting place'라는 점에서 찾는 소비자도 있었다(소비자 E8). 시장에서 1마일 정도 떨어진 곳에 산다고 한 이 소비자는 에든버러 농민시장에 올 때마다 오랜 친구와 먼저 통화해서 약속을 잡고 이곳에서 만난다고 하면서, 이곳이 지역사회의 '매우 사회적인 공간'으로 기능하고 있음을 강조했다. 또 다른 소비자(소비자 E9)는 토요일마다, 특히 날씨가 화창한 날에는 아침에 일어나 식사를 한 후 이곳에 와 물건을 사서 귀가하는 것이 '즐거운 일상nice routine'이 되었다고 했다. 에든버러 농민시장이 일종의 '일상적인 주말 나들이 공간'으로 자리를 잡은 것이다. 역시 비슷한 내용이지만, 주말에 외출해서 필요한 물건들을 구입하고 친구들을 만나 그동안 못 했던 이야기를 나누는 '일상적인 주말 쇼핑과 소통의 공간'이라고 특징짓는 소비자도 있었다(소비자 E9). 에든버러 농민시장이 지인들 간의 회합 장소로 이용되고 있다는 점은 먹거리를 계기로 공동체의 결속을 강화하는 공간으로 기능하고 있음을 의미한다. 이는 또한 이 시장을 잘 모르던 지역 주민의 방문까지 유도함으로써 시장을 활성화하고, 그에 따른 공동체 결속을 다시 한 번 강화하는 선순환적 순기능을 수행할 수 있다는 함의도 보여준다.

이런 측면은 에든버러 농민시장의 공동체적 함의를 현대사회의 고질적 문제와 연관시켜 언급한 한 소비자(소비자 E5)에게서 좀 더 분명하게 확인할 수 있었다. 이 소비자는 현대사회에서 개인은 누구나 할 것 없이 이웃과의 분리로 인한 고립감을 느낄 수 있는데, 농민시장이 새로운 관계의 형성을 통해 이 문제에 대한 어느 정도 대응책이 될 수 있다는 점에 주목하고자 했다. 즉, 농민시장에 참여하면서 내가 먹는 먹거리가 어느 농장에서 생산된 것이고, 또 그것을 재배한 사람이 누구인지를 확실하게 알게 되고, 그 과정에서 파생된 판매인과 소비자 간의 신뢰 관계를 토대로 공동체의식 또한 형성될 수 있다는 것이었다.[22] 말하자면, 에든버러에서 혼자 살아가는 게 아니라 함께하는 또 다른 사람들이 있음을 의식하게 됨으로써 정신 건강에 도움이 되고 소외감도 떨칠 수 있게 하는 촉매제 역할을 농민시장이 수행할 수 있다는 견해였다. 에든버러 농민시장이 '유기농 생산자 공동체'의 형성 공간이고, 관광객들이 이곳 지역 주민들의 생활양식을 부분적으로나마 공유할 수 있게 해주는 공간이며, 지역 주민이 친구와 만나 담소하며 즐길 수 있는 공간이라는 점에서 공동체에 기여할 수 있다고 얘기하는 소비자도 있었다(소비자 E12). 이 소비자는 에든버러 농민시장의 공동체적 함의를 생산자 농민과 소비자 및 관광객 모두에게 나름 유의미한 공동체적 체험을 가능하게 해주는 복합적 공간이라는 측면에서 찾고 있었던 셈이다.

지금까지 살펴본 바와 같이, 에든버러 농민시장은 주말마다 수많은 단골 소비자와 판매인이 곳곳에서 먹거리를 매개로 계속 거래하면서 친구가 되고 두터운 신뢰 관계를 구축해온 공간이다. 또 장이 열리는 주말마다 지역 주민들이 가족 단위로 또는 친구와 나들이 겸 함께 나와 즐기는 사회적 만남의 공간이다. 판매인과 소비자, 그리고 일반 주민이 이렇게 오랜 기간 어우러져 거래하고 교류하는 과정에서 에든버러 농민시장은 사회적·공간적·자연적 배태성을 내장한 지역사회의 의미 있는 먹거리공동체로 진화해온 것이다.

3. 에든버러 농민시장의 미래 전망과 지속가능성을 위한 개선 방안

에든버러 농민시장은 대개 직접 생산자인 농민과 농축산물 가공식품업자가 주요 판매자로 직접 나와 소비자를 상대하는 대표적인 직거래 장터로 주목받았다.

앞서 살펴보았듯, 에든버러 농민시장의 참여자들은 이 시장이 복합적인 공동체적 함의를 지닌 공간임을 일깨워준다. 주말 방문을 통해 먹거리를 구매하거나 지인들과 만나고 소통하는 과정에서 형성되는 '지역 소비자들 간의 공동체', 농민 판매인과 소비자가 먹거리를 매개로 거래하고 대화하는 가운데 만들어지는 '먹거리 기반의 생산자와 소비자 융합 공동체', 생산물과 생산자에 대한 소비자의 전폭적인 신뢰와 소비자를 향한 생산자의 관심과 배려에 기반한 '상호 신뢰의 공동체', 판매인 상호 간에 형성되는 '물물교환 공동체', 생산물의 품질에 대한 공감대를 기축으로 한 '친환경 먹거리 생산자 공동체', 산업화의 심화로 분리된 도시와 농촌을 새롭게 이어주는 '도농都農 먹거리공동체'가 바로 에든버러 농민시장이라는 것이다.

배태성의 관점에서 이러한 에든버러 농민시장의 공동체적 성격을 되짚어보면, 주기적으로 일정한 시간 동안 형성되었다 해체되는 반복적인 과정이 공동체의 참여자 모두에게 점차 각인되고, 사회적·자연적·공간적 배태성을 에든버러 농민시장의 구조적 특징으로 안착하게 했다고 해석할 수 있다. 하지만 농민시장에서 형성되는 다양한 공동체와 농민시장의 배태성 간의 관계가 일방향으로 형성, 진행되는 것은 아니다. 그러한 농민시장 공간의 구조적 특징이 다시 생산자와 소비자 간의 상호 신뢰와 참여 동기 및 복합적인 공동체의 지속을 강화하는 방향으로 작동하고, 그것이 또다시 시장의 배태성을 공고히 하는 자양분으로 환원되는 선순환 관계를 낳기 때문이다. 다시 말해, 에든버러 농민시장이 복합적인 속성을 내포한 공동체로 기능하고 지속될 수 있는 것 또한 농민시장에 축적된 배태성과 신뢰가 그러한 공동체에 큰 영향을 미치기 때문이라는 것이다. 요컨대, 에든버러 농민시장을 중심으로 형성되는 복합공동체와 농민시장의 구조적 특징은 독립변수와 종속변수로 구별된다기보다는 서로 밀접하게 연결되어 서로 영향을 주고받으며 상호작용하는 상관관계를 맺고 있다고 볼 수 있다. 이런 점에 비추어볼 때, 에든버러 농민시장의 미래 또한 참여자들 사이의 신뢰에 토대를 둔 시장의 배태성과 공동체가 앞으로 얼마나 더 견고해지고 지속될 수 있을 것이냐에 좌우될 것으로 보인다.

그렇다면, 복합적인 공동체적 함의를 갖는 에든버러 농민시장이 과연 지속가능할까? 물론 에든버러 농민시장 참여자들은 이 시장의 지속가능성을 기대한다. 하지만 그러한 지속가능성의 실현 여부에 대해서는 부정적인 전망에서 희망 섞인 긍정적 전망에 이르기까지 판매인과 소비자 사이에서도 엇갈리는 여러 수위의 의견이 공존한다. 에든버러 농민시장에 참여해온 판매인과 소비자, 시장관리인 등을 대상으로 한 일련의 조사에서 드러난 평가와 전망 그리고 시장의 성장을 위해 해결해야 할 시급한 과제를 정리하면 다음과 같다.

남성 시장관리인의 진단에 의하면, 대략 2000년에서 2009년경까지는 성장세였지만 그 이후 경기 불황의 영향으로 쇠퇴했고, 그로 인해 소비자들이 싼 물건을 파는 시장으로 이동하고 있다고 한다.

아마 … 경기 불황의 영향을 분명히 받을 겁니다. … 제 생각에는 언제나 제일 먼저 고통을 겪게 되는 부문이 소매 부문이니까요. 소매 영역, 특히 식품 가게들의 폐업이 진행 중입니다. 영국 같은 경우에는 (식품 부문에도) 일종의 위계 서열이 있습니다. 먹거리 체인과 같은 겁니다. 제일 하층에는 알디 같은 것이 있고, 상층에는 웨이트로즈와 농민시장이 있습니다. 그러다 보니 저희가 의심쩍어하고 있고, 당신도 보는 바와 같이, 경기 불황기에는 사람들이 말하자면 수준을 낮춘다는 겁니다. 그래서 웨이트로즈에서 장을 보던 사람은 웨이트로즈 대신 테스코로 가서 장을 볼 거예요. 테스코나 세인즈버리에서 장을 봤다면, 아스다에서 장을 볼 겁니다. 아스다에서 장을 보던 사람이라면, 리들 등에서 장을 보기 시작할 거구요. … 제가 이해하는 바로는 사람들이 자기의 먹거리 구매에 돈을 많이 지출하는 걸 정말 좋아하지 않는다는 거지요. … 사람들은 식료품비로 얼마를 지출할지 걱정하기 전에 자동차와 같은 것을 구매하는 데 돈을 지출하기 시작할 겁니다. 그래서 저는 회복이 시작되긴 했지만 완만하게 이루어지고 있다고 생각하는 거지요. (시장관리인 E14)

소비자들이 자동차 구매 같은 부문보다 식료품비에 대해 좀 더 관심을 가지고 지출을 늘려가는 게 과제임을 이 시장관리인은 강조하면서도 이런 방향으로의 변화 속도가 아쉽게도 느리다는 점을 지적했다.

한 남성 소비자에 의하면, 에든버러 농민시장의 판매인들이 일부 바뀌기는 했으나 이전에 비해 결코 성장했다고 보기는 어렵다고 했다. 그래스마켓Grassmarket[23] 같은 신생 시장의 출현으로 지금은 오히려 약간 규모가 축소되었다고 볼 수 있다고 하면서, 향후 이 시장의 규모는 늘 비슷한 수준일 것 같다고 전망했다(소비자 E9). 이전에는 이 시장의 단골이었지만 오랜 휴지기 끝에 다시 왔다는 소비자의 견해도 비슷했다(소비자 E11). 즉, 과거에 비해 성장했다기보다는 예나 지금이나 똑같은 듯하다고 했다. 이와는 달리, 그래스마켓이나 일반 시장인 스톡브리지 마켓Stockbridge Market 같은 새로운 시장이 있지만 사람들이 지역산 생산물의 가치에 대해 점점 더 많이 알게 될 것이기 때문에 이런 점에서 에든버러 농민시장의 미래는 낙관적이라고 보는 소비자도 있었다(소비자 E10). 비슷한 맥락에서 더 많은 사람이 잘 먹는 것과 유기농 먹거리 구매의 이점을 알게 될 것이기 때문에 에든버러 농민시장의 미래는 튼튼할 것으로 전망하는 소비자도 만날 수 있었다(소비자 E14).

에든버러 농민시장이 성장할 것으로 보느냐는 비슷한 질문에 대해 한 소비자는 결혼해서 가정을 꾸린 사람이라면, 가족의 건강을 챙기기 위해 유기농에 관심을 갖게 될 것이고, 그런 사람들이 차츰 더 늘어날 것이기 때문에 에든버러 농민시장은 분명히 성장할 것이라고 응답했다.

네, 저는 분명히 성장하리라고 생각해요. 제 친구를 포함해서 에든버러 농민시장에 관심을 갖는 사람이 점점 더 늘어나기 때문이지요. 저는 이 시장에 관해 얘기하기 시작했고, 친구와 그 가족을 이리로 함께 데려옵니다. 점점 더 많은 사람이 유기농의 가치를 발견하고 있다고 생각해요. 화학약품을 사용함으로 인해 많은 독성과 질병이 생긴다는 것을 알게 되었기 때문이지요. 그래서 많은 사람이 점점 더 이런 점에 관해 생각하기 시작한 거죠. 특히 아직 어린아이가 있는 가족은 더 그렇습니다. 가정을 꾸리지 않았을 때에는 사실 별 관심이 없어요. 공부하거나 노느라 바빠서 시간이 없거든요. 어떤 먹거리가 청결한지 아닌지 생각할 겨를도 없지요. 맛에 대한 선호는 있을지 모르겠지만 먹거리에 대해 진지하게 생각하질 않아요. 하지만 가정을 갖게 되면, 달리 생각하기 시작하지요. (소비자 E7)

다른 한편, 시장의 활성화를 통한 지속가능성의 확보를 위해 요구되는 개선책으로 주차 편의성의 확보를 드는 농민들(농민 판매인 E2, 농민 판매인 E5)도 있었다. 시장이 시내 부근이라 주차 요금이 매우 비싸서 지금은 주차 위반 딱지를 받지 않기 위해 두 사람이 와서 한 사람은 차 안에 앉아 있고, 다른 한 사람이 장터로 나와 급히 장을 보고 가는 경향이 있다는 것이다. 이처럼 여유롭게 장을 볼 수 없다 보니까 물건을 많이 사서 집으로 가져갈 수 없다고 한다. 따라서 먼 곳에 사는 사람들도 시장에 와서 장을 편히 볼 수 있게 에든버러 시나 주차 관리 기관과 협의해 현행 주차 할인제[24]를 무료 주차제로 변경할 것을 제안했다. 특히 한 농민(농민 판매인 E5)은 에든버러 농민시장의 인근에서 열리는 스톡브리지 마켓과 에든버러 농민시장의 입지에서 비롯되는 차이를 생각해보면 더 신경을 써야 할 부분이 바로 이 주차 문제임을 거듭 강조했다. 스톡브리지 마켓은 농민시장이 아니지만 학생, 전문직 종사자, 교수, 그리고 집에서 직접 식사를 준비해 해결하기 위해 시장에 오는 사람들이 매우 많이 거주하는 지역에 있기 때문에 이들이 매주 집에서 걸어와 장을 봐서 간다고 한다. 이러한 입지적 장점을 가진 스톡브리지 마켓과는 달리 에든버러 농민시장은 시장 인근에 주민이 많지 않고[25], 지나치기도 쉽기 때문에 비싼 주차 요금 문제의 해결이 매우 절실한 과제일 수밖에 없다는 얘기였다. 일단 주차 문제부터 해결해서 스톡브리지 마켓처럼 사람들이 지금보다 더 많이 모여들게 하고, 흥미로운 먹거리를 더 많이 제공한다면 시장의 지속가능성 확보에 도움이 될 것이라는 의견이었다. 시설 측면에서 화장실 얘기를 하는 여성 소비자도 있었다(소비자 E8). 시장 근처의 카페를 이용할 수도 있겠지만 화장실이 없어 불편하기 때문에 소비자들이나 여기서 일하는 사람들 모두를 위해 화장실을 갖출 필요가 있다고 이 소비자는 강조했다.

한 소비자(소비자 E1)는 에든버러 농민시장의 미래를 낙관하면서도 소비자들이 정기적으로 장을 보러 올 만한 매력적인 장소가 되려면 판매품의 가격이 지금보다 좀 더 저렴해져야 할 것이라고 했다. 슈퍼마켓에 비해 대체로 가격이 다소 비싸기 때문에 가격에 부담을 느껴 아예 찾지 않는 사람도 상당수 있을 것이라고 생각했기 때문이다. 가격 문제와 함께 이 소비자는 앞서 농민의 얘기와 비슷한 맥락에서 주차 문제를 거론했다. 자기처럼 시장 근처에 사는 사람들은 걸어서 올 수 있지만 원거리 거주자들은 차로 이동해야 하는데, 주차 요금에 대한 부담이 방문을 꺼리게 하는 것 같다고 했다. 슈퍼마켓은 주차비 걱정 없이 차로 이동해서 장을 볼 수 있다는 점에서 농민시장보다 더 편리하다는 점까지 고려하면, 이 소비자 또한 주차비 해결이 에든버러 농민시장의 미래에 큰 영향을 미칠 수 있음을 지적한 셈이다. 또 다른 소비자(소비자 E6)도 교통 문제의 맥락에서 비슷한 얘기를 했다. 특히 시장과 멀리 떨어진 곳에 사는 노년층이나 장애인들은 인근에 위치한 슈퍼마켓과는 달리 이곳에 오는 게 이동의 어려움으로 인해 마땅치 않다는 것이었다. 게다가 비가 오거나 바람이 세찬 악천후에는 접근성의 어려움이 가중될 수밖에 없다고 했다.

그런가 하면, 에든버러 농민시장의 활성화를 위해 거래 품목의 다양성 부족 문제를 보완할 필요가 있음을 지적하는 소비자도 있었다(소비자 E6). 특히 겨울철에 지금보다 좀 더 다양한 지역산 먹거리가 제공될 수 있도록 하는 방안을 찾는 게 가장 시급한 과제라고 했다(소비자 E2). 시장에서 구할 수 있는 먹거리의 다양성이 겨울철에는 상당히 줄어드는 문제점이 있기 때문에 에든버러 농민시장의 활성화와 지속가능성을 위해서는 대책이 필요해 보인다는 것이다. 채식주의자는 말할 것도 없고, 양질의 과일과 채소를 구입하기 위해 에든버러 농민시장을 찾는 소비자들이 많아서 그런지 특히 과일과 채소가 지금보다 더 많았으면 좋겠다는 바람을 개선책으로 제시하는 소비자도 있었다(소비자 E10). 또 개선책으로 농민시장을 지금보다 더 자주 열 것을 제안하는 소비자도 있었다(소비자 E11). 주중에 쓸 생산물을 구하려면 다른 농민시장이나 농장을 찾아가야 할 수도 있기 때문이라는 게 이유였다. 농민시장에 대한 소비자의 선입견을 지적하는 소비자도 있었다. 한 여성 소비자(소비자 E14)는 영국에서는 농민시장이 중상층이나 상당한 부자들이 이용할 수 있는 곳이라는 생각이 있는 것 같다고 하면서 사실은 절대 그렇지 않다는 점을 강조했다. 물론 값비싼 생산물을 취급하는 판매인들도 있지만 형편에 맞춰 어느 판매인에게 사야 할지를 소비자는 얼마든지 선택할 수 있다는 것이다. 이 소비자는 지금보다 더 많은 사람이 이런 점을 인지하고 그런 잘못된 관념에서 벗어나 농민시장을 찾길 바란다는 소망을 내비쳤다. 에든버러 농민시장의 지속가능성을 위해서도 이러한 방향으로의 소비자 인식 전환이 필요함은 더 말할 나위가 없을 것이다. 또 다른 소비자는 에든버러 농민시장의 판매품 중에는 때로는 버밍엄 같은 먼 곳에서 생산된 농산물을 가져와 내놓는 경우가 있다고 하면서 앞으로 그런 일은 하지 말아야 하고 우리 지역에서 생산한 것들만을 거래하는 공간이 될 수 있도록 해야 한다고 따끔하게 질책하기도 했다(소비자 E9). 에든버러 농민시장의 미래에 관한 질문에 지금이대로가 좋다거나(소비자 E12), 규모가 더 커지고 성장했으면 좋겠다고 하거나(소비자 E4), 시장이 계속 운영되길 바라고 그러리라고 생각한다고(소비자 E13), 비교적 간결하게 자신의 희망을 피력하는 소비자들도 있었다. 개장 이후의 변화에 주목하면서 지속가능한 미래를 생각하게 하는 판매인(농민 판매인 E5)도 볼 수 있었다. 이 농민은 에든버러 농민시장에 참여한 이후 자신이 체감한 시장에서의 변화 한 가지를 다음과 같이 표현했다.

첫 번째 변화는 우리 물건을 구입하는 사람의 부류에 있어 변화가 생겼다는 점입니다. 처음에는 전문직 종사자와 고소득자가 우리 물건의 구매자였습니다. 하지만 시간이 지나면서 구매자의 인구학적 특성에 변화가 발생했습니다. 학생과 젊은이가 이전에 비해 더 많아졌다는 겁니다. 수입이나 부와는 무관하다고 할 정도로 소비자층의 배경이 다양해진 것이지요. 우리 구매자 중에는 노인분들도 있습니다. 이게 첫 번째로 꼽을 수 있는 중요한 변화입니다. (농민 판매인 E5)

에든버러 농민시장의 물건이 갖는 품질의 우수성으로 인해 슈퍼마켓을 비롯한 다른 매장에 비해 가격이 비싼 편이라는 측면의 인식만 고착화되면, 시장의 지속가능성에 여러 가지로 문제가 생길 수 있다. 우선, 농민시장에서 거래되는 물건이 지역 농민에 의해 생산되는 친환경적인 지역산 먹거리고, 이런 점에서 지역공동체의 관심과 애정 속에 성장해야 할 시장이라고 얘기하면서도 중상류층과 같은 특정한 계층의 전유물이라는 비판을 받을 수 있기 때문이다. 하지만 앞서 얘기처럼 농민시장의 이용자가 학생을 포함해서 소득이 많지 않은 계층으로까지 확대되었다는 것은 공동체 기반의 시장으로 성장할 수 있는 가능성을 시사한다고 해석할 수 있다. 이상적인 가정이지만, 각 지역의 농민시장에 여러 계층의 소비자들이 실제로 몰려들게 된다면 농민 판매인의 숫자와 상품도 자연스럽게 늘어나고, 품목도 다양해지면서 가격도 더 저렴해질 수 있을 것이다. 일단 그런 방향의 흐름이 생기기 시작하면 농민시장을 향한 기존 소비자들의 발걸음이 더 잦아지고, 입소문이 나면서 새로운 소비자들도 유입될 것이고, 이는 다시 지역 농민의 영농 활동을 활성화하는 선순환 관계로 이어질 수 있을 것이다. 또 농민시장 참여 계층의 저변 확대는 품질이 좋지 않은 저렴한 농산물을 주거지 인근의 슈퍼마켓에서 많이 사는 것보다는 양을 좀 줄이더라도 양질의 신선한 농산물을 구매하려는 소비자 의식을 제고하고 확산함으로써 농민시장의 지속가능성에 일조할 수 있을 것으로 보인다. 더구나, 일부 소비자(소비자 E4, 소비자 E6)의 말처럼 품목에 따라서는 슈퍼마켓보다 가격이 오히려 저렴하면서도 품질 좋은 것들이 농민시장에 제법 있다는 인식이 확산하면, 농민시장의 수요층이 앞으로 더 늘어날 수도 있다.

에든버러 농민시장의 미래를 어떻게 전망하느냐는 물음에 또 다른 농민은 다음과 같이 답했다.

저는 2000년 이후로 농민시장에 참여했습니다. 그런데 이윤이 점점 더 줄어들고 있습니다. 예전처럼 바쁘지 않아요. 우리가 시작했을 때만 해도 이 짐차에 (물건을) 가득 싣고 왔고, 가판대에서는 거의 2명이 오전 9시부터 12시까지 내내 매우 바쁘게 움직여야 했어요. 이제는 보시다시피 (제 경우엔) 한 사람밖에 없고, 지금도 상당히 한산하잖아요. 달라졌어요. 지금은 농민시장이 너무 많아져서 그런지도 모르겠어요. 인기를 얻고 있는 슈퍼마켓이 영향을 주고 있는 건지도 모르겠구요. 큰일이라는 생각이 들어요. 예전과 같은 인기는 사라진 거죠. 큰 차이가 생긴 거예요. (농민 판매인 E7)

이 농민처럼 에든버러 농민시장에서 전개되는 경쟁의 치열함을 지적하면서도 시장의 풍광이 지닌 입지적 강점에 희망을 거는 판매인도 있었다. 이 판매인은 농민시장뿐만 아니라 스톡브리지 마켓이나 그래스마켓처럼 에든버러에는 다른 많은 시장이 있고, 주중에 양질의 생산물을 파는 농장 가게나 슈퍼마켓도 많기 때문에 농민시장에 대한 수요가 떨어지는 것일 수도 있다고 했다.

에든버러에는 … 많은 시장이 있습니다. … 이제는 양질의 생산품을 판매하는 다른 매장들이 더 많아진 것이지요. (그럼에도) 토요일마다 사람들이 (에든버러 농민시장을) 찾는 멋진 일이 계속 펼쳐지길 바라지요. 하지만 여기도 경쟁이 갈수록 치열해지고 있습니다. 비슷한 생산품을 파는 사람이 예전보다 늘어나 성공하기가 점점 더 힘들어졌어요. 그렇지만 에든버러 농민시장은 배후에 에든버러성을 두고 열리는 좋은 입지를 가진 대단한 시장이에요. 그래서 지역 주민뿐만 아니라 관광객들도 옵니다. 계속 성공적으로 운영되길 바라지요. … 이 시장은 (지금까지) 15년 동안 지속되었는데, 앞으로 15년 이상 계속 운영될 수 있길 희망합니다. 행운을 빕니다. (판매인 E11)

에든버러 농민시장의 오늘과 미래가 최근 영국에서 일어난 구조적 요인인 브렉시트와 별개일 수는 없을 것 같아 브렉시트가 이 시장에 어떤 영향을 줄 것으로 전망하는지 물었다. 한 농민(농민 판매인 E8)은 이에 대해 '우리는 유럽(시장)에 (생산물을) 내다 파는 것이 아니라 지역 주민에게 팔기 때문에 아무런 차이가 없을 것'이라고 했다(김원동, 2021a: 412). 비슷하지만 이 질문에 대해 보다 구체적인 답변을 내놓는 농민도 있었다(김원동, 2018a: 212-213).

> 가족농으로서 … 저희는 생산물의 대부분을 농민시장에서 팝니다. 농민시장은 생산물의 국제적인 불안정성으로부터 저희를 보호해주지요. 저희는 시장에서 (소비자를 상대로) 직접 판매하기 때문에 '가격 수용자price-takers'가 아니라 '가격 결정자price-makers'의 위치에 있다고 할 수 있습니다. 저희는 (소비자와의 거래 과정을 거쳐) 가격이 합의되기까지 기다리는 것이 아니라 시장에 가서 "우리 생산품의 가격은 얼마예요."라고 얘기할 수 있다는 것이지요. … 일반 상품시장에 의존하는 농민들보다 저희가 좀 더 안전한 것은 바로 이런 이유 때문입니다.(농민 판매인 E5)

가족농으로서 자신의 생산물에 대한 독자적인 가격 결정권이 갖고 있고, 생산물의 대부분을 에든버러 농민시장이라는 지역시장에서 소화해왔기 때문에 지금까지 국제 농산물시장의 유동성에 좌우되지는 않았다는 것이다. 다시 말해, 이 농민이 브렉시트로 인한 영향을 크게 우려하지 않는 이유는 생산과 판로가 지역 소비자에 이미 뿌리를 내렸기 때문이라는 자신감이었다(김원동, 2018a: 212-213, 2021a: 412-413).

에든버러 농민시장의 지속가능성을 위해 절실한 것은 무엇보다 몇 가지 이유에서 시장의 홍보임을 지적하는 목소리 또한 곳곳에서 들을 수 있었다. 물론 시장의 홍보와는 관계없이 집과 시장 간의 지리적 근접성으로 인해 에든버러 농민시장을 자연스럽게 알게 되어 오기 시작했다는 사람도 있었다(예컨대, 소비자 E9, 소비자 E10). 즉, 시장 인근에 사는 사람들이다. 그런가 하면, 주변 사람들이 에든버러 농민시장에 관해 대화하는 걸 우연히 듣거나 입소문으로 알게 되어 방문하기 시작한 이들도 있었다(소비자 E13, 소비자 E14). 이렇듯 시장과의 물리적 거리나 입소문이 시장 방문의 계기가 된 소비자들이 적지 않았으나 더 자주 들었던 얘기는 어떤 방식으로든 시장 홍보가 더 많았으면 한다는 의견이었다. 이를테면, 한 농민은 에든버러에 3~4년째 살고 있으면서도 여전히 이곳에서 장이 서는지 몰랐다고 하는 사람들이 있을 정도라고 지적하면서 홍보의 필요성을 강조했다(농민 판매인 E1). 비슷한 얘기지만 자기 이웃 중에 에든버러 농민시장을 이용하는 사람이 없다면서 10년 이상 된 시장임에도 모르는 사람이 많다고 말하는 소비자도 있었다(소비자 E11). 온라인에서 에든버러 농민시장을 발견하기 전에는 이곳을 직접 와본 적이 없다고 말하는 젊은 남성 소비자를 만나기도 했다(소비자 E6). 이 소비자는 시장 방문 후 자신의 페이스북에 에든버러 농민시장에 관한 사진을 여러 장 게시했기 때문에 이 시장에 대해 알게 된 친구들이 좀 늘어났을 것이라고 웃으며 얘기했다. 이와 같이 판매인이나 소비자의 상당수는 에든버러 농민시장의 지속가능한 미래를 위해서는 홍보가 강화되어야 할 것 같다는 의견을 보였다.[26]

지금까지 살펴본 바와 같이 에든버러 농민시장은 판매인 간의 내부 경쟁의 치열함, 새로운 외부 경쟁 시장의 출현으로 인한 경쟁의 격화, 농민시장 먹거리에 따라붙는 다소 비싸다는 가격 인식, 먹거리에 대한 소비자의 정당한 가격 지불 의사의 부족, 시장에 대한 홍보 부족 같은 문제들에 대해 단기적인 처방뿐만 아니라 중장기적인 대응 방안을 수립하고 실행에 옮겨야 한다. 긍정과 부정으로 엇갈리는 에든버러 농민시장의 미래 전망을 긍정의 방향으로 확실하게 돌려놓기 위해서는 개선의 필요성이 제시된 사항들을 시장 관계자들이 최대한 충실하게 반영하고자 노력해야 한다는 얘기다. 물론 그러한 개선 노력은 판매인과 소비자 간의 그간의 지속적인 상호작용 과정에서 상호 신뢰를 기반으로 에든버러 농민시장에 축적된 사회적·공간적·자연적 배태성과 공동체적 특성을 토대로 전개되어야 할 것이다. 에든버러 농민시장의 구조적 특성과 개선 방안의 접목이 어떻게 이루어지고, 시너지 효과를 내느냐에 따라 시장의 지속가능성도 크게 영향을 받게 될 것이다.

4. 영국 농업과 영국 농민시장의 미래 전망

브렉시트가 영국 농업에 어떤 영향을 미칠 것으로 보는지 한 여성 농민에게 물었다. 그녀는 브렉시트에 반대했던 자신의 투표 경험을 얘기하면서 브렉시트의 영향에 대해 매우 회의적인 입장을 드러냈다(김원동, 2018a: 209-210).

저희는 유럽에 잔류하는 쪽에 투표했습니다. 저희는 브렉시트 때문에 너무 속상합니다. 브렉시트는 저희에게 큰 피해를 주고 있어요. 영국으로선 매우 잘못된 일이지요. 이게 제 입장입니다. 농업 부문에 불확실성이 많이 발생하게 됩니다. … 저희의 가장 큰 시장은 유럽입니다. 그런데 무슨 일이 일어나고 있나요? 정말 문제지요. 매우 중요한 환경과 복지 규제에 관한 많은 것들이 (지금까지는) 유럽 국가들의 합의로 결정되었습니다. (이제) 영국이 유럽을 떠나게 되면, 동물 윤리나 복지 측면에서 저희에게 매우 중요한 규제 문제에 어떤 일이 생길까요? 그러한 규제들은 (그동안) 판매 상품의 독특성을 가능하게 해주었습니다. 복지와 환경 관리의 수준이 높았기 때문이지요. 저희 시장을 위해서는 그런 것들이 중요한 거죠. … (이런 측면에서 브렉시트로 인해 영국 농업의 미래는 나빠지게 되었다고) 저는 생각해요. (앞으로) 저희도 세계무역기구WTO의 규제 틀 속에서 교역하게 될 텐데, 세계무역기구의 환경 및 복지 규제 수준은 유럽과 같은 수준이 아닙니다. 유럽은 거대한 합의 시장이거든요. 세계무역기구의 규정 안에서 교역이 시작되면, (유럽연합 체제에서와 같은) 환경 관리상의 쟁점과 시장 규제에 관한 광범위한 합의는 사라지고 말 거예요. 미국처럼 되겠지요. 생각만 해도 끔찍한 일입니다. (농민 판매인 E5)

영국 농업의 미래에 관한 질문에 또 다른 농민은 다음과 같은 답변을 내놓았다.

전혀 알 수 없습니다. 하지만 더 많은 먹거리를 생산해야 한다는 건 분명하다고 봐요. 더 많은 사람이 더 많은 먹거리를 필요로 할 것이기 때문입니다. … 제 생각에는 섬나라로서 … 우리는 먹거리의 자급자족 문제를 해결해야 합니다. 하지만 현실은 이와 동떨어져 있지 않나요? 우리는 너무나 많은 과일을 수입하고 있는데, 이런 현실이 바뀌어야 한다고 생각해요. 어떤 자연재해든 발생하면, 먹거리 가격이 상승할 게 뻔하기 때문입니다. 당신도 아시다시피 미국의 농작물 작황이 나빠지는 사태 같은 것이 발생하게 되면 저희 사료 가격이 바로 영향을 받습니다. 섬나라인 우리로서는 정말로 먹거리의 자급자족을 실현해야만 하는데, 어떻게 해야 그것이 다시 가능할지 저로서는 잘 모르겠습니다. (농민 판매인 E1)

유럽 대륙과 바다로 분리되어 있고, 먹거리의 자급자족이 되지 않아 수입에 의존해온 섬나라 영국이 어떻게든 이 문제의 해결책을 찾아야 한다는 인식이 농업인 사이에도 있음을 이 얘기에서 엿볼 수 있다.

한 판매인은 영국 농업, 특히 우유 생산과 같은 낙농업이 쇠퇴할 것으로 전망했다. 우유 가격이 매우 저렴해서 많은 농민이 포기했기 때문이라고 진단하면서 소농은 점점 더 감소하고 있고, 대농은 상대적으로 증가하는 추이라고 했다. 그러면서 대농은 생존하겠지만 소농은 그러지 못할 것 같다고 전망했다(판매인 E11).

영국 농업의 미래를 잉글랜드 지방과 스코틀랜드 지방으로 구분해 전망하는 농민도 만날 수 있었다. 이 농민(농민 판매인 E2)은 잉글랜드 정부가 유전자조작식품에 매우 우호적이지만 스코틀랜드 정부는 전혀 그렇지 않기 때문에 스코틀랜드의 농업 미래는 좋아 보인다고 전망했다. 하지만 이 농민은 스코틀랜드 정부도 유기농에 대해 말로만 지원책을 얘기할 뿐 농민시장에 실질적인 도움을 주지는 않는다고 비판했다. 그러면서도 유전자조작식품은 지속가능한 농업이 될 수 없기 때문에 유기농에 지원을 많이 하는 게 필요하다고 강조했다.

한 소비자(소비자 E2)는 자신이 영국 농업의 미래를 예측하기는 어렵지만 먹거리의 장거리 운송에 따른 화석연료와 탄소 배출로 인해 환경과 먹거리의 신선도에 미치는 영향의 측면에서 걱정스럽다고 했다.

그렇다면, 영국 농업에 이어 영국 농민시장의 미래 문제로 초점을 좁혔을 때, 에든버러 농민시장의 참여자들이 들려준 생각은 어떤 것이었을까?

한 여성 농민은 영국 농민시장을 포함한 농민시장 그 자체의 미래를 긍정적으로 전망했다.

사람들이 생산자로부터 신선한 먹거리를 직접 사고자 하는 필요성을 느끼고 그것을 원하는 한, 농민시장은 분명히 살아남을 것이라고 저는 생각합니다. 사람들은 자신들의 먹거리가 어디에서 오는지 알고 싶어하고, 생산자를 만나고 싶어합니다. 또 사람들은 동물복지에 관심이 있습니다. … 그렇기 때문에 자신들의 먹거리에 대해 양심을 갖고 있는 사람들이 있는 한, 농민시장은 생존할 겁니다. (농민 판매인 E1)

이와 마찬가지로 한 소비자는 구체적인 근거를 제시하지는 않았으나 농민시장이 공동체지원농업과 더불어 지금도 먹거리시장의 견고한 일부이고, 사람들이 선호하는 만큼 앞으로 중요성이나 규모 또한 점점 더 커질 것으로 전망했다(소비자 E2).

앞서 잉글랜드와 스코틀랜드의 농업을 구분해서 얘기하던 농민과 비슷하게, 에든버러 농민시장의 한 관리인은 스코틀랜드의 농민시장은 미래가 있다는 견해를 보였다.

스코틀랜드의 경우에는 미래가 있다고 저는 생각합니다. … 스코틀랜드 전역에서 운영되는 농민시장들은 저희 시장의 경우와 마찬가지로 모두 사투를 벌이는 중입니다. 농민시장들이 지난 몇 년 동안 엄청나게 근본적인 상황 변화를 겪었다는 얘기지요. 몇 년 전만 해도 에든버러에는 저희가 유일한 시장이었어요. 그런데 지난 3~4년 사이에 에든버러 어디에서나 수많은 시장이 출현했거든요. … 농민시장이라고 보기는 어렵지만 (이런 신생 시장들이) 경쟁을 불러일으키고 있다는 것은 일리가 있는 말입니다. 과거에는 전혀 없었던 경쟁이라고 할 수 있겠지요. 저희에게 골칫거리를 떠안기는 경제적 요인을 비롯한 … 여러 다른 요인들이 있습니다. 하지만 농민시장은 여전히 (스코틀랜드의) 모든 지역에서 운영되고 있고, 여전히 나름 위치를 차지하고 있습니다. (시장관리인 E14)

긍정적 전망의 근거는 다소 막연해 보였지만 그래도 일반 시장에 비해 농민시장이 갖는 차별적 특징에 대한 기대감이 시장관리인의 얘기에 스며 있음을 대화 중 느낄 수 있었다. 조금 확대해석해보자면, 적어도 스코틀랜드에서 운영되는 농민시장에는 소비자 신뢰에 기반한 배태성이 깃들어 있다는 그의 기본적인 인식이 시장의 미래에 대한 낙관적 전망을 가능하게 한 것으로 보인다.

이와는 달리 농민시장을 둘러싼 국내외적 환경 요인들로 인한 고충을 호소하는 농민도 있었다. 예컨대, 한 남성 농민은 자기가 처음 농민시장에 발을 디딜 당시에는 시장이 일주일에 한 번 정도 열렸는데, 지금은 어느 도시에서나 주중에도 장이 설 정도로 매우 많기 때문에 경쟁이 너무나 치열해졌다고 답답해했다(농민 판매인 E6). 이 농민이 한 농민시장에 의존하지 않고 에든버러 농민시장을 포함해 스털링Stirling, 퍼스, 세인트 앤드루스, 글래스고의 두 곳 농민시장까지 모두 여섯 곳의 농민시장에 참여하고 있다는 점은 이들이 겪고 있는 격심한 생존경쟁을 가늠하게 해준다. 또 다른 한 농민은 주변의 슈퍼마켓과 지구적 시장의 출현에 따른 압박이 심해져 생계를 꾸리느라 모두가 고전하고 있다고 했다(농민 판매인 E5).

지금까지 살펴본 바와 같이, 에든버러 농민시장 참여자들은 브렉시트가 영국 농업의 불확실성, 먹거리의 규제와 자급자족, 소농의 생존 같은 여러 문제에서 많은 어려움과 피해를 가져올 것으로 우려하고 있었다. 하지만 신생 시장이나 슈퍼마켓 등과의 치열한 경쟁을 걱정하면서도 이들은 대체로 환경친화적인 먹거리 시민이 존재하는 한 영국 농민시장은 지속가능할 것으로 보고 있었다. 또 에든버러 농민시장 참여자들은 영국 농민시장 중에서 특히 에든버러 농민시장을 비롯한 스코틀랜드 농민시장이 어느 정도 안착된 상태라고 보면서, 당면한 어려움이 있겠지만 그래도 미래는 긍정적이라고 전망했다. 이 같은 낙관적 전망을 배태성과 연관지어 해석해본다면, 이들의 견해는 시장 참여 과정에서 경험한 에든버러 농민시장의 사회적·자연적·공간적 배태성의 특징을 상당 부분 반영한 결과라고 볼 수 있을 것이다.

제3부

영국 농민시장 분석(2):
배스 농민시장·리버사이드 농민시장·공동체 성장 농민시장

6장

잉글랜드의
배스 농민시장

1. 배스 농민시장 개요

잉글랜드 배스의 도시명은 '로마인들이 지은 온천Roman-built baths' 이라는 이름에서 따온 것으로 알려져 있고, 잉글랜드 서머싯 카운티 Somerset County에 속해 있는 도시다. 배스는 서머싯 카운티에서 가장 큰 도시이고, 2024년 현재 인구는 약 11만 명으로 추산되며 런던에서 서쪽으로 97마일, 그리고 브리스틀에서 남동쪽으로 11마일 떨어져 있다. 런던에서 배스까지는 기차 편으로 1시간 30분 정도 소요된다. 배스는 1987년 '유네스코의 세계문화유산'으로 선정되었고, 2021년에는 '유럽의 가장 좋은 온천마을Great Spa Towns of Europe' 중 한 곳으로 지정됨으로써 유네스코에 두 번씩이나 등재된 매우 이례적인 도시다. 명성에 걸맞게 배스는 2,000여 년의 세월 동안 가장 잘 보존된 곳 가운데 하나로 평가받는 로마 시대의 대중목욕탕Roman Baths, '영국의 유일한 자연 온천 공중목욕탕'으로 알려진 '배스 온천 공중목욕탕Thermae Bath Spa', 18세기 조지 왕조 시대의 건축 양식을 보여주는 로열 크레센트Royal Crescent, 제인 오스틴 센터Jane Austen Centre, 빅토리아 미술관Victoria Art Gallery 같은 풍부한 역사적 문화유산과 현대적 휴양 시설을 갖추고 있다. 이 같은 독특한 관광명소들을 방문하고 다양한 문화행사를 즐기면서 휴식을 취하기 위해 연중 수많은 관광객이 역사와 현대가 어우러진 아름다운 도시 배스를 찾는다.

역사적인 문화도시로서의 위상 못지않게, 배스는 영국 농민시장의 역사에서도 결코 그냥 지나칠 수는 없는 매우 의미 있는 도시다. 영국 농민시장의 역사가 바로 이곳에서 시작되었기 때문이다. 영국 최초의 농민시장인 '배스 농민시장'이 그 주인공이다.

배스 농민시장 홈페이지에 소개되어 있는 시장 역사에 의하면[1], 배스 농민시장은 1997년 9월 설립되었다. 처음에는 매월 한 차례 장이 서다 소비자들의 요청으로 바로 그다음 해인 1998년 10월 한 달에 두 번씩 서는 장으로 바뀌었고, 2002년 5월 이후에는 지금처럼 매주 열리는 시장으로 전환되었다. 현재 배스 농민시장은 잉글랜드 남부와 북부 지방의 연결 철도망에서 중요한 역할을 하던 그린파크역Green Park Station 부지에서 매주 일요일 오전 9시부터 오후 1시 30분까지 운영된다.

배스 농민시장 홈페이지에는 영국 최초의 농민시장으로서의 자부심, 농민시장의 의미, 시장의 설립 계기와 이유 등이 간명하게 소개되어 있다. 이를테면, 집약도가 낮은 소규모 생산의 장려, 생산물의 장거리 운송에 따른 영향 감축하기와 포장 줄이기를 통한 지역 차원의 환경친화적 노력, 사회적 만남의 장소social meeting point 제공, 생산자와 소

사진 6-1 시장 입구에서 바라본 배스 농민시장

사진 6-2 배스 농민시장 모습

6장 잉글랜드의 배스 농민시장 **173**

비자 간의 직접적인 상호 접촉 기회 부여, 도시와 농촌 주민 간의 호의와 이해 증진 등과 같은 방식으로 생산자와 소비자 모두에게 도움을 주는 공간이 농민시장이라고 쓰여 있다. 다시 말해, 농민시장이란 지역에서 생산한 것들을 지역 주민에게 판매함으로써 다양한 이점을 제공하려는 목적으로 운영되는 곳이라는 것이다.[2]

이 같은 서술은 곧 배스 농민시장의 참여자들이 농민시장에 대한 명확한 개념을 공유하고 있고, 일반 네티즌에게도 이 점을 폭넓게 이해시키려 노력하고 있음을 시사한다. 이 점은 이 시장의 설립 계기에 대한 설명에서도 확인된다. 배스 농민시장은 지역산 먹거리의 생산과 소비를 장려하기로 한 '배스 및 북동부 서머싯 의회Bath & North East Somerset Council'의 결정을 반영한 '지역 의제 21'과 지속가능한 개발 원칙에 화답하는 차원에서 설립되었다. 다시 말해, 당시 지역 주민들의 관심사였던 사회적·경제적·환경적 제반 문제에 대응하는 방법 중 하나로 구상되었던 것이 바로 배스 농민시장이었다. 배스 농민시장의 초기 설립 과정에서 눈길을 끄는 또 한 가지는 지방자치단체가 협력자로서 핵심적인 역할을 수행했다는 사실이다.[3] 이런 점을 비롯한 배스 농민시장의 몇 가지 특징에 관한 설명은 핑커턴과 홉킨스의 연구에서 엿볼 수 있다.

이들에 의하면, 배스 농민시장의 특징은 세 가지로 정리된다(핑커턴·홉킨스, 2012: 250-255; 김원동, 2020a: 172-173).

첫째, 앞서 언급했듯이, '배스 및 북동부 서머싯 의회'가 시장 설립 초창기에 크게 기여했다는 점이다. 즉, 지방자치단체가 장터로 쓸 그린파크역의 부지를 비교적 저렴한 가격에 이용할 수 있도록 도움을 주었을 뿐만 아니라 시장 홍보와 행정적 지원을 제공했다. 물론 배스 농민시장은 이후 외부 기관의 도움에 기대지 않고 자립의 길을 걸으며 오늘에 이르렀고, 관계자들은 이 점을 상당히 자랑스러워한다.[4]

둘째, 지역산 먹거리 생산의 증대와 소규모 생산자들의 판로 창출 방법에 대한 지역 주민들의 아이디어와 자발적 실천이 영국 최초의 농민시장을 탄생시킨 출발점이었다는 점이다. 즉, 이런 관심을 농민시장을 통해 풀어보고자 했던 배스의 출판업자 피터 앤드루스Peter Andrews와 동료들은 준비팀을 구성해 지역 생산자들과의 접촉을 통해 26명의 생산자를 모아 첫째 날 시범 운영에 들어갔다. 이날 약 3,000명의 소비자가 장터를 찾았고, 일부 유기농 채소는 중간에 매진될 정도로 호응이 좋았다. 이들은 3개월간의 시범 운영 후 시장 설립을 결정했고, 이 소식이 언론을 타고 전국적으로 알려지면서 불과 몇 개월 사이에 농민시장의 설립 행렬이 영국 전역에서 이어졌다는 것이다.

셋째, 농민 판매인들이 시장을 자체적으로 운영한다는 점이다. 이것은 물론 시장 설립에 헌신했던 앤드루스와 그의 동료들이 자신들의 역할을 영구적인 관리자가 아니라 시장을 개장하게 만든 촉매로 한정하겠다고 결심했기 때문에 가능했다. 이들은 이 시장을 판매인들이 운영할 수 있게 '운영위원회Board of Management'를 설립하고, 이어서 1998년 6월 '배스 농민시장 유한책임회사Bath Farmers' Market Limited'로 등록했다. 그러한 유한책임회사 제도는 지역 생산자가 자신의 생산물을 지역 주민들에게 직접 제공할 수 있도록 생산자가 운영하는 시장을 만드는 것, 지속가능한 발전 원칙들을 충족시키는 혁신과 성장을 장려하고 환경친화적인 관행들을 권장하는 일에 계속 주도적인 역할을 수행할 수 있도록 하는 것, 그리고 소규모 또는 새로운 생산자를 후원하는 것과 같은 세 가지 목적의 달성을 위해 도입되었다.[5] 판매인들이 시장 운영의 주체이기 때문에 판매인들에게는 책임과 권리가 부여된다. 정회원 판매인이 되고자 하는 생산자는 연회비와 매주 판매대 사용료를 지불하고[6], 위생 관련 인증을 획득하고, 일반인·직원·제품에 대한 책임 보험도 가입해야 한다. 이런 의무 조항도 있지만 회원이 되면 운영위원 선출권이 부여된다(핑커턴·홉킨스, 2012: 253-254).

배스 농민시장은 홈페이지에 올려둔 회원 규정에서 위원회 구성, 시장의 위치, 지역, 환경, 다양성, 시장 참여 횟수 규정, 연회비와 참여당일 회비, 유기농과 비유기농, 판매품의 내용 게시 방식 같은 여러 항목에 대한 정의와 세부 사항을 명시함으로써 시장이 어떻게 운영되고 있는지를 구체적으로 확인할 수 있게 해준다(Bath Farmers' Market, 2024). 특히 눈길이 가는 몇 가지를 살펴보면 다음과 같다. 우선, 유기농뿐만 아니라 비유기농 생산물의 판매를 모두 허용하되, 회원들이 물건 앞에 게시하는 간판에 판매인 이름, 주소, 전화번호, 상호 등과 더불어 유기농 인증 여부를 표기하도록 하고 있다. 또 먹거리의 '지역성'을 강조하는 배스 농민시장의 입장에서는 당연히 지역을 한정하게 마련인데, 지역의 범위를 배스 반경 30마일 이내에서 생산된 것으로 규정해두고 있다. 물론 30마일 이내 지역에서 구할 수 없는 생산물이거나 시장의 다양성 확대와 이익을 위해 운영위원회가 필요하다고 판단할 경우에는 그 적용 거리를 확대할 수 있다.[7] 그리고 판매인 자격을 얻으려면 시장 개장일 세 번 중 적어도 한 번은 시장 운영 시간 내내 자리를 지키고 판매에 임해야 한다는 규정도 있다.

지금까지 살펴본 바와 같이 배스 농민시장은 연회비와 참여당일 회비를 내는 회원 판매인들이 적어도 3주에 한 번 이상 자리를 지키면서 '품질이 좋고 신선한 제철 지역산 먹거리'를 사고파는 장터다. 또 이 시장은 정규 회원 판매인들에 의해 선출되거나 임명된 운영위원들에 의해 자율적으로 운영되는 위원회 조직 형태를 갖추고 있다.

2. 현지조사를 통해 본 배스 농민시장

브리스틀에 터를 둔 토양협회를 방문한 다음 날 저자는 기차 편으로 아침 일찍 배스로 이동했다. 도착 후 곧바로 농민시장을 찾았다. 2018년 2월 10일이었다.

배스 농민시장 입구에 들어섰을 때 받은 첫인상은 뭔가 특이한 장소라는 느낌이었다. 역사驛舍의 확 트인 바깥 초입부터 기차의 정차 지점으로 짐작되는 안쪽까지 높고 넓게 뒤덮은 둥근 모양의 지붕 아래 펼쳐진 아늑한 시장이 눈길을 사로잡았기 때문이다. 채소와 과일을 비롯한 각양각색의 먹거리가 옛 철도역 내부 곳곳에 진열되어 있었고, 그 사이를 손님들이 생산물을 살피며 이리저리 오가고 있었다. 한 폭의 소박한 풍경화를 보는 듯했다.

잠시 젖어들던 감상을 뒤로하고, 먼저 시장관리인 여성을 만났고, 이어서 농민 판매인 2명, 소비자 3명을 상대로 면접조사를 진행했다. 이들과의 면담 후 농민시장에 인접한 상설 가게의 과일 판매인 1명과도 대화했다. 〈표 6-1〉에서 보듯, 이렇게 해서 배스 농민시장에서의 면접조사 대상자는 시장 내부의 관계자 6명과 시장 인접 가게의 판매인 1명까지 모두 7명이었다.

시장관리인에게 이 시장에 참여하는 판매인 규모 및 시장과 계절 간의 상관관계에 관해 물었다. 그녀에 의하면(관리인 B6), 한 달에 한

표 6-1 배스 농민시장 면접조사 대상자 기본정보

조사 대상자		성별	비고
판매인	농민 판매인 B1	남	- 과일, 채소 및 주스 판매인
	농민 판매인 B2	남	- 시장관리인의 소개로 면접한 육류 판매인
소비자	소비자 B3	여	- 프랑스계 지역 주민
	소비자 B4	남	- 배스 외곽 거주자
	소비자 B5	남	- 전직 식품가공산업 분야 종사자
시장관리인	관리인 B6	여	- 농민시장에서 일한 지 20년 이상 된 관리인
판매인	판매인 B7	여	- 배스 농민시장 바로 옆에 위치한 상설매장의 판매인 - 가게 열기 직전 5년간 배스 농민시장에서 판매인으로 활동

두 번 나오는 판매인도 있고 매주 나오는 판매인도 있기 때문에 판매인별로는 차이가 있지만 대체로 35~40명 수준이라고 했다. 겨울철인 1월과 2월은 물론이고 3월까지 비수기이고, 채소가 나오는 봄철이 돼야 비로소 판매인들이 계절 먹거리의 거래를 시작한다고 한다. 또 딸기가 4월에 출하되고, 10월부터는 몇 달간 아스파라거스가 판매되듯, 시장은 계절을 매우 많이 타는 편이라고 했다. 그래도 계절별로 보면, 생산물도 많고 거래도 활발한 성수기는 봄과 여름이고, 최고 성수기는 크리스마스 때라고 했다. 크리스마스 시기에는 판매인 숫자도 대략 45~48명이 될 정도로 평소보다 늘어난다고 한다.

시장관리인(관리인 B6)은 홈페이지에서 볼 수 없었던 시장 성장 과정의 이면사裏面史를 들려주었다. 시장 개설 초기에는 설립에 관여했던 배스 및 북동부 서머싯 의회가 시장의 성장을 위해 많은 자금을 투입했고, 영국 최초의 농민시장이라 그랬는지 판매인도 매우 많았다. 특히 시장 개최 횟수가 처음에는 월 1회로 적은 편이었기 때문에 영농 종사자나 시장 관계자의 입장에서 보면, 운영이 쉬웠다. 하지만 시장 주기가 격주로 바뀌고, 주 단위로 또다시 변경되면서 판매인으로 참여해야 할 횟수가 늘어나자 농민들은 시장 참여와 영농을 병행하기가 어려웠다. 개장 주기가 일주일로 처음 변경되었던 당시에는 시장에서의 거래가 악몽으로 기억될 정도로 생지옥이었다. 시장 관리도 그만큼 힘들었다. 농민시장의 개장 횟수 증가가 판매인들에게는 극복해야 할 도전 중 하나였던 셈이다. 다행히 이제는 정착되었고, 신규 판매인으로 들어오겠다고 지원하는 사람도 많아졌다. 이러한 시장관리인의 얘기를 통해 영국 최초로 설립된 배스 농민시장의 성장 과정이 마냥 순조로웠다기보다는 적잖은 어려움을 헤쳐가며 오늘에 이르렀음을 알 수 있었다.

시장관리인(관리인 B6)은 이 시장이 어떤 원칙에 기초해 운영되며 재정 문제는 어떻게 해결하는지, 활기찬 시장 분위기의 조성을 위해서는 어떤 노력을 하고 있는지에 대해서도 설명해주었다. 시장의 운영 원칙은 앞서 살펴본 홈페이지의 소개 내용과 대체로 유사했다. 지역 주민들에게 지역산 생산물을 공급하고, 이를 위해 소생산자와 신규 생산자를 육성하면서 친환경적이고 지속가능한 영농과 지역 발전을 추구한다는 운영 원칙이 그것이다. 즉, 지역에 뿌리를 둔 영농 활동과 연관 사업의 지속이 농민시장에서 가능할 수 있게 후원하고, 그러한 사업자들을 계속 더 많이 발굴, 육성하겠다는 정신을 갖고 시장을 운영한다는 것이다. 일례로 시장에 새로 진입한 판매인에게는 고객 기반을 구축할 때까지 일정 기간 판매대 사용료를 면제해주기도 한다고 했다. 이렇게 재원을 신규 생산자의 육성을 위해 재투자하는 것은 시장에서 이윤을 많이 남기는 게 자신들의 목적은 아니기 때문이라고 했다. 물론 관리인은 매주 500파운드를 장터 부지 소유주에게 임대료로 지불해야 하기 때문에 매주 참여하는 판매인들에게는 1개월치 임대료 선납을 요청하기도 한다고 했다. 판매인에게는 1년에 두 번 휴가를 위한 공식적인 불참이 허용되고, 흥겨운 시장 분위기의 조성을 위해 한 달에 한두 번은 비용을 들여 음악 연주자를 초청해 소비자가 시장에서 음악을 즐기며 장을 볼 수 있게 한다고 했다.

홈페이지에 농민시장 자체의 본질적 성격을 얘기하면서 이 시장에 관해 간명하게 소개하고 있는 점이 인상적이었기 때문에 배스 농민시장은 어떤 농민적 특성을 내포하고 있는 시장인지 궁금했다. 런던의 여러 농민시장을 방문하면서 의외로 판매인 중 농민 판매인이 그렇게 많아 보이지 않아서 놀라곤 했다는 얘기를 하면서 이곳의 사정은 어떤지 물었다. 이 질문에 대해 관리인은 다소 상기된 표정으로 매우 열정적인 반응을 보였다(관리인 B6; 김원동, 2020a: 175). 몸동작도 다른 답변 때와는 달랐다. 그녀는 런던의 그런 농민시장을 '차입시장borrow-markets'이라고 먼저 잘라 말했다. 거기에 참여하는 이들은 농민이 아니라는 것이다. 농민이 아닌 다수의 일반 판매인이 특정한 공간을 임대해 장사하는 곳이라는 얘기였다.

농민시장에 따라 차이는 있었지만 런던의 농민시장에도 판매인 중 친환경적인 지역산 생산물을 파는 농민이 적지 않음을 목격했던 저자로서는 그러한 단정적 평가는 다소 과장된 것이라는 생각이 들었다. 어떻든 관리인은 시장의 여러 곳을 번갈아 보면서 소비자들과 한창 거래하고 있던 채소 판매인, 달걀 판매인, 치즈 판매인 등을 일일이 손으로 가리켜가며 저자에게 거듭 이 친구도 저 친구도 농장을 소유한 농민임을 알려주려 애썼다. 배스 농민시장은 많은 농민이 판매인으로 참여하고 있는 진짜 농민시장임을 강조하고 싶었던 모양이다.[8] 관리인의 설명에서는 농민시장이란 기본적으로 영농에 직접 종사하거나 그와 연관된 먹거리를 생산하는 판매인이 중심이 되는 장터라는 인식[9]이 내재해 있음을 분명하게 감지할 수 있었다.

시장관리인과의 면담 후 관리인의 소개로 축산과 낙농업에 종사하는 남성 농민 판매인[10]과 대화할 기회를 가졌다. 10년 이상 이곳에서 판매인으로 참여하고 있다고 한 이 농민에게 그의 생산물이 모두 유기농인지, 그리고 가격 수준은 슈퍼마켓과 비교할 때 어떠한지 물었다(김원동, 2020a: 176).

> 유기농은 아닙니다. 하지만 완전히 전통적인 방식으로 생산한 것들이지요. 젖소는 여름 내내 방목해서 풀을 먹여가며 사육한 것들이고, 쇠고기도 마찬가지 방식을 거친 것입니다. 그렇기 때문에 전통적인 방식으로 생산했다고 하는 게 적절한 표현인 것 같습니다. … 판매대 위에 놓여 있는 저희 농장의 육류들에 대해 가격을 매긴다면, 어떤 것은 좀 비싼 편이겠지만 … 또 어떤 것은 (다른 곳에서 판매되는 것보다) 오히려 더 저렴할 수도 있을 겁니다. (농민 판매인 B2)

채소, 과일, 주스 등을 판매하던 또 다른 남성 농민에게도 생산물의 유기농 여부와 품질 및 가격에 대해 질문했다.

> 여기 있는 채소와 주스를 포함한 모든 것을 (저희 농장에서 직접 생산합니다) … 하지만 유기농은 아닙니다. 그렇지만 옛날식으로 생산한 것들이지

요. 저희가 (저희 생산물을) 슈퍼마켓에 공급하려고 하면, 슈퍼마켓에서는 (생산품에) 지저분한 얼룩이 있다고 거절할 겁니다. 저희 생산품은 살충제를 딱 두 번만 뿌린 것이거든요. 얼룩 때문에 한 번, 잡초 때문에 한 번, 아, 그런데 세 번 뿌린 경우도 있겠네요. 손님들에게도 이런 얘기를 할 수 있어요. … (그런데 저희 물건은) 품질이 좋습니다만 가격을 더 올릴 순 없어요. 슈퍼마켓이 너나 할 것 없이 더 많은 손님을 유치하려고 가격 인하를 몰아붙이거든요. (농민 판매인 B1)

이처럼 두 농민 판매인의 답변은 상당히 비슷했다. 즉, 공식적인 유기농 규정에 따른 것은 아니지만 그와 비슷하다고 볼 수 있는 전통적인 예전 방식으로 생산한 것이라 품질이 슈퍼마켓의 물건보다 더 좋다는 것이다. 말하자면, 자신의 농장에서 방목 상태로 사육한 젖소에서 짠 우유라 품질이 우수하듯, 육류나 채소, 주스도 마찬가지 원리로 생산된 것이기 때문에 질적 우수성은 매한가지라는 게 이들의 얘기였다. 또 슈퍼마켓에서 파는 것보다 생산물의 품질이 좋은 만큼 전반적으로 가격이 다소 비싼 편이지만 슈퍼마켓의 가격 인하 전략과 그로 인한 경쟁 때문에 가격 인상에는 한계가 있다는 점을 농민 판매인들은 잘 파악하고 있었다. 그러면, 소비자들은 이런 문제에 대해 어떻게 생각하고 있을까?

저렴하지 않습니다. 빵의 경우를 보면, 값은 싸지 않지만 품질은 좋습니다. … 생선은 웨이트로즈보다 더 비싸지는 않은 것 같아요. 저도 웨이트로즈를 이용하는데, 거기가 좀 더 비쌀지 모르겠네요. 그러니까 어떤 슈퍼마켓과 비교하느냐에 달린 거겠지요. 채소도 싸지는 않습니다. (소비자 B3)

방금 살펴본 것처럼 소비자도 농민 판매인처럼 이곳 생산물에 대해 가격은 비싸나 품질은 좋다고 생각하고 있음을 알 수 있었다(김원동, 2020a: 176-177). 특히 이 소비자의 얘기에서 솔깃했던 것은 배스 농민시장의 물건 가격을 상급 슈퍼마켓과 견주어 언급한 점이었다. 품질의 측면에서 볼 때, 이 시장에서 거래되는 물건의 질적 수준이 중하위 수준의 슈퍼마켓보다는 분명히 한 수 위이고, 최상급 슈퍼마켓의 물건에 근접한다는 인식을 이 소비자는 보여준 것이다. 물건이 최상급인 만큼 가격이 당연히 비쌀 수밖에 없다는 반응 또한 이런 맥락에서 비롯된 것이었다. 한 남성 소비자의 얘기도 비슷했다.

(이곳 시장 생산물의) 품질은 좋습니다. 하지만 당신도 예상할 수 있듯이, 가격은 좀 비싸지요. … 이를테면, (영국 제과점 체인인) 그렉스Greggs에서 파는 제과류는 가격이 매우 쌉니다. 결국 우리를 병들게 하지만 누구나 그걸 구매합니다. 가격이 더 저렴하기 때문이지요. (소비자 B4)

앞서 살펴본 여성 소비자의 얘기를 좀 더 들어보자.

(이곳 시장에는) 제가 전혀 거래하지 않는 사람도 일부 있습니다만 판매인의 대부분을 저는 신뢰합니다. … (그리고) 저는 지역산 먹거리를 즐깁니다. 이 먹거리가 어느 곳에서 생산된 것인지 알 수 있고 판매인과 대화할 수 있거든요. 이런 일은 슈퍼마켓에 가서 장을 보는 것보다는 훨씬 더 사적인 것이지요. … 먹거리는 신선하고 덜 산업적이며 가공 처리도 덜 된 것들입니다. … 사람들은 '지역 농민'을 사는 셈이지요. (소비자 B3)

이 소비자의 다음 답변은 먼저 한 얘기와 일부 중복되면서도 보완적인 새로운 내용을 담고 있었다.

> 저는 프랑스 사람입니다. (이곳) 잉글랜드에는 프랑스보다 농민시장이 적습니다. 여기가 아마 인근 지역에서 가장 규모가 큰 시장일 거예요. 그래서 저는 이 시장이 좋습니다. … 이제는 이 시장에 오는 게 습관이 돼서 늘 온답니다. … 여기에는 어떤 공동체적 분위기가 있어요. 사람들이 판매인들과 대화하고 교류할 수 있거든요. … 슈퍼마켓에 가서는 생산품의 뒤편에 누가 있는지 모릅니다. 저는 생산물의 뒤편에 있는 얼굴을 알 수 있다는 사실이 멋진 일이라고 생각해요. 그리고 지역산 먹거리를 구매할 수 있지요. … 저는 공동체의식이 형성되어 있다고 생각합니다. 같은 사람을 계속 만나니까요. 정말 멋진 일입니다. 환경에도 더 유익하고요. 포장도 훨씬 덜 하게 되고 플라스틱도 덜 사용하게 되니까요. (소비자 B3)

결국 농민시장은 친환경적이고 질적으로 우수한 먹거리의 거래를 매개로 생산자와 소비자 간의 지속적인 인간적 교류가 부단히 이어지는 공동체적 공간인 것이다.

농민 판매인과 소비자가 보여준 위와 같은 언급을 신뢰와 배태성의 관점에서 해석하면 어떻게 표현할 수 있을까? 우선, 배스 농민시장은 지역 농장에 뿌리를 둔 직접 생산자이자 판매인이 양질의 지역산 생산물의 판매를 계기로 같은 공간에서 주기적으로 소비자와 지속적인 상호작용을 하면서 상호 신뢰를 쌓아가고, 그것이 축적되고 응축된 공간이라고 할 수 있다. 다시 말해 슈퍼마켓 같은 매장에는 없는 인간적 교감이 경제적 거래의 덤으로 작동하고 그것이 신뢰의 싹이 되어 공동체의식을 형성하고 지탱해온 독특한 장소가 배스 농민시장이라는 것이다. 이런 점에서 배스 농민시장은 사회적 배태성의 특징을 내포한 시장이라고 평가할 수 있다. 또 판매인과 소비자 모두의 일차적 관심사가 품질 좋은 지역산 먹거리의 생산과 판매 및 소비에 있다는 점에서 배스 농민시장은 공간적 배태성과 자연적 배태성을 특징으로 하는 공간이라고 할 수 있다. 대부분 지역산이지만 친환경 지역산 농축산물과 지역산 일반 농산물이 함께 거래된다는 점에서 배스 농민시장은 자연적 배태성보다는 공간적 배태성에 좀 더 역점을 둔 시장이라고 할 수 있다. 그렇지만 이 시장에 공급되는 먹거리가 공식적인 유기농법은 아니나 지역에서 전통적인 방식에 따라 친환경적으로 재배하고 사육한 것들이 많다는 점에서는 자연적 배태성이 상당 부분 축적된 공간이라고도 볼 수 있다.

그렇다면, 이러한 배스 농민시장은 과거에 비해 성장하고 있는 것일까? 또 미래의 지속가능성을 위해 해결해야 할 과제로는 어떤 것이 있을까?

배스 농민시장에 인접한 상설 가게에서 유기농 과일과 채소를 판매하는 여성에게 이 시장이 초창기보다 성장하고 있다고 생각하는지 물었다.

배스 농민시장은 성장하고 있습니다만 일종의 약한 버너라고 할 수 있습니다. 빠르게 활활 타오르는 게 아니라 서서히 가열되고 있다고 할 수 있겠지요. 사람들의 장보기 습관을 바꾸는 데는 시간이 오래 걸리거든요. 지금 여기 있던 사람들도 주중에는 저희가 여기 있다는 사실을 잊어버립니다. 그래서 저희는 시장의 개장 시간대와 저희가 여기 있다는 사실을 상기시켜야

해요. (판매인 B7)

현장을 늘 살피는 시장관리인의 전망은 그리 밝지 않았다(관리인 B6). 그녀는 배스 농민시장이 한 달에 한 번 열리던 초창기에는 지금보다 규모도 훨씬 더 컸고 바빴으며 많은 돈이 쏟아졌다고 했다. 그런데 시장이 격주로, 그리고 이어서 매주 열리게 되면서 농민을 비롯한 판매인들의 헌신이 처음에 비해 4분의 1 수준으로 줄어들었다고 했다. 판매인들이 매주 여기에 계속 머물 형편이 안 되니 포기하는 사람이 많아졌고, 그로 인해 시장 자체가 위축되었다는 얘기였다. 또 현재 시장은 사용할 수 있는 공간이 제한되어 있어 성수기에 특히 문제가 된다고 했다. 즉, 1월에서 3월 사이의 비수기에는 그런대로 버틸 수 있지만 손님이 늘어나는 4월부터는 여기서 거래하기를 원하는 판매인을 모두 수용하기엔 공간이 부족하다는 것이다. 여기서 20년을 운영해 왔기 때문에 다른 곳으로 옮기기는 어려운 실정이라 이에 대한 개선책이 필요하다고 했다. 주차 문제도 있다고 했다. 현재는 세인즈버리에 무료 주차할 수 있는 시간이 90분이라 소비자는 서둘러 장을 봐야 한다고 한다. 시간을 초과하면 80파운드나 되는 상당한 액수의 벌금이 부과되기 때문이다. 사정이 이렇다 보니 여기서 느긋하게 마음먹고 시간을 보내기는 어려울 수밖에 없다는 얘기였다. 하지만 관리인은 배스 농민시장의 지속가능성 또한 시사해주었다. 그녀는 판매인들이 여러 해에 걸쳐 소비자들과 친밀한 관계를 이어오면서 고객뿐만 아니라 데려오는 강아지의 이름까지 알 정도고, 소비자가 무엇을 필요로 하는지도 잘 알고 있는 곳이 바로 이 농민시장이라는 것이다. 그녀는 이런 점이 매우 중요하다고 강조했다. 이러한 시장관리인의 얘기를 종합하면, 배

사진 6-3 판매대에 전시된 육류와 유제품

사진 6-4 판매대에 전시된 채소·과일·달걀

스 농민시장은 부정적·긍정적 전망의 가능성을 동시에 내포하고 있다고 볼 수 있다.

배스 농민시장의 지속가능성을 위해 개선해야 할 점으로는 유기농 육류 가게와 과일 및 채소 가게가 좀 더 많았으면 좋겠다는 소비자 의견(김원동, 2020a: 184)이 있었다.

저는 과일 가게가 더 있었으면 좋겠어요. 지금 이곳에는 많지 않아요. … 프랑스에는 훨씬 더 많거든요. … 과일들이 좀 더 많았으면 좋겠어요. 유기농 육류를 판매하던 농민 가게가 있었는데, 그 여성 농민은 은퇴하셨어요. … 유기농 육류를 판매하는 가게들이 너무 적습니다. … 채소를 판매하는 곳도 좀 그런 것 같아요. 하지만 저는 매우 행복합니다. (소비자 B3)

이 같은 방향의 개선책에 대한 기대가 조만간 충족되기는 어려워 보였다. 관리인의 얘기처럼 현재로서는 좀 더 넓은 공간을 확보하는 게 그리 간단한 일은 아니라는 판단이 들었기 때문이다. 그럼에도 이런 현실은 지금의 협소한 공간을 확장해서 고객이 많이 찾는 과일이나 육류를 포함한 기초 품목 가게의 증설과 품목의 다양성 확보가 배스 농민시장의 성장을 위해 시급히 해결해야 할 중요한 현안 중 하나임을 분명하게 보여주고 있었다.

그러면, 영국의 미래 전반에 장기적으로 엄청난 변화를 몰고 올 구조적 변수로 부상한 브렉시트가 배스 농민시장과 영국 농업의 미래에 미칠 영향을 배스 농민시장 참여자들은 과연 어떻게 생각하고 있을까? 2018년 2월 조사 당시는 브렉시트의 영향이 아직 구체적으로 나타나지 않던 시점이라 그런지 일부 부정적인 측면에 대한 우려는 있었지만 이렇다 할 영향을 체감하지는 못하는 듯했다.

아직은 아닙니다. (영향을 체감하기에는) 너무 이른 것 같아요. 저희가 유럽연합과 완전히 결별한 상태는 아니기 때문입니다. 많은 생산물이 유럽에서 들어오지요. 저희가 유럽연합에서 완전히 벗어나게 되면 아마 조세와 여타의 비용들이 적용되겠지요. 그러면 모르긴 해도 생산물 가격도 인상될 거예요. 저희는 아직 모르겠어요. 저희의 경우, 유럽 출신 노동자 고용은 문젯거리가 아닙니다. 지역공동체에서 자발적으로 일을 찾는 사람들을 쓰는 것이니까요. 하지만 대농들은 이미 고통받고 있거나 앞으로 고생할 것 같습니다. 폴란드나 다른 유럽 지역 출신 노동자들이 더 이상 여기서 일하는 게 허용되지 않을 것이기 때문에 이들을 고용할 수 없게 될 테니까요. 그런 사태가 발생하면 그 사람들의 사업에 정말 영향을 미치게 되겠지요. (판매인 B7)

브렉시트에 동의하는지, 그리고 브렉시트가 낙농 및 축산업에 어떤 영향을 미칠 것으로 전망하는지, 이 부문에 종사하는 농민에게 물었다(김원동, 2018a: 214-215).

저는 브렉시트가 잘된 일이라고 생각해요. … 낙농업에 관한 한, 저는 영향을 받을 것 같지 않습니다. 저희는 거래하는 대규모 유제품 수입업자가 있거든요. 저희한테는 오히려 좋을지도 모르겠다는 생각도 듭니다. 저희 우유를 구매하는 많은 이들이 미국과 … 극동 지역으로 수출을 하거든요. … 그들은 어떤 품목이든 유럽에 의존하고 있지 않습니다. 양을 치는 사람들은 고통을 겪게 될지도 모르겠어요. 실제로 영국에서 기른 양의 40~50%는 주로 프랑스로 수출되기 때문입니다. 그런 점에서 영향을 미칠지 모르겠

습니다. … (어쨌든) 저희가 하는 일은 더 잘될 거라고 생각합니다. (농민 판매인 B2)

브렉시트의 영향은 영농 영역에서도 세부 분야에 따라 다를 것으로 전망하면서 자신과 같은 유제품과 축산물을 생산하는 농가에게는 더 유리해질 것이라는 기대감을 보인 것이다. 이런 전망이 이 판매인으로 하여금 브렉시트 투표에서 찬성표를 던지게 했던 것 같았다. 시장 관리인의 분석도 비슷했다(관리인 B6). 브렉시트로 인해 외국에서 우유가 수입되지 않는 게 자신들에게 더 이익이 될 것으로 생각했기 때문에 농민들이 브렉시트에 찬성했다고 본다는 것이다. 이 관리인은 농민의 대다수가 브렉시트에 찬성한 것을 알고 놀랐다고 하면서 자신이 브렉시트에 반대표를 던졌다는 사실을 주변에 얘기하지 않는다고 했다.

앞서 살펴본 농민 판매인의 의견과는 대조적으로 배스 농민시장에서 만났던 또 다른 농민 판매인은 브렉시트에 반대한다는 의사를 밝히면서, 특히 씨앗 문제와 함께 영국 농업의 미래가 매우 불확실해졌다는 점을 지적했다(김원동, 2018a: 210).

씨앗 부문(에 미칠 영향이 클 것으로 생각합니다). 잉글랜드에서 생산되는 씨앗은 많지 않습니다. … 투표 결과가 발표된 날 감자 씨앗 가격이 곧장 톤당 100파운드 급등했습니다. … 저는 개인적으로 (유럽연합) 잔류 쪽에 찬성표를 던졌습니다. 저희가 쉽게 접근할 수 있는 시장을 보유하는 것이 더 좋다고 판단했기 때문이지요. 하지만 앞으로 어떻게 될지는 저도 잘 모르겠어요. 불확실성이 너무 커졌으니까요. 어떻게 될지 제대로 아는 사람은 아무도 없을 겁니다. 이게 문제인 거죠. (농민 판매인 B1)

이 농민 판매인은 현행 정부 보조금 체계의 문제점과 농기계 가격의 가파른 인상 등으로 인한 농업 채산성 악화 문제에 대해서도 언급했다(김원동, 2018a: 211-212; 2020a: 180-181).

> (농사를 짓는다는 게) 이제는 너무 힘들어요. 처리해야 할 문서 작업이 너무 많습니다. … (영농 활동에 필요한) 비용도 이전보다 훨씬 더 많이 듭니다. 제가 처음 트랙터를 구입했을 당시 가격은 2,000파운드였습니다. 그런데 비슷한 트랙터가 지금은 9만 파운드랍니다. 불과 50년 만에 엄청나게 비싸진 거죠. … 제 부친은 1948년인가 1949년에 1에이커, (다시 말해) 0.4헥타르의 농지로 (농사를) 시작했습니다. 제가 … 1977년 영농에 뛰어들었을 때는 12에이커를 갖고 시작했습니다. 지금의 농지 규모는 100에이커입니다. 커진 것이지요. 하지만 가장 큰 문제는 비용이 그보다 더 많아졌다는 점이죠. … 저희는 100에이커를 경작하는 지금보다 12에이커로 하던 시절에 소득이 더 많았거든요. … (그리고) 국민 세금으로 충당한 것이다 보니 보조금이 너무 많아진 것 같아요. 먹거리에 직접 합리적인 보조금 액수를 산정해서 지급하는 게 더 나은 방법이라고 봅니다. (지금은) 에이커 면적을 기준으로 지급하다 보니까 일부 대농은 수천 파운드의 보조금을 받습니다. 소유 면적에 따라 수천 파운드를 지급받으니까 이들은 농사를 지을 필요가 없지요. 방식을 바꿔서 자신의 생산물을 기준으로 (보조금이 반영된) 합리적 가격을 책정한다면, 그게 더 좋은 방법이 될 겁니다. (농민 판매인 B1)

이는 곧 기자재 가격의 과도한 인상과 불합리한 보조금 체계 등으로 인한 농업 채산성 악화가 농가의 어려움과 영농의 지속성에 결정적인 장애요인이 되고 있다는 의미다. 농민의 얘기처럼, 정부 보조금을 토지

면적이 아니라 최종 생산물에 적정 가격을 바로 반영할 수 있게 조정
하고, 농기계 문제를 비롯한 농민의 영농 활동 비용 부담을 줄여줄 수
있는 합리적 방안을 진지하게 검토할 필요가 있어 보인다. 이러한 필
요성과 농민이 처해 있는 각박한 현실은 한 여성 소비자의 얘기(김원동,
2020a: 184-185)에서도 부분적으로 확인할 수 있었다.

> (영국 농업의 문제는) 너무 집약적이라는 데 있습니다. '집약적 농업intensive
> farming'인 거죠. 소수의 대농이 토지의 대부분을 소유하고 있습니다. … 농
> 민들의 자살율이 매우 높아요. … 이들이 처한 환경이 정말 척박합니다.
> (게다가) 지구화로 인해 수많은 생산물이 수입되고 있거든요. (소비자 B3)

실상이 이렇다면, 영국 최초의 농민시장, 배스 농민시장의 미래는 과
연 없는 것일까? 저자는 농민 판매인들과의 대화 속에서 배스 농민시
장의 지속가능성을 긍정적으로 전망할 수 있는 몇 가지 근거를 찾아보
려 했다. 그 실마리는 영농 활동을 대하는 농민 판매인의 태도(김원동,
2020a: 179)에서 발견할 수 있었다.

> 고된 일입니다. 노동시간도 길어요. 헌신적이어야 하고, 정말 그 일을 좋
> 아해야만 가능하지요. … 일종의 생활양식이라고 해야 할 겁니다. … '5시가
> 되었네, (그럼 이제 일을) 끝마쳐야겠다.'라고 생각하는 것은 적절치 않습니다.
> 해야 할 일들이 남아 있거든요. 가축들도 돌봐야 하구요. … (하지만 저는 제
> 직업에 만족합니다) 제가 하고 싶지 않은 일이었다면, 뛰어들지 않았겠지요.
> 땅도 젖어 있고 날씨마저 쌀쌀한 그런 날들도 있습니다. 그럴 때는 저도 차
> 라리 다른 일을 했으면 하는 생각이 들기도 합니다. 하지만 누구에게나 그

런 날들은 있지 않겠습니까? (농민 판매인 B2)

영농 활동의 어려움을 호소하면서도 힘들지만 그래도 하고 싶어서 뛰어든 일이라고 자신을 다독여가며 농업인으로서의 직업에 자족하는 농민이 판매인으로 활동하는 곳, 배스 농민시장은 바로 그런 곳이었다. 이처럼 영농의 고충 속에서도 농민시장 판매인의 직업 만족도가 높다는 사실은 시장의 지속가능성 측면에서 매우 고무적인 현상이라고 볼 수 있다. 판매인, 특히 농민 판매인들은 고객과 더불어 배스 농민시장을 떠받쳐온 시장의 핵심 주체이기 때문이다.

그런가 하면, 또 다른 한 농민 판매인은 농민시장이 소규모 창업에 유리한 공간이라는 점[11]을 높이 평가했다(김원동, 2020a: 181).

많은 사람이 자신의 사업을 농민시장에서 시작했다가 다른 곳으로 이동해 갈 겁니다. … (농민시장에서 창업했지만 이제는) 여러 농민시장과 델리delis를 비롯한 각종 매장을 운영하느라 더 이상 여기에 오지 않는 치즈 생산자도 많거든요. 이곳에 꼭 와야 할 필요가 없어진 거죠. 규모가 커지면서 이동한 거니까요. … 농민시장은 (초기 사업 자금이 적은) 사람들이 창업하기에 정말로 좋은 장소입니다. 비용이 많이 들지 않기 때문입니다. 아침에 (나와서 영업을 하는 데) 20파운드나 30파운드 정도만 투자하면 됩니다. (이 정도 비용이면) 꽤 괜찮은 것이지요. 소비자들을 많이 만날 수 있어서 좋구요. … 좋은 상품을 내놓으면, 사람들은 다시 찾아올 겁니다. … 저희는 이곳에서 20년을 함께해왔습니다. 그래서 저희 손님의 80%는 단골입니다. 매주 오시지요. 그들은 친구입니다. 저희는 그 사람들이 데리고 오는 반려견의 이름도 알거든요. (농민 판매인 B1)

이 같은 강점과 더불어 먹거리와 지역 생산자에 대한 전적인 신뢰를 토대로 소비자와 생산자 간에 만남과 대화 및 친교가 배스 농민시장에서 지속되고 있다는 점[12]은 이 시장의 지속가능성을 긍정적으로 전망하게 하는 잠재적 원천이라고 볼 수 있다. 물론 이러한 가능성이 기대처럼 제대로 실현되기 위해서는 여전히 보완해야 할 점들이 적지 않다. 앞서 살펴보았듯이, 배스 농민시장에 대한 홍보 강화[13], 판매하는 먹거리의 양적·질적 확대, 공간 확장과 주차장 문제에 대한 대책 강구[14], 저소득층의 시장 참여 촉진 프로그램 마련[15] 등은 그중 대표적인 과제라고 할 수 있다. 이런 점들을 보강하려는 노력은 그간에 고객들의 신뢰를 바탕으로 축적된 배스 농민시장의 사회적·공간적·자연적 배태성의 특징이 향후 시장 활성화를 촉진하는 강력한 순환적 동력으로 작동하도록 하기 위해서도 필요하다. 이런 점들을 전체적으로 고려해볼 때, 배스 농민시장의 지속가능성이나 향후 성장 여부는 현재로선 다소 유동적이라고 해야 할 듯하다(김원동, 2020a: 187). 배스 농민시장의 미래는 앞서 살펴본 시장의 긍정적 잠재력이 충분히 발현될 수 있는 여건을 조성하면서 현안들을 앞으로 얼마나 잘 풀어갈 수 있느냐에 크게 영향을 받을 것으로 보이기 때문이다.

7장

웨일스의
리버사이드 농민시장

1. 리버사이드 농민시장 개요

　리버사이드 농민시장은 웨일스의 카디프에서 열린다. 리버사이드 농민시장의 소재지가 카디프인 만큼 이 도시의 역사와 성격을 간략하게 짚어보고, 농민시장 얘기로 들어가고자 한다.

　카디프의 2024년 기준 추정 인구는 약 49만 2,000명이며 런던에서 서쪽으로 약 150마일 떨어진 곳에 있는 도시다. 카디프는 18세기 중후반부터 석탄과 철광석 광산이 개발되면서 빠르게 확장되기 시작했다고 한다. 1801년 1,870명에 불과했던 인구가 1901년 16만 4,000명에 이를 정도였다. 이것만 봐도 19세기의 100년 동안 카디프 지역이 얼마나 급속하게 팽창했는지 미루어 짐작할 수 있다. 1905년 카디프는 시市로 지정되었고, 1913년 무렵에는 세계에서 가장 큰 석탄 수출 항구도

시가 되었다.

하지만 1918년 이후 카디프의 석탄 교역은 극적으로 감소했고, 마침내 1963년 전면 중단되었다. 하지만 카디프는 여전히 웨일스에서 가장 큰 도시이고, 1955년 웨일스의 수도로 공인되었다. 수도라는 위상에 걸맞게 카디프는 많은 정부 기관을 보유한 행정 중심지일 뿐만 아니라 쇼핑·문화·산업·교육 등 거의 모든 영역에서 핵심 기능을 감당하고 있는 웨일스의 대표 도시다.[1]

농민시장의 명칭이 시사하듯, 리버사이드 농민시장은 타프 강the River Taff을 사이에 두고 위용을 자랑하는 웨일스 경기장Principality Stadium 바로 건너편의 강둑을 따라 줄지어 늘어선 가게들로 이루어진 시장이다.[2]

이 시장은 1998년 리버사이드 공동체의 심장부에 있는 한 작은 공원에서 일군의 지역산 먹거리 애호가들에 의해 설립되었다. 카디프 지역의 원조 농민시장으로서 매주 일요일 오전 10시부터 오후 2시까지 4시간 동안 열린다. 이 시장은 개장 이후 영국에서 가장 유명한 농민시장 중 하나로 성장했고, 지역 주민과 방문객들 사이에서는 웨일스 수도의 핵심적인 먹거리 명소 가운데 한 곳으로 잘 알려져 있다. 이제 이 시장은 웨일스 최고 수준의 먹거리 생산자들이 펼치는 생산품의 '진열장showcase' 역할을 수행하는 공간으로서 리버사이드 공동체의 가장 중요한 구성요소가 되었다.

홈페이지 초기 화면에는 직접 생산자가 제공하는 '카디프 최고의 신선하고 지속가능한 지역산 먹거리The best local food in Cardiff. Fresh, sustainable food'를 구할 수 있는 시장임을 강조하는 문구가 전면을 장식하고 있다.[3] 소비자는 웨일스에서 가장 흥미진진한 먹거리 생산자들의 생산물인 과

사진 7-1 타프 강 양편의 웨일스 경기장과 농민시장

사진 7-2 시장 입구의 시장 안내 플래카드

일, 채소, 육류, 유제품, 빵 같은 매우 다양한 필수품을 이 시장에서 살 수 있다고 한다. 또 홈페이지에서는 이곳에서의 소비자 구매가 갖는 의미에 대한 언급도 발견할 수 있다. 즉, 이 시장에서의 구매 행위는 소비자 본인이 좀 더 지속가능한 먹거리를 구하고 먹을 수 있음을 뜻할 뿐만 아니라 독립 경영을 하는 소농, 지역산 식품가공업자 및 음료 사업자를 직접 후원하는 의미를 갖는다는 점을 강조하고 있다.

또한 리버사이드 농민시장은 회계사, 공동체 관리자, 지속가능한 먹거리체계 연구자, 변호사 같은 다양한 직종의 자원봉사자 위원과 시장 관리인으로 구성된 위원회에 의해 운영되고 있다.[4] 또 리버사이드 농민시장에서는 100명 이상의 농민과 소규모 생산자들이 여러 품목의 먹거리 생산자이자 판매인으로서 활동하고 있다. 특히 리버사이드 농민시장의 판매인 중 일부는 2008년 개장한 이후 매주 토요일 오전 9시 30분부터 오후 1시까지 열리는 '로스 농민시장Roath Farmers Market'과 2010년 시범 운영 후 매주 금요일 오전 10시부터 오후 1시까지 운영되는 '라이비나 농민시장Rhiwbina Farmers Market'에도 참여한다. 결국 리버사이드 농민시장을 시발점으로 이와 연관된 2개의 농민시장이 더 설립됨에 따라 금요일부터 일요일까지 매주 세 번씩 정기적으로 소비자를 맞고 있는 셈이다.

2. 현지조사를 통해 본 리버사이드 농민시장

2018년 2월 11일 일요일, 리버사이드 농민시장을 찾아 나섰던 카디프의 아침은 드문드문 보이는 작은 구름과 따사로운 햇살이 평온함을

사진 7-3 농민시장에 함께 온 어린아이들

사진 7-4 텐트 안 현수막에 걸린 판매인 정보

사진 7-5 농장 차량 앞의 과일 판매대

사진 7-6 시장통에서 대화하는 소비자

안겨주는 상쾌한 날씨였다. 시장에 근접하자 강변을 따라 연이어 설치된 텐트 행렬이 한눈에 들어왔다. 날이 맑아서 그랬는지 시장 텐트 지붕의 짙은 파란색은 푸른 하늘색과 쌍을 이룬 듯 눈부셨다. 마침내 시장 입구에 들어섰다. 소비자 중에는 노년층과 중장년층도 많았지만 어린아이를 유모차에 태워 끌고 다니면서 장을 보는 가족과 젊은 부부도 종종 눈에 띄었다. 또 걸어 다닐 만한 아이들은 부모의 손을 잡은 채 이것저것 보느라 정신이 없었다. 편한 운동복 차림으로 혼자 돌아다니며 장을 보거나 배낭을 멘 채 자전거를 끌고 다니며 시장을 둘

7장 웨일스의 리버사이드 농민시장 **199**

러보는 젊은이들도 있었다. 리버사이드 농민시장은 고령자들만의 장터가 아니라 다양한 연령대의 소비자가 함께 찾는 시장임을 보여주는 장면들이었다.

판매인의 텐트 가게에는 판매인의 농장 이름과 주소 및 홈페이지가 적힌 현수막이 텐트 상단에 걸려 있는 곳이 많았다. 가게의 판매대 위에 진열되어 손님을 기다리던 각양각색의 과일, 채소, 치즈, 빵과 음료는 보는 것만으로도 방문객을 호강시켜주기에 충분했다.

시장 통로에 서서 대화하거나 텐트 사이의 좁은 공간에 놓인 임시 탁자와 의자에 앉아 음료수를 마시거나 간식을 나누며 담소하는 소비자들도 볼 수 있었다.

하지만 시장의 다채로운 먹거리, 판매인과 소비자가 빚어내는 다양한 모습, 그리고 푸근한 시장 분위기의 매력에 빠져들던 것도 잠시였다. 판매인이나 소비자를 붙들고 진득하게 면접조사를 한다는 건 불가능하다는 게 금방 확인되었기 때문이다. 소비자 중에는 웃으며 면접 요청을 거절하는 이도 있었고, 급한 일이 있어서 그랬는지 손사래를 치며 곧바로 지나쳐 가버리는 사람도 있었다. 이렇게 멋쩍은 일은 그동안 거의 없었다. 농민시장에 가면, 한동안 참여관찰을 한 후 시간을 기꺼이 할애해줄 것으로 보이는 사람을 나름 선별해 접근했기 때문에 협조를 얻는 게 대체로 순조로웠다. 하지만 아쉽게도 이번에는 달랐다.

〈표 7-1〉에서 보듯, 그나마 여성 농민 판매인 1명과 소비자 2명이 고맙게도 면접에 선선히 응해주어 조사를 진행할 수 있었다. 이곳에서 시장 참여자들을 추가로 더 조사하려면 다음 장이 열릴 때까지 일주일을 더 체류해야 할 처지라 어쩔 수 없이 3명을 대상으로 한 조사에 만족해야 했다.

표 7-1 리버사이드 농민시장 면접조사 대상자 기본정보

조사 대상		성별	비고
판매인	농민 판매인 R1	여	- 축산업 부문의 가족농
소비자	소비자 R2	남	- 매주 농민시장을 방문하는 지역 주민
	소비자 R3	여	- 매주 농민시장을 방문하는 지역 주민

바쁜 와중에도 흔쾌히 면접에 응해준 여성 농민 판매인(농민 판매인 R1)[5]에게 시장의 운영 방식에 대해 먼저 물었다. 이 농민 판매인에 의하면, 리버사이드 공동체 시장 연합회를 책임지는 총괄 관리인이 있고, 장터의 가게 배치를 포함한 장날 업무를 책임지는 주간 관리인도 있어서 이들이 시장 관리를 한다고 했다(김원동, 2018a: 210-211). 앞서 홈페이지에도 소개된 바와 같이, 리버사이드 농민시장은 판매인 대표로 구성된 자체 위원회가 아닌 별도의 관리인 체제로 운영되고 있었다.[6]

이어서 이 농민 판매인에게 슈퍼마켓과 비교해 자신의 생산물 품질과 가격을 어떻게 생각하는지 물었다.

저희는 확실히 경쟁력이 있다고 봅니다. 농민시장이 더 비쌀 것이라고 인식하는 사람들도 있겠지만 그런 사람들이 저희 생산물을 잘 살펴보게 되면 실제로는 그렇지 않다는 걸 알게 되리라고 생각하기 때문이지요. 가격 측면에서도 저희 것이 매우 경쟁력 있는 생산물임을 (소비자에게) 인식시키는 일이 정말 힘들지만 저희는 이해시키려 노력하고 있습니다. 소비자들은 슈퍼마켓에 가서 기본 물품들을 구할 수 있습니다. 저렴하지만 불필요한 물건들을 구입하지요. 하지만 만약 사람들이 뭔가 제대로 된 걸 구하려 할 경우에 저희 생산물의 가격을 테스코에서 파는 최상품이나 … 막스 앤 스펜서의

특산품과 비교해본다면, 저희 것이 그런 상품들보다 더 비싼 게 아니란 걸 분명하게 알게 될 겁니다. (농민 판매인 R1)

자기 농장의 생산물이 일반 슈퍼마켓의 물건보다는 비싸겠지만 품질을 고려한다면 가격 면에서도 경쟁력이 있다는 얘기였다. 또 슈퍼마켓의 최상품이나 특산품과 견주더라도 자신의 생산물은 그 질적 우수성을 담보할 수 있기 때문에 결코 가격이 비싸다고 볼 수 없다는 것이었다. 요컨대, 리버사이드 농민시장에서 지금 판매되고 있는 자기 농장의 생산물은 품질이 뛰어날 뿐만 아니라 품질 대비 가격도 그렇게 비싸지 않아 매우 경쟁력 있는 상품이라는 게 판매인의 자평이었다.

자신의 생산물이 품질의 우수성과 가격의 정당성을 지니고 있다는 이 농민 판매인의 확신은 소비자의 욕구를 염두에 두고 종래의 생산방식을 버리고 유기축산으로 전환할 정도로 그동안 기울여온 치열한 노력이 있었기 때문에 가능한 것이었다.

저희 농장이 유기농법으로 전환했던 시기와 리버사이드 농민시장이 맞아떨어졌던 거죠. 리버사이드 농민시장은 한참 성장하고 있던 시장이었습니다. … 생산물들을 대충 훑어보고 사람들이 원하는 것을 살펴보니까 사람들이 원하는 게 바로 이런 것이더라구요. 저희는 고객들의 욕구를 충족시키려 노력하고 싶었고, 그래서 식용 가축들을 그냥 길러서 시장에 내다 팔던 종래의 영농방식을 탈피하고자 했던 것이지요. 이게 얘기의 전부입니다. 저희는 좋은 생산물을 얻게 되었고, 소비자들이 사고 싶어하는 것을 생산하고 싶었던 것입니다. 리버사이드 농민시장은 성장하고 있었고, 저희가 하고 싶었던 것과 잘 어울렸던 셈입니다. 모든 게 거기서 시작되었던 거

죠. (농민 판매인 R1)

런던의 다른 농민시장에서 면접했던 한 여성 농민 판매인[7]에게서도 전체적인 맥락에서 앞서 판매인과 비슷한 얘기를 들을 수 있었다.

저희가 농민시장에 참여하지 않았더라면 지금까지 농업에 종사할 수 없었을 겁니다. (여러 곳에서 열리는) 이런 농민시장에 와서 판매인으로 활동하지 않았으면, 농장을 계속 운영할 수 없었을 거라는 얘기지요. 만일 저희가 가축시장에 가서 저희 농장에서 생산한 육류를 판다면, 저희는 여기서만큼 수익을 얻을 수 없거든요. … (물론) 품질은 훨씬 더 좋다고 생각합니다. … (하지만) 가격으로 경쟁할 수는 없다고 생각해요. … (가격은) 슈퍼마켓이 더 저렴하지요. … (그렇지만) 저희가 (소비자에게) 제공하는 생산물은 슈퍼마켓과는 (질적으로) 다른 물건이라고 봅니다.

본인이 농민시장에 내놓는 생산물은 슈퍼마켓에서 파는 것보다 질적으로 우수하기 때문에 가격도 당연히 좀 더 비싸다는 것이었다. 면접 당시 이 농민 판매인은 본인의 생산물을 소화할 수 있는 농민시장이라는 판로가 있어서 지속적인 영농이 가능했다는 점을 강조했다. 그녀는 그 이유를 본인의 생산물을 믿고 계속 찾아주는 소비자에게서 찾았다.

(유기농업을 하는) 저희는 분명히 틈새시장에서 일하고 있다고 생각해요. … (그리고) 소비자들은 (저희를) 신뢰한다고 생각하구요. … 저희가 하는 이 사업의 기반은 실제로 저희를 계속 다시 찾아주는 고객들이거든요. 매주

계속 연이어 오시는 바로 그 고객들 말입니다.

농민 판매인과 그 생산물에 대한 소비자의 신뢰 여부를 묻자 리버사이드 농민시장의 여성 농민 판매인에게서 되돌아온 답변도 거의 동일했다.

그렇다고 생각해요. … 고객과의 관계 구축이 중요하지요. 고객들이 저희가 실제로 하고 있는 일들을 정말로 신뢰한다고 생각하고 싶습니다. 또 저희는 저희가 하는 일들에 대해 매우 개방적이에요. 고객들은 원하면 (언제든) 농장을 방문해 둘러볼 수 있습니다. 저희는 가끔 몇 차례 정도는 참관일 같은 걸 개최하려고 애씁니다. 그렇기 때문에 고객들이 와서 저희가 하는 일을 실제로 볼 수 있는 거지요.(농민 판매인 R1)

한 여성 소비자에게 이 농민시장에서 거래되는 생산물의 품질과 농민 판매인을 신뢰하는지 물었다.

(품질이) 매우 좋습니다. 저는 그 점에 대해 신뢰합니다. 저 여성이 팔고 있는 유기농 육류는 바로 그녀의 농장에서 가져온 것입니다. 그녀는 지금 저쪽에 서서 장사하고 있는데요, 제게 자기 양은 방목한 것이고, 푸른 목장에서 기른 것이라고 얘기합니다. 저는 그녀를 믿어요. 하지만 슈퍼마켓은 신뢰하지 않습니다. (소비자 R3)

이 소비자(소비자 R3)가 자신의 식료품비 중 슈퍼마켓에서의 지출은 5% 정도로 매우 비중이 작은 데 비해 이 시장에서는 70%를 쓴다고 한 것도 이런 생각 때문인 듯했다. 또 이 소비자는 이 시장이 좋은 가장 큰 이유로 유전자조작식품이 없고, 양질의 유기농을 구할 수 있기 때문이라고 했다.

그러면 리버사이드 농민시장에서 농민 판매인과 고객 사이에 대화는 충분히 이루어지고 있는 것일까?

> (고객과의 대화도) 아주 많이 합니다. 고객들도 (저희 판매인과의 대화를) 좋아한다고 생각해요. (이를테면) 고객들은 시장에 와서 빵이나 육류 판매인과 (직접) 대면하면서 매우 많은 얘기를 나누곤 합니다. (농민 판매인 R1)

이 농민의 경험과 생각을 뒷받침하듯, 런던의 알렉산드라 팰리스 농민시장에서 만났던 젊은 남성 농민 판매인[8]도 고객과의 대화를 농민시장 참여의 주요 동기로 꼽았다(김원동, 2021a: 421).

> 저희 대부분에게 … 주중 이틀 정도 … 농장에서 밖으로 나온다는 것은 즐거운 일입니다. 이것은 주로 저희 아버지 생각이었는데요. … 아버지께서는 많은 다른 농민들도 이런 움직임을 수용하게 설득하려 하셨습니다. … 저는 … 영국 농업도 그렇고, 우리가 대중과 접촉하는 일(의 중요성)을 잊어버렸다고 생각합니다. 그래서 저희는 (농장) 밖으로 나와서 사람들과 대화하고, 그들의 관심사나 여기서 원하는 것이 무엇인지 듣는 걸 무척 좋아합니다.

런던의 또 다른 농민시장에서 면접했던 남성 농민 판매인도 고객과의 대화에 신경을 쓴다는 점을 강조했다.[9]

저는 고객들과 (저희) 생산물에 관해 대화하고, 저희 농장이 어떻게 농사를 짓는지 설명하려고 노력합니다. … 젖소를 기르는 것 … 이건 … 공장을 운영하는 것과는 … 다른 것이지요. 뭔가 특별하다는 것입니다. … (말하자면) 틈새시장 같은 것입니다.

소비자에게도 판매인과의 대화에 관해 물었다.

그렇습니다. 저희는 판매인들을 모두 압니다. 저희가 (먼저) 말을 건네죠, '안녕하세요, 또 보게 되니 좋습니다.' 그러고 나서 이건 어떻게 되냐고 얘길 시작하지요. … 판매인들과 맺게 되는 진정한 관계, 그래서 저는 이런 게 좋아요. (소비자 R2)

지금까지 살펴본 얘기들은 다른 농민시장의 참여 농민과 소비자들처럼, 리버사이드 농민시장의 판매인이나 소비자 간의 거래도 상거래만이 아니라 안부 인사나 친근한 대화가 수반되고 있음을 보여준다. 슈퍼마켓에서는 볼 수 없는 거래 장면이다. 이와 같은 독특한 상호작용이 생산자와 소비자 간에 정례적으로 되풀이되면서 리버사이드 농민시장은 상호 신뢰에 기반해 형성된 먹거리공동체이자 사회적 배태성의 특성을 내장한 시장으로 자연스럽게 그 자리를 굳혀온 것이다.

이렇듯 농민시장에 참여하는 소비자와 판매인 사이에서는 인간적 신뢰에 토대를 둔 상호작용이 이루어짐에도 불구하고, 영국인 중 농민시장을 찾는 사람의 숫자는 매우 적고, 그 상당수가 여전히 슈퍼마켓을 이용하는 까닭은 무엇일까? 지인들이 이 시장 자체를 많이 알고 있는지 소비자(소비자 R2)에게 물었지만, 그는 망설임 없이 '모른다'고 답했다.

그런가 하면, 여성 소비자는 놀랍게도 그 원인으로 현대사회의 구조적 특징을 지목했다.

현재 사회의 실상을 반영하는 것이지요. 사람들은 너무 바쁘고, 그로 인해 과로에 시달립니다. 그래서 테스코에 가서 간편식을 사다가 전자레인지를 이용해 식사를 쉽게 해결하려고 합니다. 식사 준비하는 데 시간을 쓰질 않는 거지요. 하지만 저는 합니다. 제대로 식사하는 게 저의 건강을 위해 매우 중요하다고 생각하기 때문입니다. 가장 중요한 게 식사지요. (소비자 R3)

현대인의 삶이 자신의 건강을 위해 좋은 식재료를 구해 와서 식사 준비를 할 정도로 여유롭지 않다는 것이다. 다시 말해, 주말까지 기다렸다 농민시장을 찾기보다 주로 인근 슈퍼마켓에서 식사 문제를 해결하는 사람이 대다수인 까닭은 일에 치여 너무 바쁘고 진이 빠져 먹는 문제에 그렇게 신경을 쓸 여력이 없는 게 현실이기 때문이라는 얘기였다.[10]

이번에는 화제를 영국사회에 전방위적인 영향을 미칠 것으로 예상되는 브렉시트 문제로 돌려보았다. 우선 브렉시트에 대해 어떻게 생각하는지 궁금했다. 여성 농민 판매인의 반응은 매우 부정적이었다(김원동, 2018a: 210-211).

조악한 생각이었죠. 우리가 그런 결정을 내려서는 절대 안 되는 거였어요. 뭐 그런 식으로 투표하지는 말았어야 했죠. 찬성투표를 했던 사람의 대다수는 자신의 찬성표가 무엇을 의미하는지 몰랐을 것이고, 아마도 (지금은) 그 결정을 후회하고 있을 겁니다. 농업의 관점에서 볼 때, 우리는 (유럽연

합에 계속) 잔류했어야 했습니다.(농민 판매인 R1)

농민 판매인은 그 이유로 무엇보다 브렉시트로 인한 불확실성을 들었다(김원동, 2018a: 211).

(생각해봐야 할) 중요한 쟁점은 지원 문제일 겁니다. 현재 농업에는 보조금, 즉 유럽연합으로부터 받는 보조금이 상당히 많습니다. 영국 정부가 과연 (지금까지와 같은) 후원을 계속할지, 또 (한다면) 어떤 방식으로 할지 저희는 잘 모릅니다. 그러니까 불확실성이 매우 커진 셈이죠. (그래서) 저희가 유럽(연합)에 잔류했어야 했다고 저는 생각하는 거지요. (농민 판매인 R1)

브렉시트가 영농보조금 문제를 비롯해 영국 농업의 미래에 불확실성을 키웠다는 것이다.[11] 브렉시트가 잘못된 결정이었다면, 브렉시트는 이 농민 판매인의 영농 활동에도 영향을 미칠 수 있을 것 같았다. 그래서 브렉시트로 인해 그녀의 영농 활동이 영향을 받고 있는지 연이어 물었다. 농민 판매인은 여러 갈래의 얘기를 통해 저자의 물음에 대한 자신의 생각을 들려주었다.

브렉시트 이후에도 소비자들을 상대로 (생산물을) 계속 판매함으로써 저를 비롯한 (이곳) 판매인들의 영업 형편이 더 나아지길 바라지요. 저희는 세계 (농축산물) 시장에 그렇게 크게 의존하고 있지는 않습니다. 그렇기 때문에 브렉시트의 저편으로 빠져나갈 수 있길 바라고 있는 거지요. … (저희는) 소농입니다. 가족이 운영하는 농장이지요. … 저는 농가 출신이에요. … 저희는 돼지와 닭을 사육하고 있고, 저 아래쪽에서는 작물 재배도 합니다. 그리고 언덕 위편에서는 소와 양을 기르고 있구요. … 아마 (저희 생산물 중) 이곳 농민시장에서 판매하는 것이 차지하는 비중은 90% 정도 될 겁니다. … 매주 저희를 찾아오는 고객도 아마 마찬가지로 90% 정도 될 거구요. (농민 판매인 R1)

농민 판매인의 위와 같은 얘기는 브렉시트가 농민시장에 미칠 영향에 대한 농민시장 참여 판매인들의 전망을 일정 부분 확인해준다. 즉, 자기처럼 소규모로 생산한 양질의 농축산물을 농민시장에서 지역 고객들을 상대로 매주 얼굴을 맞대고 거래하면서 거의 다 소화하는 소농 판매인들의 경우에는 브렉시트로 인한 영향이 그렇게 크지 않을 것이라고 긍정적으로 바라보고 있는 것이다(김원동, 2018a: 213-214).

그러면 리버사이드 농민시장은 카디프의 지역공동체와 관련해서 어떤 의미의 공간으로 이해되고 있을까?

저는 이곳 카디프의 농민시장이 지역공동체에 있어 매우 중요한 의미가 있다고 생각합니다. 이곳이 얼마나 바쁘게 돌아가고 있는지 당신도 보시고 있잖아요. 사람들은 누구나 일요일 아침이 되면 이곳으로 찾아옵니다. 농민시장 방문은 (이제) 사람들이 주중에 해야 할 일의 목록에 포함된 일종의 관행이 되어버렸어요. 사람들이 이런 시장을 갖고 있다는 사실은 이처럼 작은 리버사이드 공동체에서는 매우 중요한 것이지요. 정말 매우 중요합니다. (농민 판매인 R1)

리버사이드 공동체에 살고 있는 주민들에게는 주말에 리버사이드 농민시장에 와서 필요한 물품들을 사고, 판매인이나 지인들과 대화하며 여유 시간을 즐기는 것이 마치 주말 행사처럼 일상이 되었다는 얘기다. 이는 곧 리버사이드 농민시장이 느슨하게나마 지역공동체의 통합 기능을 자연스럽게 수행하는 사회적 공간이 되고 있음을 의미한다. 이 시장이 주말마다 거의 정례적으로 많은 주민에게 친교의 장을 제공하기 때문이다.[12]

소비자들의 생각도 비슷했다. 한 여성 소비자(소비자 R3)는 이 시장에는 사람을 모이게 하는 일종의 공동체 정신 같은 것이 분명히 있다고 하면서 참으로 대단하다고 평가했다. 한 남성 소비자는 이 점을 조금 더 구체적으로 표현했다.

> (시장이 이렇게 사람들로 북적이는 것은) 공동체의 관점에서 보면 대단한 것이지요. 제게 이 시장은 따뜻함을 안겨주고 생동감을 불어넣어주는 곳이기도 합니다. 여기에 이런 시장이 있어서 저는 행복합니다. 여기에 있는 다른 사람들도 저와 같은 마음일 겁니다. (소비자 R2)

이처럼 리버사이드 농민시장의 공동체적 기여를 높이 사면서도 소비자들은 이곳에 사람들이 조금 더 많이 모이고 생산물도 좀 더 많았으면 더 좋겠다는 바람을 덧붙였다.[13] 물론 이들은 시장 측에서도 이를 위해 노력하고 있다는 점을 인정하고 있었고, 자기들의 생각처럼 되기 어려운 이유로 웨일스의 추운 날씨를 지적하기도 했다. 또 테스코와 같은 대형 슈퍼마켓으로 사람들이 많이 몰려가는 것도 이와 무관하지 않음을 이들은 시사했다. 그러면 이들은 리버사이드 농민시장과도 직접적인 연관성이 있는 유기농 먹거리와 영국 농업의 미래를 어떻게 전망하고 있을까?

앞으로도 보다 높은 수준의 복지 기준에 준거해 생산된 양질의 먹거리를 위한 틈새시장은 항상 존재할 것이라고 저는 생각해요. 그러한 수요는 늘 있을 겁니다. (하지만) 저로서는 대규모 생산과 집약적 농업의 미래에 대해서는 확신을 갖기가 좀 어렵습니다. 사람들의 의식 수준이 좀 더 높아지고, 정보도 더 많이 갖게 되면, 그런 농업의 미래는 좋을 것 같지 않거든요. (농민 판매인 R1)

이 농민 판매인의 견해는 영국 농업에서 대규모 집약적 영농의 미래를 밝게 보기는 어렵지만 유기농 같은 양질의 먹거리에 대한 수요는 항상 있을 것이기 때문에 농민시장도 틈새시장을 파고들며 존속할 수 있을 것임을 시사한다. 이와 유사한 맥락에서 한 소비자는 농민시장에 참여하는 소농 같은 소규모 사업자의 미래 전망을 매우 긍정적인 관점에서 분명하게 언급하기도 했다.

제 생각으로는 결국 농민시장의 소농 판매인처럼 소규모 사업체, 즉 지역에 뿌리를 둔 사업체에 미래가 있다고 봅니다. … 미래가 이런 사람들에게 있기를 바라지요. 그리고 대형 사업체는 과거의 유물이 될 겁니다. (소비자 R2)

어떻게 보면, 판매인도 소비자도 어떤 객관적 근거보다는 다분히 희망을 담은 미래에 기대를 거는 것 같기도 했다. 그럼에도 리버사이드 농민시장에서 만났던 판매인과 소비자의 태도와 행동은 그러한 전망을 그저 막연한 것으로 치부할 수 없음을 보여주었다. 예컨대, 농민 판매인(농민 판매인 R1)은 농업을 천직처럼 생각하고 있었을 뿐만 아니라 신선한 생산물을 소비자에게 공급하고 그들과 나누는 대화에서 삶의 행복을 체감하며 살아가고 있었다. 그런가 하면, 소비자는 지역 농민과 그들의 생산물을 전적으로 신뢰하는 가운데 양질의 식재료와 식품을 구하기 위해 주말마다 기꺼이 농민시장을 방문하고, 판매인과의 교류를 이어가고 있었다. 다른 농민시장처럼, 리버사이드 농민시장도 이러한 생산자와 소비자가 정기적으로 만나 지속적으로 상호작용하는 가운데 오늘날까지 유지되어온 지역공동체 시장이었다.

배태성의 관점에 비추어볼 때, 지금까지의 논의는 리버사이드 농민시장이 사회적·공간적·자연적 배태성의 특징을 지닌 공간임을 입증해준다. 소비자가 지역 농민에 의해 생산된 양질의 생산물과 농민 자체에 대한 온전한 신뢰를 토대로 구매하고, 생산자는 그러한 소비자의 신뢰에 부응하고자 최선을 다하는 가운데 지속적인 인간적 교류가 함께 어우러지는 공간이 바로 리버사이드 농민시장이기 때문이다.

8장
런던의 공동체 성장 농민시장

1. 공동체 성장 농민시장 개요

런던의 공동체 성장 농민시장은 뉴잉턴Newington에 위치한 '성 바울 교회St Paul's Church'의 마당에서 매주 토요일 오전 10시부터 오후 2시 30분까지 열린다.[1] '지역산 채소를 공급하는 공동체지원농업a local veg box scheme'과 윤리적 도매업도 하지만 '영국에서 유일하게 유기농만을 취급하는 농민시장UK's only all-organic farmers' market'[2]이다. 판매인은 모두 유기농법이나 생명역동적bio-dynamic 농법으로 영농 활동을 하는 농민이거나 자신이 사용하는 식재료의 대부분을 그러한 농민들에게서 구매해 식품을 만들어 파는 가공식품업자[3]다.

이 시장 홈페이지의 소개에 의하면, 공동체 성장 농민시장은 런던에서 거의 다 '70마일 이내'[4]에 있는 농장에서 재배하거나 만든 생산물

사진 8-1 공동체 성장 농민시장 입구

사진 8-2 소비자를 바라보는 판매인

을 시장에 내놓는 판매인들로 구성된 장터다. 또 농축산물을 구매하고 커피나 케이크 또는 신선한 버섯 샌드위치를 맛보면서 친구들과 담소를 즐길 수 있는 공간이다. 시장 측에서는 공동체 성장 농민시장이 지닌 이러한 특성을 강조하면서 소비자들이 시장 방문과 먹거리 구입을 통해 생산자이자 판매인으로 활동 중인 지역 소농들을 후원해달라고 당부한다.[5]

홈페이지에서는 이 시장에서 장을 봐야 하는 몇 가지 분명한 이유에 대한 설명도 읽을 수 있다.[6] 이유를 서술하는 첫 문단에는 "이 시장에서 당신이 1파운드를 쓸 때마다 소비자 당신과 농민 그리고 지구 차원에서는 3.7파운드의 이익이 발생한다."고 적혀 있다.[7] 이렇게 압축적으로 표현하게 된 근거라고 생각되는 몇 가지 이유가 이 문장에 이어 구체적으로 쓰여 있다. 이를테면, 환경친화적인 방식의 삶이 가능해진다는 게 그중 하나다. 앞서 언급했듯, 이 시장에 참여하는 농민들은 유기농법이나 생명역동적 농법으로 생산 활동을 하기 때문에 여기서 장을 보는 게 지구에 훨씬 더 도움이 되는 소비 방식이라고 생각한다. 가공식품업자들이 주로 유기농 식재료를 사용하기 때문에 그러한 가공식품의 소비자 구매 역시 마찬가지 의미를 지닌 것으로 간주된다. 또 다른 이유는 과일과 채소를 비롯한 생산물의 대부분이 소비자가 원하는 분량만큼 살 수 있도록 포장 없이 판매되기 때문에 포장된 것을 통으로 구매할 때 발생할 수 있는 낭비를 여기서는 줄일 수 있다는 데 있다. 이 밖에도 자신이 구매하는 먹거리의 생산자가 어떤 사람인지 알 수 있고, 제철 먹거리를 사서 먹을 수 있고 유기농 먹거리에 대해 '공정한 가격fair prices'으로 값을 치르게 되며[8] 지역 생산자들이 만든 수제 먹거리의 구입함으로써 지역 내 일자리 창출에도 도움을 줄 수 있다는 점 등이 이 시장에서 장을 봐야 할 이유로 열거되어 있다.

이러한 점들이 공동체 성장 농민시장에서 장을 봐야 하는 합리적인 이유로 제시되었지만, 사실상 그 대부분은 거의 모든 농민시장에 적용될 수 있는 근거라고 볼 수 있다. 물론 유기농 먹거리만을 거래한다는 점에서 공동체 성장 농민시장은 유기농과 비유기농 먹거리가 혼재되어 있는 다른 농민시장보다 앞서 살펴본 이유들이 갖는 설득력이 훨씬 더 큰 사례임은 분명하다.

공동체 성장 농민시장의 운영 주체는 런던 해크니Hackney에 지역적 기반을 둔 사회적 기업이자 비영리not-for-profit 유한책임회사인 '공동체 성장Growing Communities'이다.[9] 공동체 성장은 런던 시민에게 좋은 먹거리를 선택할 수 있게 도움을 줄 뿐만 아니라 지구와 우리 모두에게 유익한 먹거리체계를 구축하기 위해 1996년 '지역공동체 주도로 출범한 조직community-led organization'이다. 이 조직의 첫 출발이 농민시장이었던 것은 아니다. 이 조직은 한 농장이 30가구에 신선한 채소를 공급할 수 있게 연결한 공동체지원농업[10]을 운영하는 것으로 시작했고, 2003년 스토크 뉴잉턴Stoke Newington에 '유기농만을 거래하는 영국 최초의 농민시장UK's first all-organic farmers' market'을 설립했다. 하지만 공간이 협소해서 2011년 지금의 장소로 이전했다.

이와 같이 공동체 성장은 공동체지원농업과 농민시장을 중심으로 기존의 파괴적인 먹거리체계의 대안으로 좀 더 윤리적이고 지속가능한 먹거리체계를 구축함으로써 지역공동체의 실질적인 변화를 이끌고자 애써왔다. 말하자면, 공동체 성장은 지역 주민들에게 그저 좋은 먹거리를 제공하려는 정도의 작은 변화가 아니라 처음부터 전체 먹거리체계를 보다 나은 방향으로 전환하려는 '큰 그림을 갖고big picture thinking' 활동해온 것이다. 이런 가치의 실현을 위해 약 30명의 시간제 근무 직원과 자원봉사자위원회 위원들[11]이 외부 자금 지원 없이 자체 수입으로 전체 업무의 기획과 실행을 담당하고 있다. 결국 공동체 성장 농민시장은 그러한 윤리적이고 지속가능한 먹거리체계의 구축을 위해 결성된 비영리조직을 중심으로 지역 농민과 소비자, 그리고 이런 일에 열정을 가진 지역구성원들에 의해 설립되어 공동체와 더불어 성장해온 시장이라고 평가할 수 있다.

2. 현지조사를 통해 본 공동체 성장 농민시장

2020년 2월 1일 토요일 아침, 개장 시간에 맞춰 성장하는 농민시장 인근 버스 정류장에 도착해 도보 거리에 있는 시장으로 향했다. 시장에 다가서자 시장 안이 훤히 들여다보이는 철제 울타리 사이로 시장의 모습들이 스치기 시작했다. 교회 마당과 보행로를 사이에 두고 그 경계 역할을 하며 교회 입구까지 직선으로 길게 이어져 있는 철제 울타리에는 시장의 명칭과 개장 일시를 적은 긴 현수막과 농민시장 이용 권장 문구 및 금주의 참여 판매 농가를 분필로 적어둔 목재 게시판이 걸려 있었다. 또 농민시장이 열리는 교회 마당으로 들어서는 초입에는 시장의 개장 일시를 적어둔 작은 입간판 두 개가 서 있었다. 이곳이 교회임을 알리려는 듯 성 바울 교회의 주일 예배 시간을 써둔 커다란 목재 게시판도 철제 울타리 옆에 설치된 별도의 두 개 기둥 상단에 부착되어 있었다.

시장은 의외로 아담했다.[12] 배낭을 메거나 천 가방을 들고 장을 보느

사진 8-3 농산물 판매인

사진 8-4 가공식품 판매인

라 작은 시장 마당의 이곳저곳을 오가는 청장년층 소비자, 아기를 태운 유모차를 끌고 다니거나 어린아이를 데리고 장을 보는 젊은 여성 소비자, 함께 온 일행과 서서 여유롭게 차를 마시며 담소를 나누는 소비자, 그리고 가게의 계산대 앞에서 구매하려는 물건을 저울에 올려놓고 바라보거나 서로 웃으며 뭔가 열심히 얘기하는 소비자와 판매인의 모습 등. 어느 농민시장에서나 자주 마주치는 자연스러운 장면들이 이곳에서도 펼쳐지고 있었다.

게다가 방문 당일 바람이 좀 불긴 했으나 햇살이 좋아서 그런지 장터는 평온함과 어우러져 더욱 밝아 보였다. 가게 판매대 또한 고객 친화적이라는 느낌을 주기에 충분했다. 얼핏 봐도 싱싱해 보이는 채소들이 장 보는 고객들의 편리함을 염두에 둔 듯 경사지게 설치된 판매대 위의 작은 플라스틱 상장 안에 가득 담겨 있었다. 판매대 하단에는 상호와 판매 품목 등을 쓴 농장 홍보용 현수막[13]이 걸려 있기도 했다. 판매대 위에 전시된 품목들도 다양했다. 파, 양파, 배추, 양배추, 치커리, 상추, 당근, 호박, 근대, 케일, 브로콜리, 비트, 버섯, 샌드위치, 수제 유기농 크루아상, 치아바타 롤, 꽈배기, 쇠고기, 양고기, 돼지고기, 닭고기, 우유, 달걀, 꿀, 소시지, 초콜릿, 치즈, 생선, 커피와 음료, 유기농 버거, 배 같은 각양각색의 먹거리가 소비자를 풍성한 먹거리의 세계로 초대한 후 손님의 선택을 기다리고 있었다.

작은 시장을 몇 차례 돌며 시장 분위기를 살핀 저자는 먼저 관리인을 찾았다. 남성 관리인을 만나 한참 대화를 이어가던 차에 시장의 관리 책임을 맡고 있다는 여성 관리인이 나타났다. 남성 관리인은 본인보다는 여성 관리인과 좀 더 많은 얘기를 나누는 게 좋을 것 같다고 했고, 여성 관리인도 흔쾌히 동의해 그 후로는 주로 여성 관리인을 상

사진 8-5 설치된 판매대의 모습

사진 8-6 판매대와 하단의 홍보 현수막

대로 면접조사를 진행했다.

시장에서의 판매인 면접 또한 순조로웠다. 한 젊은 남성 판매인은 손님을 맞느라 대화가 여의치 않자 점심 식사 시간에 면접하자고 제안하더니 그 시간에 맞춰 조사에 응해주는 성의를 보여주기도 했다. 조사에 기꺼이 응해준 또 다른 한 판매인은 선한 인상의 60대 채소 가게 농민이었다. 딸이 2명이고 손주가 4명이라고 가족 관계까지 얘기하며 친절하고 진지하게 조사에 협조해주었다. 소비자 2명은 한꺼번에 면접했다. 이들은 아직 결혼하지는 않았으나 동거 중이라고 자신들을 소개했다. 여성은 영국 시민권자였고, 남성은 동유럽 출신의 비시민권자였다. 본인들의 관계와 신분까지 얘기할 정도로 솔직담백한 젊은이들이어서 허심탄회하게 대화할 수 있었다.

〈표 8-1〉에서 보듯, 이렇게 해서 공동체 성장 농민시장에서는 시장 관리인 2명, 농민 판매인 2명, 그리고 소비자 2명 등 6명을 상대로 면접조사를 진행했다.

앞서 살펴본 바와 같이, 공동체 성장 농민시장은 영국의 농민시장 중 유일한 유기농 전문 농민시장이다. 그렇다면, 시장의 주요 참여자들은 시장의 이런 특징과 관련하여 과연 어떤 생각을 갖고 있는지 궁금했다.

홈페이지의 소개처럼, 이곳이 실제로 영국의 유일한 유기농 농민시장인지 시장관리인에게 물었다.

(이곳의) 판매인들은 모두 100마일 반경 이내의 거리에서 오는 사람들이에요. 실제로 모두 런던 교외에 살고 있답니다. … (거래되는) 작물이 전부 유기농인 영국 농민시장, 즉 영국에 하나뿐인 유기농 농민시장이 바로 여기

표 8-1 공동체 성장 농민시장 면접조사 대상자 기본정보

조사 대상자		성별	비고
판매인	농민 판매인 G1	남	- 60대 백인 농민이자 영국 시민
	농민 판매인 G2	남	- 20대 백인 농민이자 영국 시민
소비자	소비자 G3	여	- 30대 초반의 영국 시민이자 지역 주민
	소비자 G4	남	- 30대 초반의 체코 프라하 출신의 이주자
시장관리인	관리인 G5(마케팅 코디네이터)	여	- 영국 시민
	관리인 G6(일반 관리인)	남	- 영국 시민

죠. … 유기농 판매 가게를 일부 포함한 농민시장들이 있습니다만 여기는 … 모든 게 유기농이거나 유기농 식재료를 사용해 만든 식품만을 판매하는 … 유일한 농민시장입니다. (관리인 G6)

시장관리인의 답변 과정에서는 전국 유일의 유기농 농민시장이라는 점에 대한 자부심이 역력히 묻어났다. 그러면 판매인들은 어떤 마음으로 이런 유기농 농민시장에 참여하고 있고, 이곳에서의 판매 활동이 갖는 의미를 어떻게 생각하고 있을까?

저는 손님들을 좋아합니다. 그리고 … 그분들도 채소를 좋아하구요. … 그래서 저는 여기에 오는 게 매우 즐겁습니다. … 손님들로부터 저희가 생산한 채소에 관한 좋은 반응을 확인하는 것도 즐겁구요. … 저는 이런 걸 정말 즐깁니다. (장이 열리는) 오늘(같은 날)이 진짜 좋아요. (농민 판매인 G2)

"저희는 농민시장에 오는 걸 좋아해요. … 저희가 저희 생산물을 소비자

에게 직접 팔 수 있기 때문입니다. … 영업의 관점에서 보면, 저희는 (여기서) 저희가 계속 영농 활동을 할 수 있게 해주는 비용 전체를 조달할 수 있을 정도로 저희의 모든 생산물을 소매가로 팔 수 있답니다. 만일 저희가 도매업자에게 팔고, 그 사람이 다시 (소매업자에게) 재판매를 하는 방식으로 운영한다면, 저희는 돈을 제대로 벌지 못할 겁니다. 저희는 또한 (여기서) 그 어떤 화학물질도 사용하지 않고 재배한 유기농산물을 팔 기회 … 즉, 저희와 같은 정신을 가진 소비자들에게 저희 생산물을 판매할 기회를 갖는다는 게 좋습니다. 그 사람들은 저희와 같은 열망을 갖고 있을 뿐만 아니라 그 어떤 화학물질도 사용하지 않고, 가능한 한 자연적인 방식으로 재배하는 농민으로부터 그 생산물을 직접 사고 싶어합니다. (농민 판매인 G1)

이와 같이 농민 판매인들은 자신들이 유기농법에 따라 생산한 먹거리를 그에 대한 선호를 갖고 찾아오는 소비자들에게 공정한 가격으로 직접 팔 수 있고, 그들의 호의적 반응을 바로 확인할 수 있는 곳이 농민시장이라고 생각한다. 다시 말해 도매업자보다는 유기농의 가치에 공감하는 소비자들을 상대로 소매 장사를 하고, 이를 통해 영농 자금을 조달할 수 있는 장소가 바로 이곳이라고 농민 판매인들은 인식한다(김원동, 2021a: 420-422, 425).

그렇다면, 농민시장을 운영하는 공동체 성장이 이와 관련하여 견지해온 입장은 어떤 것일까?

슈퍼마켓은 생산물의 값을 낮추려는 경향이 있고, 실제로 저렴한 가격을 요구하는 경향이 있습니다. 권력도 상당한데 … 농민들은 매우 좋은 가격을 요구할 만한 매우 강력한 힘을 갖고 있지 못하기 때문에 … 저희 농민시장

관계자들은 전국의 최소 생활임금보다 높은 수준인 … 런던의 생활임금을 그들에게 제공하는 시스템을 갖추려 애쓰고 있습니다. … 저희는 (이곳에 참여하는) 농민 판매인들이 자신의 피고용인들에게 제대로 노임을 제공하면서 장기적으로 계속 장사를 하고 자리도 잡아갈 수 있도록 저희 농민들을 공정하게 대하려 노력하고 있습니다. (관리인 G5)

이처럼 농민시장의 운영 조직체 또한 생산자들이 지속적인 영농에 필요한 소득을 이곳 시장에서 확보할 수 있게 뒷받침하려 애쓰고 있다.

한 젊은 남성 농민 판매인에게 자기 생산물의 품질과 가격에 대해 어떻게 생각하는지 물었다.

저희는 저희 물건을 지저분한 상태로 그대로 둡니다. 깨끗하게 닦아둘 필요가 없지요. … 지저분한 상태가 더 낫다고 얘기하는 고객들이 많거든요. … 가격대는 매우 좋은 편이라고 생각합니다. … 매우 공정한 가격이라고 … 생각하지요. 가능한 한 정말 공정한 가격에 팔려고 애쓰고 있고 실제로도 그렇습니다. … 또 가능하다면 저렴하게 팔려고도 노력합니다. (농민 판매인 G2)

이 시장에 참여한 지 10년 정도 되었다고 얘기한 남성 농민 판매인에게도 똑같은 질문을 던졌다(김원동, 2021a: 414-415).

저희는 화학제품을 쓰지 않기 때문에 저희 생산물이 (슈퍼마켓보다) 더 비쌉니다. … 이 말은 저희가 슈퍼마켓과 공급 계약재배를 하는 농민만큼 많은 생산물을 수확할 수는 없다는 뜻이지요. 그런 농민들은 매우 넓은 경작 면적을 가진 대농들입니다. 그 사람들은 화학물질을 많이 씁니다. … 매우 저렴한 비용으로 생산할 수 있구요. 하지만 … 저희는 소유 토지의 약 40%만 사용해야 합니다. … (또) 작물이 잘 자랄 수 있게 (농지의) 비옥도를 높이고, 질소와 영양소를 토양에 투입해야 … 유기농 작물을 생산할 수 있기 때문에 그런 작업으로 인해 저희로서는 비용이 더 들어가는 것이지요. … 그러니까 … 저희의 전체 토지에서 수확하게 되는 생산 물량은 (같은 면적에서) 비유기농 작물을 생산해서 슈퍼마켓에 공급한다고 가정했을 때보다 … 훨씬 더 적어질 수밖에 없는 것이지요. … 또 저희는 매우 높은 노동력 비용을 (생산과정에서) 치러야 합니다. 저희는 잡초 방제를 위해 그 어떤 제초제도 사용하지 않습니다. 그러니까 모든 작업을 일일이 괭이질로 하고, 손으로 잡초를 뽑아야 한다는 것이지요. … 그러니까 이 말은 저희가 대형 농기계를 이용해 수확할 수는 없다는 뜻입니다. 수작업hand work이 많다는 얘기지요. 하지만 (그래도) 저희는 이런 식으로 작업합니다. … 이렇게 하는 것이 도시의 일반 시민들이 … 좋은 먹거리에 … 접근할 수 있게 하는 길이라고 … 저희는 믿는 거지요. 여기에 올 것인지 말 것인지는 그 사람들이 선택할 일이구요. 저희는 사람들에게 선택지를 제공하고 싶은 겁니다. (농민 판매인 G1)

위의 긴 인용문에서 보듯, 이 농민은 유기농법의 어려움과 유기농 가격이 비쌀 수밖에 없는 이유, 그리고 유기농업에 임하는 자신의 태도 등에 대해 비교적 자세하고 알기 쉽게 설명해주었다. 그러면 소비자들은 이곳에서 거래되는 생산물의 가격과 품질에 대해 어떻게 생각하고 있을까?

상당히 비쌉니다. … 여기서는 그렇게 많이 사지 않습니다. 저희는 … 여기서 일상적으로 필요한 것들을 살 만큼 … 그렇게 많이 벌지 못하거든요. … (하지만) 저희는 말하자면 이곳의 분위기 같은 게 좋아서 여길 옵니다. 여기에 늘 오는 사람들은 지역 주민들인 것 같아요. … 저희도 가끔 고기나 식재료를 (여기서) 사지만 그렇게 자주는 아니에요. 너무 비싸기 때문이지요. 하지만 품질 측면에서 보면, 이곳의 생산물은 분명히 최고 수준입니다. 왜냐하면 런던의 일정한 반경 내에 거주하는 생산자들만 여기서 판매인으로 활동할 수 있게 하는 정책을 시장 측이 시행하기 때문이지요. 이 말은 곧 (여기서 거래되는) 생산물들은 영국 전역이나 외국에서 가져온 것이 아니라는 뜻입니다. … 이곳의 물건은 화학물질을 사용해서 재배하거나 사육한 생산물이 아닙니다. (소비자 G4)

남성 소비자 곁에 있던 젊은 여성 소비자에게도 이 시장에서 거래되는 생산물들의 품질에 대해 어떻게 생각하는지, 또 농민 판매인들을 신뢰하는지 물었다.

와! 품질은 정말, 정말 좋지요. 육류 같은 것은 정말 정말 품질이 좋아요. 지역에서 사육한 것을 가지고 나왔다는 걸 당신도 알 수 있을 거예요. 채소 같은 것도 정말 품질이 좋습니다. … (지역 농민이) 자기 농장에서 재배한 것이라 품질이 좋다는 것을 (바로) 알 수 있지요. 다만, 저희는 그렇게 … 현금이 많은 사람이 아니라서 가지고 있는 돈을 여기서 모두 쓸 수는 없다는 거지요. … (물론 판매인들에 대한 신뢰는) 말할 것도 없구요. (소비자 G3)

품질에 대해서는 두 소비자 모두 이견이 없었으나 가격 문제가 걸리는 듯해서 이 문제를 좀 더 캐물었다(김원동, 2021a: 416-417).

이곳의 유일한 문제는 아시겠지만 가격이죠. (가격 문제로 인해) 말하자면 돈이 많지 않은 사람들은 배제됩니다. 왜냐하면 여기를 찾아오는 소비자의 대부분은 중간계급에 속한 사람들이고, 테스코에서와는 달리, 거기서 치르는 가격으로는 여기선 그 어떤 물건도 조금밖에 살 수 없기 때문이지요. (소비자 G4)

남성 소비자의 말이 떨어지기가 무섭게 동거인 여성 소비자가 말을 이어받았다(김원동, 2021a: 417).

하지만 그런 맥락에서 생각해보면, 그것은 우리 먹거리의 가격이 어떠해야 하는지에 대한 우리의 인식을 바꾸려고 하는 걸 겁니다. 테스코나 세인즈버리에서는 그렇게 가격을 매겨서는 안 되기 때문이지요. 그렇게 값이 싼 이유는 품질이 나쁘기 때문이에요. … 우리 지구에 … 좋은 게 아니지요. … 현실적으로 보면, 약점이 바로 이것입니다. 항상 가격을 떠올리는 우리의 뇌 속에서는 좋지만 비싸다고 생각하기 때문입니다. 그러나 사실은 결코 그런 게 아니거든요. 이게 우리가 당연히 지불해야 할 가격인 것이지요. … 먹거리는 당연히 돈을 써야 할 대상입니다. 우리는 돈을 (당연한 곳에) 잘 사용해야 합니다. (소비자 G3)

이 소비자는 먹거리를 절약 차원에서 최대한 싸게만 구매해야 할 소비 품목으로 보는 태도가 그릇된 것이라고 지적한다. 특히 생산성보다 소비자의 건강을 먼저 염두에 두고 생산된 양질의 친환경 먹거리에 대해서는 그에 걸맞은 가격을 치르고 사는 것이 바람직한 소비자의 태도라는 이른바 '먹거리 시민'[14] 의식을 강조하는 셈이다. 농민시장이 앞으로 이 소비자처럼 생각하는 먹거리 시민으로 더 많이 붐비게 된다면, 농민시장에 축적되는 사회적 자본은 양적·질적으로 더욱 힘을 받게 될 것이고, 농민시장의 사회적·공간적·자연적 배태성의 특징 또한 더욱 현저해질 것이다.

그러면, 판매인들은 이 시장을 찾는 소비자들을 과연 어떤 성향의 사람들로 이해하고 있을까? 한 농민 판매인은 자신의 고객을 이렇게 표현했다(김원동, 2021a: 423-424).

> 당신도 (지금) 여기서 보시는 바와 같이, 저희는 매우 바쁩니다. … 상당히 좋은 사실 하나는 … 저희 손님들이 (장을 보러 이곳에 오는 것을) 건너뛰는 법이 없다는 점입니다. 날씨가 매우 나쁜 날이라고 해도 문제가 되지 않습니다. 비가 오든 눈이 오든 … 저희에게는 항상 저희 손님들이 있답니다. 손님들이 늘 오셔서 저희가 오길 기다렸다가 (저희) 생산물을 사 가시거든요. 손님들은 매우 충직합니다. 저희 판매인들은 누구나 할 것 없이 말하곤 합니다. (이곳의) 손님들은 이 시장에 매우 충실한 사람들이라고 말이죠. (농민 판매인 G1)

지금까지 살펴본 공동체 성장 농민시장의 먹거리 가격과 품질, 그리고 농민 판매인에 대한 소비자의 신뢰감이 이 시장의 배태성과 관련하여 시사하는 바는 무엇일까? 앞서 지적한 이 시장 홈페이지의 소개처럼, 먼저 확인할 수 있는 것은 판매인과 소비자가 모두 이 시장의 먹거리를 최고 품질의 지역산 유기농으로 인정하고 있다는 점이다. 이것은 곧 공동체 성장 농민시장의 특징을 공간적 배태성과 자연적 배태성에서 발견할 수 있음을 의미한다. 다만 어려운 과제는 비싼 생산물 가격이다. 특히 이곳의 먹거리가 전부 유기농이라는 점에서 생각하면, 이 부분은 비유기농이 섞여 있는 다른 농민시장의 경우보다 더 신경이 쓰이는 대목이다.

농민 판매인들은 유기농 생산에 투입되는 비용과 노력을 고려할 때, 일반 농산물보다 상대적으로 비싼 가격이 공정한 것임을 주장하면서도 가능하다면 조금이라도 싸게 팔려고 노력한다고 얘기한다. 하지만 소비자들에게 소매가로 넘긴다는 얘기에서는 가격 인하 노력에도 분명한 한계가 있음을 짐작하게 한다. 영농의 지속성을 위해서는 불가피한 판매 방식일 것이라는 생각이 들면서도 가격에 부담을 느끼는 소비자들이 있다는 점을 동시에 떠올리게 되면, 합리적인 절충 방안의 모색이 시급하다고 볼 수 있다. 물론 이 시장의 생산물이 지닌 품질의 우수성에 비추어 소비자들 또한 가격의 공정성을 인정하고 있음이 분명하다. 하지만 앞서 보았듯이, 수입이 적은 소비자들이 이곳에서 제대로 장을 보기 어렵고 배제되기 쉽다는 아쉬움을 토로하는 것도 사실이다. 이는 건강하고 지속가능한 먹거리체계의 구축에 지역의 저소득층도 동참할 수 있도록 구조적 처방을 모색하는 일에 공동체 차원의 지혜가 요구됨을 시사한다. 공동체 성장 농민시장 자체가 지역공동체에 기반을 둔 비영리조직으로 출발해 지금까지 운영되고 있다는 점에서 이런 측면의 고민은 더 절실할 수밖에 없을 것 같다.

다른 한편, 소비자들이 궂은 날씨에도 변함없이 시장을 찾는다는 사실은 이 시장이 소비자와 판매인들이 지속적인 상호작용을 통해 신뢰를 쌓음으로써 사회적 배태성의 특징을 내포하고 있음을 의미한다.

판매인의 자부심과 소비자의 신뢰에 토대를 둔 유기농 시장으로서의 구조적 특징이 다시 소비자의 연이은 방문과 고객화를 뒷받침하는 배경이 되고, 그것이 다시 시장의 사회적 배태성을 강화하는 선순환 관계로 이어지고 있는 셈이다.

영국 농민시장의 특징은 영국이 처한 구조적 변화와 환경에 의해서도 영향을 받을 수밖에 없다. 그 대표적인 변수가 브렉시트다. 이 문제에 대해 공동체 성장 농민시장의 관계자들은 어떤 생각을 하고 있을까?

먼저 한 농민 남성 판매인에게 물었다(김원동, 2021a: 411).

> 저는 (브렉시트가) 매우 해로울 수 있다고 생각해요. 저희는 유럽연합으로부터 보호를 받아왔습니다. 역외 국가들이 유럽연합으로 수출하려면 관세 적용을 받기 때문에 비용이 많이 들거든요. 이 말은 유럽연합이 자체 생산물에 의존한다는 의미이고, 저희 농민 입장에서는 좋은 시장이었다는 것이지요. 하지만 저희가 (이제) … 유럽연합의 보호관세 장벽에서 벗어나 생산물을 … 가령 미국에서 가져와야 한다면 … 품질이 떨어질 가능성이 생깁니다. 저희는 유럽연합과의 교역 협상 문제가 너무 걱정스럽습니다. 저희 정부가 (앞으로) 미국과 접촉하겠지만 … (어쨌든) 농민들로서는 우려되는 시점을 맞게 된 셈입니다. (농민 판매인 G1)

브렉시트 때문에 앞으로 유럽연합 회원국들과의 교역에서는 관세 장벽으로 인한 불이익을 감수해야 할 것이고, 증가할 것으로 예상되는 미국과의 교역은 지금보다 품질이 떨어지는 생산물의 수입을 초래할 것으로 우려된다는 것이다.[15] 그런가 하면, 또 다른 농민은 이와는 정반대로 잘 모르겠다고 하면서도 브렉시트로 인해 농민시장이 오히려 득을 보지 않을까 하는 다소 막연한 기대감을 보이기도 했다(김원동, 2021a: 413).

> 특히 브렉시트와 영국 상황을 고려해볼 때 … 외국에서 먹거리를 계속 수입하게 된다면, (농축산물의) 가격은 더 비싸지겠지만 어쩌면 저희는 장차 이런 상황으로 인해 득을 보게 될지도 모르겠습니다. (농민 판매인 G1)

시장관리인의 생각은 어떨까? 남성 시장관리인은 영국 농업에 미칠 영향에 대해 먼저 말했다.

> 영국 농업은 … 유럽(도처)에서 여기로 일하러 온 사람들에게 크게 의존해왔습니다. … 그런데, (앞으로) 이런 인력이 줄어들 것 같아요. (관리인 G6)

이 시장에 참여하고 있는 한 남성 농민 판매인의 농장에서도 이런 점은 쉽게 짐작할 수 있었다.

> (저희 농장에서 일하는 사람은) 약 12명입니다. … 동유럽 출신이 4명인데요, 한 사람은 체코 출신이고, 세 사람은 리투아니아 출신이에요. 이 사람들은 모두 야외 작업을 합니다. 잉글랜드 사람들은 힘든 일을 좋아하지 않아요. 그리고 약 6명 정도의 여성이 저희 농장에 와서 채소 꾸러미 작업을 합니다. … 모두 우리 마을에 사는 지역 여성들이지요. 또 운전도 하고, 채소 배달 일을 하는 사람이 3명 정도 되구요. … (전체 노동자 중) 4명이 정규직이고, 나머지는 모두 시간제 노동자입니다. (농민 판매인 G1)

이 농민의 농장 인력 구성이 시사하듯, 브렉시트가 영국 농업노동력의 수급에 부정적인 영향을 미칠 것으로 예상하면서도 앞서 언급한 농민시장 관리인은 영국 농업의 미래를 부정 일변도로 전망하지는 않았다(김원동, 2021a: 413).

저는 브렉시트를 열렬하게 지지하는 사람이 아닙니다. 하지만 분명히 제공해주는 기회들 가운데 한 가지는 … 보조금체계의 변화 기회에 관한 것입니다. … 만일 (영국) 정부가 친환경 영농방식을 지원하기로 결정한다면, 소규모 생산자, 그러니까 유기농 농민으로서 토양과 생물다양성을 지키는 생산자에게 … 유리할 수 있고, 소비자 가격을 낮추는 데도 도움이 될 겁니다. 또 그것(그러한 소농들)의 독자적 생존 가능성을 높이는 데 … 도움이 되겠지요. … 그러니까 서광이 될지도 모르겠네요. (관리인 G6)

이 시장관리인은 이러한 가능성이 현실화되도록 농민과 농민시장을 위해 일하는 본인들도 노력할 것이라고 하면서 배스 농민시장에서 만났던 한 농민도 언급했던 현행 유럽연합 보조금 체계의 문제점을 지적했다(김원동, 2018a: 211-212, 2021a: 413-414).

일반적으로 유기농 식품이 좀 더 비싸다고 저는 생각합니다. 왜냐하면 모든 재정 지원이 … 이 나라에서는 지금 유기농법으로 재배하지 않는 대농에게 돌아가기 때문이지요. 그게 바로 현재 정착되어 있는 보조금 지원 방식 체계입니다. 유럽연합에서 탈퇴한 이제는 이런 지원 방식에 변화가 생길지 저로서는 모르겠어요. 지금까지의 체계는 어떤 농민이 보조금을 받을지를 결정해온 것이 유럽연합의 공동농업정책이었기 때문에 이제는 바뀔 가능성이 생긴 것이지요. 그러니까 … 새로운 체계를 도입해서 … 좀 더 환경친화적인 농민에게 보조금을 지급해야 한다는 얘기가 있습니다. 그렇게 될지 저희는 기다리며 지켜볼 것이고, 그런 정책이 수립되게 압력도 가할 생각이에요. (관리인 G6)

이 관리인이 방금 영농보조금을 개혁할 기회가 생긴 것인지도 모른다는 얘기를 저자에게 하고 있었다고 전하자 시장관리 책임자가 바로 대화에 합류했다(김원동, 2021a: 415). 이 여성 관리인은 브렉시트에 대해 매우 강력한 반대 입장을 보였고, 그 일로 인해 슬프고 화가 난다고 했다. 그렇지만 이 맥락에서도 희망의 끈을 놓지는 않으려는 느낌이었다.

새로운 농업법agricultural law은 … 분명히 사회적 재화와 환경적 재화에 … 관한 많은 좋은 내용을 담고 있습니다. 이전처럼 단순하게 토지 규모에 근거해 보상하는 것이 아니라 … 생울타리를 치고 숲을 조성하는 … 사람들에게 보상을 해야 할 겁니다. … 그것은 농생태적으로, 그러니까 유기농법에 따라 농사를 짓는 소규모 농가에게 공평한 경쟁의 장을 조성해주는 데 당연히 도움이 될 것입니다. 그렇게 되면 좋겠지요. (관리인 G5)

이 시장 관리인이 새로운 농업법에 대해 구체적으로 설명하지는 않았다. 하지만 유럽연합의 공동농업정책[16]의 농업보조금 분배 방식에 문제가 있음은 선행연구에서도 이미 지적된 바 있다. 이를테면, 막대한 유럽연합 농업보조금의 대부분이 캄피나Campina, 알라 푸드 암바Arla Foods Amba, 테이트 앤 라일Tate and Lyle 같은 농기업이나 대지주에게 분배

되어왔다거나(캐롤란, 2013: 40; 김원동, 2021a: 415), 농가보조금이 대규모 농가에 집중되어왔고, 정작 보조금이 절실한 소규모 친환경 농가에는 거의 주어지지 않기 때문에 농가 간의 소득 불평등은 오히려 악화되고 있다는 지적(Scown, Brady and Nicholas, 2020; 김원동, 2021a: 416) 등이 그것이다. 따라서 이러한 연구들은 향후 농업보조금을 환경과 지속가능성 및 농촌 개발의 목표를 실현할 수 있는 방향으로 사용해야 하고, 유럽연합 회원국들이 이를 위해 공동농업정책의 예산 방향을 재조정하고 집행을 감시하는 역할을 강화해야 한다고 주장한다(Scown, Brady and Nicholas, 2020; 김원동, 2021a: 415-416).

하지만 유럽연합 회원국의 일원이 감당해야 할 이런 역할은 이제 브렉시트를 단행한 영국과는 무관한 일이 되었다. 다시 말해, 유럽연합에서 떨어져 나온 영국은 유럽연합의 농업보조금 정책에 내재해 있던 문제점을 개선함과 동시에 농민들, 특히 자국의 친환경 소농들에게 실질적으로 도움이 될 수 있는 합리적인 농업보조금 정책을 독자적으로 수립하고 시행해야 할 새로운 과제에 직면해 있다(김원동, 2021a: 416). 특히 앞서 살펴본 시장 관계자들은 브렉시트가 단행된 마당에 불합리성을 내포한 종래의 유럽연합 보조금 정책 대신 영국 정부가 친환경 소농들을 적극 지원하는 방향의 농업법을 제정, 시행할 것을 기대하고 있다.

만일 영국의 새로운 영농보조금 정책이 그런 방향으로 재편된다면, 친환경 농민은 물론 농민시장의 육성과 미래의 지속가능성에도 크게 도움이 될 것으로 전망된다. 예컨대, 먹거리의 생산 비용을 적극 지원하는 친환경 농가 육성 정책은 친환경 농가와 농민시장 참여 농민을 늘릴 뿐만 아니라 친환경 먹거리의 소비자 가격을 점차 인하하는 구조적 전환점이 될 수 있다. 그렇게 되면, 농민시장이 특정 계급의 전유물이 아니라 좀 더 다양한 계층의 지역 소비자가 함께 참여하고 교류하는 공간으로 점차 자리를 잡아갈 것이고, 먹거리 불평등 문제도 조금씩 완화될 것이기 때문이다. 또 정부의 소농, 특히 친환경 소농의 지원 정책이 실효성을 갖추게 되면, 농민시장에서 거래되는 먹거리의 다양성과 품질의 공신력 또한 제고될 수 있을 것이다. 이는 다시 농민시장과 시장 판매인 자체에 대한 소비자의 신뢰 강화로 귀결될 수 있다. 또 그러한 조치는 지역별 농민시장을 사회적·공간적·자연적 배태성을 특징으로 하는 이른바 '지역공동체 시장'이자 지역 주민들 간의 폭넓은 교류의 장으로 정착시키는 데 크게 기여할 것으로 보인다.

물론 이런 시나리오는 희망을 실은 낙관적 전망에 기초한 것이다. 다른 한편에서는 브렉시트 이후의 영국 농업과 먹거리 영역에 대한 전문가들의 우려도 공존하기 때문이다. 예컨대, 한 보고서는 영국 먹거리 생산 부문의 종사 노동력 중 약 3분의 1이 유럽연합 출신 이주자이고, 영국인들의 먹거리 소비량의 약 3분의 1이 유럽연합 회원국에서 조달되어왔음을 환기시킨다. 이뿐 아니라 영국 농가 수입의 약 절반이 유럽연합의 공동농업정책 보조금에 의존해왔고, 영국인의 먹거리 안전도 유럽연합의 먹거리 품질 관리기구의 표준에 의해 유지되어왔다고 이 보고서는 지적한다. 요컨대, 브렉시트는 곧 닥칠 관세로 인한 수입 먹거리의 가격 상승, 먹거리의 질과 농가보조금 문제 같은 심각한 현안 과제를 제기하고 있다는 것[17]이다(Lang, Tim., Erik Millstone & Terry Marsden, 2017; 김원동, 2018a: 194-5).

그렇다면, 전반적인 위기에 직면한 영국 농업의 현실에서 공동체 성장 농민시장의 지속가능성은 어떻게 전망할 수 있을까? 이를 위한 접근방식은 다양할 수 있다. 예컨대, 이 시장뿐만 아니라 영국 농업의 미래 전반에까지 결정적인 영향을 미칠 수 있는 브렉시트 이후 정부의 포괄적인 농업정책 같은 구조적 요인들에 주목하는 접근 방향이 있을 수 있다. 하지만 이런 변수들은 좀 더 주의 깊게 지켜봐야 할 거시적 방향인 만큼 잠시 접어두고, 여기서는 이 시장의 행위 주체들이 생각하는 농민시장의 의미와 전망, 직업 만족도 등을 근거 삼아 이 시장의 미래 지속가능성에 대해 생각해보려 한다.

농민 판매인, 소비자, 시장관리인이 농민시장이라는 공간과 기능을 어떻게 생각하는지에 대해 먼저 살펴보았다.

한 농민 판매인에게 영국 농민시장의 성장을 위해 가장 중요한 것은 무엇이라고 생각하는지 물었다(김원동, 2021a: 422).

제가 참여하는 다른 시장은 매월 한 번 열립니다. 그러다 보니 사람들이 그 시장에 의존해서 생활하기에는 턱없이 부족한 것 같습니다. 농민시장이라고 한다면, 적어도 주 1회는 열려야 한다는 게 제 생각입니다.[18] 그래야 사람들이 (그다음) 한 주간에 쓸 장을 그 시장에서 볼 수 있다고 생각하기 때문이지요. 그래서 저는 … (매주) 정기적으로 열리는 … 시장이 있다는 게 매우 중요하다고 봅니다. 또 이 시장처럼 … 다양한 생산물을 제공할 수 있어야 한다고 생각하지요. 이 시장에는 치즈와 빵 … 케이크도 있구요, 채소를 파는 가게도 네 곳이나 있습니다. 정육점도 있어요. … 점심시간에 뜨거운 음식을 … 만들어 제공하는 튀르키예 출신의 여성(판매인)도 있고, 저쪽에는 커피 판매대도 있습니다. 그래서 사람들이 이곳에 와서 몇 시간씩 머물면서 그들에게 필요한 낙농제품과 빵 그리고 채소를 모두 구해 갈 수 있습니다. 그러니까 소비자들은 모든 소비재를 구매하고, 여기서 점심 식사도

할 수 있는 것이지요. (이런 점에서 이곳은) 방문할 만한 매우 매력적인 장소랍니다. (농민 판매인 G1)

공동체 성장 농민시장처럼 주말마다 그다음 주간에 필요한 식재료를 구입해 갈 수 있고, 장터 당일 한 끼 외식의 즐거움도 누릴 수 있게 해주는 사회적 공간이 농민시장이라는 얘기다. 한 여성 소비자도 농민시장 방문의 의미를 식사에서 찾았다.

저희는 그저 대개 … 일종의 아침 식사를 하러 … (여기로) 오지요. (소비자 G4)

이는 곧 농민시장이 분위기 좋은 장소에서 주말 장도 보면서 큰 비용을 들이지 않고 외출 겸 가족 외식을 한다거나 지인들과 만나 식사하며 교제를 나눌 수 있는 정례적인 사회적 공간으로 인식되고 있음을 의미한다. 앞서 다른 농민시장 사례에서도 본 것처럼, 농민시장이 식재료 구입 장소이자 주말에 나와 여유를 즐기면서 가족이나 친구와 함께 가볍게 식사하는 장소로서의 의미를 갖는다는 점은 농민시장이 수행하는 중요한 사회적 기능 중 하나다. 런던의 또 다른 농민시장에서 만났던 여성 소비자[19]에게서도 이러한 농민시장의 두 가지 기능, 즉 식재료 구입 장소이자 식사와 교제 장소로서의 이중적 기능에 대해 거의 유사한 얘기를 들을 수 있었다(김원동, 2021a: 422-423).

저는 이곳이 … 점심이나 아침 식사도 할 수 있고 … 과일, 채소, 빵을 … 구입할 수도 있게 두 가지가 섞여 있어서 좋아요. 양자가 균형을 이루고 있다는 건 멋진 일이지요. 어떤 사람은 친구를 만나 식사를 하러 이곳에 오고, 또 다른 사람은 식료품을 사러 오거든요. 저는 그런 게 좋아요. 저는 균형이 있는 게 좋다고 생각해요.

그런가 하면, 공동체 성장 농민시장의 관리인은 농민시장이 지역 주민들의 공동체의식 형성을 통해 지역공동체의 결속에 도움을 주는 사회적 공간이 될 수 있다는 점을 강조했다.[20]

농민시장은 사람들을 결속시키는 데 있어 분명히 도움이 된다고 저는 생각해요. 이곳은 사람들이 정기적으로 오는 장소지요. 저희는 정기적으로 (시장을 찾는) 얼굴들을 대하게 되고, 외출한 사람들은 서로 얘기를 나눕니다. 그렇기 때문에 만약 농민시장이 없었더라면 생기지 않았을 우정 같은 것이 인근 지역에서 분명히 형성된다고 볼 수 있습니다. … 저희는 일 년에 한두 번 정도 항상 … 시장 방문객들을 상대로 조사를 해서 반응을 알아봅니다. 그때마다 응답자들은 시장으로 인해 공동체의식이 많이 생긴다는 얘기를 합니다. (관리인 G5)

고객들이 날씨에 개의치 않고 꾸준히 자기 가게를 찾는다고 얘기하는 농민 판매인에게서도 이 시장의 지속가능성에 대한 긍정적 단서를 엿볼 수 있었다.

(영국 농민시장의 미래는) 밝다고 생각합니다. … 저희는 농민시장에서 팔기도 하지만 (공동체지원농업) 회원들의 가정으로 (저희가 생산한 작물을) 배달합니다. 매출액도 매년 조금씩 분명히 증가하고 있답니다. 저희 고객들은 가격

에 대해 불만을 제기하지 않을 뿐만 아니라 추가 비용도 (기꺼이) 냅니다. … 그래서 저는 (이 시장의) 미래 전망을 밝게 봅니다. 그리고 사람들이 기후변화 문제와 … 지속가능하게 산다는 것이 갖는 의미를 좀 더 잘 의식하게 되면, 저희처럼 자연적인 방법으로 농작물을 생산한다는 것이 어떤 의미인지 그 진가를 알게 되리라고 생각합니다. 사실 저희가 지금 하고 있는 생산 방식은 (특별한 게 아니라) 100년 전, 그러니까 제1차 세계대전 이전에 하던 작물 생산방식이거든요. (저희를 통해서도) 소비자들은 그런 걸 경험할 기회를 갖게 될 겁니다. (농민 판매인 G1)

소비자들이 유기농법과 그 생산물에 내포된 지속가능한 삶의 가치를 인정해주고 있고, 그로 인해 공동체지원농업과 농민시장에서의 판매량이 해마다 조금씩 늘고 있다는 점을 근거로 이 농민 판매인은 공동체 성장 농민시장의 미래를 낙관적으로 평가하고 있는 것이다. 농민시장 관계자들의 시장 참여 동기 또한 이 시장의 지속가능성을 뒷받침하는 중요한 기반이라고 볼 수 있다(김원동, 2021a: 424).

(여기서 일하게 된) 동기는 지구에 해로운 것보다는 도움이 되고 앞으로도 그럴 수 있는 영농방식을 확실하게 후원하려는 것입니다. 또 공동체의 결속에 (기여했으면 하는) 동기도 있습니다. 사람들은 자신의 먹거리와 그 원산지로부터 상당히 분리되고 말았습니다. … (농민시장에서) 사람들은 동물을 기르거나 먹거리를 재배하는 사람들과 대화할 수 있고, 그것이 어떻게 생산되는지에 대해서도 얘기해볼 수 있습니다. (그로 인해) 사람들은 훨씬 더 많은 것을 배울 수 있고, 계절은 물론 지역산 먹거리와도 훨씬 더 많이 연결됩니다. (관리인 G5)

농민 판매인에게 농민이라는 직업에 대해 어떻게 생각하는지, 그리고 꿈이 무엇인지 물었다(김원동, 2021a: 419).

> (농사는) 일이 힘든 데다 … (그렇다고) 수익이 매우 많은 것도 아니에요. 수익은 너무 적지만 저는 이 일에서 행복감을 느낍니다. 그리고 저희에게는 언제 기상해서 어떤 일을 하라고 지시하는 사람도 없거든요. 날씨와 계절에 맞춰 아침에 일어나서 저희가 하고 싶은 일을 하는 거지요. 이 일이 정말 할 만하다고 생각하는 것은 이런 환경 때문입니다. 농민은 대부분 행복한 사람이에요. 정말이지 매일 즐겁고 행복해요. … 제게는 농장에 관심이 있는 딸이 하나 있어요. … 제 소망은 제 딸이 농장을 이어받았으면 하는 겁니다. 그 애는 이미 남편과 함께 농장에서 일하고 있어요. 사위도 농장에 합류했는데, 딸 부부가 농장을 경영해서 수익성 있게 성장시켜주었으면 하는 게 제 꿈이에요. 혹시 그렇게 될지도 모르죠. (사실 따지고 보면) 저희 모두는 수백 년 동안 농부로 살아왔어요. … 제 아버지는 1949년에 이 농장을 경영하기 시작하셨고, 제가 이어서 해왔는데, 제 딸도 그렇게 되겠지요. … 제 아버지도 농부의 아들이었구요. (농민 판매인 G1)

농사일에 대한 애정과 만족감은 또 다른 남성 농민 판매인에게서도 확인할 수 있었다(김원동, 2021a: 418).

> 물론입니다. 저는 제 직업을 사랑합니다. 겨울철은 힘들지만 여름을 생각하면 견딜 만하거든요. 여름은 너무 좋아요. … (그리고) 저는 가능한 한 이 일을 오래 계속할 생각이에요. (농민 판매인 G2)

농민들이 먹거리를 고객에게 직접 팔면서 그들과 대화하고 자신의 생산물에 대한 그들의 반응을 확인할 수 있는 공간이 농민시장이기 때문에 농민들이 농민시장을 선호한다는 점도 농민시장의 지속가능성을 긍정적으로 바라보게 하는 한 요인이라고 볼 수 있다. 농민시장의 여성 관리인은 이 점을 짚었다.

영농 활동은 매우 고립된 작업입니다. 농민들은 자신의 농지에서 혼자 일하지요. (그렇기 때문에) 농민들은 자신의 생산물을 구매하는 소비자를 만나러 농민시장에 나오고, 재배한 먹거리에 대한 이들의 평가를 접하는 것을 실제로 너무나 좋아합니다. 저는 그래서 농민들이 (농민시장에서의) 판매 방식을 정말로 좋아한다고 생각하지요. (관리인 G5)

지금까지 살펴본 바와 같이 공동체 성장 농민시장의 성격과 미래의 지속가능성에 대한 시장 주요 주체들의 견해에서도 이 시장의 공동체적 특성과 사회적 자본 및 시장의 배태성이 지닌 기본적인 함의들을 읽어낼 수 있다. 생산자들은 자신의 영농 활동과 그 결과물로서의 유기농 먹거리의 가치를 명확하게 인식하고 있고, 농민시장에 나와서 생산자이자 판매인으로서 먹거리를 매개로 고객과 대화하고 그들의 반응을 확인하는 것을 좋아한다. 소비자들은 이들의 생산물과 농민을 전적으로 믿어주고 꾸준히 나와 식재료와 음식을 구매하고 상호인정과 배려에 토대를 둔 상호작용을 지속한다. 또 소비자들은 장도 보지만 이곳에서 가족이나 지인과 더불어 가볍게 식사하고 교제하며 여유롭게 주말의 한나절을 즐긴다. 먹거리 거래에 기반한 생산자와 소비자, 그리고 소비자 상호 간의 정겨운 정례적인 만남과 상호작용이 먹거리공동체를 낳고, 지역공동체의 결속력을 강화하고 확대재생산하는 사회적 공간으로 농민시장을 거듭나게 한다. 지속가능한 먹거리의 가치를 소중히 여기는 농민시장의 관리인들은 이러한 농민시장의 성격이 더욱 빛을 발할 수 있게 성심껏 뒷받침한다. 특히 유기농 생산물만을 취급하는 공동체 성장 농민시장에서는 그러한 과정에서 시장 참여 농민과 농산물에 대한 소비자의 신뢰가 쌓여가고, 농민은 질적으로 우수한 지역산 유기농 먹거리의 생산과 공급으로 소비자의 믿음에 화답한다.

이와 같이 유기농 먹거리를 매개로 한 신뢰와 사회적·공간적·자연적 배태성을 특징으로 하는 공동체 성장 농민시장의 지속가능성은 적어도 이 시장의 생산자와 소비자, 그리고 시장관리인의 렌즈로는 대체로 긍정 쪽에 힘이 실려 있다. 하지만 앞서 검토한 바와 같이 브렉시트의 향후 전개 양상, 유럽연합을 비롯한 외국과의 교역, 영국의 농업정책, 특히 친환경농업 보조금 정책 같은 구조적·정책적 변수들이 구체적으로 어떤 모습으로 작동하게 될 것인지에 따라 이 시장의 지속가능성은 크게 영향을 받을 것으로 보인다. 물론 그러한 구조적 외부 요인에 공동체 성장 농민시장이 향후 어떤 식으로 대응해가는가도 시장의 지속가능성에 의미 있는 변수가 될 것이다.

제4부

영국 농민시장의 사회학

9장

영국 농민시장의 실태와 사회학적 함의

영국 농민시장의 실태를 논의하기에 앞서 지금까지 살펴본 영국 농민시장에 대한 기본정보를 정리해보면 다음과 같다.

표 9-1 에든버러·배스·리버사이드·공동체 성장 농민시장 개요

농민시장	개장 일시	지역	설립 연도
에든버러 농민시장	매주 토요일 오전 9시~오후 2시	스코틀랜드 수도 에든버러	2000년
배스 농민시장	매주 일요일 오전 9시~오후 1시 30분	잉글랜드의 배스	1997년
리버사이드 농민시장	매주 일요일 오전 10시~오후 2시	웨일스 수도 카디프	1998년
공동체 성장 농민시장	매주 토요일 오전 10시~오후 2시 30분	영국 수도 런던	2003년

〈표 9-1〉에서 보듯, 위의 영국 농민시장 네 곳은 영국의 주요 지역에서 매주 주말에 오전 9시나 10시부터 오후 2시 전후까지 네다섯 시간 정도 열린다. 설립 연도를 보면, 영국에서 농민시장이 처음 등장한 1990년대 후반에서 2000년대 초반 사이에 개설되어 그 시차가 5년 내외일 정도로 모두 비교적 일찍 출발한 시장들이다. 또 이 시장들은 각 지역을 대표할 만한 상징적인 농민시장이기도 하다. 잉글랜드 배스에 있는 배스 농민시장은 영국 최초의 농민시장이고, 런던 소재의 공동체 성장 농민시장은 영국에서 유일하게 유기농만 취급하는 시장으로 알려져 있다. 그런가 하면, 스코틀랜드 수도 에든버러의 에든버러 농민시장과 웨일스 수도 카디프에 위치한 리버사이드 농민시장은 직접 생산자가 주축을 이루는 명실상부한 주말 농민시장으로서 각각 연륜 있는 지역 농민시장으로 정평이 나 있다.

북아일랜드의 농민시장을 다루지는 못했지만,[1] 이렇듯 잉글랜드, 스코틀랜드, 웨일스에서 각각 한 곳씩을, 그리고 영국의 수도 런던에서 또 한 곳을 선정함으로써 영국 핵심 권역의 농민시장을 이번 연구에 골고루 포함시켜 살펴보았다. 이러한 네 곳의 농민시장에서 보고 확인한 사실들을 근거로, 9장에서는 영국 농민시장의 실태와 특징 및 사회학적 함의에 대해 생각해보려 한다. 이를 위해 먼저 브렉시트 전후 영국 농식품의 수급 현실과 영국 농정에 대해 간략히 짚어보고자 한다. 왜냐하면 영국 농민시장의 현실과 미래가 최근 영국에서 일어난 브렉시트와 농식품의 전반적인 현황 및 전망과 무관할 수 없기 때문이다.

1. 브렉시트 전후 영국 농식품의 현실과 영국의 농정 현안

영국 하원의 한 보고서는 브렉시트 이후 영국 농축산물과 음료 부문의 국제 교역 앞에 놓인 난제를 다음과 같이 압축적으로 표현한 바 있다(UK House of Commons Library, 2019a).

유럽연합 회원국 간에는 '무관세tariff-free' 교역이 이루어지나, 세계적인 수준에서 보면 농식품에 대해서는 대개 고관세가 부과된다. 따라서 이 요인은 교역에 방해가 될 뿐만 아니라 가격에도 영향을 미칠 수 있다. (영국) 농민들은 (앞으로) 유럽연합이 영국 수출품에 대해서도 제3국에 부과해온 것과 동일한 관세를 요구할 것인지, 그리고 그러한 관세가 양고기 같은 생산물을 유럽연합 소비자를 상대로 판매할 때 갖게 될 가격 경쟁력에 어떤 영향을 미칠 것인지에 관심이 있다. '세계무역기구의 차별금지 규정WTO non-discrimination rules'은 수입품에 대해서도 영향을 미친다. 만일 영국이 유럽연합에서 들여올 수입품에 무관세 원칙을 적용하길 원한다면 영국과 유럽연합 사이에 자유무역협정이 체결되지 않는 한, (일부 개발도상국은 예외로 할 수 있겠으나) 유럽연합 이외의 모든 국가의 생산품에 대해서도 마찬가지로 같은 원칙을 적용해야 할 것이다. 영국이 모든 국가의 수입품에 대해 저관세나 무관세를 적용하게 되면, 소비자를 위해 저렴한 가격을 유지하는 데는 도움이 되겠지만, 영국 농민의 입지는 약화될 것이다. 이와 정반대로, 비유럽연합 국가 생산물과의 경쟁 격화로부터 농민을 보호하려고 수입품에 대해 더 높은 관세를 부과한다면, 일반 가게에서 판매되는 수입품의 가격은 인상될 것이다.

위의 인용문이 보여주듯, 관세와 규제 수준은 영국과 유럽연합 국가들의 농식품 국제 교역 관계에 크게 영향을 미쳐온 두 가지 핵심 요인이었다. 예컨대, 2017년의 경우, 유럽연합 역외 국가의 비농업 부문 재화에 대한 유럽연합의 평균 관세는 2.7%였지만 농식품에 적용된 관세는 이보다 월등하게 높은 8.1%였다.² 특히 영국은 브렉시트 이전까지 유럽연합 회원들과의 농식품 교역 비중이 압도적으로 높았던 농식품 수입국이었다는 점³에 주목할 필요가 있다. 농식품 수입국인 영국은 유럽연합 탈퇴로 자국 농식품 영역 종사자와 국내 소비자들의 피해를 최소화하면서 먹거리를 원만하게 조달할 방안을 적극 모색해야 할 상황에 직면하게 되었기 때문이다. 말하자면, 영국은 이제 유럽연합 비회원국으로서, 유럽연합은 물론 유럽연합 역외 국가들을 상대로 새로운 무역협정의 체결을 비롯한 자국의 농업정책 전반을 브렉시트 이후 상황에 맞게 새롭게 설계하고 조정해야 할 상황을 맞게 된 것이다.⁴

다른 한편, 영국 정부가 앞으로 역점을 두고 신속히 대응해야 할 주요 현안 중 빼놓을 수 없는 쟁점은 유럽연합의 공동농업정책⁵에서 지원해온 농업보조금 문제다. 앞서 서술한 것처럼, 유럽연합의 공동농업정책의 목표는 회원국 농민들에 대한 보조금 지급을 통해 유럽연합 먹거리 생산의 최소 기준을 보장하고, 농민들이 괜찮은 삶의 수준을 유지할 수 있게 하는 데 있다.⁶ 영국 하원의 또 다른 보고서에 의하면(UK House of Commons Library, 2019c), 영국 농민들은 매년 30억 파운드의 보조금을 받았고, 이 중 약 80%는 경작 면적에 근거해 지급되는 '농가 직접지불제' 형식이었다. 하지만 영국 농민들에게 제공된 유럽연합 보조금 중 50%가 10% 정도의 소수 대농에게 지급되었다는 점 때문에 유럽연합의 보조금 분배 체계는 불공정하다는 비판을 받기도 했다. 앞서 일부 농민시장 관계자들도 이런 점을 지적한 바 있다. 이러한 비판에도 불구하고 지난 수십 년 동안 영국의 농업 및 농가 정책의 골격을 형성해온 것은 바로 유럽연합의 공동농업정책이었다. 브렉시트를 단행함으로써 영국은 이제 유럽연합의 공동농업정책을 떠나게 되었다.[7] 따라서 영국은 유럽연합의 공동농업정책의 보조금을 대체하되 단점을 대폭 보완한 새로운 자국 농민용 지원 정책을 앞서 언급한 농식품 교역 정책과 함께 수립하고 집행해가야 할 단계에 진입했다고 할 수 있다.[8]

이 밖에도 영국 정부는 브렉시트로 인해 수급에 문제가 생긴 계절농업노동력 문제, 국제 교역체계의 전환에 따른 농식품의 안전성 문제, 친환경농업과 소농 육성 문제 같은 복합적인 과제들을 해결해야 한다. 이러한 현안들은 다분히 구조적이고 정책적인 성격의 것이라, 앞으로 영국 정부가 이런 정책들을 구체적으로 어떻게 설계하고 실행할 것인지에 따라 향후 영국 농업 전반과 세부 영역의 지속가능성도 크게 영향을 받을 것으로 보인다. 이런 내용들을 배경 삼아, 이하에서는 앞서 영국 농민시장 연구에서 살펴본 주요 내용과 사회학적 함의를 되짚어보는 데 주력하고자 한다.

2. 영국 농민시장의 실태(1): 다소 값비싼 양질의 먹거리 거래 공간

여기서는 농민시장에서 거래되는 먹거리의 품질과 가격 문제에 관해 다시 생각해보고자 한다. 농민시장에는 육류와 유제품을 찾는 소비자가 많았지만 의외로 채식주의자를 많이 볼 수 있었다. 이들도 물론 농민시장에서 채소 이외의 식재료나 식품을 구매했으나 주로 일주일 동안 먹을 채소를 사 가는 데 더 관심이 많았다. 영국 농민시장에서 채소나 과일은 일반 소비자에게도 인기가 있었다. 채식주의자든 일반 소비자든 할 것 없이 어느 농민시장에서나 채소나 과일을 사기 위해 청과류 판매대 앞에 길게 늘어선 줄은 종종 목격할 수 있었던 장면이다. 이런 풍경이 빚어진 주된 이유는 농민시장에서 판매되는 채소가 슈퍼마켓의 것과는 비교가 되지 않을 정도로 신선하기 때문이다. 소비자들은 하나같이 이곳의 채소를 사 가면 집에 두고 일주일 내내 먹어도 문제가 없다고 했다. 그렇기 때문에 특히 채소 소비량이 많은 채식주의자들은 슈퍼마켓보다 상대적으로 오랜 기간 신선도가 유지되는 채소를 구할 수 있는 장소인 농민시장을 소중히 여긴다.

이와 같이 다른 매장의 것보다 월등한 신선도와 맛을 자랑하는 청과류의 출현 비결은 장이 열리기 하루 전날이나 당일 새벽에 수확해서 소비자에게 직접 공급하는 농민시장의 통상적인 거래 방식에 있었다. 즉, 미국 농민시장과 마찬가지로 영국 농민시장의 농산물이 지닌 신선도를 비롯한 질적 우수성은 시장 참여 농민들이 친환경적 영농방식으로 생산한 지역산 농산물을 중간 유통 과정을 거치지 않고 거의 수확 직후에 소비자에게 바로 제공하는 거래 방식에서 기인한 것이었다.[9]

생산자이기도 한 농민시장의 판매인들은 자신의 생산물 품질에 대해 한결같이 자부심을 보였고, 소비자 또한 하나같이 이 점을 인정했다. 다만, 가격에 대해서는 다소 의견 차이를 보였다. 판매인과 소비자 사이에서는 상당수의 먹거리, 특히 유기농 먹거리의 경우, 농민시장이 슈퍼마켓보다 좀 비싼 편이라고 보는 견해가 대부분[10]이었다. 하지만 일부 품목은 오히려 더 싸거나 비슷하다는 의견도 간혹 접할 수 있었다. 이 맥락에서 한 이탈리아계 소비자의 다음과 같은 얘기는 음미해 볼만 하다.

> (영국 농민시장과 미국 농민시장은) 많은 공통점이 있습니다. 일반 가게보다 농민시장에는 유기농 먹거리가 훨씬 더 많습니다. 온갖 것을 다 파는 가게에 비해 특정한 생산품에 좀 더 초점을 맞춘 것이지요. 여기나 미국이나 농민시장에 가는 사람들의 특성은 비슷합니다. 유기농 먹거리와 그와 같은 것들을 구하고 싶어하는 사람들이지요. … 예컨대, 이탈리아에서는 이런 시장을 '농민시장'이라고 부르지 않습니다. 그냥 시장just market이라고 합니다. … 모두가 거기서 장을 봅니다. 가격도 매우 저렴하고요. 그에 반해 여기(농민시장의 경우)에는 중간계급 사람들이 더 많고, 미국 또한 이 점에 있어 마찬가지입니다. … 이탈리아에서는 가난한 사람일수록 시장을 더 많이 찾습니다. 시장이 일반 가게보다 가격이 더 저렴하기 때문이지요. 하지만 여기는 정반대입니다. (일반) 가게보다 (농민)시장의 물건 가격이 더 비쌉니다. 그렇기 때문에 … 다른 소비자인 것이지요. 미국과 여기는 비슷합니다. (하지만) 여기와 이탈리아는 다릅니다. 농민시장에 매력을 느끼는 집단 (자체가) 서로 다른 것이지요. (소비자 E1)

영국의 농민시장은 같은 유럽이지만 이탈리아 농민시장과는 달리 생산물 가격이 비싸고, 이런 점에서 오히려 미국 농민시장과 비슷하다는 것이다. 다시 말해, 유기농을 비롯한 친환경 농산물 같은 고품질의 생산물이 주로 거래되다 보니 미국처럼 영국 농민시장은 중간계급 위주의 시장이라는 얘기였다. 생산자와 소비자의 대다수가 농민시장에서 거래되는 생산물이 품질은 좋으나 슈퍼마켓보다 가격이 비싸다고 인식한다면, 이는 당연히 경제력이 없는 소비자의 농민시장 접근을 꺼리게 하고, 구조적 차단 요인이 될 수 있다. 저소득층이 농민시장에서 자연스럽게 배제되는 현상이 다른 경제적 시장에서와 마찬가지로 나타나게 되는 것이다. 농민시장의 이미지와 현실이 '특정한 계층이 배제된 시장' 또는 '특정한 계층만의 시장'으로 굳어지기 전에 저소득층까지 포용하는 명실상부한 지역공동체 시장이 될 수 있게 정부와 지방자치단체 차원에서 정책적 관심과 실질적인 배려가 시급함을 이런 점들은 시사해준다. 농민시장 자체적으로도 이에 대한 문제의식과 자구책 마련의 노력이 있어야 함은 물론이다.

이런 문제점이 발견되기도 했지만 다른 한편으로는 품질이 좋기 때문에 값을 더 지불할 만한 가치가 있다고 생각하는 소비자가 많았다는 점도 주목할 만하다.[11] 관행농업이나 일반적인 식품 제조 방식에 비해 친환경농법이나 그에 준한 생산과정에는 더 많은 비용이 투입될 수밖에 없다는 점을 인정하고 양질의 생산물에 대해 그에 상응하는 대가를 치르려는 소비자 의식은 매우 바람직하고 중요하다. 이른바 먹거리 시민이 많아져야 생산자도 공정한 가격을 받을 수 있고, 그것이 토대가 되어 좋은 먹거리의 지속적인 생산과 확대재생산 또한 가능하기 때문이다. 하지만 그러한 의식이 있더라도 경제력이 수반되지 않으면 양질의 먹거리를 제대로 구하기 어렵기 때문에 저소득층 소비자들은 농민시장 이용에 상당한 제약을 받을 수밖에 없다. 따라서 지역공동체 차원에서 먹거리 시민의 육성과 확산에 관심을 기울이되 미국 농민시장의 경우처럼 저소득층의 농민시장 접근 기회 확대를 위한 다각적인 정책[12]도 서둘러 마련해야 할 것이다.

3. 영국 농민시장의 실태(2): 신뢰와 공동체적 결속의 공간

농민시장의 생산물에 대한 소비자의 전폭적인 신뢰는 그러한 생산물의 주체, 즉 농민과 농식품 제조업자와 같은 생산자 자체에 대한 신뢰로 이어질 수 있다. 소비자와 생산자 간의 지속적인 상호작용 과정에서 정서적 친밀감이 깊어지고 생산물의 질적 우수성이 거듭 확인되면 먹거리 못지않게 생산자의 존재에 대한 신뢰도 점차 두터워질 수 있기 때문이다. 소비자의 반응이 그렇다면 판매인은 어떨까? 판매인 또한 소비자와의 거래가 반복될수록 소비자가 다음 장날에도 자신의 가게를 찾으리라는 분명한 믿음을 갖게 된다. 농민시장의 대다수 소비자가 단순한 뜨내기손님이 아니라 단골손님이라는 사실이 이를 실증해준다. 이를 사회적 자본의 측면에서 풀어보면, 생산자와 소비자 사이에 주기적인 거래와 인간적 교류가 중첩되면서 농민시장에는 소비자와 판매인 상호 간의 신뢰에 토대를 둔 사회적 자본이 차곡차곡 쌓이게 되는 셈이다.

그렇다면, 이렇게 형성된 사회적 자본은 소비자와 판매인에게 구체적으로 어떤 영향을 미치게 될까? 농민시장에 축적된 사회적 자본은 에밀 뒤르케임Emile Durkheim이 말한 '사회적 사실social fact'로 생명력을 갖게 되고, 소비자와 판매인의 사고와 행동에 영향력을 행사한다. 예컨대, 농민시장의 사회적 자본은 소비자의 다음 발걸음을 유도하고, 더 나은 생산물의 공급을 통해 소비자의 믿음에 호응하려는 판매인의 동기를 유발한다. 이러한 순환적 과정이 지속되면, 농민시장의 사회적 자본은 더욱 강화되고, 판매인과 소비자 간의 후속적인 상호작용이 갖는 지속가능성도 더 확고해진다. 물론 그 지속가능성은 개별 농민시장의 또 다른 구조적 특성과 환경에 따라 상당한 편차가 있을 수 있다. 그럼에도 농민시장에서 경향적으로 나타나는 이러한 과정을 농민시장에 초점을 맞춰보면, 판매인과 소비자 사이에 서서히 형성, 축적되는 상호신뢰가 농민시장의 구조적 특성으로 자리 잡게 된다는 식의 일반화는 얼마든지 가능할 것으로 보인다.

다른 한편, 농민시장에서의 사회적 관계에서는 여러 측면에서 공동체적 함의를 발견할 수 있다. 우선, 농민시장은 지역산 먹거리를 중심으로 판매인과 소비자가 만나는 장이기 때문에 신뢰에 토대를 둔 지역먹거리공동체를 형성하고 지속시킨다고 할 수 있다. 농민시장의 공동체적 함의는 판매인들 사이에서도 엿볼 수 있다. 이를테면, 빵이나 소시지 같은 가공식품업자들은 그 시장에서 판매되는 동료 판매인의 식재료를 구매해서 식품을 만들어 팔기도 하고, 파장 후에는 남은 생산물을 서로 맞바꾸는 물물교환을 하기도 한다. 다시 말해, 농민시장은 판매인들이 가능한 한 서로 돕고자 하는 배려의 정신이 깃든 판매인공동체가 형성되고 작동하는 공간이다. 농민시장에 내포된 공동체적 함의는 농민시장을 찾는 소비자 사이에서도 엿볼 수 있다. 농민시장은 지역 주민들이 장을 보기 위해 오가는 경제적 소비 공간만은 아니다. 농민시장 방문객의 대다수는 장을 보려고 시장에 가지만 그와 동시에 지인과의 주말 만남, 가족 나들이와 휴식 등을 목적으로 시장을 찾기도 하기 때문이다. 어떤 경우에는 굳이 장을 보지 않더라도 친구와 만나 대화하거나 간단한 식사를 하기 위해 가기도 하고, 장을 보는 것보다는 다양한 생산물과 사람 구경을 하러 방문하기도 한다. 또 주말 한때를 이곳에서 느긋하게 보내고 싶어 방문하기도 한다. 이런 맥락에서 농민시장에는 지역 주민들이 주말 만남과 교류 및 휴식을 위해 모여드는 공동체적 공간 또는 사회적 공간으로서의 성격이 내재해 있다고 볼 수 있다.

이와 같이 영국 농민시장은 단순한 경제적 시장이 아니라 먹거리를 매개로 판매인과 소비자 간에, 판매인 간에, 그리고 소비자 간에 각각 상호 배려와 신뢰가 응축된 공동체의 형성과 지속을 가능하게 하는 사회적 공간으로서의 의미를 내포하고 있다. 이런 점에서 농민시장은 양질의 먹거리를 기반으로 시작된 경제공동체가 경제적 신뢰를 발판 삼아 참여 주체들 사이에 복합적 성격의 공동체를 형성시킴으로써 지역공동체의 결속을 강화하고 확산하는 지역사회의 토대적 공간으로 진화했다고 볼 수 있다. 이는 곧 공동체 위기의 시대에 농민시장이라는 독특한 먹거리시장이 공동체의식의 복원과 새로운 공동체의 구축을 위한 작지만 의미 있는 시발점이 될 수 있음을 시사한다.

4. 영국 농민시장의 공동체 이론적 함의

공동체는 사회학의 역사적 유전자라고 규정해도 과언이 아닐 정도로 사회학의 성장 과정에서 핵심적 역할을 감당한 개념이다. 그렇다면, 공동체 이론의 역사에 비추어볼 때, 영국 농민시장의 성격과 이론적 함의는 어떻게 이해해야 할까?

먼저 공동체 개념의 시발점인 퇴니스의 '공동체-사회' 이분법을 기준으로 생각해보면, 영국 농민시장은 퇴니스적 의미에서의 사회와 대척점에 있는 공동체는 아니다. 농민시장에서의 사회적 관계는 다른 경제적 시장과 마찬가지로 경제적 이해관계에 기반한 시장 관계임을 부인할 수 없기 때문이다. 하지만 그렇다고 해서 전형적인 자본주의적 시장 관계가 시종일관 관철되는 공간이라고 볼 수는 없다. 신뢰의 부족이나 결핍으로 인해 상당한 기회비용이 투입되는 일반적인 자본주의적 시장 거래와는 달리 농민시장에는 판매인과 소비자 사이에 견고한 상호신뢰와 그에 따른 공동체의식이 내재해 있고, 실제로 그것이 강력한 힘을 발휘하기 때문이다. 이런 점들을 종합할 때, 영국 농민시장은 퇴니스가 얘기한 사회와 공동체의 두 가지 속성이 혼재되어 있는 공간이라고 할 수 있을 것이다. 하지만 이런 식의 이해는 출발의 준거로서는 의미가 있겠지만 영국 농민시장에 내포된 특징을 온전히 설명해준다고 보기는 어렵다. 농민시장의 형성과 진화 과정에서 나타나는 역동성을 포착하기에는 공동체와 사회라는 고착된 개념의 활용만으로는 부족하기 때문이다.

이 맥락에서의 돌파구는 로자 등의 통찰이 환기해준 베버와 짐멜의 착상에서 찾을 수 있을 것으로 보인다. 베버와 짐멜은 퇴니스의 사회와 공동체 개념을 '사회화'와 '공동체화'로 대체함으로써 상호작용의 역동성을 포착할 수 있는 '과정'을 담은 이론적 개념을 제공했기 때문이다(로자 외, 2017: 46-48). 농민시장에서는 판매인과 소비자 사이에 끊임없이 상호작용이 이루어지고, 그 과정에서 형성된 사회적 자본의 축적과 그것이 거래에 미치는 영향력의 강도 또한 유동적이다. 이런 점에 비추어보면, 영국 농민시장은 기본적으로 공동체화와 사회화의 과정이 한데 어우러져 작동하는 공간이다. 또 시장과 행위 주체들의 상황에 따라 공동체화와 사회화의 조합 구성이 다른 사회적 관계와의 연계 속에서 역동적으로 움직여온 곳이 영국 농민시장이라고 볼 수 있다.[13] 이런 점을 언급하면서도 여기서 영국 농민시장에 대해 정태적인 어감을 지닌 공동체적 규정을 하는 이유는 관찰 시점마다 드러나는 현상 자체로 크게 보면, 농민시장은 판매인과 소비자 간의 지속적인 상호작용이 이루어지는 공동체적 공간이라고 볼 수 있기 때문이다.

그러면, 영국 농민시장의 성격을 고전사회학자들의 공동체 또는 공동체화 논의 이후 전개된 현대공동체 이론에 준거해보면 어떤 연관성 또는 차이를 발견할 수 있을까? 이에 답하기 위해 먼저 살펴봐야 할 부분은 1980~90년대에 등장한 공동체주의자들의 기본 입장이다. 이들은 사회보다 개인의 자유와 자율성을 우선시하는 '자유주의liberalism'[14]를 비판하면서 개인의 자아와 삶의 방식은 개인에 앞서 역동적으로 구성되는 역사적 실체로서의 공동체가 지향하는 '가치 지평' 속에서 형성되고 변화한다는 점[15]을 강조한다(문성훈, 2017; 로자 외, 2017: 86-95). 이념적 배경과 정치적 지향을 배제하고 개인과 공동체 간의 추상적 관계의 측면에서 비교해보면, 농민시장의 공동체와 공동체주의자들의 입장은 상이성과 유사성을 동시에 내포하고 있다는 해석이 가능하다. 공동체주의자들이 말하는 공동체가 소규모 조직이 아니라 전체 사회를 함축한 논의라고 한다면, 농민시장의 공동체는 먹거리를 매개로 특정한 공간에서 주기적으로 형성되는 소규모 단위의 공동체를 의미한다는 점에서 차이가 있다. 하지만 전체 사회 수준의 공동체가 개인에게 미치는 영향처럼 농민시장에 축적된 여러 유형의 배태성은 농민시장의 공동체에 참여하는 주체들의 사고와 행동에 일종의 구조적 변수로 작동한다는 점에서 분석 단위의 차이에도 불구하고 양자는 유사성이 있다. 그러한 영향력의 유형과 정도가 판매인과 소비자 간의 지속적인 상호작용의 내용에 따라 가변성을 지닌다는 점 또한 공동체주의자들이 주장하는 공동체와 개인 간의 관계 속성과 유사하다.

자유주의자와 공동체주의자 간의 논쟁에서 불거졌던 공동체론과 비슷한 시기에 등장해 대략 1990년대 후반 이후 각광받기 시작한 사회적 자본 논의에서의 공동체 개념을 영국 농민시장의 공동체와 비교해보면, 또 어떤 유사점과 차이점이 있다고 할 수 있을까? 앞서 살펴본 것처럼, 부르디외, 콜먼, 그리고 퍼트넘은 모두 사회적 자본에 관한 얘기를 하고 있지만 기본 입장과 분석 초점은 차이가 있다.

우선, 영국 농민시장의 공동체는 분석 대상과 접근방식에 있어 퍼트넘의 공동체와는 다르다. 퍼트넘은 이탈리아 북부와 남부 지역의 시민사회에 축적된 사회적 자본의 차이가 두 지역의 정치경제적 개혁 성과의 차이를 가져온 중요한 요인이었다고 주장한다(퍼트넘, 2000). 공동체의 관점에서 보면, 역사적 연원을 내포한 사회적 자본이 사회 결속에 필요한 공동체적 기반이 된다는 점에 초점을 둔 것이 퍼트넘의 사회적 자본론인 것이다. 이런 점에서 퍼트넘의 분석은 오랜 기간 시민공동체에 녹아든 사회적 자본이라는 공동체적 자산이 지역사회 구성원들의 사회적 연대와 전체 사회 발전에 큰 영향을 미쳤다고 보는 역사적·거시적 관점의 연구라고 볼 수 있다. 특히 퍼트넘은 다원화된 현대 민주주의 사회에서는 '결속형bonding 사회적 자본' 이상으로 서로 다른 사람들을 이어주는 '연계형bridging 사회적 자본'[16]이 필수적임을 강조한다(퍼트넘, 2023a). 이와 같이 전체 사회와 역사적 접근에 기반한 퍼트넘의 공동체 시각은 현시점에서 소규모 농민시장을 매개로 형성되는 공동체와는 차이가 있다. 농민시장의 공동체에서 발견되는 사회적 자본이 퍼트넘의 맥락과는 다르지만 부르디외나 콜먼의 관점과는 어느 정도 연계성이 있다고 볼 수 있다. 부르디외(2003)는 사회적 자본을 집단 구성원 간의 결속과 이익에 도움을 주는 개인적 관계의 연결망이라고 보았고, 콜먼(2003)은 사회적 자본을 행위자들 사이의 관계 안에 내재해 있는 특성으로서 합리적 행위자가 자신의 목적 실현에 활용할 수 있는 구조적 속성이라고 규정했기 때문이다. 농민시장이라는 제한된 공간에서 판매인과 소비자 간에 이루어지는 상호작용이 상호 신뢰에 기반한 사회적 자본을 농민시장의 구조적 속성으로 정착시키고 확대재생산하면서 먹거리공동체의 지속가능성을 높여가기 때문이다. 다만 차이가 있다면, 농민시장의 공동체는 먹거리와 그 생산자 및 소비자를 둘러싼 한정된 영역에서의 사회적 자본을 매개로 한 것인데 반해 부르디외나 콜먼이 언급한 사회적 자본과 공동체 형성 가능성은 특정한 영역에 국한된 것이라기보다는 다양하게 열려 있다는 점일 것이다.

그러면 사회적 자본론에 뒤이어 부상한 공동체 개념과 농민시장의 공동체를 비교하면 또 어떤 얘기가 가능할까? 농민시장의 공동체가 먹거리의 지구화에 따른 먹거리 안전성 위협에 대한 지역 차원의 소규모 공동체적 대응의 성격도 부분적으로 내포한다는 점에서는 '신자유주의적 지구화'로 인한 '무한경쟁'에서 벗어나 개인의 자율성에 토대를 둔 '협력과 공유의 자치공동체'를 지향하는 최근의 공동체 운동(문성훈, 2017)과 표면상 다소의 유사성이 있다고 볼 수도 있다. 농민시장에 참여하는 생산자와 소비자가 양질의 먹거리 수급의 필요성과 가치를 공유하는 가운데 자발적인 참여와 협력이 이루어지는 곳이 농민시장이기 때문이다. 하지만 신자유주의적 자본주의의 철폐 대신 저항과 탈주脫走를 지향하는 과정의 산물인 21세기 공동체 운동에서의 공동체(문성훈, 2017)는 농민시장의 공동체 구상과는 그 색깔이 다르다. 그렇다고 해서 영국의 농민시장이 '사회 전체의 공동체화가 현대적 조건과 양립할 수 없는 것'(정성훈, 2016)이라는 문제의식 아래 진화해온 것도 아니다. 그렇다면 영국의 농민시장에 함축되어 있는 공동체적 문제의식은 어떤 것일까? 지역공동체의 구성원들이 지역 농민과 이들의 영농 활동을 뒷받침하고 생산자들은 지역 소비자에게 안전한 양질의 먹거리를 안정적으로 공급하는 공동체 시장의 육성을 통해 지역먹거리 체계를 구축하겠다는 의식이 그것이다. 영국 농민시장에 관한 논의에서 먹거리 지구화에 대한 대응이나 행위 주체들 간의 가치 공유와 협력, 상호 신뢰, 사회적 자본 같은 용어들을 자주 마주하게 되는 것은 그 같은 문제의식이 농민시장에 내재해 있기 때문이다.

끝으로, 현대공동체의 성격에 대한 바우만의 해석과 처방을 되새겨보고, 농민시장 공동체와의 연계성을 모색해보려 한다.

바우만은 현대의 시대적 특징이 '유동성'과 '불안정성'에 있다고 보면서 이를 '액체 현대'라고 표현하고, 현대공동체의 성격 또한 이런 관점에서 규정했다. 유동적인 현대사회에서 공동체는 극장 공연의 관람 같은 단일 관심사를 가진 사람들이 잠시 모였다가 목적의 충족 후 곧바로 흔적도 없이 각자 군중 속으로 다시 흩어지는 일시적 공동체에 불과하다는 것이다. 그에 의해 '짐 보관소 공동체' 또는 '카니발 공동체'라고 명명된 이런 공동체들은 사람들을 고독이나 고민 혹은 단조로움에서 잠깐 벗어나게 해준다는 점에서 '반드시 돌아가야만 할 그 일상을 좀 더 잘 버티게끔 해'주는 정도의 의미밖에 없다. 따라서 오늘날의 공동체는 개인 내면의 깊은 고통과 고독을 치유하지 못할 뿐만 아니라 오히려 영구화하는 데 일조할 따름이다(바우만, 2022: 380-384). 그렇다면 왜 이런 현상이 벌어지는가?

바우만은 현대공동체가 이렇게 허약한 이유를 개인들이 서로를 능동적 존재로 인정하지 못하기 때문이라는 점에서 찾았다. 이런 사태가 발생한 더 근본적인 원인은 소비자로서의 현대인이 모든 사물을 '유용성'에 근거해 상품으로 구매했다가 그 유용성이 사라지면 폐기하거나 대체하는 데 익숙해진 소비주의 문화의 강력한 영향력 아래 살고 있기 때문이라고 그는 진단했다. 바우만은 현대인이 소비자 사회에서 주입된 '고객-상품' 또는 '사용자-유용성' 관계 틀에 갇혀 자신만 주체이고 대상은 객체로만 인식하는 사고방식에 젖어 있다고 본 것이다. 그러한 영향으로 인해 현대인들은 '대칭적' 관계여야 할 인간관계에서도 상대방을 마치 사물 대하듯 객체로 바라보는 그러한 사고방식에서 탈피하지 못하고 있다는 주장이다(바우만, 2015: 95-106). 이런 점에서 현대인에게서 발견되는 인간적 유대의 취약성과 불안정성은 소비자 사회에 수반된 부작용이라고 볼 수도 있다. 결국 바우만의 시각에 의하면, 오늘의 공동체가 짐 보관소 공동체 수준에 머물게 된 것은 소비자사회로서 현대사회에서 개인이 서로를 객체로만 인식하는 가운데 필요에 따라 일시적으로 모였다 흩어지는 유동적 존재가 되어버렸기 때문이라고 해석할 수 있다.[17] 그렇다면 이에 대해 바우만이 제시한 대안은 어떤 것인가?

바우만은 그의 마지막 저작 《레트로토피아: 실패한 낙원의 귀환》의 '맺음말'에서 프란치스코 교황의 연설을 인용하면서 자신의 사회통합 방안을 제안했다. 우리가 상호 인정과 존중의 바탕 위에서 서로를 '유효한 대화 파트너'로 대함으로써 서로의 상처를 치유하고 '연합'하는 관계로 진화하게 유도하는 '대화 문화'를 기획하고 구축하는 일에 모두 참여하자는 권고가 그것이다. 비록 '결코 성공을 보장하지도 않는 장기간의 길고 복잡한 노력'이겠지만 그래도 이 일을 함께 할 것을 바우만은 마지막으로 호소(바우만, 2018: 252-257)한 후 영면했다. 현대사회와 현대인 및 사회통합에 대한 바우만의 진단은 결국 유동적인 현대사회에서 진정한 공동체성을 확보하기 위한 치열한 노력의 촉구로 끝을 맺은 셈이다. 즉, 공동체 내의 행위자들이 서로를 능동적 주체로 인정하고 존중하는 기반 위에서 '대칭적' 인간관계를 회복하려고 끊임없이 노력하자는 것이 그의 장기적인 해법이라고 재해석할 수 있다. 그렇다면, 영국 농민시장과 같은 농민시장이 거창한 실행 모델은 아니지만 그래도 현대공동체의 액체성 내지는 불안정성을 메꾸어갈 수 있는 지속적인 공동체의 새 지평을 여는 출발점이 될 수 있지 않을까? 먹거리를 둘러싼 시장 관계에 토대를 둔 공동체임이 분명하나 경제적 거래 관계에만 매몰되기보다는 판매인과 소비자 간의 상호 신뢰와 존중에 기반한 반복적 상호작용 과정에서 형성되고 강화되는 공동체가 바로 영국 농민시장이라고 볼 수 있기 때문이다.

지금까지 살펴본 바와 같이, 농민시장의 공동체는 퇴니스, 짐멜, 베버 같은 고전사회학자들의 공동체 및 공동체화 개념으로 일정 부분 설명이 가능하다. 특히 베버의 공동체화와 사회화는 농민시장에서 전개되는 판매인과 소비자 간의 지속적인 상호작용과 그 관계의 역동성을 포착하는 데 있어 매우 유용한 개념적 도구가 될 수 있다. 또 20세기 후반에 등장한 공동체주의자들의 공동체 구상이나 사회적 자본론에서 논의되어온 공동체 개념, 그리고 최근 신자유주의 지구화 시대에 출현한 소규모 자치공동체 운동에서의 공동체 개념에서는 농민시장 공동체와의 유사성을 외견상 일부 발견할 수 있지만 분석 단위나 문제의 접근방식에 있어 분명한 차이점들이 있다. 그 근본적인 이유는 농민시장의 공동체가 사회학적 또는 정치철학적 공동체 이론 계보의 큰 흐름 속에서 등장한 것은 아니기 때문이다. 그런가 하면, 현대공동체를 유동성의 관점에서 우려하며 바라보면서도 상호 인정과 존중에 기초한 사회통합 노력의 중요성을 역설한 바우만의 주장은 농민시장에서 그 실천의 실마리를 엿보게 하는 통찰을 제공한다. 영국 농민시장이 보여주듯, 농민시장은 소규모의 신뢰공동체를 시발점으로 한 사회통합의 가능성을 시사하기 때문이다. 따라서 이러한 측면에서의 후속 연구가 심도 있게 계속 추진된다면, 그 성과들은 여러 유형의 사회조직들이 신뢰의 사회적 자본에 기초한 공동체로 진화할 수 있는 길을 도출하는 데 참조할 수 있는 고유한 모델로 발전할 수 있을 것으로 보인다.[18] 영국 농민시장과 같은 신뢰 공동체의 사회적 확산과 중층적 공존을 위한 시도는 복합 위기 시대에 전체 사회의 질서와 지속가능성을 도모하려는 실천적 노력이자 공동체 이론의 지평을 확장하는 계기가 될 수 있다는 점에 주목해야 할 것이다.

5. 사회적 자본과 배태성의 관점에서 본 영국 농민시장의 사회학적 함의

사회적 자본과 배태성의 관점에서 영국 농민시장의 사회학적 함의를 되새겨보면 다음과 같다.

첫째, 신뢰에 기반한 사회적 관계가 살아 숨 쉬며 작동하는 사회적 자본의 응축 공간이 바로 영국 농민시장이라는 점이다. 이는 영국 농민시장에 관한 이번 연구에서 경험적으로 재차 확인한 내용이지만 이론적 측면에서도 주목할 만한 함의라고 할 수 있다. 신뢰의 사회적 자본을 내포한 공간으로서의 농민시장이라는 사회학적 함의는 오늘날 그 어떤 측면보다 주시해야 할 부분이다. 개인주의의 심화, 공동체의식의 약화, 홀로라는 외로움, 소외감, 예전의 종교와 같이 기댈 언덕이 되어줄 대체재에 대한 갈망이 뒤엉켜 있는 현대사회에서 신뢰의 사회적 공간을 찾기는 너무나 어려운 게 현실이기 때문이다. 사적 이익 추구의 극대화가 모든 사회적 상호작용의 거의 유일한 지침이 되어버린 삭막한 세상에서 '진정한 인간적 신뢰'라는 가치는 구시대의 유물로 여겨지기 일쑤다. 현대인의 의식 구석구석까지 촘촘히 점령한 자본주의의 거침없는 진군으로 인해 자본주의적 심성은 이제 인간의 고유한 본성인 양 우리의 정신세계에 확고히 둥지를 틀었다.

이 같은 현실에서 소비자들은 농민시장을 드나들다 언젠가 스쳐 갔던 아련한 기억과 조우하는가 하면 사회적 관계의 새로운 가능성에 눈 뜨게 된다. 일찍이 포기했거나 무시했던 신뢰의 그림자를 판매인과의 지속적인 거래 과정에서 생명력 있는 실체로 체감한다. 먹거리의 품질에 대한 체득에서 출발한 믿음이 어느새 먹거리 생산자에 대한 신뢰로 확장되었기 때문이다. 소비자의 신뢰와 그러한 믿음에 부응하려는 판매인의 노력이 이들 간의 거래 과정과 맞물려 순환하면서 상호 신뢰는 깊이를 더해간다. 신뢰의 누적 속에 전개되는 주기적인 만남을 통해 판매인과 소비자 모두는 소진되었던 일상의 활기를 되찾는 경험을 간헐적으로 반복 경험하게 된다. 이는 곧 정례적으로 열리는 농민시장이 단순한 경제적 거래 장소가 아니라 판매인과 소비자가 인간적으로 교감하는 신뢰의 사회적 공간임을 의미한다. 소비자는 생산자와의 연대감, 인간적 신뢰에 기초한 지속적인 상호작용, 그리고 공동체적 관계로의 성장이 가능함을 농민시장에서의 체험을 통해 발견하고 또 확인하게 되는 것이다. 이와 같이 영국 농민시장은 생산자와 소비자 간의 지속적인 상호작용 과정의 산물이자 동력인 신뢰의 사회적 자본이 먹거리를 매개로 진가를 발휘하는 일상 친화적인 사회적 공간의 형성과 확산 가능성을 실증해준다.

둘째, 영국 농민시장은 판매인과 소비자 사이의 관계뿐만 아니라 소비자 가족이나 지인 간의 결속력을 다지는 공동체적 공간이 될 수 있다는 점이다. 이 부분 또한 영국 농민시장의 실태에서 서술한 바 있다. 여기서는 농민시장이라는 특정한 장소 그 자체에 대해 지역 소비자들이 부여하는 공동체적 공간으로서의 가치를 환기하고자 한다. 영국 농민시장은 소비자와 판매인 간에 신뢰에 기초한 먹거리 거래가 이루어지는 곳이지만 그와 동시에 소규모의 다양한 주말 모임이 성사되는 곳이기도 하다. 주말에 지인과 만나 가볍게 차를 마시거나 식사하면서 교류할 수 있는 약속 장소로, 또 가족의 주말 나들이 겸 장을 보는 장소로 자주 활용되는 곳이 농민시장이라는 것이다. 즉, 이곳을 자주 이용하는 소비자들의 경우에는 농민시장이 가족이나 지인들 간의 정겨운 친교 공간으로 이들의 일상적 삶 속에 이미 스며들었다고 해도 과언이 아니다. 공동체 실종 위기의 시대라고 하지만 영국 농민시장은 적어도 시장 참여자들 사이에서는 주말에 한 번씩 가족 또는 친구와 함께 여유롭게 장터를 거닐면서 한 주간의 피로와 긴장을 풀고 정을 나누고, 다음 주간에 써야 할 에너지를 충전하는 공동체적 삶의 공간으로 자리를 잡은 셈이다. 요컨대, 가족과 친구 및 이웃 간의 상호 신뢰와 배려, 편안함, 휴식이 지속적인 공동체적 관계를 통해 주기적으로 재현되고, 그러한 가치의 소중함이 차곡차곡 쌓이는 사회적 공간으로서의 함의를 영국 농민시장은 보여준다.

셋째, 영국 농민시장은 거래되는 먹거리의 성격 측면에서 볼 때 자연적 배태성의 특징을 지닌 공간이라는 점이다. 자연적 배태성은 농민시장 먹거리의 성격을 강조할 때 등장하는 '계절성'과 '친환경 먹거리'라는 두 가지 특징과 밀접한 연관성이 있다. 농민시장 관계자들은 이곳에서 판매되는 생산물이 신선하고 영양가 있는 먹거리, 한마디로 '양질의 제철 먹거리'라는 점을 부각시키고 싶어한다. 생산자 농민과 소비자가 이러한 인식과 가치를 공유해야 농민시장의 존립 자체도 가능하다고 보기 때문일 것이다. "계절성은 이제 농민시장이라는 형태 속에서 영국 식품 소매의 한 자리를 구축하고 있다."(애슬리 외, 2014: 178)는 평가가 낯설지 않음도 이와 무관하지 않다. 농민시장의 먹거리는 제철 먹거리일 뿐만 아니라 유기농 공식 인증을 받지 않은 것들도 친환경농법으로 재배되거나 가공된 '친환경 먹거리'로 알려져 있다. 친환경적인 방식으로 생산된 것이기 때문에 불량 먹거리의 섭취로 인한 질병이나 유해성에 대한 우려 없이 먹을 수 있는 '진짜real' 먹거리라는 점에 방점을 둔다. 농민시장에 참여하는 판매인이나 소비자의 목소리는 이 점에 있어 한결같다.

문제는 가격일 수 있다. 물론 농민시장의 판매자와 소비자는 여기서 거래되는 생산물들이 진정성이 담긴 고품질의 물건들이고 가성비가 높다고 얘기한다. 심지어 품목에 따라서는 슈퍼마켓보다 오히려 저렴한 것들도 있다고 주장한다. 하지만 농민시장 참여자의 상당수는 판매인이든 소비자든 이곳의 물건이 슈퍼마켓보다는 다소 비싸다고 말한다. 영국 농민시장이 진정성이나 소박함 같은 값진 문화적 가치들이 오가는 현장임에도 주로 '중간계급의 공간'이라는 지적을 받는(애슬리 외, 2014: 180) 이유도 이런 비싼 가격 때문이라고 볼 수 있다. 하지만 이에 맞서 비싼 가격을 정당화하는 반론도 만만치 않다. 그러한 가격 차이는 생산과정에 들어간 농민의 품과 정성을 고려한다면 공정한 가격이라는 주장이 그것이다. 농민시장의 소비자들이 이곳에서 자주 장을 보고 가격보다 품질에 눈길을 주는 까닭도 자신들이 구매하는 건강한 먹거리에 부과되는 다소 비싼 가격을 정당하다고 인정하기 때문이라는 것이다. 이런 관점에서 영국 농민시장의 지속성은 맛있고 몸에도 좋은 신선한 먹거리에 대한 소비자들의 그러한 기대감과 욕구 충족에 기반해 있다고 볼 수 있다. 이처럼 영국 농민시장이 친환경농법으로 제철에 생산된 양질의 먹거리가 거래되는 장터이자 자연적 배태성을 지닌 장소로서의 공신력을 인정받는 공간이라는 사실은 주목할 만한 대목이다.

    넷째, 영국 농민시장은 거래되는 먹거리의 지역성 측면에서 볼 때 공간적 배태성의 특징을 지닌 공간이라는 점이다. 영국 농민시장에서는 판매인들이 가게 판매대의 기둥이나 텐트에 걸어둔 플래카드에 유기농 인증 생산물임을 밝힌 경우가 많지만 대체로 유기농보다는 지역산 여부에 일차적인 방점을 두는 경향이 있다.[19] 그 이유는 소비자가 거주하는 인근 지역에서 생산하고 수확해서 지역 소비자에게 바로 공급하는 지역산이라는 점이 소비자에게도 여러 측면에서 더 설득력이 있기 때문이다. 따라서 농민시장 관계자들은 복잡한 유통 경로로 인해 소비자에게 전달되기까지 오랜 시간이 소요되는 외지산보다 농민시장에서 거래되는 지역산이 훨씬 더 신선하고 풍미도 있을 수밖에 없다는 인식을 정착시키는 데 역점을 두었다. 또 농민시장의 소비자 행동에서도 '먹거리의 지구화globalization of food'[20]로 인해 점점 더 늘어나는 정체불명의 외지산보다는 지역 농민에 의해 생산된 것이 훨씬 더 안전하다는 믿음이 깔려 있음을 볼 수 있다.

브렉시트로 인한 관세 문제로 먹거리 가격이 오르고, 안전성마저 우려되는 상황에서 농민시장 먹거리에 내포된 지역성은 시장의 지속가능성 차원에서도 이전보다 더 중요한 강점이 될 수 있다. 원론적으로 봐도 지역 농민이 지역 소비자 시장을 염두에 둔 영농 활동을 하고, 소비자가 실제로 농민시장에서 그러한 지역산 생산물을 구매하는 수급 방식은 생산자와 소비자 모두에게 장기적인 상생 전략으로서의 의미를 지닐 수 있다. 우선 소비자가 지역의 농민시장을 이용하게 되면 결과적으로 농민의 생계유지와 영농의 지속가능성을 뒷받침하는 셈이 된다. 또 그로 인해 지속가능한 생산 기반을 확보하게 된 지역 농민은 생산과 판매 활동을 통해 지역 소비자가 필요로 하는 양질의 지역산 먹거리를 계속 공급함으로써 안전한 먹거리의 보장 문제를 지역 내에서 상당 부분 해결하는 주체가 된다. 이런 점에서 농민시장에서의 소비는 지역 소비자의 입장에서도 채택할 만한 매우 유익한 중장기 전략이 될 수 있다. 요컨대, 농민시장에서의 지역산 먹거리 구매는 지역 농가의 지속적인 영농과 그에 따른 안전한 먹거리의 안정적인 공급을 통해 상생의 지역 먹거리공동체를 일구어가는 비법이 될 수 있다. 지역산 먹거리의 가치를 인정하고 중시하는 지역 생산자와 소비자 사이의 상호작용이 부단히 이어지면서 영국 농민시장에는 공간적 배태성이 구조적 특징의 하나로 각인된 셈이다.

지금까지 살펴본 바와 같이, 영국 농민시장에는 판매인과 소비자를 비롯한 시장 참여자들이 공유하고 중시하는 신뢰 기반의 다양한 가치들이 상호작용 과정에서 생성되고 축적되어 있다. 또 그러한 가치들이 이들 간의 연쇄적인 후속 관계의 지속에 실제로 강력한 영향력을 발휘하고 또 역으로 영향을 받기도 한다. 친환경적 방식에 의한 양질의 지역산 농축산물과 가공식품의 생산, 생산자와 소비자 간의 직거래와 상생, 판매인과 소비자·판매인과 판매인·소비자와 소비자 간의 인간적 교류와 다양한 유형의 공동체, 지역 농민과 소생산자의 지속가능한 영농활동 후원, 거래 과정에서의 신뢰, 주말 만남의 장소, 지역공동체 시장의 형성 같은 것들이 영국 농민시장이 중시하고 지향하는 가치라고 할 수 있다. 이런 측면에서 보면, 영국 농민시장의 사회학적 함의는 이러한 복합적인 가치들이 추구되는 공간이라는 점에서 찾을 수 있다. 이러한 가치들이 시장에 스며들면서 영국 농민시장은 사회적·자연적·공간적 배태성의 공간[21]인 동시에 신뢰의 사회적 공간으로 진화해왔다고 볼 수 있기 때문이다. 그렇게 구축된 시장 공간의 특성이 농민시장이 지향하는 신뢰 중심의 기존 가치들을 부양하고, 그러한 가치들이 다시 농민시장의 배태성과 시장 참여자들 사이의 신뢰 강화에 영향을 미치는 선순환 관계를 낳는다. 말하자면, 농민시장 참여자들 간의 상호작용 과정에서 형성된 신뢰가 농민시장에서 발견되는 여러 유형의 배태성으로 구조화되고, 그러한 배태성이 다시 이들 사이에 전개되는 상호작용의 지속성을 담보하는 상호 신뢰를 공고화하면서 시장의 사회적 자본으로 축적되는 과정이 확대재생산처럼 이어지고 있는 것이다.

6. 영국 농민시장의 지속가능성: 전망과 과제

농민시장은 기본적으로 농산물을 비롯한 먹거리를 매개로 생산자와 소비자 사이에 직접적인 상호작용[22]이 이루어지는 경제적 공간이다.

그렇다면, 경제적 측면에서 농민시장의 지속가능성을 긍정적으로 바라볼 수 있게 하는 요인에는 어떤 것들이 있을까?

긍정적 전망의 한 근거는 우선 생산자와 소비자 사이에 직거래가 이루어지는 곳이 농민시장이라는 점에서 찾을 수 있다. 주지하듯, 직거래는 중간 상인을 거치지 않기 때문에 생산자와 소비자 모두가 그에 따른 이익을 공유하게 된다는 장점이 있다. 생산자는 직거래로 유통비를 절감할 수 있고, 생산물을 소매가로 팔 수 있다는 점에서 그만큼 더 이익을 취할 수 있다. 소비자 또한 생산자가 장터로 나오기 직전에 만든 가공식품이나 몇 시간 전에 수확한 농산물을 이들에게 적정 가격에 직접 구매할 수 있는 혜택을 보게 된다. 특히 브렉시트 이후 수입 먹거리에 대한 불안감이 커지고 가격도 상승하는 상황이라는 점에 주목한다면,[23] 농민시장에서 이루어지는 직거래의 가치는 더욱 빛을 발할 것으로 보인다. 요컨대, 생산자 입장에서는 무엇보다 생산물의 안정적인 판로로서, 그리고 소비자로서는 필요한 먹거리의 상당 부분을 직접 생산자로부터 주기적으로 공급받을 수 있는 장소로서 중요한 의미가 있는 공간이 바로 농민시장이다. 농민시장의 지속가능성을 긍정적으로 전망할 수 있는 일차적인 근거는 농민시장에 내재된 이러한 경제적 효율성에서 찾을 수 있다.

농민시장에서의 직거래가 지역 생산자의 중요한 판로가 된다는 사실은 농민시장의 지속가능성뿐만 아니라 지역경제에 미치는 농민시장의 긍정적 기능에 대한 기대감을 높여준다는 함의도 있음을 언급할 필요가 있다. 소비자가 슈퍼마켓이 아닌 농민시장에서 장을 보게 되면, 그 돈이 지역 생산자의 가계와 농장의 생존을 가능하게 하고, 가계와 영농 활동의 유지를 위해 다시 지역에서 쓰이기 때문이다. 결과적으로 지역공동체 안에 계속 돈이 돌게 하는 효과가 있다는 얘기다. 농민시장이 지역 내 자금 순환의 매개체가 되어 지역경제 활성화에 일조함으로써 지역공동체의 유지와 미래의 지속가능성을 뒷받침하게 된다고 하는 것은 이런 맥락에서다. 이른바 농민시장의 '지역순환경제' 창출 기능이라고 할 수 있다(김원동, 2018b: 27). 농민시장이 지역공동체 차원에서 수행하는 이러한 경제적 기능과 기여를 보다 많은 지역 소비자가 인식하면 할수록 농민시장의 지속가능성은 더 커질 것으로 전망된다.

영국 농민시장에서 소비자에게 인기 있는 농산물이 영국에서 재배되는 주요 곡물과는 차이가 있다는 점도 농민시장의 미래를 긍정 쪽으로 기울게 하는 또 다른 근거가 될 수 있다. 농민시장의 판매품 가운데 밀, 보리, 귀리, 유채 같은 영국의 주요 작물(UK DEFRA, 2010, 2020)은 거의 없고, 국내에서 자체 공급이 턱없이 부족한 '과일과 채소'[24]가 매우 비중 있게 거래된다는 점에 주목할 필요가 있다. 영국 소비자의 상당수가 구매하기를 원하나 자급자족이 되지 않는 과일과 채소류를 소비자에게 정례적으로 공급하는 공간이 농민시장이기 때문이다. 게다가, 농민시장의 과일과 채소는 지역 생산자들이 정성껏 재배해서 직접 가지고 나와 소비자에게 바로 판매하는 신선하고 믿을 수 있는 것들이다. 실제로 저자가 영국 농민시장에서 종종 목격할 수 있었던 인상적인 장면 중 하나도 과일과 채소 가게 앞에 길게 늘어선 줄이었다. 청과류 가게는 소비자들이 줄을 서서 천천히 이동하면서 진열된 생산물을 훑어보고 장바구니에 담았다가 자기 차례가 되면 계산하고 가져갈 정도로 언제나 손님들로 붐볐다(김원동, 2021a: 409). 이런 점에서 영국 농민시장은 전체 수요에 비해 구조적 공급 부족 상태인 청과류를 지역 농민이 지역 소비자에게 최대한 공급하고자 애쓰는 공간이라고 할 수 있다. 이는 곧 영국 농민시장이 지역 소비자들의 수요와 기대에 부응하고자 노력하는 공동체 시장의 역할을 하고 있음을 의미한다.

농민시장에서 청과류와 더불어 일반적으로 볼 수 있는 품목은 양고기나 쇠고기, 닭고기, 치즈, 소시지 같은 육류와 축산 가공식품이다(김원동, 2021a: 409). 이런 품목은 슈퍼마켓에서도 쉽게 구할 수 있는 것들이지만 농민시장이 갖는 슈퍼마켓과의 차별성은 역시 품질에 있다.[25] 거주지 인근의 슈퍼마켓 어디에서나 구할 수 있는 품목이라도 농민시장의 생산품은 친환경적 영농법이나 제조 방법에 따라 생산된 것이기 때문에 질적으로 훨씬 더 우수하다는 평가를 받는다. 이렇듯 좋은 먹거리에 대한 소비자 욕구에 슈퍼마켓보다 더 적극적으로 호응하는 농식품 공급지가 바로 농민시장이라는 점은 농민시장의 지속가능성을 뒷받침하는 중요한 경제적 측면이다. 특히 농민시장 관계자들의 바람처럼 농민시장 고유의 신선하고 건강한 지역산 먹거리에 대한 소비자 수요가 계속 존재하고 또 더 늘어난다면, 영국 농민시장의 지속가능성은 그만큼 더 커질 것으로 보인다.[26]

영국 농민시장의 지속가능성에 대한 긍정적 전망은 이 시장의 소비자와 생산자 특성에서도 발견할 수 있다.

소비자 특성의 측면에서 먼저 살펴보면, 그 가능성은 상당수의 소비자가 지역 주민이라는 점에서 찾을 수 있다. 즉, 이들의 특성은 장이 열릴 때마다 거의 매번 방문해서 장을 보는 이른바 '단골'이라는 점[27]이다. 이것은 생산자의 지속적인 참여를 유도하는 요인으로 바로 연결된다. 생산자 입장에서 단골의 존재는 이들에게 파는 생산물의 전부 또는 일정 부분을 계획에 따라 생산, 공급할 수 있고, 그로 인해 영농의 안정성과 지속가능성을 도모할 수 있음을 의미하기 때문이다. 또 견고한 단골층이 형성된 시장이라는 점은 생산자가 언제나 최상의 생산물로 소비자의 신뢰에 보답하려 노력하게 된다는 의미를 내포한다. 단골의 재방문과 구매를 유도하기 위해서는 가능한 한 최고 품질의 생산물을 제공하려는 노력이 수반되어야 하는 것은 당연하기 때문이다. 소비자가 생산자와 생산물을 믿고 찾아와 구매하고 생산자는 더 나은 먹거리를 생산해서 제공하고자 애쓰는 일련의 순환 과정은 농민시장의 독특한 성격 형성으로 귀착된다.[28] 그러한 생산자와 소비자 간의 지속적인 상호작용 과정에서 농민시장에는 사회적 자본이 형성·축적되고, 사회적 배태성의 특성 또한 강화되는 것이다. 농민시장에서의 반복된 거래 경험을 통해 무엇이든 믿고 살 수 있는 곳으로서의 농민시장이라는 이미지가 확고해질수록 시장 자체에 대한 소비자 신뢰는 더욱 깊어진다. 궂은 날씨에도 개의치 않고 시장을 찾는 충직한 고객이 되는 것이다. 요컨대, 주로 단골을 상대로 하는 '동네 장사'라는 '틈새시장'으로서 농민시장의 특징이 농민시장을 사회적 자본과 사회적 배태성을 내포한 공간으로 자리 잡게 함과 동시에 지속가능성의 개연성을 높여준다고 볼 수 있다.

   소비자 측면에서 영국 농민시장의 지속가능성을 밝게 전망할 수 있게 해주는 또 다른 근거는 이들이 농민시장을 자신의 일상과 긴밀하게 연계된 공간으로 생각한다는 점이다. 소비자들은 농민시장을 기본적으로 양질의 지역산 먹거리를 구매할 수 있는 장소라고 생각한다. 하지만 지역 주민으로서 소비자들은 농민시장을 쇼핑 장소로서의 의미 못지않게 가족 나들이 겸 가볍게 점심을 들면서 주말을 즐기는 장소로서의 의미를 중시한다. 주말마다 농민시장에 와 장을 보면서 가족이나 지인과 휴식을 취하는 것이 습관처럼 주말의 일상이 된 지역 주민이 많다. 심지어 장을 보기보다는 활기차게 시장통을 오가며 사람과 판매용 먹거리를 구경한다거나 친구와의 만남 그 자체를 위해 시장을 찾는 이들도 적지 않다. 이런 점들은 적어도 농민시장의 단골 주민들에게는 농민시장이 단순한 경제적 시장이 아니라 지역 주민의 일상에 녹아든 공동체적 삶의 일부가 되었음을 의미한다. 이는 소비자 또한 농민시장에서 현대사회의 위기 타개에 필수적인 신뢰와 공동체적 공간의 가치를 은연중 새롭게 발굴하고 있음을 시사한다. 따라서 이런 점은 농민시장의 지속가능성을 고무적으로 바라볼 수 있게 해주는 중요한 한 측면이라고 볼 수 있다.

소비자들이 장을 보러 오거나 가족 나들이를 올 때 자녀들을 데리고 함께 온다는 점도 농민시장의 미래 측면에서 곱씹어볼 만한 부분이다. 농민시장을 둘러보면 부모의 품에 안긴 갓난아이도 있지만 부모의 손을 잡고 신이 나서 이곳저곳 정신없이 구경하며 다니는 어린아이들이 심심찮게 눈에 띈다. 또 물건을 사면서 자녀에게 이것저것 내용을 설명하는 부모의 모습도 볼 수 있다.[29] 어린아이들이 농민시장에서 구체적으로 어떤 것을 보고 느낄지, 또 부모의 설명을 얼마나 이해하는지는 알 수 없다. 하지만 부모와 함께 농민시장을 다니면서 뭔가 보거나 얘기를 들었던 어린아이들은 농민시장을 친근한 공간으로 기억할 것이고, 성인이 되어서도 언제든 신규 고객으로 시장을 다시 찾을 공산이 크다. 농민시장에서는 친구들과 함께 와서 구경하며 돌아다니는 청소년들도 보인다. 이런 모습들은 농민시장이 미래 세대를 위한 먹거리 사회화 공간으로서의 의미 또한 내포하고 있음을 뜻한다.

그러면, 농민시장의 지속가능성에 청신호로 간주할 만한 생산자 측면의 특성으로는 어떤 것들이 있을까?

이 맥락에서 가장 중요한 변수는 농민시장의 기축이라고 할 수 있는 판매인의 직업정체성일 것이다. 이번 현지조사에 의하면, 영국 농민시장에 참여하는 농민 중에는 일반 농민과는 다른 배경과 사고방식을 가진 이들이 많았다. 예컨대, 에든버러 농민시장에서 만났던 여성 판매인의 경우처럼, 대학에서 농업과 관련된 분야의 공부를 마친 후 친환경 영농과 먹거리의 공급에 대한 문제의식을 갖고 직접 영농 활동에 뛰어든 고학력자도 있었다. 또 고소득의 전문직을 접고 친환경 먹거리의 생산과 가공식품의 제조 및 판매를 통해 자신의 미래를 새롭게 개척해 가기 위해 투신한 이들도 볼 수 있었다.

> 저는 의료 분야에 종사했었습니다. 의사 일을 하다 이 일을 위해 포기하고 전직했습니다. (농민 판매인 E1)

이 판매인과의 대화 중 나온 전직 얘기에 저자도 처음에는 잘못 들은 게 아닌지 의아스러웠다. 전혀 예상치 못한 배경의 판매인이었기 때문이다(농민 판매인 E1). 당시 여성 판매인은 농사와 판매를 포함한 다양한 활동을 하면서 시장에서 만나는 고객들과 대화하며 지내는 삶이 즐겁기 때문에 이 일을 하고 있다고 했다. 고소득 직종인 정보기술 소프트웨어 전문가로 일하다 회의감이 들어 자신이 좋아하는 일을 찾아 마침내 행복한 농부의 길을 걷게 되었다고 얘기하던 인상적인 판매인(농민 판매인 E3)도 있었다.

농민이라는 직업을 천직으로 여긴다는 얘기도 많이 들을 수 있었다. 그중 한 토막이다(김원동, 2021a: 420).

(농민이라는 점에) 만족합니다. … 저는 늘 농민이 되려고 생각했어요. … 다른 일은 해본 적도 없습니다. … 직장을 다니는 것과는 다릅니다. … 이것은 직업이 아니라 아내와 같은 것입니다. (농민 판매인 E7)

이러한 예시들에서 보듯, 농민시장 참여 농민들이 명확한 직업정체성과 자부심을 갖고 있고 자신의 직업에 매우 만족해한다는 사실은 영국 농민시장의 지속가능성에 기대를 걸게 하는 중요한 대목이다.

생산자 측면과 관련된 농민시장의 기능이라는 관점에서 농민시장의 지속가능성을 낙관하게 해주는 또 다른 근거는 판매 물품의 중요한 '시험대test bed'이자 '홍보의 장場'으로서의 기능을 수행하는 곳이 농민시장이라는 점이다. 이번 현지조사에서 파악한 바와 같이, 농민시장의 이러한 기능은 공동체지원농업을 주로 하면서 농민시장에 부분적으로 참여하는 판매인들에게 특히 더 의미가 있었다. 주된 고객이 공동체지원농업 회원인 농가의 경우에 농민시장은 회원들에게 보낼 생산물에 대한 반응을 거래 과정에서 수시로 직접 확인하고, 신규 회원 유치 홍보를 할 수 있는 공간이기 때문이다. 농민시장이 생산물에 대한 소비자 평가의 시험대가 되고, 추가적인 수요 창출의 경로가 된다면,[30] 더 많은 생산자가 농민시장에 매력을 느끼고 참여할 여지가 생기리라는 것은 충분히 짐작할 수 있다. 농민시장이 수행하는 이런 측면에서의 기능이 활성화되고 더 많은 생산자에게 알려진다면, 기존 판매인의 지속적인 시장 참여는 물론이고 새로운 판매인의 유입으로 농민시장의 지속가능성을 강화하는 데 도움이 될 것으로 보인다.

한 가지 경계하고 싶은 것은 이러한 긍정적 방향의 전망을 영국 농민시장에 대한 미화나 낭만적 묘사의 의도를 내포한 것으로 오해하지 말았으면 한다는 점이다. 저자의 주장은 위와 같은 근거들이 영국 농민시장의 지속가능성을 확실하게 보장해줄 수 있다고 단언하는 것도 아니다. 앞서 지적했듯, 영국 농민시장에는 소비자의 확장성에 걸림돌이 되는 비싼 생산물 가격, 물량과 다양성의 부족, 시장 홍보 부족 같은 단기간에 쉽게 해결하기는 어려운 내부 과제들이 있다. 또 농민시장의 기반인 친환경 먹거리가 전체 먹거리의 수요를 과연 얼마나 충족시킬 수 있을 것인가 하는 근본적인 회의도 잠복해 있다. 이러한 표면적·잠재적 문제점들을 충분히 인지하고 있음에도 불구하고, 앞서 논의에서 농민시장의 이상적인 강점들에 초점을 두었던 것은 나름 이유가 있다. 그것은 농민시장의 지속가능성을 긍정적으로 전망할 만한 잠재적 요인들이 영국 농민시장의 내부에 분명히 작동하고 있음을 먼저 알 필요가 있다고 보았기 때문이다.

이 말은 곧 시장 외부로 눈을 돌려보면, 앞서 언급한 문제점들의 해소를 위해 영국 농민시장이 적극적으로 대처해야 할 외적 변수들 또한 만만치 않음을 의미한다. 영국의 농민시장 현지에서 만났던 피면접자 중에도 이런 우려 사항을 얘기하는 이들이 적지 않았음은 물론이다. 농민시장의 증가에 따른 농민시장 간의 과열 경쟁, 슈퍼마켓 같은 대형마트와의 경쟁[31], 브렉시트에 따른 농가보조금 문제와 농업노동력 충원의 어려움, 영국 정부의 부진한 친환경농업 육성 정책, 농민시장에 대한 지역 주민들의 관심 부족 등은 여러 농민시장의 피면접자들이 현안으로 자주 거론했던 것들이다.

이번 연구에서 나온 얘기는 아니지만 잦아진 이상기후, 지구 온난화로 인한 지역별 작물 재배 환경의 변화, 스마트 농업, 강대국들의 식량 자원 무기화, 자국 중심주의와 국가 간의 불평등 심화, 미래 인구 증가와 식량, 식량의 권역별·국가별 불균형처럼 개별 국가를 넘어 국제적 차원에서 긴밀하게 협력해야 할 거시적인 문제들도 있다. 이러한 문제들에 대한 초국가적 대처가 어떻게 전개될 것인가 등도 영국 농민시장의 지속가능성에 어떤 식으로든 크고 작은 영향을 미칠 것이다.

영국 농민시장의 지속가능성을 위해 농민시장을 둘러싼 현안과 거시적이고 국제적인 과제들을 단시일 내에 모두 해결할 수는 없다. 다만 여기서 강조하려는 것은 영국 농민시장의 지속가능성 확보를 위한 과제들이 맞물려 있고, 다층적인 구조적 접근이 필요함을 인식해야 한다는 점이다. 예컨대, 농민시장 증가로 경쟁 과열 현상이 나타난다고 해서 이를 농민시장의 증가세가 문제라는 식으로 접근하는 것은 단편적이고 왜곡된 진단일 수 있다는 얘기다. 이 경우에는 지역 내에 친환경 의식을 가진 먹거리 시민의 부족, 지역 내 소득 격차, 저소득층을 위한 양질의 먹거리 공급 프로그램의 부족 등이 더 근본적인 원인일 수 있다. 지역 내 먹거리 시민의 부족으로 농민시장의 증가세에 상응하는 소비자 확충이 어렵거나 농민시장의 소비자가 되고 싶어도 경제력이 미치지 못하는 주민이 많거나 저소득층의 농민시장 이용을 후원하는 먹거리 프로그램이 없을 수 있다는 것이다. 이런 현실을 간과하거나 경시한 채 농민시장의 증가로 인한 경쟁 과열 측면에만 매몰되다 보면 진단 자체의 문제로 인해 대응 방향도 왜곡될 수밖에 없다. 이 경우 바람직한 대안의 방향은 먹거리 시민의 확충, 지역 시민 간의 소득 불평등 해소, 저소득층을 포용할 수 있는 먹거리 정책의 수립 같은 쪽으로 맞추어져야 할 것이다.

하지만 이런 개선 방향의 실질적인 추진은 농민시장 측의 노력만으로는 거의 불가능하다. 먹거리 시민교육을 알차고 폭넓게 추진하는 것도, 지역 내 소득 격차 문제를 해결하는 것도, 또 저소득층 대상의 먹거리 정책의 수립하는 것도 모두 지역사회 수준에서의 적극적인 공조 없이는 구현될 수 없기 때문이다. 예컨대, 이중 농민시장이 먹거리 시민교육에 나선다고 하더라도 지역 소재 대학의 연구자, 먹거리 관련 지역 시민단체, 초중등학교, 교육행정기관, 지방자치단체 등과 어떤 식으로든 연대해 프로그램을 기획하고 장기적으로 진행해야 그나마 어느 정도 효과를 기대할 수 있을 것이다.[32] 이런 점에서 영국 농민시장의 지속가능성을 위해서는 서로 연관된 많은 저해 요인을 지역의 다양한 관련 기관과의 협력과 연대의 틀 아래 단편적 수준에서가 아니라 체계적이고 종합적인 기획 아래 중장기적으로 해소해갈 필요가 있다.

서로 뒤엉켜 있는 복합적인 내적·외적 변수들로 인해 적어도 현시점에서는 농민시장의 지속가능성에 대한 우려의 시선 또한 긍정적 전망 못지않게 도드라져 있다는 점에 주목해야 한다는 점도 여기서는 환기하고자 한다. 이는 곧 영국사회 전체가 아직 브렉시트 이후의 길을 탐지해가는 일종의 적응기라고도 볼 수 있는 시점이기 때문에 농민시장의 미래도 긍정적 잠재력이든 위협요인이든 어느 한쪽에 기대어 쉽게 단언할 수는 없다는 의미이기도 하다. 요컨대, 영국 농민시장의 향후 지속가능성은 시장 내부의 긍정적·부정적 잠재력과 농민시장에도 미칠 외부의 거시적·구조적 요인들이 어떤 역학 관계 속에서 어떻게 전개되느냐에 따라 크게 달라질 것으로 전망된다.

10장
한국사회와 농민시장에 주는 영국 농민시장의 함의

　이 연구의 목적은 영국 농민시장의 실태와 특징을 사회학적으로 탐색하는 데 있다. 하지만 미국 농민시장 연구를 잇는 이번 영국 농민시장 연구 또한 우리 사회와 농민시장에 무언가 유익한 시사점을 얻고자 하는 장기적 비전 아래 기획되었다. 따라서 이 연구의 마지막 장에서는 간략하게나마 우리 사회와 한국 농민시장에 도움이 될 만한 영국 농민시장의 함의에 대해 생각해보고자 한다. 여기서 '간략하게나마'라는 단서를 붙인 것은 두 가지 이유 때문이다. 앞서 언급했듯, 이 연구의 주된 연구 대상은 영국 농민시장 그 자체라는 게 그 첫 번째 이유다. 본문에서 충분히 다루지 않은 한국사회나 한국 농민시장과의 연계성을 연구 끝부분에서 길게 늘어놓는 것은 오히려 논지의 설득력을 떨어뜨릴 수 있다는 것이다. 또 다른 이유는 한국 농민시장에 관한 학술적 연구가 아직 미진한 상태라고 판단되기 때문이다. 한국 농민시장에 관한 연구 성과가 제대로 축적되어 있지 않은 상황에서 외국 사례의 함의를 무차별적으로 적용한다면 무리가 생길 수 있다. 한국 사례의 부족한 점들이 선행연구를 통해 제대로 정리되어 있어야 빠진 점이나 개선할 사항에 대한 아이디어를 외국 사례로부터 벌충할 수 있을 것이기 때문이다. 여기서는 이런 분명한 한계를 전제로 이번 영국 농민시장 연구에서 확인한 주요 분석 결과들이 우리의 농민시장과 한국사회 전반에 주는 함의를 짚어보려 한다.

1. 지역먹거리체계의 구축을 지향하는 공간

영국 농민시장에서 만난 농민들은 브렉시트 국면에서도 자신들의 생산물 판매는 별다른 영향을 받지 않을 것이라고 했다. 그 이유는 자신들의 거래가 주로 지역 소비자를 대상으로 하기 때문이라는 것이었다. 이런 자체 진단과 희망 섞인 전망은 여러 의미를 함축하는 것으로 보인다.

우선, 지역 소비자를 상대하는 지역공동체 시장이 바로 농민시장이라는 인식을 들 수 있다. 농민시장의 판매인 가운데 상당수는 자신의 생산물을 농민시장 이외의 매장이나 수출보다는 농민시장에서 소화하기 때문에 브렉시트와 같은 외부 변수로 인한 피해는 그렇게 클 것으로 생각하지 않았다. 자신의 주된 판로가 농민시장이기 때문에 앞으로도 큰 영향을 받지 않을 것이라는 생각의 저변에는 지역 소비자, 특히 단골이 자신의 가게와 생산물을 계속 찾아줄 것이라는 믿음이 깔려 있었다.

단골에 대한 이런 신뢰는 자신의 영농 활동과 생산물에 대한 농민시장 참여 농민들의 자부심과도 깊은 관련이 있다. 대개 소규모 가족농인 이들은 영국 국민 전체가 아니라 자신들과 함께 살아가고 있는 자기 지역의 소비자들에게 자신이 직접 생산한 건강한 먹거리를 제공한다는 데서 자부심을 느낀다. 소비자들도 그런 자신의 마음과 정성을 잘 알기 때문에 단골이 된 것이고, 계속 그럴 것이라고 이들은 믿는다. 실제로 소비자들의 현장 반응에서도 이런 점에 대한 공감대가 확충되어 있음을 충분히 느낄 수 있었다. 농민시장의 판매인과 소비자들은 그들 사이에 형성되어 있는 견고한 상호 신뢰와 끈끈한 연대감을 누차 확인해주었기 때문이다.

그렇다고 해서, 이를 근거로 영국 농민시장이 향후 양적·질적으로 성장할 것이라는 식의 결론을 내릴 수는 없다. 앞서 언급한 바와 같이 현 상황에서도 영국 농민시장이 풀어야 할 과제들이 적지 않기 때문이다. 특히 브렉시트 이전 시기에 보여주었던 영국 정부의 농업정책에 준거해 전망한다면, 영국 정부가 앞으로 농민시장의 지속가능성을 정책적으로 잘 뒷받침할 수 있을지에 대해서는 의구심을 떨치기 어렵다. 그동안 영국 정부는 먹거리 생산과 '먹거리 보장food security'을 '시장 자유화market liberalisation'와 '위험관리risk management'를 통해 얼마든지 해결할 수 있는 '탄력성 있는 지구적 차원의 문제'로 인식해 왔다(Kirwan and Maye, 2013). 다시 말해, 영국 정부의 정책 기조는 먹거리 문제를 먹거리의 자급률 제고 대신 '산업화'와 '지구화' 차원에서 바라보는 것이었기 때문에 1990년대 이후 지역먹거리에 관한 관심이 커지고 있음에도 불구하고 농민시장을 비롯한 지역먹거리체계 같은 문제를 계속 열외로 취급해온 것이다(Kirwan, 2004; Kirwan and Maye, 2013). 자국산 먹거리의 지속적인 공급 확대를 통해 먹거리 보장에 기여할 수 있는 지역먹거리체계의 구축이 먹거리 수입국[1]인 영국 정부가 취해야 할 장기적인 정책 처방 중 하나임을 인지하고, 이를 농정의 기본 틀 속에 적극 반영해야 한다고 보는 것은 이 때문이다(Kirwan and Maye, 2013). 브렉시트라는 새로운 국면의 전개는 그 필요성에 절박함을 더해준다.[2]

이와 같이 정부의 정책적 뒷받침이 절실한 것도 사실이지만 지금까지의 추이에 비추어볼 때, 영국 농민시장은 자체의 저력만으로도 브렉시트 이후 국면에서 적어도 당분간 지역 소비자들의 먹거리 수요를 일정 부분 소화하는 지역공동체 시장으로 기능할 것으로 보인다. 영국 농민시장은 무엇보다 지역 생산자와 소비자 간의 신뢰에 토대를 둔 지역 먹거리공동체로서의 위상을 이미 확보한 것으로 보이기 때문이다.

농민시장의 판매인과 농민시장에 대한 소비자의 확고한 신뢰는 기본적으로 농민시장에서 거래되는 먹거리의 질적 특성에서 비롯된다. 친환경농법으로 재배하거나 사육한 농축산물, 그리고 지역산 식재료를 이용해 만든 가공식품, 다시 말해 질적으로 우수하고 건강에 좋은 친환경 지역산 먹거리를 소비자에게 직접 공급함으로써 소비자의 신뢰를 얻은 것이다. 이런 생산 및 판매 방식이 사회적·공간적·자연적 배태성을 농민시장의 구조적 특징으로 뿌리내리게 했고, 그러한 구조적 요인이 다시 농민시장의 생산물에 대한 소비자의 신뢰를 더 두텁게 만들었으며 생산자 또한 소비자의 신뢰에 호응하고자 더욱 노력하는 선순환 관계를 형성하게 했던 것이다. 결국 소비자의 신뢰와 공동체의식이 영국 농민시장의 특징으로 자리 잡게 된 것은 신선한 양질의 친환경 먹거리를 선호하는 농민시장 소비자들의 기대를 판매인들이 충족시켰기 때문이다. 지금까지의 논의를 '먹거리체계food system'의 관점에서 다

시 정리하면, 영국의 지역먹거리체계의 구축을 지향해온 중요한 거점이 바로 농민시장이라는 것이다.[3]

영국보다 식량자급률이 더 낮아서 갈수록 먹거리 보장 문제로 시달릴 개연성이 높은 우리로서는 영국 농민시장이 지역먹거리체계의 중심 역할을 하고 있다는 점에 주목할 필요가 있다.[4] 우선 이제부터라도 국내에서 자급이 가능한 품목은 중장기 계획을 수립해 육성하는 것을 농정의 기본 방향으로 설정해야 한다. 이러한 기조 아래 지역 소생산자와 영농 및 기후 여건 등을 종합적으로 고려하는 가운데 농민시장의 권역별 육성을 통한 지역먹거리체계의 구축을 전략적으로 적극 검토했으면 한다. 판로가 될 만한 소비 배후지가 있는 곳들을 물색해서 시작해보는 것도 좋은 방법이 될 것 같다. 물론 준비와 실행 과정 전반에 걸쳐 지역 농민뿐만 아니라 농업 관련 조직, 지역 언론사, 지방자치단체 및 정부 등과의 협력과 공조 방안을 반드시 마련해야 할 것이다(김원동, 2017a, 2018b). 우리나라 농민의 상당수가 고령층임을 감안할 때, 농민들의 자발적 움직임과 조직화만을 주장하는 것은 너무나 막연하고 실효성이 없다고 판단되기 때문이다. 게다가, 소비자 또한 대형마트와 중소 슈퍼마켓에서의 소비에 이미 너무나 익숙해져 있기 때문에 초기 단계에서는 지자체나 지역 언론사 등에서 농민시장을 효과적으로 홍보해주는 것도 중요하다.[5] 요컨대 영국과는 다른 우리의 지역별 특성과 생산자 및 소비자 환경을 충분히 염두에 둔 농민시장 육성 전략을 강구하고, 이에 기반한 포괄적인 지역먹거리체계의 구축이 요구됨을 영국 농민시장 사례는 우리에게 시사해준다.

2. 온라인에서도 언제든 쉽게 만날 수 있는 공간

영국의 농민시장에서 만난 소비자들에게 주변 지인들도 이 시장을 잘 아는지, 또 시장을 자주 찾는 것 같은지 묻곤 했다. 그럴 때마다 들었던 답변은 대부분 "지인들이 이 시장을 잘 모른다."는 것이었다. 소비자나 판매인이 농민시장의 활성화 방안으로 종종 홍보의 필요성을 언급했던 것도 그래서였다.

농민시장 홍보가 부족하다는 지적에도 불구하고, 저자의 점검에 의하면 온라인을 통한 홍보는 의외로 잘되고 있다는 느낌이 드는 곳이 많았다. 이를테면, 영국 최초의 농민시장인 배스 농민시장은 홈페이지에 시장 소개(개장 일시, 주소, 위치 지도, 연혁, 농민시장의 의미 등), 판매인 정보(판매인의 웹사이트, 가게 연혁, 판매인 얼굴과 생산물 사진 등), 시장 참여 지원서 양식, 시장 운영 규칙, 시장 관계자 접촉 방법 등을 일목요연하게 게시하고 있다. 페이스북과 인스타그램을 통한 소개와 홍보도 이루어지고 있다. 배스 농민시장의 홈페이지가 비교적 간명한 편이라고 한다면, 공동체 성장 농민시장 홈페이지는 풍부한 정보를 담고 있고 구성도 매우 체계적이다. 배스 농민시장처럼 시장과 판매인에 대한 정보는 물론이고 페이스북, 인스타그램, 엑스, 유튜브 같은 소셜 네트워킹 서비스를 적극 활용하고 있다. 2010년부터 최근 2023년까지의 연차 보고서가 모두 올라와 있어 농민시장뿐만 아니라 시장 운영 기관의 또 다른 주력 사업인 공동체지원농업의 연차별 동향까지 홈페이지를 통해 누구나 쉽게 접근해 파악할 수 있다.

우리나라의 농민시장을 포털에서 검색하면, 정보가 충분하거나 잘 운영되는 농민시장 홈페이지를 거의 찾아볼 수 없다. 이것은 물론 농민시장의 전국 현황마저 제대로 정리해서 소개하는 기관이 없고, 영국 농민시장과 같은 의미의 농민시장 자체가 거의 없기 때문일 것이다. 어느 지역에서나 장을 보는 게 주된 목적일 경우, 소비자들은 대형마트와 집 주변의 중소형 마트를 이용한다. 가족이 나들이 겸 장도 보고 주말의 한나절을 보내거나 지인들과 만나 식사하며 담소를 즐기고 싶으면 인근의 대형 복합 쇼핑몰로 몰려간다. 영국 농민시장처럼 자신의 여러 욕구를 충족시킬 복합적인 사회적 공간이 달리 떠오르지 않기 때문이다. 사정이 이렇다 보니 대형 몰 근처는 주말이나 휴일마다 교통 혼잡으로 차가 도로 위에 줄을 서고, 건물 내부는 상당한 규모임에도 넘치는 인파로 북적인다. 이런 현상은 주민들의 경제적·사회문화적 욕구를 동시에 충족시켜줄 만한 공동체적 공간을 그만큼 지역사회 곳곳에서 발견하기 어렵기 때문에 발생하는 현상이라고 볼 수도 있다.

그나마 잘 알려진 농민시장으로 눈을 돌려봐도 영국 농민시장과 같은 기능이 제대로 작동되고 있다고 보기 어려운 게 현실이다. 예컨대 원주 농민시장은 우리나라의 대표적인 농민시장이지만, 현장에서 만나본 이들은 시장의 지속가능성에 대해 회의적이었다(김원동, 2023a, 2023b). 그 근거는 참여 농민의 고령화와 점진적 감소, 농업 채산성의 악화, 영농 후속세대의 단절 위기, 시장 홍보의 부족 등 매우 다양했다.[6] 이는 곧 기존 농민시장의 활성화와 신규 농민시장의 설립이 이루어지려면 농민시장 그 자체보다 한국 농업이 안고 있는 구조적 장애요인들에 대한 획기적인 정책 대안의 마련이 선행되어야 함을 일깨워준다. 이 같은 선결 전제가 있음에도, 영국 농민시장 사례는 농민시장이 제 기능을 발휘하기 위해서는 다양한 계층의 지역 구성원들이 언제든 접근할 수 있는 내실 있는 온라인 공간의 확보가 절실히 요구됨을 시사한다. 하지만 한국 농민시장 참여 농민의 대다수가 영국 농민보다 더 고령층인 게 현실인 상황에서 그러한 작업을 농민시장의 자구적 노력으로 해결하라고 한다면, 그 실효성을 역시 기대하기는 어렵다. 앞서 언급한 것과 마찬가지로 지역사회의 협조가 절대적이라는 얘기다. 이를테면, 지역 대학, 지역 언론사, 시민단체, 지방자치단체 등이 힘을 모아 농민시장의 고객이 될 수 있는 지역의 먹거리 시민을 육성하려는 장기적 처방과 더불어 시장을 적극적으로 알릴 수 있는 중단기적 방안을 찾아야 한다(김원동, 2023b: 171-173). 특히 컴퓨터에 밝은 대학생이나 시민단체의 봉사자들이 소셜 네트워킹 서비스를 비롯한 시장의 홈페이지 제작과 운영에 자발적으로 동참해준다면, 시장 홍보와 활성화에 크게 도움이 될 것이다.

  기술적, 소비환경적 여건은 어쩌면 우리가 영국보다 더 낫다고 볼 수도 있다. 영국 소비자들은 뜻밖에도 먹거리에 그렇게 관심이 많지 않다. 실제로 잉글랜드, 웨일스 및 북아일랜드의 주민을 대상으로 2022년 10월부터 2023년 1월 사이에 실시된 한 조사에 의하면(UK DEFRA, 2024c), 응답자의 82%가 자신이 먹는 먹거리에 관해 관심이 없는 것으로 나타났다. 먹거리에 대한 영국인들의 관심이 이렇게 저조하다면, 이런 와중에 농민시장을 찾는 고객들은 먹거리에 정말 관심과 애정이 있는 소비자라고 봐야 할 것이다. 이런 영국에 비해 우리 사회에서는 지상파, 종편, 유튜브 가릴 것 없이 각종 언론매체에서 이른바 '먹방', '맛집', '여행지' 프로그램이 넘쳐난다. 이런 현실에서 매력 있는 지역산 식재료와 가공식품 및 구경거리를 갖춘 가볼 만한 명소[7]로 지역별 농민시장이 유명세를 타기 시작한다면, 지역 주민은 물론이고 관광객까지 유치하는 상당한 효과를 기대할 수 있을 것이다.

세계적인 인터넷 강국임을 자랑할 정도로 정보통신기술의 진화에 힘입어 온라인 소통이 매우 활발한 우리 정보사회적·문화적 환경[8]은 잘만 활용하면, 농민시장의 활성화에 매우 유리한 사회적 기반이 될 수 있다. 소비자들에게 온라인 매체들을 통해 유익한 농민시장 정보를 제공할 뿐만 아니라 방문객의 농민시장 방문 소감, 구매 및 시식 먹거리에 대한 품평을 비롯한 다양한 주제로 양방향 소통을 활발하게 펼칠 수 있기 때문이다. 또 이렇게 농민시장을 중심으로 온라인에서 만나고 소통하는 네티즌이 많아지면, 오프라인 농민시장으로 발걸음을 옮기는 소비자 또한 점차 늘게 될 것이다. 요컨대, 기존의 농민시장 참여자와 미래의 잠재적 소비자가 한국의 온라인 농민시장에서 언제든 쉽게 만날 수 있는 기반을 구축하는 과정에서 영국 주요 농민시장의 홈페이지와 관련 인스타그램, 페이스북, 유튜브 등이 요긴한 참고 자원으로 활용될 수 있음을 기억할 필요가 있다.

3. 포퓰리즘과 양극화 위기에 대응하는 지역공동체 통합의 공간

공동체의 관점에서 보면, 영국 농민시장 연구는 농민시장이 공동체 해체 위기 시대에 지역 구성원 간의 심각한 갈등을 해소하고 공동체의식에 기반한 사회통합에 일조할 수 있다는 함의를 보여준다.

앞서 언급했듯, 농민시장에서의 거래 과정에서 판매인과 소비자는 서로를 상생에 절대적으로 필요한 소중한 주체로 인정한다. 먼저 생산자 입장에서 생각하면, 농민시장을 방문해 판매인의 생산물을 꾸준히 사주는 소비자가 있어야 그러한 수요를 상정하고 지속적인 생산과 판매 활동을 이어갈 수 있다. 특히 생산의 안정성을 위해서는 소비자도 그저 일시적이 아닌 단골 수준의 소비자가 다수여야 수요 예측 또한 더 정밀해질 수 있다. 경제적 거래가 이루어지는 모든 부문에 적용되는 것이겠지만 농민시장과 연계된 농축산물과 가공식품 영역에서도 생산 활동 못지않게 중요한 것은 판로이기 때문이다. 소비자 입장에서도 농민시장의 판매인은 고마운 존재가 아닐 수 없다. 자신들의 생활 터전 인근에서 신선하고 건강에 좋은 먹거리를 생산해 정기적으로 공급하는 사람이 바로 이들이기 때문이다. 농민시장 참여 판매인이 있음으로 해서 소비자가 얻는 경제적 혜택도 무시할 수 없다. 직거래 방식이라 유통비용이 빠짐으로 인해 농민시장에 나오는 생산물은 품질 대비 가성비가 높기 때문이다. 결국 기능적 필요성의 측면에서 바라봐도 판매인과 소비자는 서로에게 요긴하고 고마운 실체일 수밖에 없다.

게다가 농민시장은 양질의 친환경 먹거리와 경제적 거래의 호혜성 및 그로 인한 기능적 상호의존과 존중의 정신만 작동하는 공간이 아니다. 누차 언급했듯, 농민시장은 가족과 지인들이 만나 교류하는 사회적 공간이기도 하다. 농민시장을 지역의 행위 주체들이 상호작용하면서 서로에 대한 이해와 인정의 깊이를 더해가는 공간이라고 부르는 것도 이 때문이다.[9] 말하자면 지역산 먹거리를 중심으로 한 경제적 거래의 필요성에서 출발한 농민시장에 가족의 주말 나들이 장소이자 지인들의 만남의 장소로서의 의미가 시장의 진화 과정에서 추가된 셈이다. 이는 농민시장이 단순한 경제적 시장이 아니라 먹거리 거래와 더불어 또 다른 독특한 사회적 기능을 수행하는 공간이 되었음을 의미한다. 다시 말해, 농민시장은 가족이나 지인 같은 소집단 구성원이 함께하고 싶은 장소가 되었기 때문에 결과적으로 가족을 포함한 지역 주민들 간의 결속과 화합을 다지는 정례적 공간으로서의 사회적 기능을 수행하고 있는 것이다.[10]

이것은 곧 농민시장이 공동체 위기의 시대를 헤쳐가는 데 필요한 지역공동체 통합의 공간으로 성장할 잠재력을 지니고 있음을 시사하는 것이기도 하다. 심지어 최근의 현실이 공동체 해체의 위기까지 공공연하게 거론되는 실정이라는 점에서 보면, 농민시장은 눈길이 가는 공간이 아닐 수 없다. 최근의 시대적 환경에서 '상호 인정'과 '존중'[11]의 정신을 배양하기에 이만한 공간을 찾기는 어려워 보이기 때문이다. 특히 상대방을 짓밟고 제거해야 할 적으로 간주하고 정상적인 사회적 관계에서 아예 배제하려는 포퓰리즘이나 계층 갈등과 적대감을 끊임없이 부추기는 양극화의 심화로 인해 전 세계가 몸살을 앓고 있음을 상기한다면, 이는 더 말할 나위도 없다. 한국사회 또한 이 반경에서 크게 벗어나 있지 않다.

이 같은 시대적 상황과 절실함에 비추어볼 때, 인간 생존을 위해 하루도 건너뛸 수 없는 먹거리를 놓고 거래 당사자인 생산자와 소비자가 서로를 전적으로 믿고 의지할 수 있는 공간이 농민시장이라면 이곳이 희망의 불씨가 될 수도 있지 않을까? 물론 그렇다고 해서 영국 농민시장을 경제적 시장이 아니라 인간적 신뢰와 온정으로 가득 찬 시장이라고 예찬하거나 그러한 농민시장만으로 포퓰리즘과 양극화 같은 거대한 위협요인을 극복할 수 있으리라 기대하는 것은 아니다. 그럼에도 농민시장이 오늘날의 공동체 위기에 대처하는 작지만 의미 있는 출발점이 될 수 있다고 보는 근거는 영국 농민시장에서 일상 친화적인 다양한 공동체의 형성을 발견할 수 있었기 때문이다. 영국 농민시장에 내재되어 있는 공동체적 가치와 행동양식이 무엇보다 우리의 일상적 먹거리 영역에서 발원한 것이라는 사실의 함의에 주목할 필요가 있다는 얘기다. 농민시장에서 자연스럽게 이루어지는 그와 같은 상호작용이 확대재생산되고 다른 영역으로 점차 확산된다면, 일종의 사회적 공유자산으로 뿌리를 내리게 되고, 결과적으로 공동체의 통합과 지속가능성을 높일 것이기 때문이다. 양극화의 심화와 포퓰리즘의 준동이 우려되는 오늘의 현실에서 영국 농민시장에 배태된 지역공동체 통합의 함의는 우리도 심도 있게 음미해볼 가치가 있어 보인다.

4. 신뢰사회의 토대적 공간

영국 농민시장에서 확인되는 사회적·공간적·자연적 배태성에는 그 각각의 특징을 뒷받침하는 핵심적 구성요소가 있지만 그 저변의 공통된 뿌리는 '신뢰'라고 할 수 있다. 물론 신뢰는 위의 세 가지 배태성 중에서도 사회적 배태성과 각별한 관련이 있다. 그럼에도 여기서 신뢰를 공통분모로 다시 강조하는 이유는 공간적 배태성과 자연적 배태성에도 조금씩 다른 각도에서 바라본 신뢰의 의미가 함축되어 있다고 보기 때문이다. 예컨대, 소비자는 농민시장에서 판매인이 '지역산'이라고 내놓는 생산물을 전적으로 그렇게 믿고 구매한다. 공식적인 유기농 인증 표식이 없더라도 판매인이 친환경농법이나 제조 방법에 따라 직접 생산한 것이라고 하면 소비자는 그 얘기를 액면 그대로 믿고 슈퍼마켓보다 다소 비싼 가격이지만 건강에 좋은 먹거리라 생각하고 선선히 지갑을 연다. 판매인 또한 생산과 거래 과정에서 소비자의 그러한 믿음을 저버리지 않는다. 농민시장에서의 오랜 상호작용 과정이 판매인과 소비자 사이의 관계를 신뢰의 끈으로 확실하게 묶어주었기 때문에 가능한 일이다. 이러한 사회적 관계가 전국의 영국 농민시장에서 거의 매주 반복적으로 이루어진다. 다시 말해, 먹거리와 농민에 대한 소비자의 전적인 신뢰, 그리고 장이 설 때마다 듬직한 고객이 자신의 생산물과 가게를 찾을 것이라는 판매인의 확신이 어우러져 작동하는 공간이 바로 영국 농민시장이다. 영국 농민시장에서 신뢰에 기반한 공동체의 현실적 작동과 사회적 확산의 잠재력을 발견하게 되는 것은 이런 맥락에서다. 영국 농민시장이 우리에게 가장 강력하게 시사하는 바도 바로 이 점이라고 할 수 있다.

이를 몇 가지 측면으로 나누어 살펴보면 다음과 같다. 우선, 영국 농민시장의 거래 과정에서는 판매인과 소비자 사이에 상호 인정과 존중에 기초한 합리성이 관철되고 있다는 점이다. 예컨대, 친환경농법에 의해 재배되거나 사육된 농축산물은 관행농법보다 손이 많이 가고, 정성도 비용도 더 투입되기 때문에 이른바 생산 단가가 비쌀 수밖에 없다. 생산자는 신선하고 건강에 좋은 먹거리에 대한 소비자의 선호에 호응하기 위해 힘든 생산 방식을 고수하고, 소비자는 그렇게 해서 출하된 생산물의 가치를 생산자의 수고가 반영된 공정하고 정당한 가격으로 인정하고 화답하며 구매한다. 말하자면, 생산자는 본인의 신념 못지 않게 소비자의 기호를 충족시킬 수 있는 방식으로 생산에 임하고, 소비자는 그 생산물을 적정 가격으로 소비하는 합리적인 경제적 거래 관계가 농민시장에서 이루어지고 있다는 것이다. 앞서 언급했듯, 이러한 합리적 거래 과정의 바탕에는 판매인과 소비자가 서로의 존재 가치를 전적으로 인정하고 존중하는 믿음이 있다.

하지만 무미건조한 경제적 합리성이 농민시장의 거래를 좌우하는 유일한 작동 원리는 아니라는 점에 유의할 필요가 있다. 농민시장의 고객은 기본적으로 양질의 지역산 먹거리를 구하려는 목적으로 시장을 찾는 소비자이기도 하지만 동시에 지역 농민과 영농 활동의 지속가능성을 후원하려는 동기를 가진 먹거리 시민이기 때문이다. 이들은 자신이 사서 먹는 먹거리가 어디에서 어떻게 생산되는지, 또 제철 농산물에는 어떤 것들이 있는지 알고 싶어한다. 그래서 슈퍼마켓에서 상품을 구매할 때처럼, 물건을 고른 뒤 계산하고 말없이 돌아서서 가게 문을 나서는 것이 아니라 시장에서 만난 판매인과 먹거리를 주제로 궁금한 것들에 관해 묻고 대화한다.[12] 단골이 되면, 만날 때마다 서로 안부 인사도 하고 개인적인 얘기도 주고받는다. 그 과정에서 서로에 대해 좀 더 많이 알게 되고 배려하는 마음이 깊어지면서, 생산물과 판매인의 존재 자체를 전적으로 신뢰하는 단계에 이르게 되는 것이다. 결국 앞서 언급한 거래의 경제적 합리성 또한 처음부터 기획되어 관철된 것이라기보다는 상호 존중과 배려 및 신뢰의 태도가 판매인과 소비자를 매개하는 먹거리와 온전히 결합하는 과정에서 서서히 자리를 잡게 된 것이라고 할 수 있다.

영국 농민시장에서 발견되는 신뢰라는 사회적 자본은 우리 사회와 농민시장에 시사하는 바가 적지 않다. 특히 영국 농민시장은 판매인과 소비자가 상생할 수 있는 공동체 시장으로서 기능할 뿐만 아니라 지역공동체의 사회적 자본 강화에 일조할 수 있는 공간이라는 점이 눈길을 끈다. 농민시장도 매우 적고 사회 전반의 신뢰 수준도 상대적으로 취약한 우리 사회[13]의 현실에 비추어보면, 영국 농민시장의 이러한 특징은 어떻게든 접목을 시도해 보게끔 유도하는 매력을 발산하기 때문이다. 그럴싸해 보이는 영국 농민시장의 겉모습만 가져오게 되면, 물론 실패로 끝날 공산이 크다. 이번 영국 농민시장뿐만 아니라 미국 농민시장 연구에서도 드러났듯이, 이들 농민시장을 움직이고 지속시켜온 핵심 소프트웨어는 바로 '신뢰'라는 점을 잊지 말아야 한다(김원동, 2017a: 281-283). 어떻게 해야 농민시장에 신뢰의 씨앗이 뿌려지고 꽃을 피워 갈 수 있을지에 대한 진지한 고민이 한국 농민시장의 설립과 운영 과정에서 반드시 수반되어야 한다는 얘기다.

그렇다면, 농민시장의 구축과 확산이 초기에는 미약하겠지만 우리 사회를 신뢰사회로 나아가게 하는 의미 있는 집단적 시도이자 사회운동이 될 수 있을 것이라는 이 연구의 핵심 주장이 근거로 삼을 수 있는 논리는 어떤 것일까? 이 저술은 공동체 위기 문제를 살펴보는 것으로 시작했다. 고전사회학자에서부터 지난 100여 년에 걸쳐 전개된 미국사회의 구조적 변화를 추적한 퍼트넘의 진단에 이르기까지, 공동체는 사회학의 핵심 탐구 주제 중 하나였다. 퍼트넘은 1950~60년대에 절정에 이르렀던 미국사회의 사회적 자본이 이후 최근까지 계속 하락했음을 입증하고자 했다. 사회적 자본의 부족을 확인한 퍼트넘은 미국인들이 청년을 중심으로 좀 더 다양한 시민사회 단체에 가입하고 상호 접촉 빈도를 늘림으로써 미국사회의 사회적 자본을 확충하고 공동체적 협력과 연대를 강화해야 한다고 역설했다.

그렇다면, 퍼트넘이 이런 주장을 강력하게 설파할 정도로 미국을 포함한 현대사회에 신뢰의 사회적 자본과 공동체적 결속이 빈약한 이유는 무엇일까? 앞서 살펴본 것처럼, 바우만은 개인주의와 소비주의 문화에의 매몰이 현대인으로 하여금 자율적 주체로서 사회적 관계를 형성하고 진득하게 이어가는 것을 어렵게 만들고 있다고 지적했다. 그런가 하면, 로자와 그 동료들은 현대인에게는 개인의 자율성을 추구하면서도 기댈 언덕이 되어줄 공동체를 갈구하는 이중적 심리가 작동하고 있다는 점에 주목했다. 이와 같이 현대인이 직면하고 있는 사회구조적 문제와 공동체적 욕구가 거듭 확인되고 있음에도 이렇다 할 반전의 계기를 찾지 못하고 있다는 것은 이론과 현실을 오가며 좀 더 깊이 생각해보고 시도해봐야 할 뭔가가 숨어 있음을 시사한다. 마르크스의 통찰처럼, 현대 자본주의사회는 모든 것이 상품화된 시장사회로서 자유로운 것 같지만 대다수의 개인은 '경제적 강제'로 인해 결코 자유로울 수 없다.

  이러한 구조적 제약을 수용할 수밖에 없다면, 개인들 간의 사회적 관계에서 공동체성의 공감대를 확보하고 확산해갈 수 있는 사회적 어울림의 장場을 찾아내려는 전략적 사고와 실천이야말로 서둘러야 할 우리 모두의 과제가 아닐까. 기본적으로 자본주의적 시장 관계에 기반한 합리성을 추구하되 상호 존중과 인간적 배려가 결합된 사회적 관계의 작동 공간을 영국 농민시장을 통해 탐색해보고자 한 이 책의 시도는 그러한 문제의식에서 비롯된 것이다. 가장 원초적인 실존적 삶의 물리적 생필품이라고 할 수 있는 먹거리의 거래가 이루어지는 장소 중 한 곳이 농민시장이지만 이곳은 다른 상품들처럼 상호 이익을 주고받는 단순한 경제적 교환의 공간만은 아니라는 점에 착안한 것이다. 생산물 속에 담긴 노동의 가치, 토지와 환경 보호, 공동생활 권역에 대한 생산자와 소비자의 애정, 소비자의 건강, 생산자와 소비자 간의 인간적 소통과 상호 존중 그리고 배려 같은 복합적인 가치들이 거래의 상호작용 과정에서 경제적 상품성에 대한 고려와 함께 살아 움직이는 일상적 공간이 바로 농민시장이라는 점에 주목할 필요가 있다는 것이다. 이런 관점에서 폴라니가 기대했던 경제에 대한 사회의 우위와 통제, 그라노베터가 우려했던 경제와 사회 간의 전통적 관계의 전도順倒 현상 해소, 퍼트넘이 강조하는 사회적 자본이라는 일종의 사회적 비타민 공급, 포퓰리즘에서 볼 수 있는 저급하고 맹목적인 적대감의 치유 같은 처방전이 실효성을 갖는 사회를 향한 긴 여정의 출발점을 영국 농민시장과 그 특성에서 찾는다면, 지나친 사유이자 논리 비약일까? 어떤 이에게는 이런 생각과 전망이 심지어 몽환적인 기대로 보일지도 모른다. 하지만 그간에 있었던 수많은 연구자의 수고로 축적된 사회학적 이론의 유산과 평범한 시민들의 일상적 경험 공간 속에 묻어 있는 사회적 지혜를 사회학적 상상력으로 한데 묶어 발현시키려는 시도는 우리가 계속 추구해야 할 노력의 지향점이 되어야 한다고 저자는 믿는다.

이런 확신과 기대감 속에 앞서 논의로 돌아가 공동체의 관점에서 신뢰사회의 주제를 되짚어보면, 우선 농민시장의 방점은 상품의 생산과 유통 및 소비에 토대를 둔 자본주의적 시장사회라는 구조적 환경에서 그 어느 곳보다 공동체화를 새롭게 체험하고 확장해가는 현실적 공간이 될 수 있다는 점에 있다. 소비자와 생산자로서의 지역 시민들 간의 주기적인 상호작용 과정에서 사회적 자본이 형성되고 배태되는 공동체적 공간이 바로 농민시장이기 때문이다. 이러한 특징적 공동체로서의 농민시장이 지역마다 설립, 운영되고 지속성까지 확보한다면, 그 효과는 지역사회는 물론 전체 사회의 신뢰 수준을 격상시키고 확산하는 방향으로 귀결될 수 있을 것으로 보인다.

마지막 정리를 해보자면 다음과 같다. 개별 농민시장에서 이루어지는 판매인과 소비자 간의 상호작용에 연륜이 쌓일수록 농민시장을 매개로 한 신뢰의 사회적 관계는 질적 깊이를 더해갈 수 있다. 또 그러한 부류의 농민시장과 그로부터 파생되는 다양한 유형의 공동체가 늘어날수록 신뢰의 사회적 자본은 그만큼 각 공동체의 견고한 공유자산으로 더욱 빛을 발하게 되고, 그와 더불어 사회 전반의 사회적 자본도 더 풍성해질 수 있을 것이다. 그 근거는 먹거리를 매개로 한 일상 친화적인 사회적 관계에서 신뢰의 사회적 공동체로 진화할 수 있는 잠재력을 엿볼 수 있다는 점에서 찾을 수 있다.

   신뢰의 사회적 기반이 영국보다 훨씬 취약함을 입증이라도 하듯, 우리의 최근 사회 현실은 사회질서의 근간인 법과 제도에 대한 불신을 적나라하게 드러낸 바 있다. 이처럼 잠복해 있던 사회적 불신의 전면적 표출은 우리에게 신뢰사회를 열어갈 비상구가 너무나 절실함을 일깨워준다. 폭발적인 사회적 영향력이나 파급 효과를 단기간에 기대할 수는 없겠지만 사회적 신뢰를 구축할 수 있는 토대적 공간으로서의 잠재력을 시사하는 영국 농민시장에 자꾸 눈길이 가는 이유는 이 때문일 것이다.

주석

1장

1 이 중 도시공동체를 생태공동체, 주거공동체, 경제공동체 같은 여러 유형으로 나누어 검토한 편집 단행본으로는 한국도시연구소(2003)를 참고하기 바란다.
2 찰스 테일러는 현대사회가 안고 있는 불안을 '삶의 의미 상실', '만연하는 도구적 이성 앞에서 소멸하는 삶의 목표', '자유·자결권의 상실'이라고 요약했다(테일러, 2015: 21). 이 같은 불안은 앞서 언급한 자본주의의 구조적 압력과 밀접한 관련이 있다. 그렇다면, 그 원인은 무엇일까? 현대사회의 불안이 사회 제반 영역에서의 유연화로 인한 불확실성에서 비롯된 것이라는 주장도 그러한 해명의 일환이라고 볼 수 있다(김문조, 2019).
3 피로사회에 대한 자세한 논의는 한병철(2012)을 참고하기 바란다.
4 산업자본주의 이후 최근에 이르기까지 주창되어 온 공동체 개념을 '유토피아적 사회주의 공동체', '공동체주의의 자아 구성적 공동체', '협력과 공유의 자치공동체'라는 세 가지 흐름에 따라 간명하게 분석한 연구로는 문성훈(2017)을, 그리고 현대 공동체주의 운동의 출현과 원리 및 실천적 함의 등에 대해서는 설한(2003)을 참고하기 바란다.
5 공동체의 개념, 이론, 이론의 역사 등을 다룬 편저로는 신용하(1985)를, 다양한 사회적 환경에서의 공동체 형성 방안을 다룬 사회학적 연구로는 Bruhn(2005)을, 뒤르케임 Durkheim을 비롯한 고전사회학자와 오늘의 인류학자 및 사회학자 등의 공동체 개념을 전반적으로 검토한 연구로는 Mulligan(2015)를, 그리고 공동체를 개념 정의에서부터 유형론적·인간생태론적·체계론적·갈등론적·도시계획론적 접근을 통해 이해하고자 한 연구로는 김욱진(2020a, 2020b)을 참고하기 바란다. 특히 영국 사회학에서도 공동체는 가장 오랜 뿌리를 가진 개념이자 연구 분야라는 점을 지적하면서 영국 사회학에서의 '공동체 사회학Sociology of Community'의 역사와 성과를 폭넓게 조명한 연구로는 Crow(2014)를 참조하기 바란다.
6 퇴니스의 공동체 개념의 연장선상에서 보면, 공동체의 상실에 대한 문제의식이 이후 종래와는 다른 현대 공동체주의 운동 같은 현대적 의미의 새로운 공동체적 관계(로자 외, 2017: 40)를 추구하는 이념과 운동을 추동했던 셈이라고 할 수 있다.
7 여기서는 실례로 테일러를 살펴보지만 공동체주의자들의 입장을 좀 더 폭넓게 이해하기 위해서는 알래스데어 매킨타이어Alasdair MacIntyre, 마이클 왈저Michael Walzer, 벤저민 바버Benjamin R. Barber 같은 주요 공동체주의자들의 이론을 집중적으로 검토한 김미영의 연구(2006)를 참조하기 바란다.

8   초점과 맥락은 이와 다르나 비슷한 문제의식은 지그문트 바우만Zygmunt Bauman에게서도 엿볼 수 있다. 국제 관계든 개인적 관계의 맥락에서든 모든 수위의 대인 관계에서 자기 이익의 추구에만 전념하고 타인의 복지나 존엄 또는 이익에 대한 책임을 저버리는 태도가 타자에게 고통과 피해를 떠안길 수 있다고 한 바우만의 지적이 그것이다. 특히 '전 지구적인 상호 의존의 시대'에 그러한 태도는 결과적으로 '공익에 대한 책임'의 방기를 의미함을 그는 일깨운다. 이런 흐름 속에서 바우만은 '인간의 도덕심 중에 아직 남아 있는 것', 즉 포괄적 의미에서의 '사랑'으로 '타자에 대한 책임의 짐'을 짊어져야 함을 강조한다(지그문트 바우만·스타니스와프 오비레크, 2016: 93-99).

1, 9   로버트 퍼트넘의 명쾌한 지적처럼, 사회적 자본은 공동체의 '사촌 격'(퍼트넘, 2000: 23)이라고 볼 수 있는 개념이다. 따라서 양자는 함께 검토하는 게 더 적절한 방법일 수 있겠지만 이 대목에서는 공동체에 집중하고, 사회적 자본은 뒷부분에서 다시 자세히 논의하고자 한다.

10   이 지점에서 리처드 세넷Richard Sennett의 입장을 되새겨보는 것은 퍼트넘의 주장을 보완하는 효과가 있을 것으로 보인다. 20세기의 '연대' 주장에 내포되어 있는 적대적인 대립 관계의 '사악한 위력'을 경계하면서 공동체적 협력의 중요성을 강조하고 나선 대표적인 연구자 중 한 사람이 세넷이기 때문이다. 세넷은 노먼 토머스Norman Thomas에 기대어 처지가 다른 다양한 사람들이 격식에 구애받지 않고 '함께 어울리는 과정에서' '공동체가 주는 즐거움'을 체험하고 협력해 가는 것이 소중함을 강조한다. 또 세넷은 《투게더》의 말미에서 미셸 드 몽테뉴Michel de Montaigne의 고양이를 거론하면서, 협력의 절실한 필요성과 사회적 동물로서의 잠재력을 부각시킨다. 비록 함께 협력하며 일해야 할 사람들을 온전히 이해할 수 없다 하더라도 그것이 공동체적 관계 맺음을 차단할 근거가 될 수 없을 뿐만 아니라 우리는 '더 깊이 협력할 능력이 있다'는 것이다(세넷, 2016: 391-442).

11   퍼트넘은 자신이 성장하던 시기의 미국에서는 자기 고향을 비롯한 전국 어디에서나 '우리 아이들'이라고 말할 때는 '동네의 모든 아이'를 지칭할 정도로 "아이들을 돌보는 일이 훨씬 더 넓게 공유되었고, 집합적인 책임이었다."고 회고하면서 지난 몇 십 년 사이에 그 '유효 범위가 협소해'졌음을 개탄한다(퍼트넘, 2017: 323). 말하자면, 아이의 육아, 양육, 교육 과정에서 '우리' 의식은 실종되고 단계마다 상당 부분이 '사적 책임'의 영역으로 넘어가 버린 오늘날에는 '우리 아이들'의 함의가 자기 자식만을 뜻하는 것으로 극도로 축소되었다는 것이다. 퍼트넘은 이 점을 다양한 질적 및 계량적 자료들을 동원해 입증하면서 미국사회의 가난한 아이들도 모두 우리에게 속한 '우리 아이들'임을 《우리 아이들》의 마지막 대목에서 다시 한 번 역설한다(퍼트넘, 2017: 375; 2023d).

12   물론 우리 사회에서 양극화 현상은 정치 영역에 국한된 것이라기보다는 경제, 사회문화, 의식 같은 제반 영역에서 확인할 수 있다. 이에 관한 자세한 논의는 김문조(2008)를 참조하기 바란다.

13   쉐보르스키나 뮐러의 주장을 비롯한 정치적 처방들에 관한 자세한 논의는 추후 별도의 연구를 통해 진행하고자 하며 여기서는 이들의 논의에서 발견되는 의사공동체의 문제점을 환기하는 데 그치고자 한다.

14   쉐보르스키는 민주주의를 '자유와 평화 속에 그 어떤 갈등이 일어나든 우리 사회가 평

화롭게 그 갈등을 해결해 가는 시스템'이라고 규정한다(쉐보르스키, 2022).

15 농민 판매인이란 생산자로서의 농민이 농민시장에 직접 참여해 판매인으로서도 동시에 활동하는 사람을 지칭한다. 일반 시장처럼 생산자는 분리된 중간 상인들이 주축이 되는 시장이 아니고 생산자인 농민이 중간 유통 과정을 건너뛰고 시장에 나와서 직접 소비자들을 상대로 거래의 중심적 역할을 하는 시장이 농민시장이다. 농민시장이라는 명칭은 이런 특징에 주목하여 붙여진 것이라고 할 수 있다. 이하 본문에서는 농민 판매인을 농민으로 약칭하고자 한다.

16 〈표 1-1〉에 나와 있는 전체 인구 대비 농업인구로 보면, 영국의 농업인구 비중은 0.7%다. 이에 비해 한국 농가 인구가 전체 인구에서 차지하는 비중은 2022년 기준 4.2%(농림축산식품부, 2023)로, 영국보다 훨씬 큰 편이다.

17 이것은 〈표 1-2〉에 제시된 60세 이상의 2개 연령대 범주 중 60~64세 인구를 빼고 65세 이상 농가 인구라는 하나의 범주로 환산하여 별도로 제시한 수치다(통계청, 2024). 52.6%의 65세 이상 고령 농민 비율은 우리나라의 전체 고령 인구 비율 18.4%보다 월등히 높은 것으로서 농민의 고령화가 일반 국민의 고령화 속도보다 훨씬 빠르게 진행되고 있음을 시사한다(통계청, 2023; 안태호, 2024).

18 원주 농민시장의 참여 농민 숫자가 2023년 기준으로 260명 정도 된다는 점(김원동, 2023b: 32)에 비추어보면, 60대 이하 판매인은 거의 없는 것이나 마찬가지라고 할 수 있다.

19 물론 이는 원주 농민시장 사례이기 때문에 우리나라 농민시장을 전체적으로 조사하지 못한 상태에서 이를 일반화할 수는 없다. 하지만 대체로 비슷할 것으로 짐작된다.

20 그 시기에 미국에서는 농민시장이 이미 일정한 궤도에 올라서 있었기 때문에 그 영향을 받은 것으로 보인다. 미국 농민시장의 역사는 비교적 긴 편이다. 이미 17세기 식민지 시대에 뉴욕주New York의 올버니Albany와 매사추세츠주Massachusetts의 보스턴Boston 등에서 유럽 출신의 정착자들에 의해 초기 농민시장이 설립된 바 있기 때문이다. 미국의 첫 번째 농민시장 중 하나로 기록되어 있는 '보스턴 시장Boston Market'은 1634년 설립되었다(Wann et al., 1948; Lancaster Farmland Trust, 2023; 김원동, 2017a). 1730년 펜실베이니아주Pennsylvania의 랭커스터Lancaster에서 문을 연 랭커스터 중앙시장Lancaster Central Market도 가장 인기 있는 초창기 농민시장 가운데 하나였다고 한다(USDA, 2013). 미국 농민시장의 연구 동향에 관한 개관 논문으로는 Brown(2002)과 Brown et al(2008)을 참조하기 바란다.

21 프랑스에서는 1960년대 초반 대형 슈퍼마켓이 등장해서 식품시장을 빠르게 장악했다. 예컨대, 프랑스 식품시장에서 소매 식료품점의 비중이 1961년 24%에서 1991년 3.8%로 그야말로 몰락의 길을 걸었던 것과는 대조적으로 1969년 10.4%에 불과했던 대형 슈퍼마켓의 점유 비중은 1991년 62.2%로 급증했다. 하지만 이런 흐름에 거세게 저항했던 농민시장은 1961년 8.6%에서 1991년 6.2%로 그 비중이 줄긴 했으나 대형 슈퍼마켓의 식품시장 지배 분위기 속에서 그나마 명맥을 이어갔다(Poulain, 2017: 28).

22 미국 농무부처럼 농민시장의 전국 실태에 관한 통계 자료를 체계적으로 제공하는 기관(https://www.usdalocalfoodportal.com)을 영국에서는 찾을 수 없었다. 이 같은 취약한 현실

로 인해 위의 통계 자료는 영국 농민시장의 윤곽을 가늠해 보기 위해 여러 출처에서 찾은 추계 자료들을 취합해 재정리한 것이다.

23 유기농법이란 환경과 야생동물에 미치는 피해를 최소화할 수 있도록 투입재에 대해 엄격한 제한을 부과하는 생태학적 원칙에 근거한 체계에 따라 경작할 것을 농민에게 요구하는 영농방식을 의미한다. 말하자면, 자연적 생산 방식과 병충해 방제에 역점을 두는 농법이라고 할 수 있다(UK DEFRA, 2024d).

24 2023년 기준 영국의 유기농 경작지 면적의 비중은 영국 전체 경작지의 2.9%이고, 4개 지역별 분포를 보면, 잉글랜드가 60%로 가장 많고, 그다음이 스코틀랜드 23%, 웨일스 15%, 북아일랜드 1.4%의 순으로 나타났다(UK DEFRA, 2024d). 지역별 전체 경작지 중 유기농 경작지의 비율은 잉글랜드 3.3%, 스코틀랜드 2.2%, 웨일스 4.3%, 북아일랜드 0.7%였다. 영국에서 유기농업을 하는 농민의 전체 숫자는 5,230명이라고 한다(UK DEFRA, 2024d). 영국에서 농민시장이 등장하기 시작한 즈음에 나온 한 연구는 영국의 유기농업 종사자들이 좀 더 광범위한 소비자 기반을 구축하고 유기농업에 대한 정부의 정책적 지원이 이루어질 경우, 영국에서는 소규모 단위의 유기농 시장이 성장할 잠재력이 있다고 주장한 바 있다(Latacz-Lohmann and Foster, 1997). 하지만 관행농업 농민들보다 유기농업 농민들이 영국 정부의 농업환경 정책에 더 큰 좌절감을 느끼고 있다고 지적한 연구 결과(Kings and Ilbery, 2010)를 일례로 고려한다면, 영국 정부의 유기농 정책이 그동안 얼마나 밀도 있게 추진되었는지에 대해서는 별도의 정밀한 검토가 필요해 보인다.

25 영국 농민시장에 관한 논의는 여기서 검토한 것 외에 로컬푸드나 먹거리체계 같은 제목을 단 논문(예컨대, Morris and Buller, 2003; O'Neill, 2014)에서도 부분적으로 다루어졌다. 하지만 그러한 선행연구들까지 세부적으로 검토하다 보면, 연구 범위가 너무 벌어져 연구 초점이 흐려질 수도 있다. 위의 본문에서 제목에 '영국 농민시장'을 포함한 논문들에서 다루어진 주제로 한정해 개관한 것은 그런 이유 때문이었다.

26 아마존Amazon과 관련 인터넷 사이트 등을 통해 검색해 보았으나 영국 농민시장을 주제로 삼아 집중적으로 연구한 단행본은 찾을 수 없었다.

27 이 책의 내용에 관해서는 김기홍의 서평(2018)으로 대신하고자 한다.

28 이 책의 내용에 관해서는 김기홍의 서평(2019)을 참고하기 바란다.

29 영어권에서도 농민시장 자체를 집중적으로 조사한 학술 단행본은 찾기 힘들지만 연구 논문은 꽤 많다. 전형적인 학술서는 아니지만 농민시장 연구에 시사점을 제공하는 유용하고 흥미로운 서적들도 간혹 접할 수 있다. 대표적인 한 가지 실례로 맥라클란MacLachlan의 연구(2012)를 들 수 있다. 이 책은 미국 중서부 지역의 농민시장과 먹거리를 답사하기 위해 일리노이주Illinois, 미시간주Michigan, 오하이오주Ohio, 인디애나주Indiana, 미네소타주Minnesota, 위스콘신주Wisconsin, 아이오와주Iowa, 미주리주Missouri 같은 여러 주에 산재해 있는 도시들을 여행하면서 개별 농민시장의 개요, 관계자, 주요 먹거리와 조리법 등을 간략하게 컬러 사진을 곁들여 소개하고 있다. 농민시장에 관심을 갖게 하는 유용한 입문서라고 할 수 있다.

2장

1 《거대한 전환》의 한국어 번역자는 책의 제목을 '거대한 전환great transformation'이라는 번역 용어로 최종 선택하기까지의 고충을 털어놓으면서 그 의미를 다음과 같이 이해하고자 했다. '도저히 그전의 상태에서는 예측은커녕 상상하기도 힘든 방향으로 하루아침에 온 세상이 새로운 모습으로 탈바꿈한', 다시 말해 '굼벵이가 나비로 변하는 것과 같은 급격하고도 완전한 변화, 도저히 그전의 모습을 찾아볼 수 없는 변화의 의미를 담기도 한' '19세기 초나 1930년대의 급격한 사회적 형식의 변화'를 폴라니는 '거대한 전환'이라고 명명命名했다는 것이다(홍기빈, 2009a: 636-637).

2 폴라니에 의하면, 종래의 '정치적 국가'와는 확실히 다른 '새롭고도 독특한 의미를 가진 사회'가 '복합사회complex society'다(폴라니, 2009: 261, 345, 454). 즉, 폴라니는 과학기술, 관료제, 문화를 비롯한 제반 제도가 인간과 상호 의존 관계에 있는 사회를 복합사회라고 보았고, 우리가 바로 그런 복합사회에 살고 있음을 인식해야 한다고 주장했다(Block and Somers, 2014: 225-227).

3 물론 폴라니는 현실과 괴리된 유토피아로서의 시장경제의 실체가 드러나면서 나타난 '사회'의 발견이 자유의 재탄생일 수도 있지만 자유의 종말일 수도 있다는 양자의 가능성 모두에 주목한다(폴라니, 2009: 603). 물론 그의 관심과 소망이 전자에 있었음은 재론의 여지가 없다.

4 "'배태성embeddedness'은 폴라니의 사유를 설명하는 데 있어 논리적 출발점이 되는 개념이다. … 이 배태성이라는 용어는 경제가 경제 이론에서 당연시하는 것처럼 그렇게 자율적인 것이 아니라 정치, 종교 및 사회적 관계들에 종속되어 있다는 생각을 표현해주는 말이다"(블록, 2009: 38-39, 번역 일부 수정). 《거대한 전환》의 번역자는 배태성을 '묻어 들어 있음'이라고 번역했다. 배태성이라는 용어가 생경한 한자어라 '묻어 들어 있음'으로 번역하는 것이 폴라니의 의도를 훨씬 더 정확하게 담아내는 것이라고 보았기 때문이다(홍기빈, 2009a: 638-639). 저자도 이에 전적으로 공감한다. 다만, 명사형 번역어인 '배태성'이 이미 독자들에게 널리 알려져 있고 친숙할 것으로 판단되어 여기서는 통상적인 번역어인 배태성을 그대로 사용하고자 한다.

5 이것은 19세기 '시장 자본주의사회market-capitalist society'에서 시장경제가 갖는 특유의 성격으로 이해되었던 관념이라고 할 수 있다(Cangiani, 2011).

6 경제와 사회의 관계를 개념화해온 다양한 흐름을 '배태성' 개념에 초점을 맞춰 마르크스, 베버 같은 고전사회학자로부터 인류학자, 독일과 미국의 제도주의 경제학자, 폴라니, 그리고 폴라니 계열의 후속연구자들에 이르기까지 그 계보를 광범위하게 추적한 연구로는 Dale(2011)을 참조하기 바란다. 또 이와 함께 그라노베터, 블록, 뷰러보이Michael Burawoy를 포함한 여러 전공 분야의 저명한 학자들이 한자리에 모여 폴라니의 배태성 개념을 중심에 놓고 그의 사상을 다각적으로 재검토함으로써 많은 시사점을 제공해주는 심포지엄 기록도 참고했으면 한다(Krippner et al., 2004).

7 '시장사회'의 도덕적 기반을 바라보는 여러 관점에 대해서는 Fourcade and Healy(2007)를 참조하기 바란다.

8 '시장사회학' 대신 '경제사회학economic sociology'이라는 표현을 쓰기도 한다. 예컨대,

1990년대 중반에 발표된 한 연구는 1980년대는 물론 1990년대 그 당시까지 사회학에서 계속 인기리에 번창해온 분야가 바로 경제사회학이라는 점을 논문의 서두에서 언급하기도 했다(Beckert, 1996: 803).

9 물론 그라노베터를 비롯한 후속연구자들의 성과에 다소 회의적인 시각을 보이는 평가도 있다. 예컨대, 포르테스와 센스브레너Sensebrenner는 경제적 행위에 미치는 사회구조의 영향을 분석하고자 했던 그라노베터 등의 연구를 훌륭한 시도라고 평가하면서도 여전히 취약성을 드러내고 있다고 비판한다. 신고전경제학의 관점을 비판하지만 그렇게 뚜렷한 대체재를 제시하지는 못하고 있다고 보았기 때문이다. 이런 관점에서 포르테스는 사회적 배태성 개념의 모호성을 지적하면서 배태성 대신 '사회적 자본' 개념에 주목한다(Portes and Sensebrenner, 1993).

10 이 논문에서 힌리히스가 말한 직접적인 농산물시장이란 생산자 농민과 소비자가 중간 상인을 거치지 않고 현장에서 직접 만나 거래하는 시장을 의미하고, 두 가지 유형이란 농민시장과 공동체지원농업community supported agriculture을 지칭한다(Hinrichs, 2000).

11 힌리히스의 2000년 논문의 전체 논지와 그것에 관한 평가를 위해서는 김원동(2016c: 80-84)을 참고하기 바란다.

12 여기서 한 가지 특이한 현상은 아래의 배태성 개념들이 각각의 개별 연구자에 의해 취해진 고유한 규정이라기보다는 선행연구자들의 견해를 나름대로 정리해서 제시한 것이 대부분이라는 점이다.

13 예컨대, 〈표 2-1〉에서 '생태적 배태성'과 '자연적 배태성'은 내용상 큰 차이가 없기 때문에 양자를 어느 하나로 대체하거나 혼용해도 무리는 없어 보인다. 마찬가지로 피건과 모리스의 분류 유형 중 하나인 자연적 배태성 또한 생태적 배태성의 의미로 이해해도 무방할 것이다. 피건과 모리스의 분류 틀은 원주 농민시장에 대한 저자의 분석에서 활용된 바 있다(김원동, 2023a, 2023b). 저자보다 10여 년 전에 원주 농민시장을 분석한 또 다른 선행연구(윤병선·김선업·김철규, 2011, 2012)에서는 자연적 배태성 대신 생태적 배태성이라는 표현을 사용했다.

14 유형 분류에서 사용되는 범주들은 방법론의 측면에서 보면 범주 간의 상호 배타성을 확보하는 것이 중요하다. 피건과 모리스의 개념 분류는 이런 기준을 온전히 충족시키고 있다고 보기 어렵다. 따라서 저자는 이들의 유형 분류를 차용하되 세 가지 개념의 활용 과정에서 이런 점을 고려하고자 했다.

15 저자는 미국 농민시장에 관한 선행연구에서도 소비자뿐만 아니라 생산자 농민 모두에게 배태성 개념을 활용한 분석이 매우 요긴할 수 있음을 확인한 바 있다(김원동, 2016c, 2017, 2018b).

16 이 장의 이하에서 서술된 사회적 자본에 관한 내용은 공동 연구보고서(이영길 외, 2016)에서 저자가 집필했던 관련 부분을 대폭 수정, 보완한 것이다.

17 몇 가지 눈에 띄는 다음과 같은 국내외 학자들의 연구만 되짚어봐도 이 점은 바로 알 수 있다. 예컨대, 강수택(2003), 김상준(2009), 뉴튼(2003), 박897(1999, 2000), 부르디외(2003), 울콕(2003), 이재열(1998, 2003, 2006), 이재혁(1996, 1998, 2015), 최종렬(2004), 퍼트넘(2000, 2003), 포르테스(2003), 후쿠야마(1996), Castle(2002), Coleman(1988,

1990), Julien(2015), Macisa and Nelson(2011), Svendsen and G. L. H. Sevendsen(2009), Warner(1999), Woolcock(2010) 등이 그것이다. 이와 함께 Lin, Nan & Bonnie H. Erickson(2008), Svendsen, Gert Tinggaard and Gunnar Lind Haase Svendsen(2009)와 같이, 여러 분야의 다양한 주제를 사회적 자본과의 연관성 속에서 분석한 글들을 묶어 펴낸 단행본들 또한 사회적 자본에 대한 학계의 관심을 대변해준다.

18 물론 이와 엇갈리는 거의 정반대의 평가도 있다. 국내의 한 연구자는 부르디외가 사회적 자본에 대한 시원적 연구자로 자주 언급된다는 점을 상기시키면서도, 그의 연구는 최근 사회적 자본 연구에서 이름 정도만 오르내릴 뿐 이렇다 할 주목을 못 받고 있다고 지적한다(임운택, 2010: 92-93).

19 부르디외의 사회적 자본 개념을 올바로 이해하기 위해서는 그가 말하는 '실천'의 의미도 정확하게 알 필요가 있다. 《구별짓기: 문화와 취향의 사회학》을 옮긴이는 부르디외를 이해하는 데 필요한 기초 개념의 하나로 '실천'을 들면서 그의 실천은 마르크스주의적 실천과는 구별되는 것임에 유의할 필요가 있음을 강조한다. 즉, 그가 말하는 실천은 '의식적인 행위로부터 몸놀림이나 말투처럼 거의 무의식적인 일상적 행동에 이르기까지 일상생활의 갖가지 차원의 행동'을 포함하는 '관습적 행동'을 의미하는 개념으로서 "사회적 행위 주체'(부르디외는 이 말보다 '사회적 행위자'라는 용어를 선호한다)의 적극적 관여를 전제로 하지 않는다."는 것이다(최종철, 2006: 12).

20 취향의 이데올로기성을 선명하게 일깨워주는 부르디외의 다음과 같은 서술은 매우 흥미롭고 주목할 만하다. "취향은 태어나면서부터 타고난다는 이데올로기가 그럴듯해 보이고 나름대로 효력을 발휘하는 이유는, 일상의 계급투쟁에서 파생되는 모든 이데올로기 전략이 그렇듯이 실질적인 차이를 자연화하고=본성화하고, 문화 획득 양식의 차이를 본성의 차이로 전환시키기 때문이다. 이것은 취향이 형성되어온 과정이 뚜렷한 흔적을 전혀 갖고 있지 않으며 … '연구될 만한' 것이 하나도 없으며, 그 대신 편안함과 자연스러움을 주는 진정한 문화는 자연이라고 … 주장하는 문화(또는 언어)와의 관계만을 유일하게 정통적인 것으로 인정하기 때문이다"(부르디외, 2006: 135).

21 임운택은 부르디외나 콜먼, 퍼트넘뿐만 아니라 고전사회학자들도 사회적 자본 개념을 통해 '사회성의 분석적 차원'을 정교화하고자 했다고 정리한다(임운택, 2010: 111).

22 일례로 그의 1998년 논문은 2004년까지 1,300회 이상 누적, 인용되었다고 한다(Marsden, 2005: 15).

23 퍼트넘이 말하는 제도적 성취도란 지방정부가 지방자치제도의 도입을 계기로 주민들의 다양한 요구에 신속하게 반응하여 최적의 정책을 선택하고, 제한된 자원의 효율적 동원을 통해 이를 효과적으로 실현해내는 정도를 의미한다(퍼트넘, 2000: 10-21).

24 여기서 20개 지역정부란 1970년에 동시에 수립된 15개의 지역정부와 그보다 몇 년 먼저 수립된 5개의 '특별지역정부'를 총칭한다. 퍼트넘은 이러한 20개 지역정부를 모두 연구 대상에 포함시켰고, 분석 시기는 조사 대상으로 삼은 지표에 따라 세부적 차이를 보이긴 했지만 대체로 1970년 이후의 약 20년 동안으로 설정했다(퍼트넘, 2000: 1-21).

25 하지만 앞서 살펴본 것처럼 퍼트넘은 이탈리아에 이어 20세기경부터 21세기 오늘에 이르기까지 미국사회의 변화를 추적하면서 대략 1960년대 이후로 사회적 자본이 계속 쇠

퇴해왔다고 지적한다. 투표율, 노조 가입률, 종교집단 참여율, 정부에 대한 신뢰도, 개인 상호 간의 신뢰도 등에서 확인되는 감소 추이가 그 근거라는 것이다(퍼트넘, 2009, 2003a, 2003b, 2003c, 2023d, 2023e, 2023f).

26 퍼트넘은 이탈리아 지방정부에 대한 자신의 경험적 조사 결과를 어떻게 해석해야 할지를 몰라서 고심하던 중 도서관에서 발견해 읽었던 콜만의 '사회적 자본' 개념에서 그 실마리를 찾았다(퍼트넘, 2023a). 이런 점에서 콜만의 사회적 자본 개념은 퍼트넘의 이탈리아 사례 연구 결과의 해석에 결정적인 영향을 미쳤다고 볼 수 있다(퍼트넘, 2019).

27 이 점을 포함해서 퍼트넘의 사회적 자본 개념을 폭넓게 비판적으로 검토한 연구로는 김상준(2009: 115-126)을 참고하기 바란다.

28 퍼트넘은 《사회적 자본과 민주주의》를 집필할 당시엔 이 점을 간과했었다고 《나 홀로 볼링》에서 고백하기도 했다(퍼트넘, 2009: 24).

29 예컨대, 영국 스코틀랜드 지역의 농업공동체를 대상으로 한 연구는 사회적 자본이 대규모 농가보다는 소규모 농가 공동체에서 더 활용도가 높은 자원임을 보여준다(Sutherland and Burton, 2011). 부르디외의 사회적 자본 개념이 영국 농업공동체와 농민의 상호작용 이해에 분석의 틀로서 어떤 유용성을 가질 수 있는지 이 연구를 통해 가늠해볼 수 있다. 이 연구의 주된 관심사와 연계해 생각해보면, 이런 부류의 연구는 사회적 자본이 농민시장 연구에도 유용한 분석적 개념이 될 수 있음을 시사한다.

30 이러한 영향의 양방향성에 대한 발상은 배태성 논의의 이정표가 되었던 그라노베터의 논의에서 한 걸음 더 나아가 사회적 관계와 배태성이 상호 영향을 주고받는 관계 속에서 작동할 수 있음을 언급한 우지Uzzi의 통찰에서 시사받을 수 있다. 즉, 우지는 경제적 행위가 사회적 관계와 연결망에 배태되어 있다는 점에 초점을 맞추어 왔던 그라노베터와 후속연구자의 시각을 소환하면서 배태성과 사회적 관계 간의 작동 방식이 그러한 한 방향이 아니라 양방향으로 진행될 수 있음을 지적했다(Uzzi, 1996). 몸과 그의 공동 연구자들도 사회적 교환의 형태를 배태성과 연관하여 분석하는 과정에서 이 점을 환기한 바 있다(Molm et al., 2012: 149). 앞서 살펴본 사회화와 공동체화의 개념에서도 사회적 관계에 내포된 양방향성의 함의를 엿볼 수 있음은 물론이다.

31 미국 농민시장에 관한 선행연구들은 영국 농민시장을 이해하는 작업에서 의미 있는 많은 정보와 시사점을 제공해 준다. 특히 농민시장의 설립부터 운영 과정 전반에 이르기까지 유의해야 할 점이나 그와 관련된 경험적인 사례를 구체적으로 제시하고 설명해주는 단행본들(예컨대, Corum et al., 2001)은 영국 사례와의 비교뿐만 아니라 농민시장의 일반적인 의미와 특징을 폭넓게 파악하는 데도 큰 도움이 된다.

32 이를테면, 영국 환경식품농무부Department for Environment, Food and Rural Affairs, DEFRA, 영국 통계청Office for National Statistics, ONS, 영국 하원 도서관House of Commons Library, 미국 농무부U.S. Department of Agriculture, 한국의 농림수산식품부, 통계청, 한국농촌경제연구원 등을 들 수 있다.

33 사실은 이후 한 차례 더 영국 농민시장에 대한 현지조사를 추진하고 싶었지만 2020년 2월 조사를 마치고 귀국하자마자 밀어닥친 코로나19로 인해 계획을 접을 수밖에 없었다.

34 물론 판매인들이 개장 중에는 대체로 손님을 맞느라 여력이 없었기 때문에 면접조사는 개장 전이나 폐장 직전의 시간대를 활용했다. 어떤 농민의 경우에는 사전 통화를 통해 면담 약속을 한 후 시장에 가서 만나 면접조사를 실시하기도 했다. 또 고객의 대기 줄이 계속 이어져서 장터에서 길게 얘기할 형편이 안 되었던 농민(예컨대, 농민 E2)의 경우에는 현장에서 짧게 면접한 다음에 그의 농장으로 찾아가 추가 조사를 했다. 소비자 면접조사는 저자가 시장에 가서 오가는 이들을 시간을 두고 관찰하면서 연령, 성별 등의 균형을 고려해 대상자를 물색한 후 현장에서 바로 면접 요청을 하고 동의를 받아 진행했다.

35 저자는 2018년과 2020년 현지조사 당시 런던에서는 다른 도시와는 달리 여러 날 묵으면서 농민시장을 찾아다녔다. 런던의 위상을 반영하듯 이미 잘 알려진 농민시장이 많았고, 그런 만큼 직접 가서 조사하고 싶었던 곳이 많았기 때문이다. '공동체 성장 농민시장', '런던 브릿지 농민시장London Bridge Farmers' Market', '알렉산드라 팔레스 농민시장 Alexsandra Palace Farmers' Market', '노팅 힐 농민시장Notting Hill Farmers' Market' 등이 방문했던 곳들이다. 이중 이번 연구에서는 '공동체 성장 농민시장'을 런던을 대변해줄 농민시장으로 선정했다. 그 이유는 시장통을 오가며 이 시장에서 농민시장으로서의 전형적인 특징들을 볼 수 있었을 뿐만 아니라 농민시장의 주체인 농민과 소비자 및 시장관리인 등과 모두 골고루 면접할 수 있었기 때문이다. 런던의 다른 농민시장들은 '공동체 성장 농민시장'의 경우와는 달리 시장 분위기나 여건상 시장관리인과 판매인 및 소비자를 균형 있게 접촉할 수 없었다.

36 Growing Communities' Farmers Market에서 Growing Communities'를 어떻게 번역할 것인지를 두고 생각이 좀 복잡했었다. 처음에는 직역해서 '성장하는 공동체'라고 했으나 일반 문장 속에 콤마 부호 없이 쓸 경우, 고유명사로 읽히기보다는 '공동체'라는 명사를 '성장하는'이라는 형용사가 단순하게 수식하는 것으로 오해될 여지가 있다고 판단되어 '공동체 성장'으로 변경했다. 뒤에 나오는 별개의 조직명으로서의 'Growing Communities'도 마찬가지 이유에서 '공동체 성장'으로 번역했다.

37 저자는 2015년 이후 2020년까지 여기서 주로 검토한 농민시장 외에도 스코틀랜드 퍼스의 '퍼스 농민시장Perth Farmers' Market', 글래스고의 '파틱 농민시장Partick Farmers' Market', 북아일랜드 벨파스트의 '세인트 조지 시장', 아일랜드 더블린의 템플바 푸드마켓Temple Bar Food Market 등을 방문조사했다. 또 저자는 젊은이들의 관련 의견을 청취하기 위해 에든버러대학교, 맨체스터대학교, 벨파스트의 퀸즈대학교를 방문하여 일부 학생들을 대상으로 면접조사를 실시했고, 이메일로 사전 면담 요청을 한 후 브리스틀의 영국 토양협회Soil Association 본부를 방문하여 이 기관의 활동과 성격 등에 대해 직접 알아보기도 했다.

4장

1 https://worldpopulationreview.com/world-cities/edinburgh-population.
2 https://edinburgh.org.
3 《국부론》의 저자 애덤 스미스는 스코틀랜드 출신의 경제학자이고, 흄은 에든버러 출신의 철학자다.

1, 4 특히 먹거리에 관심이 있는 연구자라면 에든버러대학교에서 흥미를 느낄 만한 중요한 연구모임이 있다. '에든버러 먹거리 연구자 집단Food Researchers in Edinburgh, FRIED'이 그것이다. '먹거리 관련 연구food-related research'를 하는 여러 사회과학 분야의 연구자들이 모여 먹거리 접근의 불평등, 먹거리 생산, 먹거리 거버넌스와 교역, 먹거리와 건강 및 복지 같은 다양한 주제들을 발표하고 토의하면서 함께 공부하는 모임이다. 이 모임은 에든버러대학교 이외의 대학 소속 연구자나 학생 및 일반인도 참여할 수 있게 개방되어 있다 (https://www.sps.ed.ac.uk/research/research-project/food-researchers-edinburgh-fried).

5 에든버러 농민시장의 역사는 뜻밖에 시장 홈페이지에 소개되어 있지 않았다. 궁금했던 저자는 에든버러에 체류하던 2015년 시장관리인(관리인 E13)에게 문의했다. 당시 현장 면접에서 시장의 약사略史에 대해 잠시 들었고, 더 정확한 내용은 추후 이메일을 통해 전달받기로 하고 헤어졌다. 여기서 서술한 내용은 이메일로 받은 기록에서 발췌, 정리한 것이다.

6 에든버러 농민시장의 명성은 그동안 받은 각종 상에서도 쉽게 짐작할 수 있다. 예컨대, 에든버러 농민시장은 '영국인이 매우 좋아하는 2006년의 농민시장', '2007년 인증 농민시장'으로 선정된 바 있다(시장관리인 E13). 또 에든버러 농민시장 홈페이지(https://www.edinburghfarmersmarket.co.uk)에 의하면, 스코틀랜드의 슬로푸드Slow Food 협회(https://slowfoodscotland.com)가 주관하는 올해의 시장으로 2018년부터 2021년까지 연속 선정된 시장이기도 하다(검색일: 2024년 6월 1일). 이런 수상 기록들은 시장 개장 이후 최근까지 에든버러 농민시장이 공신력 있는 먹거리 관련 기관들로부터 우수성을 줄곧 인증받아 왔음을 의미한다.

7 여성 관리인(시장관리인 E13)에 의하면, 이 시장의 관리 대행 기관은 사기업이기는 하나 단순히 돈벌이를 목적으로 뛰어든 조직은 아닌 듯했다. 실제로 자기 회사가 여기서 돈을 버는 것은 아니고, 어디까지나 농민들을 위해 일한다고 했다. 말하자면, 본인들은 농민들이 계속 이곳에 와서 돈을 벌어 영농 활동에 종사할 수 있었으면 하는 마음으로 일을 맡아 하고 있다는 것이다. 그렇기 때문에 사람들이 시장을 계속 방문해 고객이 되어 주는 것이 가장 필요하고 중요하다고 관리인은 강조했다.

8 여성 관리인(시장관리인 E13)에 의하면, 판매인에게 부과되는 연회비는 없고, 토요일 참여 당일의 회비가 판매인들에게 월月 단위로 합산해 청구된다고 한다. 2016년 당시 에든버러 농민시장 판매인의 회비는 두 종류였다. 제과·제빵이나 커피와 같이 이윤이 적은 하단 품목은 63.0 파운드와 부가가치세를 합친 금액을, 그리고 육류와 같이 이윤이 많은 상단 품목은 89.25 파운드와 부가가치세를 합친 금액을 판매인들은 회비로 내고 있었다.

9 2015년 11월의 마지막 장이 열리던 28일 저자는 에든버러 농민시장을 방문했다. 크리스마스를 한 달 정도 앞둔 시점에서 시장에서는 2종류의 35파운드짜리 선물용 식품 바구니Christmas Hampers 주문 신청서를 비치해두고 예약을 받고 있었다.

10 에든버러 농민시장의 성수기에 대한 느낌은 소비자와 판매인들에게서도 확인할 수 있었다. 예컨대, 한 소비자는 에든버러를 찾는 관광객이 워낙 많아 농민시장이 연중 그 어느 때보다 더 바쁘게 돌아가는 시기가 바로 8월 에든버러 축제 기간이라고 했다(소비자

E14). 그런가 하면, 한 농민은 시장이 크게 열리고 가장 붐비는 시기는 크리스마스 때라고 했다. 그 이유는 크리스마스 계절이 오면 멋진 생산품을 구하려고 모든 사람이 농민시장을 찾기 때문이라는 것이다(농민 E11). 소비자 중에는 슈퍼마켓이나 정육점을 비롯한 그 어디에서도 구하기 힘든 사슴고기나 토끼고기와 같은 특별한 먹거리를 구입할 수 있는 특별한 시기가 크리스마스 때라고 얘기하는 이들도 있었다(소비자 E8, 소비자 E12).

11 이 관리인(시장관리인 E14)에 의하면, 판매인들에게는 그 다음해 1월부터 12월까지 참여할 의향이 있는지를 묻는 예약 관련 서류를 그 전해 11월에 보내서 회신 내용을 데이터베이스에 보관한다고 한다. 그 이후 관리인과 판매인 간의 소통은 날씨나 판매인의 질병같이 예약 사항에 영향을 미칠 수 있는 일이 생길 경우 이루어진다고 한다. 이와 같이 에든버러 농민시장은 판매인 각자의 사정을 반영한 새해 참여 빈도를 사전에 확실하게 파악함으로써 시장의 안정적 작동에 필요한 판매인 참여 변수를 고려하면서 운영하고 있음을 알 수 있다.

5장

1 여기서 '조사 대상자'라는 표현을 쓴 이유는 대부분 피면접자 대상으로 면접조사를 실시했으나 시장에서의 면접조사에 이어 농장을 직접 방문해 추가 조사를 한 적도 한 차례 있었고, 농민시장에서의 면접조사와 시장 이외의 장소에서 실시한 조사 및 이메일조사를 병행한 경우도 있어서 이를 포괄하는 용어가 필요했기 때문이다. 따라서 비고에 방문 면접이나 이메일 조사라는 추가 표식이 없는 경우는 모두 시장에서 면접조사를 진행한 경우라고 할 수 있다.

2 이 농민(농민 판매인 E2)은 재배한 농작물의 대부분을 공동체지원농업(미국에서는 Community Supported Agriculture라고 표현하는 데 비해 영국에서는 Box Scheme이라는 용어를 더 많이 사용하는 듯하다)의 회원들에게 공급하고 있다고 했다. 농민시장에서 거래하는 작물 비중은 매우 적었다. 그럼에도 스코틀랜드에서의 농작물 재배 경향이나 생산 및 판매 작물의 성격, 농작물 재배 환경 등을 파악하는 데 있어 이 농민에게 들은 얘기는 상당히 유익했다. 이 농민은 공동체지원농업의 회원들에게 제공하는 것과 똑같은 방식으로 생산한 농작물을 농민시장에도 가져다 판다고 했다. 그런데 이 농민의 얘기를 듣다 보니 영국과 미국의 공동체지원농업은 꽤 다르다는 점도 확인할 수 있었다. 이 농민의 공동체지원농업 회원들의 경우에는 연납 회원이 1명에 불과했고, 회원의 대다수는 농장 웹사이트에 들어가 신용카드를 통해 1개월 단위로 주문하고 주 단위로 먹거리 박스를 가정으로 배달받는다고 설명해주었기 때문이다. 이러한 운영 방식은 소비자가 매년 영농 활동 개시 전에 한 해의 농장 운영비와 생활비에 해당하는 비용을 농민을 믿고 회비로 선납함으로써 지역 농민을 후원하고 영농에 수반되는 위험을 공유하는 미국식 공동체지원농업(김원동, 2018b: 142)과는 매우 다르다. 미국이나 영국 모두 지역과 농장에 따라 운영 방식에 있어 제각각 편차가 있기 때문에 앞서 언급한 내용을 양국 공동체지원농업의 보편적 특징이라고 단정하기는 어렵다. 그럼에도 여기서 발견되는 차이를 근거로 얘기하자면, 영국은 미국보다 좀 더 초보적 단계의 공동체지원농업 방식을 채택, 운영하고

있다고 볼 수 있을 것 같다. 이런 점에서 영국의 공동체지원농업은 미국의 공동체지원농업에 비해 '단순화된 공동체지원농업'(Chiffoleau, 2009)이라고 표현해도 좋을 듯하다. 미국 공동체지원농업에 관한 보다 자세한 논의는 김원동(2014b, 2016c, 2018, 2018b; Kim, 2014), Feagan and Henderson(2009), Henderson and Robyn Van En(2007) 등을 참조하기 바란다.

3   한 여성 판매인(판매인 E12)은 날씨 탓에 이곳에서는 여러 작물을 수시로 재배해 수확할 수 없다고 했다. 자기가 일하는 농장에서도 마찬가지로 소비자들에게 공급하는 채소와 과일을 전부 생산하지는 못하기 때문에 재배할 수 없는 품목들은 인근 잉글랜드 지역 등에서 구매해 되판다는 것이다.

4   예컨대, 저자가 에든버러 농민시장에서 면접한 농민 중에는 자신의 수입원 가운데 95%가 공동체지원농업이고, 농민시장은 5%에 불과하다고 한 농민 판매인도 있었다(농민 판매인 E2). 농민시장에서의 수입 비중이 그렇게 적음에도 농민시장에 계속 참여하는 이유를 묻자 그는 두 가지로 답변했다. 우선, 에든버러에 별도의 가게를 갖지 않은 자기로서는 농민시장이 자기 농장의 생산물에 대한 소비자 반응을 확인할 수 있는 최전선이라는 것이었다. 다분히 경제적 이유라고 볼 수 있다. 또 다른 이유는 농민시장에 참여해 소비자들과 접촉하는 일이 늘 바쁜 가운데서도 너무나 재미있기 때문이라고 했다.

5   자신이 농민시장에 공급하는 농작물이 모두 유기농이자 최고의 상품임을 강조한 또 다른 농민(농민 판매인 E2)의 얘기도 에든버러 농민시장이 공간적 배태성과 자연적 배태성의 특성을 지니고 있음을 뒷받침해준다. 물론 이 농민이 말한 유기농 중에는 자신이 직접 재배한 것도 있지만 자신의 농장에서 재배하지 않는 품목은 인근 유기농 농장이나 잉글랜드지방 등에서 구매해 공급한다고 했다. 영국에서 생산되지 않는 품목은 공정무역에 의한 수입을 통해 공급한다고 했다. 실제로 저자가 이 농민의 농장을 방문해 창고를 둘러봤을 때 그곳에 쌓여 있던 상자 중에는 '공정무역에 의해 수입된 유기농 바나나 organic fair trade bananas'라는 문구가 쓰여 있는 것도 있었다. 이런 점에서 비추어보면, 에든버러 농민시장에 공급되는 과일이나 채소의 경우, 자연적 배태성의 특징은 충분히 부각될 수 있겠지만 공간적 배태성은 자연적 배태성보다는 다소 약한 편이라고 할 수도 있을 듯하다.

6   이 농민은 농민시장의 가장 큰 장점으로 '다양성variety'을 꼽으면서 그에 따른 이점을 분명하게 지적했다. 즉, 소비자들은 농민시장에 와서 일주일간 필요한 다양한 먹거리(고기, 채소, 달걀, 닭, 꿀, 케이크 등)를 살 수 있기 때문에 굳이 슈퍼마켓에 갈 필요가 없다는 것이다. 이러한 이점 때문에 사람들은 매주 농민시장에 와서 일주일치 장을 보고 가고, 그 다음 주에도 다시 온다는 것이다(농민 판매인 E1). 물론 농민의 언급 중 농민시장 애용자들이 슈퍼마켓에 갈 필요가 없다는 식의 얘기는 다소 과장된 표현일 수 있다. 농민시장 고객의 경우에도 농민시장에서 구입할 수 없는 공산품과 기타 가공식품 같은 일상용품의 구매를 위해서는 슈퍼마켓이나 대형마트를 이용할 수밖에 없기 때문이다.

7   이 피고용인은 에든버러에 살면서 평일에는 퍼스Perth에 위치한 고용주의 농장으로 출근해 일하고, 에든버러 농민시장이 열리는 매주 토요일에는 장터에 나와 육류 판매인으로 일한다고 했다.

8   이 피면접자는 주중에는 사무실에서 회계 업무를 보고, 농민시장이 열리는 토요일에는 격주로 이곳에 와서 일종의 겸업으로 판매인 활동을 하고 있었다. 월요일에서 금요일까지 주중에는 매일 일하기 때문에 매주 토요일까지 나와 일을 하게 되면 과하다는 생각이 들어 토요일에는 한 번씩 걸러가며 나온다고 했다. 이 판매인은 농가에서 성장했으나 지금은 집안에서도 농사를 짓고 있지 않고, 자기 거주지 인근의 농가에서 물소고기를 떼 와서 이곳에서 판매한다고 했다. 일종의 중간상인이었다. 이 점에 관한 의문이 생겨 시장관리인에게 물었다. 시장관리인(관리인 E13)에 의하면, 농민이 아니고 지역산 식재료로 식품을 만드는 가공식품업자나 지역산 먹거리를 그대로 가져다 파는 사람에게도 에든버러 농민시장에서는 판매인 자격을 준다고 했다. 이런 점에서 영국 농민시장의 참여 판매인 규정에는 다소 유연성이 있는 것으로 보인다. 지역 농민 판매인과 지역산 식재료를 사용하는 가공식품업자가 중심이 되면서도 지역산 먹거리를 취급하는 중간상인의 활동도 일부 허용하기 때문이다.

9   농민시장 참여 농민이 양질의 농축산물을 제공하려 최선을 다하고 있고, 소비자들도 그 품질과 가격을 인정하고 계속 구매한다는 인식은 에든버러 농민시장에서 만난 다른 농민에게서도 쉽게 확인할 수 있었다. 가축 사육과 작물 재배 과정에서 유기농 방식을 고수하고 유럽연합과 토양협회의 공식 유기농 인증까지 받아 유지하고 있다는 한 농민의 얘기가 특히 흥미로웠다. 그녀에 의하면, 본인이 에든버러 농민시장에서 지금까지 10년 이상을 판매인으로 버틸 수 있었던 것은 자신의 축산물이 그만큼 품질이 좋고 고객들도 믿고 긍정적인 평가를 해주었기 때문이라고 했다. 또 유기농 축산업에 뛰어든 동기도 농민으로서 우리의 토지를 지속가능하게 경작하고, 우리의 가축을 최고의 복지수준에 맞게 기를 의무가 있다는 책임감 때문이었다고 했다(농민 판매인 E5). 생산자 농민의 친환경 의식과 자부심이 빚어내는 뛰어난 품질이 소비자의 신뢰로 투영되고 축적되면서 에든버러 농민시장의 사회적, 공간적, 자연적 배태성의 원천이 되고 있음을 이 농민 사례는 짐작하게 해준다.

10 저자가 북아일랜드 벨파스트에서 만났던 한 여성 농민은 자신이 24년 전에 영국으로 이주해 와 결혼해 정착한 사람임에도 폴란드계라는 이유로 여전히 지역 주민으로 온전히 받아들여지지 않고 있다고 했다. 또 맨체스터대학교에서 만났던 한 대학생은 자신은 백인이라 백인 중심의 인종적 권력구조에서 혜택을 받고 있지만 비非백인 친구들은 은근한 차별을 감내하며 살고 있다고 했다. 브렉시트는 '백인 영국 전통주의'를 추구하는 것이라고도 볼 수 있기 때문에 "영국의 인종차별과 관련해서 정말 좋지 않은 영향을 미쳤다."고 비판하는 대학원생도 있었다(김원동, 2021b). 이러한 영국사회의 '인종차별'이나 '반反이민 정서'를 고려할 때, 농민시장에서 엿볼 수 있는 위와 같은 현상은 각별한 관심을 기울일 필요가 있어 보인다.

11 한 통계 자료에 의하면, 영국 전체로 봤을 때, 영국 시민권 미취득 주민 중 가장 숫자가 많은 민족집단은 폴란드계이고, 그다음이 루마니아, 인도, 아일랜드공화국, 이탈리아 출신 순이라고 한다(UN ONS, 2021a, 2021b; 김원동, 2021b). 저자는 실제로 에든버러 농민시장에서 손님이 와서 진행하던 면접을 중단하고 그들 간의 거래 과정을 지켜보던 차에 한 소비자가 판매인과 대화 중에 자신을 루마니아 출신이라고 소개하는 장면을 목격한

적도 있다. 에든버러 이외 지역의 농민시장에서도 동유럽뿐만 아니라 다양한 지리적·인종적 배경을 가진 농민 판매인과 소비자들을 만날 수 있었음은 물론이다.

12 신선도와 분리될 수는 없지만 먹거리의 품질을 가늠하는 기준의 하나로 자주 언급되는 것 중의 하나는 '맛'이다. 예컨대, 한 소비자(소비자 E14)는 슈퍼마켓에서 구입하는 딸기보다 에든버러 농민시장의 것이 훨씬 더 맛이 있다고 했다. 좀 더 값을 더 치러도 그만한 가치가 있다는 보는 것도 그 때문이라고 했다.

13 농민시장에서 거래되는 생산물의 경우, 품목을 떠나 어떤 것이든 품질이 다른 매장보다 더 좋다는 점을 영국 농민시장의 참여 소비자들도 이구동성으로 인정한다고 봐도 과언은 아닌 듯하다. 소비자들이 이를 농민시장을 찾는 기본적인 이유 중 하나이자 대전제처럼 생각하는 경향을 보이기 때문이다. 예컨대, 한 소비자는 소비자들의 농민시장 방문 이유가 생산자와의 대화라는 사회적 측면에 있을 것이라고 얘기하면서도 본인은 건강의 측면에서 양질의 먹거리를 구입하려는 게 첫 번째 이유라고 했다. 그에게 있어 먹거리 생산자와의 대화는 농민시장을 찾는 그다음 이유였다(소비자 E6).

14 이와 관련해서는 엇갈리는 얘기들도 있어서 현재로선 명쾌하게 답을 내리기는 어렵다. 판매인 중에는 에든버러 농민시장의 위치가 정주 인구가 몰려 있는 곳이 아니라 다소 거리가 있는 곳에서 오는 소비자들에 대한 대책 마련이 필요함을 강조하는 이들도 있었기 때문이다. 주차 요금 부담의 해소를 활성화 방안의 하나로 제시하는 사례들(농민 판매인 B, 농민 판매인 E)이 그런 입장을 보여준다. 따라서 이 점에 관해서는 앞으로 소비자와 판매인을 대상으로 좀 더 폭넓은 조사가 필요해 보인다. 거주지 인근의 여러 곳에서 농민시장이 열리는 미국의 경우에는 이 점에 대한 답변이 비교적 분명한 편이다. 미국 농민시장 소비자의 대다수는 도보로 집 근처에서 열리는 농민시장을 주기적으로 이용하기 때문이다(김원동, 2017a, 2018b).

15 영국 소비자들의 유기농 식품 구매 동기를 조사한 한 연구는 영국 소비자들이 유기농 식품 선택의 가장 중요한 이유로 자신과 가족의 건강을 꼽으면서도 환경과 동물복지 같은 가치 또한 중시함을 보여준다(Makatouni, 2002).

16 본문에서 이미 많이 등장했으나 이하의 논의에서도 슈퍼마켓 얘기가 계속 나오기 때문에 영국 슈퍼마켓의 판도와 성장 요인 및 과정에 대해 짧게라도 짚어볼 필요가 있어 보인다. 먼저 영국 슈퍼마켓(식료 잡화점)의 최근 시장점유율을 살펴보면 다음과 같다. 2022년 9월 기준 '영국 식료 잡화점의 시장점유율UK grocery market shares'은 테스코가 1위로 26.0%, 2위가 세인즈버리로 14.6%, 3위가 아스다Asda로 14.1%이고, 4위부터는 모두 10% 이하로 알디Aldi 9.3%, 모리슨Morrisons 9.1%, 리들Lidl 7.1%, 조합Co-op 6.5%, 웨이트로즈 4.7%, 아이스랜드Iceland 2.4%, 오카도Ocado 1.7%, 심벌스와 인디펜던트Symbols & Independent 1.6%, 기타 매장 2.1%다(UK DEFRA, 2024c). 1930년 미국에서 처음 출현한 슈퍼마켓은 소비자가 가게 안을 직접 걸어 다니면서 구매할 상품을 골라 담은 뒤 계산대로 가서 대금을 치르는 일종의 '셀프서비스'와 박리다매薄利多賣 전략에 따른 '대량 판매' 방식에 기반해 성장했다. 이러한 '슈퍼마켓 모델'은 성장세에 힘입어 점차 전 세계로 확산했다. 1960년만 해도 독립적인 소규모 소매상들이 영국 식품 소매시장의 약 60%를 차지했으나 2000년에는 6% 수준으로 급감했고, 이와 대조적으로 슈퍼마켓의 식품

시장 점유율은 88%로 증가했다. 특히 현재 영국 슈퍼마켓 중 시장점유율 1위로 전 세계에 수많은 지점을 둔 테스코는 이미 2013년 세계 5대 슈퍼마켓으로 소개될 정도로 성장세를 보였다(로런스·딕슨, 2016: 26-28에서 재인용). 하지만 아시아 주요 국가에서의 성과나 평가는 그리 좋아 보이지 않는다. 예컨대, 테스코는 2003년 일본 시장에 진출했다 실적 부진 끝에 2011년 철수를 발표했다. 또 테스코는 한국에 1999년 들어와서 '홈플러스'의 설립을 통해 유통시장을 확장해가면서 2014년 국내 2위의 대형마트로까지 성장했지만 2015년 '먹튀' 논란을 불러일으키며 매각하고 떠났다(《한국경제》, 2011.8.31.; 《한겨레》, 2015.9.7.; 《헤럴드경제》, 2015.10.22.).

17 또 다른 소비자(소비자 E6)는 에든버러 농민시장에서 판매되는 생산물들의 품질이 좋으면서도 슈퍼마켓보다 오히려 저렴한 편임을 강조했다. 예컨대, 슈퍼마켓에서 시금치 100g을 사려면 1.2파운드가 들지만 여기서는 200g을 같은 가격에 구입할 수 있다는 것이다. 이처럼 에든버러 농민시장에서는 가끔이지만 거의 절반 가격으로 건강에 좋은 생산물을 살 수도 있다고 했다. 이 소비자의 얘기는 이곳을 찾는 이유가 이렇듯 경제성, 지역성, 건강, 지속가능성 등의 여러 측면에서 이점이 있다고 보기 때문이라는 것이었다.

18 다른 한 소비자(소비자 E8)는 자신의 전체 식료품 예산 중 절반 정도를 여기서 사용한다면서, 판매인들의 지속성을 위해서는 그들을 후원할 필요가 있음을 강조하기도 했다. 시장과 1마일 정도 떨어진 매우 가까운 곳에 살고 있기 때문에 매주 걸어와서 한 주간 먹을 것들을 사 간다는 소비자(소비자 E14)도 있었다. 이 소비자의 경우에는 매우 많은 양의 식품을 구입해 가기 때문에 자신의 전체 식료품비 중 80~90%를 이곳에서 쓰고, 여기서 팔지 않는 우유나 시리얼cereal 같은 것은 어쩔 수 없이 슈퍼마켓에서 구매한다고 했다. 그런가 하면, 에든버러 농민시장에서 쓰는 먹거리 지출 비용의 비중이 30% 정도 된다고 한 소비자(소비자 E9)도 있었고, 공동체지원농업을 통해 채소를 배달받기 때문에 여기서 지출하는 것은 20% 정도라고 얘기한 소비자(소비자 E10)도 있었다. 또 식료품의 대부분을 테스코에서 구매하기 때문에 농민시장에서 지출하는 금액은 한 달 전체 식료품비의 5% 정도에 불과하다고 말하던 소비자(소비자 E13)도 볼 수 있었다. 이렇듯 전체 에든버러 농민시장에서 사용하는 식품비의 비중은 개인 사정에 따라 실제로 편차가 컸기 때문에 그 점에 대해 일반화하기는 어려워 보인다.

19 소비자들은 에든버러 농민시장에서 고기의 관심 있는 부위나 조리법 같은 것을 물으며 얘기하기도 하고(소비자 E10, 소비자 E13) 자기가 거래하는 판매인과 제법 오랫동안 서서 담소를 나누기도 한다(소비자 E8)고 했다. 이 시장의 고객들은 대부분 생산품만 사는 게 아니라 판매인과 많은 수다를 떤다고 얘기했다(소비자 E14). 이러한 사례들과 앞서 살펴본 여러 소비자의 비슷한 부류의 답변은 소비자와 판매인 간의 계속된 만남과 그에 수반되는 친밀한 대화가 신뢰를 다져가는 기반이 되고 있음을 보여준다. 미국 농민시장에 대한 한 사례 연구는 소비자와 판매인이 먹거리의 생산과정이나 생산물에 관한 정보를 공유하는 상호작용 과정이 이들 간의 가치 공유와 상호의존 관계 및 지속적인 농민시장 참여를 가능하게 해줌을 예시해준다(Carson et al., 2016). 여기서도 그 토대는 판매인과 소비자 간의 상호작용 과정에서 형성되고 강화되는 신뢰라고 볼 수 있다.

20 지역 주민의 입장에서도 온라인은 그들에게 에든버러 농민시장을 처음 알 수 있게 해주

는 경로 중 하나라고 볼 수 있다. 거의 매주 이 시장을 방문한다는 한 소비자(소비자 E6)는 구글 검색을 통해 에든버러의 유기농 농장을 찾아낸 뒤 그 농장에 전화를 해서 이 농민시장에 관해 알게 되어 오게 되었다고 했다.

21 에든버러의 한 지역 주민(소비자 E13)도 지역공동체에 대한 에든버러 농민시장의 기여 중 한 가지를 몸에 좋은 건강한 먹거리를 더 많이 섭취하도록 장려한다는 점에서 찾았다.

22 이 소비자(소비자 E5)는 다른 사람과의 대화 없이 필요한 물건을 쇼핑백에 담아 계산 처리기로 대금결제를 하는 식의 슈퍼마켓 문화가 현대인의 외로움과 고립감을 조장하고 있다고 했다. 사람들 간의 접촉이 없다는 점에서 그런 일 처리방식이 갈등을 줄이는 보다 안전한 방법이라고 생각해서 그런 상황을 만들지만 결국 갈등은 내부로 스며들게 되고 그것이 앞서 말한 소외감 같은 것을 초래한다는 의견이었다. 인간적 삶의 지속성을 위해서는 이러한 슈퍼마켓 문화를 탈피해야 한다고 이 소비자는 강조했다.

23 그래스마켓은 에든버러 성 인근에 있는 한 광장에서 매주 토요일마다 길거리 음식과 지역 농산물, 공예품 등을 판매하는 소규모 시장으로서 주변에 음식점을 비롯한 다양한 가게들이 많기 때문에 주말마다 많은 사람들로 붐비는 에든버러의 명소 중 한 곳이다.

24 여성 관리인(시장관리인 E13)에 의하면, 에든버러 농민시장의 주차장은 시장 관리 회사와는 별개의 사기업에 의해 운영되고 있어서 자기들로서는 개입할 여지가 없다고 했다. 그러면서 관리인은 판매인들에게는 무료 주차의 편의가 제공되고 있지만 소비자들에게는 현재 정상 주차료에서 44% 할인된 요금이 부과되고 있다고 했다.

25 주변에 일반 주민의 집단 거주지가 별로 없다는 것은 에든버러 농민시장의 풍광에도 불구하고 구조적인 약점이 아닐 수 없다. 특히 자가용이 없어 버스를 이용해야 하는 소비자들에게는 접근성에 있어 큰 장애요인이 될 수 있다. 여기서는 물론 자가용 이용 소비자들의 주차 문제를 얘기하고 있지만 시장과 집 간의 거리가 먼데 버스와 같은 대중교통을 이용해야 하는 소비자들은 운반의 어려움으로 인해 한 주간 필요한 물품을 충분히 구입해 가지 못하는 곤란함을 겪고 있다는 것이다. 이런 점 때문에 한 소비자(소비자 E13)는 에든버러 농민시장에서 구입하는 품목과 양은 제한적이고 필요한 식료품의 상당 부분을 집 인근의 테스코에서 충당한다고 했다. 이 문제에 대해서는 에든버러 농민시장이 자체적으로 단시일에 뚜렷한 대책을 찾기는 어려워 보인다. 하지만 이러한 지적들은 소비자와 농민시장 간의 지리적 거리가 이들의 시장 이용 양태에 영향을 미치고 있고, 따라서 어렵더라도 시급히 대책을 마련해야 함을 일깨워준다.

26 에든버러 농민시장의 지속적인 성장을 위해서는 무엇보다 소비자들을 시장에 계속 찾아오게 하고 고객이 되도록 만드는 것이 가장 중요하다는 시장관리인(관리인 E13)의 얘기도 홍보의 중요성을 강조하는 주장과 맞닿아 있다고 볼 수 있다.

6장

1 https://www.bathfarmersmarket.co.uk/about.
2 https://www.bathfarmersmarket.co.uk/about.
3 https://www.bathfarmersmarket.co.uk/about.

4 앞서 서술했듯이, 배스 농민시장은 설립 초기에 지방자치단체의 협조가 매우 큰 도움이 되었음을 홈페이지에 명시하고 있다. 하지만 배스 농민시장 관계자들은 이 시장이 그 어떤 보조금도 받지 않으면서 계속 자체적으로 운영되어온 영국 최초의 농민시장이라는 점에 상당한 자부심을 갖고 있음도 홈페이지를 통해 분명히 밝히고 있다. 면접조사 과정에서 저자는 배스 농민시장의 여성 관리인(관리인 B6)으로부터 이와 유사한 얘기를 들을 수 있었다. 배스 및 북동부 서머싯 의회는 시장의 설립 과정에 많은 도움을 주었지만 농민시장이 최대한 빨리 자립하기를 기대했다고 한다. 이것이 결과적으로 정부 보조금이나 다른 기금의 도움을 전혀 받지 않고, 자급자족할 수 있는 시장으로 성장할 수 있었던 계기가 되었다고 한다.

5 https://www.bathfarmersmarket.co.uk/about; 핑커턴·홉킨스(2012: 253); Bath Farmers' Market(2024).

6 핑커턴과 홉킨스가 집필하던 2008~2009년 무렵에는 시장 참여 당일 임차료가 20파운드였지만 2024년 현재 35파운드로 인상되었다. 또 지금의 연회비는 정회원과 임시 회원 모두 25파운드라고 한다(핑커턴·홉킨스, 2012: 253-254; Bath Farmers' Market, 2024).

7 홈페이지에는 지역 반경이 아직 40마일로 나와 있다. 하지만 2024년 시장 규정(Bath Farmers' Market, 2024)에서는 이것을 30마일로 더 좁혀두었음을 발견할 수 있다. 시장관리인(관리인 B6)도 지역의 경계 거리를 30마일이라고 설명해주었다. 홈페이지의 기록이 착오가 아니라면, 지역의 적용 범위를 최근 들어 좀 더 엄격한 방향으로 변경했다고 볼 수 있을 듯하다. 또 예외로 인정되는 불가피한 사정이 없는 한, 판매인은 규정된 지역 반경 내에서 본인이 직접 생산한 것만 시장에 가져와 팔 수 있게 되어 있다. 이와 같이 이른바 '지역산 먹거리local food'에서 '지연산'에 대한 정의를 먹거리 생산지가 농민시장으로부터 얼마나 떨어져 있는지를 기준으로 하게 된 데에는 지역성을 강조하는 농민시장의 영향이 크게 작용했다고 볼 수 있다. 농민시장 참여자들에게 있어 지역성은 먹거리의 품질 보장뿐만 아니라 생산자와 소비자가 함께 살아가는 먹거리공동체의 지리적 근접성을 뒷받침하는 결정적인 요인이기 때문이다. 하지만 농민시장에서 인정하는 농민시장과 생산지 간의 구체적인 거리가 시장 환경과 먹거리의 종류에 따라 비교적 유연하게 이해되어 왔다는 사실(O'Neill, 2014; Kirwan, 2004; 김원동, 2017a)은 문제점으로 거론되기도 한다. '지역산 먹거리' 여부에 대한 유연한 적용은 곧 개념 규정 자체가 다를 수 있음을 의미하기 때문이다. 일례로 아일랜드 사례에 대한 경험적 연구는 소비자들이 먹거리의 '지역성localness'을 주로 '지리적 근접성'으로 판단하고, 소비자의 거주 지역이나 특정한 먹거리의 구매 용이성 등에 따라 지역산 먹거리 개념을 다소 융통성 있게 이해하고 있음을 보여준다(Carroll and Fahy, 2015). 일각에서는 여러 선행연구에서 확인되는 이런 점을 근거로 '지역먹거리체계'에 대한 '보편적 정의'가 없음을 지적하는 목소리(Enthoven et al., 2021)도 있다.

8 배스 농민시장을 방문했을 당시 저자는 시장통을 여러 차례 둘러보면서 어떤 생산물들이 거래되고 있고, 또 분위기는 어떤지 눈여겨 살펴보았다. 품목의 경우에는 채소(유기농 채소와 비유기농 지역산 채소), 육류(쇠고기, 돼지고기, 양고기, 사슴고기 등), 버섯, 과일, 치즈, 잼, 빵, 케이크, 수프, 커피, 마요네즈, 생선 같은 다양한 농축수산물과 가공식품이 판매

되고 있었다(김원동, 2020a: 175). 판매 품목에 비추어볼 때, 시장관리인의 얘기처럼, 배스 농민시장은 농민 판매인이 실제로 많이 활동하는 공간이라는 느낌을 받을 수 있었다. 배스 농민시장의 홈페이지 초기 화면에는 '이번 주간의 판매인'이라는 제목 아래 판매인의 상호가 올라와 있고, '우리 시장의 판매인'이라는 메뉴에는 판매인의 업체명이 알파벳 순으로 정리되어 있다. 대부분 웹사이트 주소가 함께 표기되어 있기 때문에 개별 해당 업체로 곧바로 접속할 수 있다.

9 저자는 이런 특징이 농민시장의 고유한 성격을 보여주는 핵심 요소라고 생각한다.
10 이 농민 판매인은 젖소 250마리를 사육할 뿐만 아니라 축산업을 통해 쇠고기, 돼지고기, 양고기, 칠면조 같은 다양한 육류를 시장에 공급하고 있었다. 이곳 외에 다른 두 곳의 농민시장에도 참여하고 있었고, 농장에서 운영하는 가게도 있다고 했다. 그리고 1년 전부터는 온라인 판매도 시작했다고 한다.
11 이와 유사한 사례는 미국을 비롯한 여러 나라의 농민시장에서도 확인할 수 있었다. 예컨대, 샌프란시스코의 페리 플라자 농민시장이나 뉴질랜드의 농민시장들은 농민시장이 소규모 창업자들의 보육 공간이나 소생산자들의 새로운 판로가 되고 있음을 보여준다(김원동, 2014a, 2018b: 120-125; Guthrie et al., 2006).
12 배스 농민시장의 참여자들이 얘기하는 것과 마찬가지로 배스 농민시장의 홈페이지(https://www.bathfarmersmarket.co.uk/about)에서도 배스 농민시장과 고객의 관계는 '친구'로 표현되고 있다.
13 자기 친구의 대부분이 이 시장을 찾지 않고, 슈퍼마켓을 이용한다고 응답한 한 여성 소비자(소비자 B3)의 얘기를 배스 농민시장의 관계자들은 진지하게 되새겨볼 필요가 있다. 영국 최초의 농민시장이라는 역사적 전통에도 불구하고 아직 이 시장을 모르거나 이용할 생각을 하지 않는 지역 주민들이 적지 않다는 사실은 시장에 대한 보다 적극적인 홍보를 통해 지역 소비자의 시장 참여를 활성화하려는 전략이 필요하고 또 중요함을 시사하기 때문이다(김원동, 2020a: 183).
14 주차장 문제는 앞서 살펴본 에든버러 농민시장에서도 제기된 바 있다. 소비자들이 와서 여유롭게 장을 볼 수 있게 주차장을 포함해서 충분한 부지를 확보하는 일은 배스 농민시장뿐만 아니라 상당수의 농민시장이 계속 고민할 수밖에 없는 난제인 듯하다.
15 농민시장의 물품 가격이 전반적으로 비싼 편이라 저소득층의 접근에 한계가 있을 것이라는 점은 누구나 쉽게 짐작할 수 있다. 배스 농민시장을 비롯한 개별 농민시장의 차원과는 별개로 정부 정책의 측면에서 이 문제를 생각하면, 미국 정부의 '영양보충 지원 프로그램Supplemental Nutrition Assistance Program, SNAP' 같은 정책을 검토할 필요가 있어 보인다. 미국 정부의 저소득층 먹거리 지원 프로그램이나 정부와 민간 차원에서의 먹거리 지원책들이 특히 저소득 노년층에게 미치는 영향에 대한 좀 더 구체적인 논의를 위해서는 김원동(2017, 2018b)과 Dean et al(2014)을 참조하기 바란다.

7장

1 https://worldpopulationreview.com/world-cities/cardiff-population; https://www.

britannica.com/place/Cardiff-Wales.
2   이하의 시장 소개는 홈페이지(https://www.riversidemarket.org.uk/riversidemarket)에 게시된 내용을 간추려 정리한 것이다.
3   https://www.riversidemarket.org.uk.
4   https://www.riversidemarket.org.uk/meet-our-team.
5   이 여성 판매인은 리버사이드 농민시장의 초창기인 1999년 이후로 줄곧 이 시장에 참여한 가족농이자 소농으로서 소, 양, 닭을 비롯해 자신의 농장에서 직접 사육한 고기만을 이 시장에 가져와 팔고 있다고 했다.
6   시장의 운영 방식과 연혁 등에 관해 좀 더 알고 싶었으나 아쉽게도 그들을 만날 수 없었기 때문에 좀 더 자세한 정보는 확보하지 못했다.
7   런던 브리지 농민시장London Bridge Farmers' Market에서 이 여성 농민 판매인과 대화했던 날은 2018년 2월 6일이었다. 이 농민 판매인은 유기농업을 하면서 약 15년간 여러 농민시장에 참여했다고 했다. 이 시장은 규모가 매우 작았는데 최근 검색한 바에 의하면(검색일: 2025.2.8.), 문을 닫았다고 한다. 이는 영국 농민시장의 생존 환경이 그렇게 만만치 않음을 시사하는 것이기도 하다.
8   이 농민 판매인과의 면접조사는 2020년 2월 2일 알렉산드라 팔레스 농민시장에서 이루어졌다.
9   저자는 농민시장에 19년째 참여하고 있다는 낙농가의 남성 우유 농민 판매인을 상대로 노팅힐 농민시장에서 2018년 2월 3일 면접을 진행했다. 이 농민 판매인은 최근 공동체지원농업도 시작했다고 하면서 현재 농민시장에서 버는 수입은 전체 연간 소득의 4분의 1 정도 된다고 했다. 그리고 자기 가게를 찾는 소비자 중 여행객의 비율은 전체의 10% 정도에 불과하고, 90%는 단골손님이라고 했다.
10 현대사회의 구조적 특징 중 하나라고 할 수 있는 '피로사회'(한병철, 2012)가 농민시장 이용자의 확산을 가로막는 결정적인 구조적 장애요인이라고 보는 셈이다.
11 리버사이드 농민시장의 참여 농민은 아니지만 2018년 2월 15일 스코틀랜드 쿠파의 일반 농가에서 만났던 한 젊은 남성 농민도 비슷한 얘기를 했다(김원동, 2018a: 215). 유럽시장을 상대로 한 양고기 수출에 크게 의존해온 자신과 같은 농가는 브렉시트로 인해 불확실성이 매우 커져서 큰 걱정이라는 것이었다. 또 스코틀랜드 농업도 마치 '칼날 위에 서 있는 것' 같다고 하면서 많은 농민이 그동안 정부 보조금에 의존해왔기 때문에 앞으로 보조금이 끊기게 되면 재정 문제로 사투를 벌여야 할 것이라고 했다. 심지어 농가의 약 20%는 사라지게 될 것 같다는 얘기들도 나온다고 했다. 그러면서도 이 농민은 앞서 판매인과는 조금 다른 전망을 덧붙였다. 즉, 앞서 언급한 이유에서 향후 영국 농업이 10여 년 사이에 큰 변화를 겪게 되겠지만 이를 극복해가는 과정에서 영국은 결국 더 강력한 농업국가가 될 것 같다는 게 자신의 개인적 의견이라고 했다. 이러한 얘기는 결국 브렉시트가 영국 농업 전반에 미칠 영향에 대해서는 공통적으로 부정적 진단을 하면서도 장기적 전망에 있어서는 응답자에 따라 편차가 있음을 시사한다.
12 이러한 일상적 맥락에서의 사회통합 기능이 거시적 수준에서 포착되는 리버사이드 농민시장의 공동체적 함의라고 한다면, 좀 더 세부적인 수준에서 얘기할 수 있는 공동체

적 기능도 있다. 이와 관련해 농민 판매인(농민 판매인 R1)이 들려준 또 하나의 공동체는 에든버러 농민시장에서 볼 수 있었던 판매인들 간의 물물교환 공동체였다. 폐장 후 남은 먹거리는 대개 집에 가져가서 먹지만 그래도 판매인들 간에 상당한 물물교환이 리버사이드 농민시장에서 이루어진다고 했다. 현지조사 결과는 아니지만 앞서 물음에 대한 적절한 답변을 리버사이드 공동체 시장연합회 관계자들의 기록에서도 확인할 수 있었다. 이 연합회 관계자들은 협회와 연계된 리버사이드 농민시장을 비롯한 여러 농민시장이 공동체적 관점에서 큰 의미가 있음을 강조했다(altcardiff, 2013). 우선, 리버사이드 농민시장은 지역 생산자들이 방문객들을 환대의 분위기 속에서 맞아주고 교류하는 '소비자·생산자 공동체customer-producer community'라고 했다. 하지만 리버사이드 농민시장의 공동체적 의미는 여기에 그치지 않는다는 점을 강조했다. 즉, 판매인 간에 형성되는 또 다른 공동체의 의미도 있다는 것이다. 예컨대, 제빵 판매인은 농민시장에 참여하는 판매인의 계란을 사서 빵의 식재료로 사용함으로써 계란 판매인에게 도움을 준다는 것이다. 이는 판매인들끼리 서로 도우며 함께 일하는 '판매인 공동체'의 의미 또한 여기에는 내포되어 있음을 보여준다. 또 연합회 관계자들은 리버사이드 농민시장의 또 다른 중요한 공동체적 의미를 '지역공동체 시장community market'이라는 점에서 찾고자 했다. 말하자면, 연합회가 공동체와 늘 접촉하면서 리버사이드 농민시장을 포함한 지역 농민시장이 지역의 주요 행사나 여흥이 열리는 '플랫폼'이 될 수 있게 애써왔다는 것이다.

13 특히 농민시장에 나오는 생산물이 지금보다 더 많았으면 좋겠다는 바람은 소비자들의 다른 얘기에서도 짐작할 수 있었다(소비자 R2, 소비자 R3). 이들은 모두 좋은 물건들이 빨리 소진된다고 아쉬움을 보였기 때문이다. 그래서 질 좋은 생산물을 구하려면 춥더라도 오전 9시 30분에서 11시 사이에는 시장에 와야 한다고 했다. 세인즈버리 같은 곳은 24시간 영업하기 때문에 너무나 편리하나 물건의 질이 형편없는 데 반해 여기는 불편하지만 생산물의 질이 더 좋기 때문에 현재의 이런 불편함은 감수할 필요가 있다는 얘기도 이들은 덧붙였다. 앞서 언급했듯이, 개선을 희망하면서도 농민시장의 현실을 인정하고 불편더라도 농민시장 이용이 슈퍼마켓에 가는 것보다 더 낫다는 이해적 태도를 견지하는 이들의 모습도 저자로서는 인상적이었다.

8장

1 시장 개요에 관한 이하의 소개는 시장 홈페이지(https://growingcommunities.org/market)와 관련 사이트(https://www.stpaulswesthackney.org/community)에서 발췌하여 정리한 것이다.
2 홈페이지에는 바로 이 농민시장에서 지속가능한 소농과 재배자에게 직접 생산물을 구매하시라는 문구가 상단에 표기되어 있다.
3 공동체 성장 농민시장에서는 이 부분에 대해서도 기준을 구체적으로 밝히고 있다. 우선, 농민시장에 참여하려면, 생산자들은 누구나 공식 인증을 받은 유기농법이나 생명역동적 농법으로 생산해야 한다. 또 가공식품업자는 공동체 성장 농민시장 참여 생산자에게 재료의 70% 이상을 구입하여 사용한 경우에 유기농법이나 생명역동적 농법 인증을 받을 필요는 없지만 재료 구매를 입증할 자료를 시장 측에 제시하고 유기농 가공 절

차에 따라 제조해야 한다. 또 약간의 예외는 있지만 시장에서 활동 중인 생산자로부터 가공식품 재료의 70% 미만을 구입해 제조한 가공식품업자는 유기농법이나 생명역동적 농법 인증을 반드시 받아야 판매인으로 참여할 수 있다. 이는 시장에서 판매되는 가공식품도 식재료의 대부분을 친환경 지역산으로 충당하기 위한 것이라고 한다(https://growingcommunities.org/getting-stall).

4   공동체 성장 농민시장에서는 '지역local'을 시장에서 70마일 이내의 거리로 명시하고 있다. 다만, 유기농 유제품, 생선 및 육류에 한해 예외적으로 최대 100마일까지 인정한다 (https://growingcommunities.org/getting-stall).

5   https://growingcommunities.org/market; https://www.stpaulswesthackney.org/community.

6   https://www.growingcommunities.org/market.

7   이것은 물론 공동체 성장 단체에 의해 제시된 추정치다. 공동체 성장의 설명에 의하면, 농민시장에서의 먹거리 구매 행위는 그때마다 새로운 사회적·경제적·환경적 가치를 창출함으로써 당사자인 소비자뿐만 아니라 농민시장에 참여하는 농민·식품가공업자·농가의 피고용인 모두에게 혜택을 준다. 이렇게 생성된 가치의 최대 수혜자는 '소비자'이고, 그다음이 '환경'이라고 한다. 이 주제에 관한 좀 더 자세한 설명은 Jaccarini et al(2020)을 참조하기 바란다.

1, 8   유기농 먹거리를 공정한 가격한 가격으로 살 수 있다는 점에 대해서도 홈페이지에 게시된 설명에 이어 약간의 추가 논의가 필요해 보인다. 그 어떤 농민시장이든 농민시장에서의 구매 과정에서 가격은 늘 주요 관심사 중 하나이기 때문이다. "유기농 먹거리는 노동집약적인 생산방식을 쓰기 때문에 관행적 농법에 따라 생산된 먹거리보다 가격이 필연적으로 더 비쌀 수밖에 없습니다. 농민들이 이 시장에서 자신의 생산물에 대해 공정한 가격을 매기는 이유는 그 때문이고, 그래야 자신의 피고용 노동자들에게도 '공정한 임금fair wages'을 줄 수 있습니다. … '공정거래fair trade'는 수입품의 경우 못지않게 국내에서도 중요합니다(https://growingcommunities.org/market)." 관행농법에 의한 생산물의 문제점과 유기농산물이 일반 농산물보다 비쌀 수밖에 없는 이유에 대한 부연 설명 또한 '공동체 성장'의 홈페이지에서 찾아볼 수 있다. 즉 "(공정거래처럼) 지속가능한 유기농산물이 관행농법에 의한 생산물보다 생산 비용이 더 든다는 것은 사실입니다. 저렴한 생산물은 어디에서나 구할 수 있고, 이에 저항하는 것은 너무 힘듭니다. 하지만 '저렴한' 먹거리라는 것은 환경에 매우 해로운 대규모 영농과 분배 체계를 이용하거나 농민에게 돌아갈 (정당한) 몫을 훨씬 더 적게 지불함으로써 체계적으로 '비용'을 절감한 결과를 의미할 따름입니다. 유기농업 과정은 좀 더 '인간-집약적human-intensive'입니다. 하지만 살충제나 비료의 사용을 피하면서 유기농법으로 작물을 재배하려면 더 많은 토지가 필요합니다" (https://growingcommunities.org/faqs).

9   별도의 각주가 없는 한, 시장의 연혁과 운영 구조 등에 관한 이하의 내용은 공동체 성장 홈페이지에서 발췌, 정리한 것임을 밝혀둔다. 공동체 성장 홈페이지는 2010년부터 2020년까지의 연차보고서와 2022년과 2023년 영향보고서까지 모두 올려둘 정도로 내용이 매우 알차고 풍성하다. 이런 점에서 어떤 농민시장이든 홈페이지를 개편할 때 이를

적극 참고하면 많은 도움을 받을 수 있을 것으로 보인다.
10 지금은 매주 수요일마다 1,800개 이상의 과일과 채소 꾸러미를 만들어 배달할 정도로 성장했다(https://growingcommunities.org/faqs#structure). 현재 공동체 성장의 주요 고객은 공동체지원농업 회원과 농민시장 소비자라고 한다. 이 점은 양자가 공동체 성장의 재정에서 차지하는 비중에서도 확인할 수 있다. 예컨대, 2019/2020년 회계연도에는 이 공동체의 핵심 운영비 중 54%를 공동체지원농업에서, 그리고 40%를 농민시장에서 조달했다고 한다(Jaccarini et al., 2020).
11 '공동체 성장'의 주력 사업 중 하나인 공동체지원농업 회원들Box scheme members은 매년 12월 연례 총회에서 자원봉사자위원회의 위원 선거권과 피선거권을 행사할 수 있는 자격을 갖는다(https://growingcommunities.org/about-us). 이들 회원이 도움의 손길이 절실한 사람과 농민의 지속가능한 영농 활동을 돕기 위해 지역사회의 '푸드 뱅크'에 먹거리를 기부하는 '먹거리 신용 제도food credit scheme'를 운영하고 있다는 점 또한 주목할 만하다. 이는 공동체지원농업의 회원들이 주문한 식재료나 과일 등을 휴가로 인해 배달받지 못하게 되는 날짜를 미리 공동체 성장에 접수해두면, 공동체 성장에서 해당 먹거리를 지역의 저소득층에게 전달하는 제도다. 2018년 제도 도입 이후 지난 5년 동안 지역의 푸드 뱅크에 양으로는 약 25톤, 그리고 가격으로는 약 5만 4,000파운드에 달하는 과일과 채소 등을 기부했다고 한다(https://www.gcvegscheme.org/get-started; https://www.hackney.foodbank.org.uk/news/whopping-fruit-and-veg-donations-weigh-in-at-five-elephants).
12 시장관리인에 의하면, 시장이 처음 문을 열었을 때 가판대가 6개에 불과했으나 지금은 25개 정도 된다고 한다(관리인 G5).
13 예컨대, 한 현수막에는 큰 글자체로 상호를 적은 후 그 옆과 아래편에 '토양협회의 유기농 기준에 따라 재배한 것', '유기농 채소와 샐러드', '카운티에서 상을 받은 유기농 채소' 같은 홍보 문구가 쓰여 있었다. 브렉시트 이전에 실시된 한 연구에 의하면(Gerrard et al., 2013), 영국 소비자들은 영국 토양협회의 유기농 인증을 유럽연합의 인증보다 더 높이 평가하고, 유기농 인증 표식이 부착된 생산물을 그렇지 않은 생산물보다 더 신뢰함과 동시에 가격이 좀 더 비싸더라도 기꺼이 지불하는 경향이 있다고 한다.
14 '먹거리 시민' 또는 '음식 시민'에 관한 국내의 논의로는 김종덕(2012)과 이해진(2012)을 참고하기 바란다.
15 이러한 우려는 브렉시트로 인해 영국이 그동안 형성해온 매우 '신뢰할 수 있는 시장'이 주는 이점을 잃게 되었을 뿐만 아니라 영농 부문의 '불확실성'도 커졌다고 한 에든버러와 배스 및 리버사이드 농민시장 판매인들의 앞서 얘기와 일맥상통한다(김원동, 2018a: 209-211). 또 미국은 영국이 먹거리를 수입하는 주요 국가 중 하나이고, 향후 미국과의 교역이 더 활성화되리라는 전망에 비추어보면(김원동, 2021a: 412), 위와 같은 우려는 상당한 객관적 근거를 지닌 것이라고 볼 수 있다.
16 유럽연합은 2006년 이후로 공동농업정책을 통해 매년 약 540억 유로의 공적 기금을 사용해 왔다고 한다(Scown, Brady and Nicholas, 2020).
17 종래와는 달리 이제 영국인들이 먹거리의 안전성 문제를 고민하게 될 것이라는 전망은 앞서 살펴본 피면접자들의 얘기에서도 여러 차례 확인된 바 있다.

18 배스 농민시장에서는 오히려 이와 정반대의 얘기도 있었다. 농민 판매인들이 농민시장에 매주 참여하는 것이 다소 부담이 될 수 있다는 것이었다. 물론 소비자의 입장에서는 적어도 매주 한 번 정도는 열리는 것이 장터와 휴식 공간으로서 제 역할을 한다고 생각할 수 있다. 이처럼 농민시장의 기능과 개최 횟수의 관계에 대한 견해는 관계자에 따라 의견이 조금씩 갈리는 듯하다.

19 이 여성 소비자와의 면접조사는 2020년 2월 2일 알렉산드라 팔레스 농민시장에서 실시되었다. 이런 측면은 사실 영국에서만이 아니라 미국의 농민시장 사례들에서도 자주 확인된다(김원동, 2017a, 2018b; 김종덕, 2004b).

20 사람들이 양질의 먹거리를 구매하기 위해 농민시장을 찾는다는 것은 곧 먹거리가 사람들을 교류하게 만드는 촉매가 된다는 의미이자 좋은 먹거리를 매개로 공동체가 형성된다는 뜻이다. 이러한 '공동체 형성community building'은 공동체 성장이 지향해온 가치 중 하나이기도 하다(https://www.gcvegscheme.org/our-mission).

9장

1 앞서 언급했듯이, 저자는 벨파스트의 조지스 농민시장을 북아일랜드의 수도에서 열리는 대표적인 농민시장으로 알고 있었기 때문에 그곳을 찾아갔다. 하지만 막상 가서 본 시장의 모습은 전형적인 농민시장과는 상당히 거리가 있었다. 북아일랜드 농민시장 분석을 이번 연구에 포함시키지 못한 건 그 때문이었다. 거래되는 품목의 대다수가 농산물보다는 일상용품과 식품이었던 그 시장에서 그나마 다행이었던 것은 한 여성 농민 판매인을 만나 나름대로 의미 있는 얘기를 들을 수 있었다는 점이었다. 하지만 당일 시장에서 다른 농민은 볼 수 없었기 때문에 그 이상의 조사는 진행할 수 없었다.

2 UK House of Commons Library(2019a, 2019b).

3 식량, 사료, 음료 같은 먹거리의 영국 국내 자급 비중은 2018년의 경우 약 61%였고, 부족한 먹거리의 약 70%를 영국은 유럽연합 회원국에서 조달했다. 영국이 그해 가장 많은 양을 수입한 10개 국가 중 9개 국가가 유럽연합 회원국일 정도로 영국은 그동안 먹거리 부족분의 상당 부분을 유럽연합 국가들에 의존해 충당해왔다(UK House of Commons Library, 2019a, 2019b; 김원동, 2021a: 406-408).

4 예상할 수 있듯이, 영국 정부의 관계자들은 영국이 유럽연합과의 농식품 교역에 있어 종래와 같은 무관세를 보장받을 수 있도록 새로운 경제 관계를 구축하고, 유럽연합 비회원국들과의 교역에서는 새로운 자유무역협정의 체결을 확대할 것임을 공언했다(UK House of Commons Library, 2018a). 영국 정부는 주장대로 2021년 12월 오스트레일리아와의 자유무역협정에 서명했다. 이 협정의 발효일은 2023년 5월 31일로 되어 있었고, 브렉시트 이후 영국이 서명한 첫 번째 '새로운' 무역협정이었다(UK House of Commons Library, 2023a, 2023b). 이는 영국 정부가 브렉시트에 따른 대응책 마련에 나름 박차를 가하고 있음을 시사한다. 또 영국 정부는 유럽연합의 공동농업정책과 브렉시트의 영향 등에 대한 대책을 담은 새로운 '농업법agriculture bill'을 이미 2018년 9월 발표했다(UK House of Commons Library, 2018b, 2018c). 그런가 하면, '영국 전국농민연합UK National Farmers' Union'

은 정부가 서둘러 추진 중인 자유무역협정들이 영국 농민을 위한 시장 확장과 경쟁력 강화에 도움이 될 수 있는 방향으로 진행되어야 한다는 기본 입장을 표명함과 동시에 그러한 협정들이 초래할 수 있는 긍정적·부정적 영향에 대한 정례적인 검토와 평가의 중요성을 강조하고 나섰다(UK NFU, 2022). 이와 같이 영국 정부와 관련 단체들은 브렉시트 이후 유럽연합 회원국뿐만 아니라 비회원국들과의 농식품 교역에 있어 매우 복잡하고 풀기 어려운 새로운 과제들을 마주하고 있다.

5 '농업과 사회, 그리고 유럽과 유럽 농민 사이에 위치해 있는 일종의 동반자'라고 일컬어지는 유럽연합의 공동농업정책은 1962년 발효되었다. 그 주요 목표는 다음과 같은 다섯 가지로 정리될 수 있다(European Commission, 2024). 즉, 농민에 대한 후원과 농업 생산성의 향상을 도모함으로써 소비자들이 감당할 수 있는 가격으로 먹거리를 안정적으로 구할 수 있게 보장하는 것, 유럽연합 회원국 농민들이 상당히 괜찮은 삶을 살 수 있도록 보호하는 것, 기후변화와 자연 자원의 지속가능한 관리 문제에 대응하려는 노력을 돕는 것, 유럽연합 회원국의 농촌지역과 경관을 유지하는 것, 그리고 농업과 농식품산업 및 연관 부문의 일자리를 확장함으로써 농촌경제를 활성화하려는 것 등이다. 물론 이러한 내용의 유럽연합 공동농업정책이 영국에 적용되기 시작한 시기는 덴마크, 아일랜드와 함께 영국이 유럽연합의 전신인 유럽공동체European Communities에 가입한 1973년 이후부터다(UK House of Commons Library, 2018b; European Union, 2024).

6 UK House of Commons Library(2019c).

7 UK House of Commons Library(2019c).

8 영국의 주요 농산물, 농산물 수출입 품목과 동향, 농업정책, 브렉시트가 농업 부문에 미치는 영향 등에 대한 개괄적인 이해를 위해서는 윤정현(2013)과 안규미(2018)을 참고하기 바란다.

9 영국 일반 소비자들이 먹거리를 선택할 때 어떤 요인을 가장 중요하게 생각하는지를 조사한 경험적 연구에 의하면, 소비자들은 맛있는 먹거리, 신선한 먹거리, 건강에 좋은 먹거리를 각각 1, 2, 3순위로 선택했다(Weatherell et al., 2003). 초점은 다르지만 잉글랜드의 34개 농민시장을 대상으로 한 연구에서도 거의 비슷한 소비자 태도를 엿볼 수 있다. 소비자들은 농민시장을 무엇보다 신선하고 맛이 있으면서 건강에도 좋은 양질의 생산물을 파는 곳으로 인식하는 것으로 나타났다(Youngs, 2003). 농민 판매인이 소비자에게 신선한 먹거리를 제공하기 위해 농민시장이 열리기 전날 저녁이나 당일 새벽에 수확해서 가져온다는 사실은 생산자의 농장이 소비자와 근거리에 있고, 따라서 생산물 또한 지역산이라는 의미이기도 하다(Qendro, 2019).

10 영국 농민시장에 대한 저자의 현지조사에 의하면, 농민시장의 생산물 가격을 슈퍼마켓과 비교해서 언급할 때, 농민시장에 참여하는 생산자와 소비자들은 대개 최상급 슈퍼마켓이라고 볼 수 있는 웨이트로즈의 가격대와 비슷하거나 약간 싸고, 그 아래 등급의 슈퍼마켓들보다는 비싼 편이라고 생각하는 경향이 있었다.

11 하지만 품질이 좋다고 해도 가격이 슈퍼마켓의 물건보다 크게 차이가 난다면 문제가 될 수 있다는 점에 유의할 필요가 있어 보인다. 영국 일반 소비자들을 대상으로 한 경험적 연구에 의하면, 소비자들은 지역산 먹거리에 대해 우호적인 태도를 보이면서도 응답자

의 20% 정도는 지역산이라고 해도 슈퍼마켓의 유사 품목보다 더 비싼 가격으로 구매할 생각은 없다고 했다. 또 응답자의 약 25%는 5%에서 10% 정도 비싼 가격이라면 지불할 용의가 있다고 했고, 10% 이상 비싼 가격이라도 구입할 의사가 있다고 답한 사람은 거의 없었다. 또 소비자의 대다수는 지역산 먹거리의 첫 번째 선호 매장으로 슈퍼마켓을 꼽았다(Weatherell et al., 2003). 이런 조사 결과는 농민시장에서 판매되는 생산물 가격이 슈퍼마켓의 유사 판매품에 비해 지속적인 경쟁력을 확보하기 위해서는 품질을 과신하기보다는 소비자의 기대에 부응할 만한 적정 가격선을 항상 염두에 두어야 함을 시사한다. 물론 위의 조사 결과가 농민시장이 확산되던 초기에 나온 것이라 지역별로 주요 농민시장이 어느 정도 자리를 잡은 오늘날에는 농민시장 먹거리의 가격 문제에 대한 소비자의 인식도 좀 더 포용적인 방향으로 바뀌었을 개연성도 있다. 추후 이러한 측면에 대한 보다 구체적인 경험적 조사연구도 필요해 보인다.

12 이에 대해서는 Kim(2014)와 김원동(2017, 2018b)을 참고하기 바란다.
13 이러한 저자의 해석은 베버식의 해석 틀에 준거한 것이다. 베버에 의하면, '공동체화' 또는 '공동체적 결합'은 가족공동체나 국민공동체처럼 감정적이거나 전통적인 행위 지향에 바탕을 둔 사회적 관계이고, '사회화' 또는 '이해利害 사회적 결합'은 가치합리적이거나 목적합리적인 동기에 기초한 사회적 관계를 의미한다. 또 베버는 대부분의 사회적 관계가 부분적으로 양자의 성격, 즉 공동체화와 사회화의 성격을 동시에 지닌다고 주장한다(베버, 1997: 170-171; 로자 외, 2017: 47-48). 이러한 베버의 개념화는 그가 퇴니스의 공동체와 사회 개념을 자신의 이론적 틀 속에 녹여 새로운 용법으로 변용했음을 보여준다. 즉, 거시적인 사회변화의 맥락에서 '공동체와 사회'를 다루었던 퇴니스의 개념을 베버는 '사회적 행위 지향'의 토대 개념으로 바꾸어 '사회적 관계' 개념과 연관 지어 재규정했던 셈이다. 로자 등은 이 점을 매우 예리하게 간파했다(로자 외, 2017: 47). 이러한 베버식 분석 틀의 그림자는 비록 맥락은 다르지만 법인 기업을 '기능적 합리성'에 기초한 '경제학화 양식economizing mode'과 '공익'에 토대를 둔 '사회학화 양식sociologizing mode'의 상호 관계 속에서 설명한 벨Daniel Bell에게서도 발견할 수 있다(벨, 2006; 김원동, 2015).
14 300여 년 이상의 역사를 지닌 자유주의는 '개인의 자유 증진'을 지향하는 정치사상이다. 자유주의자들은 인간을 다른 사람과 평등한 조건에서 경쟁하면서 자유롭게 자신의 개인적 이익을 추구하며 살 능력이 있는 합리적 존재라고 전제한다. 초기 자유주의자들은 이러한 인간관을 토대로 개인적 자유의 확장에 걸림돌이 되는 봉건적·종교적 제약, 무지, 인종적·성적 편견, 빈곤, 정치적 절대주의 등의 제거를 강조하는 역사적 진보성을 보여 왔다. 하지만 이후 자유주의는 자유의 정확한 의미와 그 증진 방법을 둘러싸고 내부적으로 상당한 견해차를 보였다(볼 외, 2022: 95-150). 예컨대, 복지 자유주의자들은 모든 사람에게 평등한 기회를 제공하기 위해 적극적인 정부, 즉 복지국가가 필요하다고 주장한 데 반해 신고전 자유주의자들은 개인의 자유에 대한 정부의 간섭을 제한해야 한다고 강변했다. 이 같은 뚜렷한 내적 차이에도 불구하고 자유주의 사상은 보수주의나 사회주의 등으로부터 개인에게만 집중적인 관심을 보일 뿐 그 개인이 속한 공동체나 사회에는 소홀하다는 비판을 받아왔다(볼 외, 2022: 151-167).
15 로자 등이 이해한 바에 의하면, '자율적 개인'에 대한 과도한 강조로 인해 '공동체적 관

계의 상실'이 우려되는 상황에서 공동체주의자들의 공동체론이 부상했고, 또 인기를 얻었다는 것이 바우만Zygmunt Bauman의 해석이다. 다시 말해 바우만은 '공동체주의'를 '개인의 자유와 안정 사이의 깊어만 가는 부조화에 대한 반응', 좀 더 구체적으로 얘기하자면 '인간적 가치의 필수 불가결한 한 쌍(자유와 안정) 가운데 안정에서 너무 멀리 떨어진 방향으로 급격하게 변화하고 있는 … 추세에 대한 응답'이라고 보았다(로자 외, 2017: 54-55; 바우만, 2022: 330-331).

16 여기서 '자기 집단에 대한 강력한 충성심을 창출'하는 것이 결속형 사회적 자본이라고 한다면, 연계형 사회적 자본은 사회적으로 '광범위한 정체성과 호혜성을 만들어 낼 수 있는' 자본이라고 할 수 있다. 전자는 집단의 '동질성'을 강화하는 '내부 지향성'과 '네트워크의 배타적 정체성'을 띠는 반면, 후자는 외부 지향성과 '다양한 사회계층을 망라하는' 포괄적인 네트워크를 특징으로 한다. 이런 점에서 "결속형 사회적 자본은 일종의 사회학적 강력 접착제 역할을 하고, 연계형 사회적 자본은 사회학적 윤활유 역할을 한다."고 볼 수 있다(퍼트넘, 2009: 25-28, 2023a).

17 유동적 현대와 공동체에 대한 바우만의 견해에 대한 자세한 논의는 정일준(2015)과 송재룡(2013: 197-204)를 참조하기 바란다.

18 양극화와 포퓰리즘의 환경 속에 자라나는 왜곡된 정치적 의사공동체 대신 구성원 간의 상호 존중과 배려 및 상생의 정신에 기반한 신뢰의 공동체들이 중층적으로 늘어나 활성화된다면, 이는 이 책의 1장에서 언급한 공동체와 민주주의의 위기에 대한 지속적이고 효과적인 대책도 될 수 있을 것이다.

19 물론 영국 농민시장들도 미국 농민시장과 마찬가지로 유기농 먹거리를 강조한다. 하지만 대다수의 영국 농민시장은 공동체 성장 농민시장처럼 유기농 특화 시장이 되려고 한다기보다는 유기농이나 그에 준하는 친환경농법에 따라 생산된 먹거리를 지향한다고 보는 것이 현실을 더 잘 반영한 해석일 듯하다. 다시 말해, 공식적인 유기농 인증 여부보다는 친환경적인 방법으로 '지역'에서 생산한 신선한 생산물이라는 의미에서의 '지역성'을 전면에 내세우는 경향이 있다는 것이다.

20 먹거리의 지구화를 먹거리의 생산과 분배 및 소비의 측면에서 조명한 논문들을 수록한 편집 단행본으로는 잉글리스와 김린(Inglis & Gimlin, 2009)을 참고하기 바란다.

21 이 같은 배태성의 특징은 미국 농민시장에서도 확인할 수 있다(김원동, 2017a, 2018b).

22 생산자와 소비자 및 생산물은 농민시장의 역동성을 실질적으로 구현하는 세 가지 핵심 요소라고 할 수 있다(Kirwan, 2004: 400).

23 농민시장의 지속가능성 문제는 먹거리 생산과 소비의 지구화로 인한 '먹거리 불안정food insecurity'과 '지속가능성의 위기'에 맞서 지역에 기반을 둔 지속가능한 대안적 먹거리체계를 구축하고, 그 연결망을 확충하려는 광범위한 대안 먹거리 운동의 차원에서 제기되어 왔다는 점을 기억할 필요가 있다. 이와 관련된 자세한 여러 논의를 위해서는 Blay-Palmer(2010), Dawling(2013), Duncan and Bailey(2017), Esnouf et al(2013), Marsden and Morley(2014), Murcott et al(2016), 오스터비르와 소넨펠드(2015) 등을 참고하기 바란다.

24 최근 발표된 《영국 먹거리 보장 지표 2024》에 의하면, 영국의 수입의존도가 가장 큰 품목은 과일과 채소다. 전체 소비량 중 영국 국내에서 생산, 공급하는 비율은 과일의 경우

엔 2022년 기준 17%, 채소는 55%에 불과하다. 함께 발표된 양고기 107%, 우유 105%, 가금류 96%, 씨리얼스 92%, 달걀 90%, 쇠고기 87%, 돼지 69%, 유채꽃 씨앗 기름 64%, 감자 63%, 사탕무 57% 같은 다른 먹거리의 자체 공급 비율과 비교하면, 신선한 채소와 과일은 최하위에 속함을 알 수 있다. 그로 인해 국내 소비에 필요한 과일과 채소의 상당 부분을 기후변화와 기상이변에 취약한 외국산으로 메워야 하는 실정이다 보니 이 품목의 공급 불안정성은 커질 수밖에 없는 구조다. 물론 영국 정부는 이런 점을 인지하고 자치정부들과 함께 자국의 먹거리 보장을 강화한다는 차원에서 농업정책의 광범위한 개혁을 통해 특히 과일과 채소의 국내 생산을 지원하려 애쓰고 있다(UK DEFRA, 2024a).

25 농민시장에서는 다른 매장에서 좀처럼 보기 힘든 꿩고기나 사슴고기, 토끼고기 같은 색다른 고기도 가끔 구매할 수 있다. 비중이 크지는 않으나 이런 특이한 볼거리 혹은 구매 품목도 농민시장의 매력과 경쟁력에 일조하는 것으로 보인다.

26 이러한 가능성의 씨앗은 영국 농민시장이 출현한 초기 연구에서부터 확인할 수 있다. 예컨대, 한 연구에 의하면, 농민시장 소비자들은 품질이 좋고 신선한 지역산 먹거리에 대한 기대감을 갖고 농민시장을 찾으며 그러한 차별화된 먹거리를 즐기고, 지역 농민을 후원한다는 차원에서 한 번 다녀온 이후로는 대부분 다시 장을 보러 간다고 한다(Archer et al., 2003).

27 저자는 영국 농민시장의 판매인을 조사할 때마다 가게를 찾는 소비자 가운데 단골 비중이 얼마나 되느냐고 묻곤 했다. 가장 많이 들었던 답변은 90% 정도라는 얘기였다. 농민시장의 소비자가 지역 주민, 그것도 대다수가 상수常數와 같은 단골이라는 사실은 지역 내에 두텁고 견고한 소비자층이 형성되어 있음을 의미한다. 본문에서 이미 살펴본 것처럼, 농민시장의 판매인들이 브렉시트 이후의 상황에 대해 그렇게 우려하지 않았던 이유도 이 점에 대한 확고한 믿음 때문이었다.

28 영국의 식품표준국Food Standards Agency이 2023년 잉글랜드, 웨일스, 북아일랜드의 16세 이상 성인 5,812명을 대상으로 수행한 조사에 의하면(UK FSA, 2024; UK DEFRA, 2024a), 영국인들은 먹거리 공급 주체 중 농민에게 구매하는 먹거리의 안전성을 가장 신뢰하는 것으로 나타났다. 즉, 응답자들이 여러 먹거리 공급망을 신뢰한다고 응답한 각각의 비율은 농민 84%, 도축장과 유제품 판매점 73%, 먹거리 제조업자 75%, 일반 가게와 슈퍼마켓 81%, 포장 판매 음식점 54%, 음식 배달 서비스업체 39%였다. 이 조사는 일반 소비자들을 대상으로 한 것이기 때문에 응답자들은 농민시장 참여 농민보다는 일반 농민을 연상하면서 답했을 공산이 크다. 그럼에도 불구하고, 그 어떤 다른 먹거리 공급 주체보다 농민을 더 신뢰한다면, 농민시장의 농민 판매인을 특정했을 경우, 그 신뢰도는 더 높았을 것으로 추정된다.

29 미국의 농민시장 서적들을 살펴보면, 어린아이와 농민시장을 연결하려는 시도를 종종 접하게 된다. 토요일 아침 일찍 농민시장에 가자고 어른들을 깨워 시장에 가서 신나게 돌아다니며 놀다 부모와 함께 장을 봐서 귀가하는 모습을 그린 어린이용 그림책(예컨대, Trent, 2013)이나 좀 더 큰 아이들을 겨냥해 출간한 교양서적 등이 그러한 부류에 속한다. 개중에는 부모가 어린아이와 함께 농민시장에 가서 과일과 채소를 비롯한 다양

한 제철 먹거리를 둘러보고 장을 봐 와서 그러한 식재료를 가지고 자녀와 더불어 요리까지 하는 과정에 초점을 맞춘 인상적인 책(Jonath and Brennan, 2012)도 있다. 각종 먹거리와 요리 사진 및 요리법 해설로 구성된 이 책은 이런 일련의 과정이 일반인들이 기대하는 일종의 주간 가족 행사라는 점을 부각시킨다. 이런 종류의 책은 신선한 식재료와 가정식 요리 같은 것과 연계된 농민시장 체험을 어린 시절부터 생활양식의 일환으로 내면화하게 하는 사회화 기능을 수행한다고 볼 수 있다. 이와 같이 농민시장 체험, 지역산 식재료, 가정 요리, 도서와 독서 등이 맞물려 작동할 수 있는 이러한 환경은 농민시장의 활성화를 위한 장기적 방안 모색에 관심이 있는 저자에게 시사하는 바가 적지 않았다.

30 이러한 기능의 전형적인 사례는 농민시장보다 공동체지원농업 같은 다른 대안 농업의 판로 비중이 훨씬 더 큰 농가 판매인들에게서 발견할 수 있었다. 이번 현지조사에서도 공동체지원농업을 홍보하기 위한 장으로 농민시장을 활용하는 농민들(이를테면, 농민 판매인 E2와 농민 판매인 E6)을 만날 수 있었다. 이들은 농민시장에 직접 와서 자신들의 농산물에 대한 소비자 반응과 요구 사항을 청취해 반영함과 동시에 자기 농장의 공동체지원농업 회원으로 가입할 것을 홍보한다고 했다. 특히 이들은 대개 유기농 채소와 과일을 재배하는 농민이기 때문에 농민시장에서 차지하는 이들의 비중과 의미는 매우 크다. 이런 점에서 공동체지원농업과 농민시장에 동시에 참여하는 농가들은 농민시장의 지속가능성을 뒷받침하는 중요한 토대 역할을 하고 있다고 볼 수 있다.

31 이런 측면에서는 영국 농민시장도 미국 농민시장과 유사한 과제를 지니고 있다고 볼 수 있다. 앞서 언급한 영국 농민시장의 내부 문제이기도 한 상위 슈퍼마켓의 물건과 비슷한 수준의 높은 생산물 가격과 다양성 부족은 슈퍼마켓과의 경쟁에서도 문제가 되기 때문이다. 미국 농민시장처럼, 영국의 웨이트로즈 같은 고급 슈퍼마켓은 농민시장이 내세우는 지역산 유기농은 물론이고 계절적 요인으로 인해 농민시장에서 구하기 힘든 품목의 유기농 먹거리까지 수입해서 공급하기 때문에 '먹거리의 질적 우수성과 다양성'을 동시에 원하는 유기농 소비자들의 욕구를 한꺼번에 충족시킨다. 따라서 이런 현실에서 영국 농민시장이 채택해야 할 전략은 농민시장의 먹거리가 친환경 먹거리이면서 슈퍼마켓의 것보다 오히려 좀 더 신선하고 가격은 상대적으로 더 저렴하면서도 지역 농민에 의해 생산된 것이라 믿을 수 있는 먹거리라는 점을 각인시키는 방향이어야 할 것으로 보인다. 즉, 친환경 먹거리라는 측면에서는 슈퍼마켓의 것과 유사하지만 장이 서는 바로 전날이나 당일 새벽에 지역 농장에서 수확한 것이라 신선도나 품질이 더 좋고 믿을 수 있으며 직거래와 소비자 친화적 거래로 인해 가격도 그만큼 더 저렴함을 지역 소비자들이 인정할 수 있게 해야 한다는 것이다. 배태성의 관점에서 얘기하자면, 이는 곧 농민시장을 특징짓는 자연적·공간적·사회적 배태성을 소비자들이 체감할 수 있게 효과적인 방법을 찾아야 함을 의미한다(김원동, 2017a: 272-275).

32 한 가지 실례로 미국 샌프란시스코의 페리 플라자 농민시장이 '샌프란시스코 녹색교정 연맹'과 협동으로 운영했던 '교정과 시장 연계 프로그램'을 들 수 있다. 이것은 지역의 2개 고등학교 학생들이 농민시장과 지역농장을 방문해 영농 기술을 익히면서 교정의 텃밭에서 유기농 채소를 재배하고, 페리 플라자 농민시장에 가서 파는 일까지 해보는 시범 프로그램이었다. 학교 측에서는 생물학 수업 시간에는 모종 기르기, 경제학 시간에

는 생산물의 마케팅 기법, 그리고 미술 시간에는 농민시장 홍보 간판 그리기 등의 내용을 포함시킴으로써 이 프로그램과 교과목 간의 연계성을 높이고자 애를 썼다(Foodwise, 2011; 김원동, 2014a, 2014b, 2017: 96). 이와 같이 농민시장과 지역 시민단체 및 학교가 연대해 진행하는 먹거리교육 프로그램은 지역 농민, 농민시장, 지역먹거리 및 건강한 소비 방식 등에 대해 청소년이 일찍부터 관심을 가지고 폭넓게 이해하는 계기가 될 수 있다. 이러한 먹거리 사회화 과정을 경험한 청소년들은 그런 기회를 접하지 못한 학생들에 비해 농민시장의 미래 고객이 될 개연성도 그만큼 클 것이다. 따라서 이러한 프로그램은 결과적으로 농민시장의 장기적인 육성 정책으로서의 의미도 갖는 셈이라고 할 수 있다.

10장

1   2022년 기준 영국의 식량자급률은 약 60%(UK DEFRA, 2024a)다. 이는 영국이 지금까지 먹거리의 상당 부분을 수입에 의존해 해결할 수밖에 없는 구조적 상황에 놓여 있음을 단적으로 보여준다.

2   브렉시트의 영향으로 인해 2020년과 2021년 영국의 연평균 식품 가격은 약 3% 인상되었다(국회도서관, 2022: 93). 또 2022년 4월부터 2023년 4월 사이의 1년 동안 영국의 먹거리와 비알코올 음료 가격은 실질적으로 10.5% 인상되었다. 이처럼 먹거리 가격이 급등한 탓인지 잉글랜드, 웨일스 및 북아일랜드 소비자들을 대상으로 이 시기에 조사한 자료에 의하면, 소비자들은 먹거리와 관련한 문항 중 '먹거리 가격' 문제를 1위로 꼽을 정도로 예전과는 달리 먹거리 가격에 큰 관심을 보였다(UK DEFRA, 2024c). 이처럼 브렉시트 이후 먹거리 가격 인상에 대한 우려가 현실로 나타남에 따라 먹거리와 농업 문제에 대처하려는 영국 정부의 발걸음도 바빠지고 있는 것은 사실인 듯하다.

3   미국의 경우도 영국과 마찬가지로 농민시장이 지역먹거리체계의 구축에 있어 핵심적 역할을 수행해온 것으로 평가된다(Gillespie et al., 2007; Hinrichs and Lyson, 2007). 먹거리체계는 분류 기준에 따라 지역먹거리체계 외에도 이윤 극대화를 목표로 대규모 시장용 먹거리 생산을 겨냥하는 '농산업적 먹거리체계agri-industrial food systems', 도매업자나 소규모 가공회사 등이 개입해서 생산지와 소비지 간의 적정한 거리를 이동해가며 기본적인 먹거리를 소비자에게 공급하는 '권역 먹거리 생산 체계regional food-producing systems', '지구적 먹거리체계global food system' 등과 같이 여러 유형으로 나눌 수 있다. 이중 지역먹거리체계는 먹거리 공급 과정에서 직판과 같은 방식의 채택으로 먹거리의 공급 단계나 중간자의 개입을 최소화하고, 지리적으로 소비자와 인접한 곳에서 양질의 먹거리를 생산해 공급함으로써 먹거리 수급의 지속가능성을 보장하려는 먹거리체계다(Colonna et al., 2013). 영국보다 대안 영농방식이 좀 더 활성화되었다고 볼 수 있는 미국에서 생산자와 소비자들이 농민시장을 통한 지역먹거리체계에 큰 관심을 보여 온 이유도 이런 점에 있다고 볼 수 있을 것이다.

4   한국의 2022년 기준 식량자급률은 49.3%로 영국보다도 낮다. 사료 충당분까지 포함한 곡물자급률은 22.3%로 더 심각하다(농림축산식품부, 2023). 영국 이상으로 심각한 먹거리 문제에 봉착해 있는 우리 사회가 과연 이에 어떻게 대응하고 있는지 진지하게 되돌

아볼 것을 영국 사례는 일깨워준다.
5 한국 농민시장의 육성을 위해서는 중앙과 지역의 주요 기관들의 협력과 공동 대응이 필수적이겠지만 다른 어느 기관보다도 중앙정부의 역할이 중요해 보인다. 경제협력개발기구OECD의 여러 회원국은 최근 개인의 '외로움'과 '사회적 고립' 현상에 주목하면서 '사회적 유대감social connectedness' 증진에 정책적 우선순위를 두고 국가적 차원의 전략 모색에 관심을 기울이기 시작했다. 이는 강력한 사회적 연결망 구축과 공동체적 유대의 형성이 개인의 정신적·신체적 건강과 행복을 넘어 사회 제반 영역의 건강성을 뒷받침한다는 공통된 인식에 토대를 두고 있다. 경제협력개발기구 회원국인 한국 또한 사회적 유대감의 측정과 관련된 사회조사들을 실시해왔다(OECD, 2024). 하지만 그러한 조사와 정책에서 농민시장과의 연계성은 거론되지 않았다. 이런 점들에 비추어볼 때, 여기서 강조하고 싶은 것은 우리 정부가 사회적 유대감에 대한 경제협력개발기구의 일반적인 문제의식을 농민시장과도 연결시켰으면 한다는 점이다. 우리 정부가 친환경농업인과 농민시장에 관심을 갖고 지역 농민시장을 세대 간 어울림의 사회적 공간으로 육성한다면, 농민시장이 지역먹거리체계의 구축뿐만 아니라 사회적 유대감 확장의 전초기지가 될 개연성이 적지 않다고 보기 때문이다. 농민시장은 우리의 일상적 삶에 필수적인 먹거리를 매개로 판매인과 소비자 간의 신뢰에 기초한 유대감의 형성과 지속적인 확대재생산이 이루어질 수 있는 사회화 및 공동체화의 공간이기 때문이다.
6 주지하듯, 여기서 언급한 내용의 대부분은 농민시장만의 문제라기보다는 한국 농업의 고질적인 구조적 문제라고 할 수 있다(김원동, 2012b, 2020b; 김철규, 1999, 2020a, 2020b).
7 이 말은 현재 한국 농민시장이 이런 위상을 확보할 정도로 충실하게 자리 잡았다거나 그런 곳이 많다는 의미는 아니다. 여기서의 홍보 제언은 농민시장과 지역사회가 이런 의미의 시장이 될 수 있게 내부적으로도 부단히 길을 찾아야 한다는 점을 전제로 하는 소망을 담은 것이다. 예컨대, 소비자들이 쉽게 방문할 수 있는 주말 시간대에 개장을 한다거나 주말에 비어 있는 시청을 비롯한 공공기관의 주차장 부지를 활용한다거나 지역산 농산물뿐만 아니라 이를 식재료로 사용한 가공식품과 가벼운 식사용 가게 시설을 확충하는 식의 다양한 활성화 방안에 대해 고심하고 가능한 것부터 실천에 옮길 필요가 있다는 것이다. 또 온라인 소통이 활발한 청장년층이 농민시장에 관심을 갖게 할 만한 항목이 무엇인지에 대한 조사와 이해도 필요할 것이다.
8 정보통신기술Information and Communication Technology의 진화와 한국사회의 정보사회적 특성에 대해서는 김원동(2017b)을 참조하기 바란다.
9 농민시장이 친환경 먹거리와 소비자를 이어줄 뿐만 아니라 사람과 사람을 연결하는 가교의 역할을 한다는 점에서 농민시장은 생태적·공동체적 복원력과 지속가능성을 지닌 '농생태 체계agri-ecological system'의 중요한 구성요소가 될 수 있다고 본 킹의 해석(King, 2008)도 이런 맥락과 맞닿아 있다고 이해할 수 있다.
10 농민시장은 여러 연령대의 주민이 함께 어우러지는 공간이면서도 특히 50대나 60대 이상의 소비자가 많이 참여한다는 점을 강조하는 연구 결과도 있다(Szmigin et al., 2003). 그 이유는 이들이 다른 연령층보다 상대적으로 전통적인 소비 양식에 대해 더 매력을 느끼는 데다 농민시장에서의 소비를 통해 지역의 먹거리 생산자들을 후원하려는 도덕적 책

임감을 좀 더 강하게 갖고 있다고 보기 때문이다.
11 상호 인정과 존중의 가치에 대한 강조는 사실상 너무나 평범한 주장이라고 볼 수도 있다. 사회 속에서 모든 개인과 집단이 서로를 대등한 존재로 인정하고 이를 기반으로 자신과 타인에 대한 존중의 태도를 가져야 한다는 것은 당연한 얘기이기 때문이다. 하지만 오늘날 현실은 그렇지 못하다. 이 문제를 철학적·이론적 흐름 속에서 천착해온 대표적인 연구자는 악셀 호네트Axel Honneth다. 호네트는 개인과 집단이 자신들의 '차이'를 '인정'받고 '존중'받아야 한다고 강조한다. 그에 의하면, '신체적 학대', '사회적으로 타당한 권리 요구'에 대한 부정, '개인적·집단적 생활방식에 대한 평가절하'와 같은 세 가지 형태의 무시 경험이 자기 존중감을 상실하게 할 뿐만 아니라 '정치적 저항'을 동기화하는 원천이 될 수 있다고 한다. 즉, 도덕적 훼손감과 연계된 개인적·집단적 차별과 무시의 경험은 사랑, 권리, 가치 부여라는 세 가지 인정 형식에 따른 사회적 인정투쟁을 통해 '상호 인정'의 공동체를 지향하게 된다는 것이다(호네트, 2011). 이런 맥락에서 볼 때 크리스토퍼 주언Christopher Zurn의 해석처럼, 호네트의 인정투쟁은 1990년대 공동체주의자들의 주장에서 볼 수 있는 '정체성 정치'에서의 인정 정치보다 구현하고자 하는 '인정 관계의 다양성과 범위'가 훨씬 더 포괄적이라고 볼 수 있다(주언, 2024: 201-205). 이렇듯 사상사적·이론적 관점에서 보면, 인정과 존중의 가치는 오랜 역사적 배경을 내포하고 있다. 또 이의 실현을 위한 사회운동 또한 각 사회의 구조적 여건에 따라 앞으로도 다양한 양상으로 전개될 것으로 전망된다. 이는 곧 상호 인정의 공동체 구현이 절대로 간단치 않은 미완의 과제임을 시사한다. 이런 맥락에서 농민시장의 행위 주체들 사이에서 발견되는 상호 인정과 존중의 집합적 자산이 오늘날 중요한 의미를 지닐 수 있음을 환기하고자 한다. 프랑스, 영국, 독일의 주요 사상가들이 펼친 '인정 개념'을 집중적으로 분석한 최근의 연구로는 호네트(2022)를 참고하기 바란다.
12 소비자는 슈퍼마켓과는 완전히 다른 여유로운 시장 분위기 속에서 생산자인 판매인과 감성이 담긴 상호작용을 하면서 가격이 다소 비싸더라도 진짜 좋은 지역산 생산물을 믿고 살 수 있다는 점을 소중히 여긴다(Lyon et al., 2008).
13 예컨대, 한국사회는 사적 신뢰의 수준은 높으나 공적 제도를 비롯한 사회 전반의 신뢰 수준이 낮다거나(이재혁, 1998; 이재열, 1998, 2006) 개인들의 주체성을 인정하는 상호 존중에 기초한 신뢰가 부족하다(강수택, 2003)는 지적을 받아왔다.

참고문헌

강수택. 2003. "사회적 신뢰에 관한 이론적 시각들과 한국사회."《사회와 이론》3: 157-210.
국회도서관. 2022.《식량안보-한눈에 보기》(Fact Book 2022-6호 통권 제98호).
그라노베터, 마크Mark Granovetter. 2012. "경제적 행위와 사회구조: 배태의 문제."《일자리 구하기: 일자리 접촉과 직업경력 연구》. 유홍준·정태인 옮김. 아카넷.
김기홍. 2018. "(서평) 해방과 해체의 공간으로서 농민시장―《농민시장의 사회학―미국 사례를 중심으로》(김원동, 따비, 2017)."《농촌사회》28(1): 265-280.
_____. 2019. "(서평) 미국 먹거리 공동체의 재발견―《미국의 농민시장과 공동체지원농업》(김원동 지음, 따비, 2018)."《농촌사회》29(1): 189-204.
김문조. 2008.《한국사회의 양극화》. 집문당.
_____. 2019.《한국사회통합론》. 다산출판사.
김미영. 2006.《현대공동체주의-매킨타이어, 왈저, 바버》. 한국학술정보.
김상준. 2009. "자기 이해 너머: 사회적 자본 개념은 왜 문제인가."《미지의 민주주의(증보판)》. 아카넷.
김우식. 2003. "배태성의 색깔: 연결망 전략의 사회구조."《한국사회학》37(5): 131-160.
김욱진. 2020a.《공동체 1》. 한국학술정보.
_____. 2020b.《공동체 2》. 한국학술정보.
김원동. 2010. "춘천 농민시장의 현실과 과제-춘천 소양로 '번개시장' 사례 연구를 중심으로."《농촌사회》20(2): 81-115.
_____. 2011. "도농통합형 생활공동체 형성과 지속가능성의 매개공간으로서의 농민 시장: 미국 오리건 주 포틀랜드지역의 '농민시장' 사례를 중심으로."《농촌사회》21(2): 173-222.
_____. 2012a. "미국 농민시장의 지역사회통합 잠재력과 정책적 함의-샌프란시스코 페리 플라자 농민시장 홈페이지 사례 분석을 중심으로-."《정보통신기술을 활용한 지역사회 통합방안 연구보고서》(사회통합위원회 보고서): 177-229.
_____. 2012b. "(서평) 한국의 농촌·농업의 현주소와 쟁점 및 과제―《새로운 농촌사회학》(김철규 외 지음, 집문당, 2012)."《농촌사회》22(1): 345-352.
_____. 2014a. "페리 플라자 농민시장의 사회학적 함의와 시사점."《지역사회학》15(2): 219-260.
_____. 2014b. "미국 북서부지역의 공동체지원농업에 대한 사회학적 탐색과 시사점."《농촌사회》24(1): 201-254.

_____. 2015. "대니얼 벨과 탈산업사회의 사회학." 김문조 외. 《오늘의 사회이론가들》. 한울.
_____. 2016a. "영국인의 국가정체성: '군주정'과 '정체성의 연속성' 문제를 중심으로." 《담론 201》 19(4): 5-30.
_____. 2016b. "영국의 에든버러 농민시장 탐색." (2016.11.18. 지역사회학회 발표문).
_____. 2016c. "미국의 농민시장과 공동체지원농업: 배태성의 관점에서 본 특징과 활성화 방안 탐색." 《한국사회학》 50(1): 75-117.
_____. 2016d. "SBS 문화재단 국가미래의제분야 교수해외연구지원 최종결과보고서."
_____. 2017a. 《농민시장의 사회학-미국 사례를 중심으로》. 따비.
_____. 2017b. "ICT의 진화와 한국 사회: 정보사회적 특성과 핵심 과제." 《한국의 경제사회 발전과 ICT 산업의 진화》. 한울.
_____. 2018a. "영국 농민을 통해 본 브렉시트와 국가정체성: 농민시장 참여 농민을 중심으로." 《농촌사회》 28(2): 191-234.
_____. 2018b. 《미국의 농민시장과 공동체지원농업》. 따비.
_____. 2020a. "미국의 팜 스프링스 농민시장과 영국의 배스 농민시장 비교 연구." 《농촌사회》 30(1): 145-197.
_____. 2020b. "(서평) 한국 농식품체계의 형성 과정과 지속가능성의 탐구—《사회학의 눈으로 본 먹거리—한국 농식품체계의 변화와 위기》(김철규, 따비, 2020). 따비; 《음식과 사회-사회학적으로 먹기》(김철규, 세창출판사, 2020)." 《한국사회학》 54(3): 221-231.
_____. 2021a. "브렉시트 이후 영국 농민시장의 지속가능성 탐색." 《농촌사회》 31(1): 397-438.
_____. 2021b. "브렉시트의 원인과 특성에 대한 탐색: 영국인의 유럽인 정체성·유럽회의주의·인종차별을 중심으로." 《지역사회학》 22(2): 5-45.
_____. 2021c. "브렉시트 이후 다민족국가로서의 영국의 지속가능성: 영국인의 '민족정체성'과 '국가정체성'의 관점을 중심으로." 《신학과 학문》 23(2): 20-73.
_____. 2023a. "원주 농민시장의 변화와 지속가능성 탐색: 참여 농민의 시선과 배태성 개념을 중심으로." 《한국사회학》 57(4): 141-186.
_____. 2023b. "시장성과 배태성을 통해 본 원주 농민시장의 현실과 특성." 《지역사회학》 24(3): 31-62.
김원동·박준식. 2018. "영국의 첨단기술 클러스터: 클러스터 정책의 추진 과정과 특징 및 과제." 《지역사회학》 19(1): 167-193.
김자경. 2010. "로컬푸드시스템 구축을 위한 제주도민의 식생활 현황과 먹을거리 의식에 관한 연구." 《농촌사회》 20(2): 117-161.
김종덕. 2004. "미국의 농민시장." 《사회연구》 15: 213-238.
_____. 2009. 《먹을거리 위기와 로컬푸드》. 이후.
_____. 2012. 《음식문맹자, 음식시민을 만나다》. 따비.
김지연. 2018. "제도변화와 행위: 제도 혁신가 모형을 활용한 금융실명제 도입 사례 분석." 《한국행정학보》 52(2): 199-235.
김철규. 2006. "현대 식품체계의 동학과 먹거리주권." 《ECO》 12(2): 7-32.
_____. 2011. "한국 로컬푸드 운동의 현황과 과제—농민장터와 CSA를 중심으로." 《한국 사

회》 12(1): 111-133.

_____. 2020a.《사회학의 눈으로 본 먹거리—한국 농식품체계의 변화와 위기》(초판 2쇄). 따비.

_____. 2020b.《음식과 사회—사회학적으로 먹기》. 세창출판사.

김철규·김진영·김상숙. 2012. "대안 먹거리운동과 한국의 생협-한살림을 중심으로."《지역사회학》 14(1): 117-143.

김철규·김태헌·김홍주·윤수종·박민선·송정기·이해진·박대식·김종덕·허미영·윤병선. 2012.《새로운 농촌사회학》. 집문당.

김홍주. 2006. "생협 생산자의 존재 형태와 대안 농산물체계의 모색: 두레생협 생산자회를 중심으로."《농촌사회》 16(1): 95-141.

농림수산식품부. 2023.《양정 자료》. https://www.mafra.go.kr.

뉴튼, 케네스Kenneth Newton. 2003. "제6장 사회자본과 민주주의."《사회자본: 이론과 쟁점》. 유석춘·장미혜·정병은·배영 공편역. 도서출판 그린.

럽턴, 데버러Deborah Lupton. 2015.《음식과 먹기의 사회학-음식, 몸, 자아》. 박형신 옮김. 한울.

로런스, 제프리·제인 딕슨Geoffrey Lawrence·Jane Dixon. 2016. "1장 농식품의 정치경제학: 슈퍼마켓." 윤병선 외 옮김.《세계 농업과 먹거리의 정치경제학》. 따비.

로자, 하르트무트., 라스 게르텐바흐, 헤닝 라욱스, 다비트 슈트레커Hartmut Rosa, Lars Gertenbach, Henning Laux, David Strecker. 2017.《공동체의 이론들》. 곽노완·한상원 옮김. 라움.

문성훈. 2017. "공동체 개념의 구조 변화."《문화와 정치》 4(4): 43-68.

뮐러, 얀 베르너Jan Werner Müller. 2022a. "민주주의 위기 극복을 위한 필수 요소 (SDF2022 기조연설)." https://youtu.be/fEcv_OphidQ.

_____. 2022b.《민주주의 공부》. 권채령 옮김. 월북.

매키버, 로버트Robert M. MacIver. 2009. "로버트 매키버의 발문."《거대한 전환: 우리 시대의 정치·경제적 기원》. 홍기빈 옮김. 도서출판 길.

바우만, 지그문트Zygmunt Bauman. 2015.《왜 우리는 불평등을 감수하는가? 가진 것마저 빼앗기는 나에게 던지는 질문》. 안규남 옮김. 동녘.

_____. 2018.《레트로토피아: 실패한 낙원의 귀환》. 정일준 옮김. 아르테.

_____. 2022.《액체 현대》. 이일수 옮김. 필로소픽.

바우만, 지그문트·스타니스와프 오비레크Zygmunt Bauman·Stanisław Obirek. 2016.《인간의 조건: 지금 이곳에 살기 위하여》. 안규남 옮김. 동녘.

박길성·이택면. 2007.《경제사회학 이론》. 나남출판.

박덕병. 2004. "미국의 농민시장에서 농촌지도요원의 역할."《한국농촌지도학회지》 11(2): 279-290.

박민선. 2009. "초국적 농식품체계와 먹거리 위기."《농촌사회》 19(2): 7-36.

박찬웅. 1999. "신뢰의 위기와 사회적 자본."《사회비평》 19(1): 33-64.

_____. 2000. "사회적 자본, 신뢰, 시장: 시장에 대한 사회학적 접근."《21세기 시장과 한국사회》. 나남.

_____. 2010. "시장과 배태: 경제적 거래의 사회적 배태성."《한국사회학》 44(5): 48-80.

볼, 테렌스·리처드 대거·대니얼 I. 오닐Terence Ball·Richard Dagger·Daniel I. O'Neill. 2022.《현대 정

치사상의 파노라마: 민주주의의 이상과 정치 이념》. 정승현·강정인 외 옮김. 아카넷.
부르디외, 피에르Pierre Bourdieu. 2003. "제2장 자본의 형태."《사회자본: 이론과 쟁점》. 유석춘·장미혜·정병은·배영 공편역. 도서출판 그린.
_____. 2006.《구별짓기: 문화와 취향의 사회학(상, 하)》. 최종철 옮김. 새물결.
블록, 프레드Fred L. Block. 2009. "프레드 블록의 해제."《거대한 전환: 우리 시대의 정치·경제적 기원》. 홍기빈 옮김. 도서출판 길.
베버, 막스Max Weber. 1997.《경제와 사회 I》. 박성환 옮김. 문학과지성사.
베스트, 숀Shaun Best. 2024.《지그문트 바우만의 사회이론》. 박형신 옮김. 한울.
벡포드, 윌리엄 토머스William Thomas Beckford. 2020.《바텍》. 정영목 번역. 열림원.
벨, 다니엘Daniel Bell. 2006.《탈산업사회의 도래》. 김원동·박형신 역. 아카넷.
설한. 2003. "공동체주의: 협동, 책임, 참여의 정치사회학."《도시공동체론》. 한울.
송원규·윤병선. 2012. "세계 농식품체계의 역사적 전개와 먹거리위기."《농촌사회》 22(1): 265-310.
송재룡. 2013. "제7장 탈근대 시대의 대안공동체: 트윈 오크스와 에코빌리지." 이동수 편.《행복과 21세기 공동체: 글로벌 대안공동체 현장을 가다》. 아카넷.
스미스, 사이먼Simon C. Smith. 2001.《영국 제국주의: 1750-1970》. 이태숙·김종원 옮김. 동문선.
세넷, 리처드Richard Sennett. 2016.《투게더: 다른 사람들과 함께 살아가기》. 김병화 옮김. 현암사.
쉐보르스키, 아담Adam Przeworski. 2022. "민주주의: 언제 어떻게 작동하는가?(SDF2022 기조연설)." https://youtu.be/9F6rkbQLOrM.
_____. 2023. "위대한 수업: 아담 쉐보르스키-민주주의 난제 5강 무엇이 민주주의를 무너뜨리나." https://home.ebs.co.kr/greatminds/vodReplay/vodReplayView?siteCd=&courseId=40023168&stepId=60023845&lectId=60314383&searchType=&searchKeyword=&searchYear=&searchMonth=.
스티글리츠, 조지프Joseph Stiglitz. 2009. "조지프 스티글리츠의 발문."《거대한 전환: 우리 시대의 정치·경제적 기원》. 홍기빈 옮김. 도서출판 길.
신용하. 1985.《공동체이론》. 문학과 지성사.
안규미. 2018. "영국 농업과 브렉시트 영향."《세계농업》 209: 55-77.
안병영·임혁백 편. 2001.《세계화와 신자유주의: 이념·현실·대응》. 나남.
안태호. 2024. "농가 수, 사상 처음 '100만 가구' 밑돈다 … 65살 이상 절반 넘어서."《한겨레》(2024.4.18.).
오스터비르, 피터·데이비드 A. 소넨펠드Peter Oosterveer·David Allan Sonnenfeld. 2015.《먹거리, 지구화 그리고 지속가능성》. 김원규 외 옮김. 따비.
오현석. 2002. "영국의 농민시장Farmers' Market 동향."《세계농업》 27: 65-69.
울콕, 마이클Michael Woolcock. 2003. "제7장 사회자본과 경제발전: 이론적 종합과 정책적 틀을 향해."《사회자본: 이론과 쟁점》. 유석춘·장미혜·정병은·배영 공편역. 도서출판 그린.
유석춘·장미혜·정병은·배영 공편역. 2003.《사회자본: 이론과 쟁점》. 도서출판 그린.
윤병선. 2009. "지역먹거리운동의 전략과 정책과제."《농촌사회》 19(2): 93-121.
_____. 2010. "대안농업운동의 전개과정에 대한 고찰-유기농업운동과 생협운동, 지역먹거리

운동을 중심으로." 《농촌사회》 20(1): 131-160.
윤병선·김선업·김철규. 2011. "농민시장 소비자와 배태성: 원주 농민시장 참여 소비자의 태도에 관한 경험적 연구." 《농촌사회》 21(2): 223-262.
_____. 2012. "원주 농민시장 참여생산자의 특성과 배태성 효과에 관한 경험적 연구." 《산업경제연구》 25(3): 2279-2307.
윤병선·우장명·박대호. 2010. "지역먹거리운동의 가능성과 과제: 청주지역의 사례를 중심으로." 《산업경제연구》 23(2): 975-999.
윤수종. 2011. "나주지역 농촌시장의 변화와 실태에 관한 연구." 《농촌사회》 21(1): 77-122.
윤정헌. 2013. "영국 농업 동향과 시사점." 《세계농업》 157: 173-190.
이영길·지경배·조근식·김대건·김원동·신승춘. 2016. 《강원도 사회적 건강 개선방안》. 강원발전연구원.
이우진. 2011. "지자체 주도형 로컬푸드 추진 사례—평택푸드." 《농정연구》 38: 181-204.
이재열. 1998. "민주주의, 사회적 신뢰, 사회적 자본." 《계간 사상》 37: 65-93.
_____. 2003. "사회적 자본과 시민의식." 《지역사회학》 5(1): 41-81.
_____. 2006. "지역사회 공동체와 사회적 자본." 《지역사회학》 8(1): 33-67.
이재혁. 1996. "신뢰, 거래비용, 그리고 연결망." 《한국사회학》 30(3): 519-543.
_____. 1998. "신뢰의 사회구조화." 《한국사회학》 32(2): 311-355.
_____. 2015. "비대칭 사회와 합리적 선택이론: 제임스 콜만의 사회이론." 김문조 외. 《오늘의 사회이론가들》. 한울.
이해진. 2012. "소비자에서 먹거리 시민으로." 《경제와 사회》 96: 43-76.
_____. 2019a. "먹거리 커먼즈와 청주시 지역먹거리정책의 방향." 《환경사회학연구 ECO》 23(1): 107-156.
_____. 2019b. "협동조합 먹거리체계의 지속가능성과 회복력: 한살림 협동조합을 중심으로." 《농촌사회》 29(2): 77-128.
이해진·이원식·김흥주. 2012. "로컬푸드와 지역운동 네트워크의 발전-원주 사례를 중심으로." 《지역사회학》 13(2): 229-262.
임운택. 2010. "사회자본 개념의 도구화와 사회성의 경제화." 《사회와 이론》 17: 85-120.
애슐리, 밥·조안 홀로스·스티브 존스·벤 테일러Bob Ashley·Joanne Hollows·Steve Jones·Ben Taylor. 2014. 《음식의 문화학》. 박형신·이혜경 옮김. 한울.
정동일. 2012. "제도적 네트워크, 중층적 배태성, 조직 관행의 확산: ISO 14001 환경 표준의 국제적 확산, 1995~2008." 《인사·조직연구》 20(4): 167-209.
정성훈. 2016. "공동체주의 공동체의 한계와 현대적 조건에서 현실적인 공동체." 《도시인문학연구》 8(2): 133-154.
조옥라. 2020. "(서평) 날카로움과 열정의 결합: 《사회학의 눈으로 본 먹거리》(김철규, 따비, 2020)." 《농촌사회》 30(1): 267-278.
주언, 크리스토퍼Christopher Zurn. 2024. 《악셀 호네트의 인정이론》. 박형신 옮김. 한울.
정은미. 2011. "지역경제 활성화를 위한 로컬푸드시스템 구축 방안." 《농정연구》 38: 65-94.
정은정. 2012. "(서평) 우리가 사는 곳에서 로컬푸드 씨 뿌리기." 《농촌사회》 22(1): 353-358.
정은정·허남혁·김흥주. 2011. "텃밭 공간을 통해 본 여성과 장소의 정치: 전국여성농민회총연합 '언니네텃밭' 사업을 중심으로."《농촌사회》 21(2): 301-344.
정일준. 2015. "유동적 현대의 비판사회학: 지그문트 바우만의 사상과 실천." 김문조 외.《오늘의 사회이론가들》. 한울.
최종렬. 2004. "신뢰와 호혜성의 통합의 관점에서 바라본 사회자본: 사회자본 개념의 이념형적 구성."《한국사회학》 38(6): 97-132.
최종철. 1996. "옮긴이 후기."《구별짓기: 문화와 취향의 사회학(상, 하)》. 최종철 옮김. 새물결.
콜먼, 제임스James S. Coleman. 2003. "제3장 인적자본 형성에 있어서의 사회자본." 유석춘·장미혜·정병은·배영 공편역.《사회자본: 이론과 쟁점》. 도서출판 그린.
캐롤란, 마이클Michael Carolan. 2013.《먹거리와 농업의 사회학》. 김철규 외 옮김. 따비.
크루그먼, 폴Paul Krugman. 2009.《미래를 말하다》. 예상한 외 옮김. 현대경제연구원.
토크빌, 알렉시 드Alexis de Tocqueville. 2003.《미국의 민주주의(Ⅰ, Ⅱ)》. 임효선·박지동 옮김. 한길사.
통계청. 2023.《2023년 고령자 통계(보도자료)》. https://kostat.go.kr.
_____. 2024.《2023년 농림어업조사 결과(보도자료)》. https://kostat.go.kr.
테일러, 찰스Charles Taylor. 2015.《불안한 현대 사회》. 송영배 옮김. 이학사.
_____. 2017.《자아의 원천들: 현대적 정체성의 형성》. 권기돈·하주영 옮김. 새물결.
퍼트넘, 로버트Robert D. Putnam. 2000.《사회적 자본과 민주주의》. 안청시 외 공역. 박영사.
_____. 2003. "제4장 번영하는 공동체: 사회자본과 공공 생활."《사회자본: 이론과 쟁점》. 유석춘·장미혜·정병은·배영 공편역. 도서출판 그린.
_____. 2009.《나홀로 볼링—볼링 얼론: 사회적 커뮤니티의 붕괴와 소생》. 정승현 옮김. 페이퍼로드.
_____. 2017.《우리 아이들》. 정태식 옮김. 페이퍼로드.
_____. 2023a. "'우리는 어떻게 무너졌는가' 1강. 붕괴의 서막, 70년대 이탈리아." https://home.ebs.co.kr/greatminds/vodReplay/vodReplayView?courseId=40023168&stepId=60023845&lectId=60391752.
_____. 2023b. "'우리는 어떻게 무너졌는가' 2강. 한 세대의 소멸, 90년대 미국." https://home.ebs.co.kr/greatminds/vodReplay/vodReplayView?courseId=40023168&stepId=60023845&lectId=60392141.
_____. 2023c. "'우리는 어떻게 무너졌는가' 3강. 흙수저 탄생의 비밀." https://home.ebs.co.kr/greatminds/vodReplay/vodReplayView?courseId=40023168&stepId=60023845&lectId=60392719.
_____. 2023d. "'우리는 어떻게 무너졌는가' 4강. 우리는 무엇을 물려주고 있나." https://home.ebs.co.kr/greatminds/vodReplay/vodReplayView?courseId=40023168&stepId=60023845&lectId=60392720
_____. 2023e. "'우리는 어떻게 무너졌는가' 5강. 어쩌다 이렇게 됐을까." https://home.ebs.co.kr/greatminds/vodReplay/vodReplayView?courseId=40023168&stepId=60023845&lectId=60393099
_____. 2023f. "'우리는 어떻게 무너졌는가' 6강. 청년은 무엇을 해야 하나." https://home.ebs.co.kr/greatminds/vodReplay/vodReplayView?courseId=40023168&stepId=60023845

&lectId=60394536.
포르테스, 알레잔드로Alejandro Portes. 2003. "제5장 사회자본 개념의 기원과 현대 사회학의 적용."《사회자본: 이론과 쟁점》. 유석춘·장미혜·정병은·배영 공편역. 도서출판 그린.
폴라니, 칼Karl Polanyi. 2009.《거대한 전환: 우리 시대의 정치·경제적 기원》. 홍기빈 옮김. 도서출판 길.
핑커턴, 탐진·롭 홉킨스Tamzin Pinkerton·Rob Hopkins. 2012.《우리가 사는 곳에서 로컬푸드 씨뿌리기-지역, 상생과 공생, 순환을 위한 행동 가이드》. 충남발전연구원 옮김. 따비.
핑켈스타인, 조안Joanne Finkelstein. 2019.《레스토랑의 사회학-욕구와 근대 정체성의 형성》. 박형신 옮김. 한울.
하석건. 2013. "EU 농식품 직거래와 파머스마켓."《세계농업》156: 1-19.
한국도시연구소 엮음. 2003.《도시공동체론》. 한울.
한병철. 2012.《피로사회》. 김태환 옮김. 문학과 지성사.
호네트, 악셀Axel Honneth. 2011.《인정투쟁: 사회적 갈등의 도덕적 형식론》. 문성훈·이현재 옮김. 사월의책.
_____. 2022.《인정: 하나의 유럽 사상사》. 강병호 옮김. 나남.
홍기빈. 2009a. "옮긴이의 말."《거대한 전환: 우리 시대의 정치·경제적 기원》. 홍기빈 옮김. 도서출판 길.
_____. 2009b. "시장경제 유토피아와 사회의 발견(옮긴이 해제)."《거대한 전환: 우리 시대의 정치·경제적 기원》. 홍기빈 옮김. 도서출판 길.
KBS 사회적 자본 제작팀. 2011.《사회적 자본》. 문예춘추사.
〈한국경제〉(2011.8.31.), "영국 유통업체 테스코, 일본에서 철수."; 〈한겨레〉(2015.9.7.), "MBK 파트너스, 홈플러스 인수계약."; 〈헤럴드경제〉(2015.10.22.), "테스코 한국 떠난다 … 홈플러스 새출발."

alt.cardiff. 2013. "In depth: Cardiff's farmers' markets." https://www.jomec.co.uk/altcardiff/food/in-depth-cardiffs-farmers-markets. 13 Dec 2013.
Archer, G.P., Judit García Sánchez, Gianpaolo Vignali and Aurélie Chaillot. 2003. "Latent consumers' attitude to farmers' markets in North West England." *British Food Journal* 105(8): 487-497.
Baritaux, Virginie., Marie Houdart, Jean-Pierre Boutonnet, Carole Chazoule, Christian Corniaux, Philippe Fleury, Nicolas Lacombe, Martine Napoléone and Jean-FranÇois Tourrand. 2016. "Ecological embeddedness in animal food systems (re-)localisation: A comparative analysis of initiatives in France, Morocco and Senegal." *Journal of Rural Studies* 43: 13-26.
Bath Farmers' Market. 2024. "General Rules & Regulations of The Bath Farmers' Market Limited." https://www.bathfarmersmarket.co.uk.
Baum, Joel A and Christine Oliver. 1992. "Institutional Embeddedness and the Dynamics of Organizational Populations." *American Sociological Review* 57(4): 540-559.
Beckert, Jens. 1996. "What is sociological about economic sociology? Uncertainty and the

embeddedness of economic action." *Theory and Society* 25(6): 803-840.

Bentley, Gillian., Alan G. Hallsworth and Anna Bryan. 2003. "The Countryside in the City- Situating a Farmers' Market in Birmingham." *Local Economy* 18(2): 109-120.

Blay-Palmer, Alison (ed.). 2010. *Imagining Sustainable Food Systems: Theory and Practice.* Ashgate.

Block, Fred and Margaret R. Somers. 2014. *The Power of Market Fundamentalism: Karl Polanyi's Critique.* Harvard University Press.

Bosworth, Gary and Joanie Willett. 2011. "Embeddedness or Escapism? Rural Perceptions and Economic Development in Cornwall and Northumberland." *Sociologia Ruralis* 51(2): 195-214.

Bourdieu, Pierre. 1986. "The Forms of Capital." in John G. Richardson (ed.), *Handbook of Theory and Research for the Sociology of Education.* Greenwood. https://home.iitk.ac.in/~amman/soc748/bourdieu_forms_of_capital.pdf.

Bowen, Sarah. 2011. "The Importance of Place: Re-territorialising Embeddedness." *Sociologia Ruralis* 51(4): 325-348.

Breitenecker, Robert J., Rainer Harms, Antje Weyh, Daniela Maresch and Sascha Kraus. 2017. "When the difference makes a difference-the regional embeddedness of entrepreneurship." *Entrepreneurship & Regional Development* 29(1-2): 71-93.

Brinkley, Catherine. 2017. "Visualizing the social and geographical embeddedness of local food systems." *Journal of Rural Studies* 54: 314-325.

Brown, Allison. 2002. "Farmers' Market Research 1940-2000: An Inventory and Review." *American Journal of Alternative Agriculture* 17(4):167-176.

Brown, Cheryl and Stacy Miller. 2008. "The Impacts of Local Markets: A Review of Research on Farmers Markets and Community Supported Agriculture." *American Journal of Agricultural Economics* 90(5): 1296-1302.

Bruhn, John G. 2005. *The Sociology of Community Connections.* Springer.

Cangiani, Michele. 2011. "Karl Polanyi's Institutional Theory: Market Society and Its "Disembedded" Economy." *Journal of Economic Issues* 45(1): 177-197.

Capioto, G. R., Barbosa, D. H., Kurumoto, J. S., & Cotrim, S. L. 2019. "Suppliers' network analysis under the perspective of structural, relational and cognitive embeddedness: an exploratory study." *Production* 29: 1-15.

Carey, Lindsey., Pauline Bell, Audrey Duff, Mandy Sheridan and Margie Shields. 2011. "Farmers' Market consumers: a Scottish perspective." *International Journal of Consumer Studies* 35: 300-306.

Carroll, Bridin E. and Frances Fahy. 2015. "Locating the locale of local food." *Renewable Agriculture and Food Systems* 30(6): 563-576.

Carson, Rachel A., Zoe Hamel, Kelly Giarrocco, Rebecca Baylor and Leah Greden Mathews. 2015. "Buying in: the influence of interactions at farmers' markets." *Agriculture and Human Values* (Published online: 22 December).

Castle, Emery N. 2002. "Social Capital: An Interdisciplinary Concept." *Rural Sociology* 67(3): 331-349.
Chiffoleau, Yuna. 2009. "From Politics to Co-operation: The Dynamics of Embeddedness in Alternative Food Supply Chains." *Sociologia Ruralis* 49(3): 218-235.
Coleman, James S. 1988. "Social Capital in the Creation of Human Capital." *American Journal of Sociology* 94(Supplement): 95-120.
_____. 1990. *Foundations of Social Theory*. Belknap Press.
Colonna, Paul., Stéphane Fournier and Jean-Marc Touzard. 2013. "Food System." in Catherine Esnouf, Marie Russel and Nicolas Bricas (eds.), *Food System Sustainability: Insights from duALine*. Cambridge University Press.
Connell, David J., John Smithers & Alun Joseph. 2008. "Farmers' markets and the 'good food' value chain: a preliminary study." *Local Environment* 13(3): 169-185.
Corum, Vance., Marcie Rosenzweig & Eric Gibson. 2001. *The New Farmers' Market: Farm-Fresh Ideas for Producers, Managers & Communities*. New World Publishing.
Córdoba, Diana, Jennifer Wiegel, Carolina Gonzalez and Byron Reyes. 2023. "State embeddedness and public-private dynamics in central American coffee leaf rust management." *Journal of Rural Studies* 103: 1-15.
Crow, Graham. 2014. "The Sociology of Community." in John Holmwood & John Scott. (eds.). *The Palgrave Handbook of Sociology in Britain*. Palgrave Macmillan.
Curtis, Kynda R., Tatiana Drugova, Trevor Knudsen, Jennifer Reeve and Ruby Ward. 2020. "Is Organic Certification Important to Farmers' Market Shoppers or Is Eco-friendly Enough?" *HortScience* 55(11): 1822-1831.
Dale, Gareth. 2011. "Lineages of Embeddedness: On the Antecedents and Successors of a Polanyian Concept." *The American Journal of Economics and Sociology* 70(2): 306-339.
Dawling, Pam. 2013. *Sustainable Market Farming: Intensive Vegetable Production on a Few Acres*. New Society.
Dean, Wesley R., Joseph R. Sharkey, Courtney C. Nalty, and Jin Xu. 2014. "Government Capital, Intimate and Community Social Capital, and Food Security Status in Older Adults with Different Income Levels." *Rural Sociology* 79(4): 505-531.
Dequech, David. 2003. "Cognitive and Cultural Embeddedness: Combining Institutional Economics and Economic Sociology." *Journal of Economic Issues* 37(2): 461-470.
Dowler, Elizabeth., Moya Kneafsey, Rosie Cox and Lewis Holloway. 2009. "'Doing food differently': reconnecting biological and social relationships through care for food." *The Sociological Review* 57(s2): 200-221.
Duncan, Jessica and Megan Bailey (eds.). 2017. *Sustainable Food Futures: Multidisciplinary Solutions*. Routledge.
Enthoven, Laura and Goedele Van den Broeck. 2021. "(Review) Local food systems: Reviewing two decades of research." *Agricultural Systems* 193: 1-14.
Esnouf, Catherine, Marie Russel and Nicolas Bricas.(eds.) 2013. *Food System Sustainability:*

Insights from duALIne. Cambridge University Press.
European Commission. 2024. "The common agricultural policy at a glance." https://agriculture.ec.europa.eu/common-agricultural-policy/cap-overview/cap-glance_en.
European Union. 2024. "History of the EU." https://european-union.europa.eu/principles-countries-history/history-eu_en.
Feagan, Robert and Amanda Henderson. 2009. "Devon Acres CSA: local struggles in a global food system." *Agriculture and Human Values* 26(3): 203-217.
Feagan, Robert and David Morris. 2009. "Consumer quest for embeddedness: a case study of the Brantford Farmers' Market." *International Journal of Consumer Studies* 33(3): 235-243.
Feagan, Robert, David Morris & Karen Krug. 2004. "Niagara Region Farmers' Markets: local food systems and sustainability considerations." *Local Environment* 9(3): 235-254.
Ferguson, Richard and Helena Hansson. 2015. "Measuring Embeddedness and Its Effect on New Venture Creation-A Study of Farm Diversification." *Managerial and Decision Economics* 36: 314-325.
Fligstein, Neil and Luke Dauter. 2007. "The Sociology of Markets." *Annual Review of Sociology* 33: 105-128.
Foodwise. 2011. "From the Schoolyard to the Market." https://foodwise.org/articles/from-the-schoolyard-to-the-market.
Fourcade, Marion and Kieran Healy. 2007. "Moral Views of Market Society." *Annual Review of Sociology* 33: 285-311.
Galaso, Pablo and Jaromir Kovářík. 2020. "Collaboration networks, geography and innovation: Local and national embeddedness." *Papers in Regional Science* 100: 349-377.
Gambetta, Diego. 2000. "Can we trust trust?" in Diego Gambetta (ed). *Trust: Making and Breaking Cooperative Relations*(electronic edition). University of Oxford.
Gerrard, Catherine., Meike Janssen, Laurence Smith, Ulrich Hamm and Susanne Padel. 2013. "UK consumer reactions to organic certification logos." *British Food Journal* 115(5): 727-742.
Gillespie, Gilbert., Dunca L. Hilchey, C. Clare Hinrichs, and Gail Feenstra. 2007. "Farmers' Markets as Keystones in Rebuilding Local and Regional Food Systems." in C. Clare Hinrichs and Thomas A. Lyson.(eds.). *Remaking the North American Food System*. Univ. of Nebraska Press.
Glowacki-Dudka, Michelle., Jennifer Murray and Karen P. Isaacs. 2012. "Examining social capital within a local food system." *Community Development Journal* 48(1): 75-88.
Goldberg, Amir., Sameer B. Srivastava, V. Govind Manian, William Monroe, and Christopher Potts. 2016. "Fitting In or Standing Out? The Tradeoffs of Structural and Cultural Embeddedness." *American Sociological Review* 81(6): 1190-1222.

Graeff, Peter. 2009. "Social capital: the dark side." in Gert Tinggaard Svendsen and Gunnar Lind Haase Svendsen (eds.). *Handbook of Social Capital: The Troika of Sociology, Political Science and Economics*. Edward Elgar.

Granovetter. 1985. "Economic Action and Social Structure: The Problem of Embeddedness." *American Journal of Sociology* 91(3): 481-510.

Grohs, Stephan., Katrin Schneiders and Rolf G. Heinze. 2017. "Outsiders and Intrapreneurs: The Institutional Embeddedness of Social Entrepreneurship in Germany." *Voluntas* 28: 2569-2591.

Guthrie, John., Anna Guthrie, Rob Lawson, and Alan Cameron. 2006. "Farmers' markets: the small business counter-revolution in food production and retailing." *British Food Journal* 108(7): 560-573.

Habinek, Jacob., John Levi Martin, and Benjamin D. Zablocki. 2015. "Double-embeddedness: Spatial and relational contexts of tie persistence and re-formation." *Social Networks* 42: 27-41.

He, Arden and Alfonso Morales. 2022. "Social embeddedness and food justice at farmers markets: the model farmers market program." *International Journal of Sociology and Social Policy* 42(7/8): 640-655.

Hedberg II Russell C and Karl S. Zimmer. 2020. "What's the market got to do with it? Social-ecological embeddedness and environmental practices in a local food system initiative." *Geoforum* 110: 35-45.

Henderson, Elizabeth and Robyn Van En. 2007. *Sharing the harvest: A citizen's guide to Community Supported Agriculture*(Revised Edition). Chelsea Green.

Herzog, Anna and Marieke Vomberg. 2021. "The promise of endogenous potential in times of crisis-Analysis of the effects of the COVID pandemic on the socio-economic embeddedness in local economies." *Religion* 8(2): 99-120.

Hinrichs, Clare. 2000. "Embeddedness and local food systems: Notes on two types of direct agricultural market." *Journal of Rural Studies* 16: 295-303.

_____. 2003. "The practice and politics of food system localization." *Journal of Rural Studies* 19: 33-45.

_____. 2010. "Conceptualizing and Creating Sustainable Food Systems: How Interdisciplinary can Help." in Alison Blay-Palmer (ed). *Imagining Sustainable Food Systems: Theory and Practice*. Ashgate.

Hinrichs, Clare, Gilbert W. Gillespie, & Gail W. Feenstra. 2004. "Social Learning and Innovation at Retail Farmers' Markets." *Rural Sociology* 69(1): 31-58.

Hinrichs, Clare and Thomas A. Lyson (eds.). 2007. *Remaking the North American Food System-Strategies for Sustainability*. Univ. of Nebraska Press.

Hofferth, Sandra L. and John Iceland. 1998. "Social Capital in Rural and Urban Communities." *Rural Sociology* 63(4): 574-598.

Holloway, Lewis. & Moya Kneafsey. 2000. "Reading the Space of the Farmers' Market: A

Preliminary Investigation from the UK." *Sociologia Ruralis* 40(3): 285-299.

Hosnedlová, Renáta., Ignacio Fradejas-García, Miranda J. Lubbers, and José Luis Molina. 2021. "Structural Embeddedness in Transnational Social Fields: Personal Networks, International (Im)Mobilities, and the Migratory Capital Paradox." *Social Inclusion* 9(4): 278-290.

Hurst, Christopher. 1998. "Food, glorious food." *Independent*. 11 November 1998.

Inglis, David & Debra Gimlin.(eds). 2009. *The Globalization of Food*. Berg.

Jaccarini, Christian., Manuela Lupton-Paez & Jasmeet Phagoora. 2020. "Farmer-Focused Routes to Market: An evaluation of the social, environmental, and economic contributions of Growing Communities." https://www.nefconsulting.com/wp-content/uploads/2021/04/Farmer-focused-routes-to-markets-an-evluation-of-growing-communities-April-2021.pdf.

Jaspers, J. D. 2020. "Strong by concealment? How secrecy, trust, and social embeddedness facilitate corporate crime." *Crime, Law and Social Change* 73: 55-72.

Jonath, Leslie and Ethel Brennan. 2012. *At the Farmers' Market with Kids*. Chronicle Books.

Jones, Peter & Daphne Comfort, & David Hillier. 2004. "A case study of local food and its routes to market in the UK." British Food Journal 106(4): 328-335.

Julien, Chris. 2015. "Bourdieu, Social Capital and Online Interaction." *Sociology* 49(2): 356-373.

Kaup, Brent Z. 2015. "Markets, Nature, and Society: Embedding Economic & Environmental Sociology." *Sociological Theory* 33(3): 280-296.

Kim, Won-Dong. 2014. "The U.S. Agricultural Policy, CSA and Their Implications for Korean Agriculture." *Korean Regional Sociology* 15(3): 221-261.

King, Christine A. 2008. "Community Resilience and Contemporary Agri-Ecological Systems: Reconnecting People and Food, and People with People." *Systems Research and Behavioral Science* 25(1): 111-124.

Kings, David and Brian Ilbery. 2010. "The environmental belief systems of organic and conventional farmers: Evidence from central-southern England." *Journal of Rural Studies* 26(4): 437-448.

Kirwan, James. 2004. "Alternative Strategies in the UK Agro-Food System: Interrogating the Alterity of Farmers' Markets." *Sociologia Ruralis* 44(4): 395-415.

_____. 2006. "The interpersonal world of direct marketing: Examining conventions of quality at UK Farmers' Markets." *Journal of Rural Studies* 22: 301-312.

Kirwan, James and Damian Maye. 2013. "Food security framings within the UK and the integration of local food systems." *Journal of Rural Studies* 29: 91-100.

Krippner, Greta R. and Anthony S. Alvarez. 2007. "Embeddedness and the Intellectual Projects of Economic Sociology." *Annual Review of Sociology* 33: 219-240.

Krippner, Greta R., Mark Granovetter, Fred Block, Nicole Biggart, Tom Beamish, Youtien Hsing, Gillian Hart, Giovanni Arrighi, Margie Mendell, John Hall, Michael

Burawoy, Steve Vogel and Sea O'Riain. 2004. "Polanyi Symposium: a conversation on embeddedness." *Socio-Economic Review* 2: 109-135.

Lancaster Farmland Trust. 2023. "Marketplace Roots: A (Condensed) History of the Farmer's Market." https://lancasterfarmlandtrust.org/blog/marketplace-roots-a-condensed-history-of-the-farmers-market.

Lang, Tim., Erik Millstone & Terry Marsden. 2017. *A Food Brexit: time to get real*, SPRU(Science Policy Research Unit, University of Sussex).

Larsen, Kristian and Jason Gilliland. 2009. "A Farmers' Market in a food desert: valuating impacts on the price and availability of healthy food." *Health & Place* 15: 1158-1162.

Latacz-Lohmann, Uwe and Carolyn Foster. 1997. "From 'niche' to 'mainstream'- strategies for marketing organic food in Germany and the UK." *British Food Journal* 99(8): 275-282.

La Trobe, Helen. 2001. "Farmers' markets: consuming local rural produce." *International Journal of Consumer Studies* 25(3): 181-192.

Lie, John. 1997. "Sociology of Markets." *Annual Review of Sociology* 23: 341-60.

Lin, Nan. 2000. "Inequality in Social Capital." *Contemporary Sociology* 29(6): 785-795.

Lin, Nan & Bonnie H. Erickson. 2008. *Social Capital: An International Research Program*. Oxford University Press.

Lyon, Phil., Viv Collie, Eva-Britt Kvarnbrink, and Anne Colquhoun. 2009. "Shopping at the Farmers' Market: consumers and their perspectives." *Journal of foodservice* 20: 21-30.

Macias, Thomas and Elysia Nelson. 2011. "A Social Capital Basis for Environmental Concern: Evidence from Northern New England." *Rural Sociology* 76(4): 562-581.

MacLachlan, Janine. 2012. *Farmers' Markets of the Heartland*. University of Illinois Press.

Makatouni, Aikaterini. 2002. "What motivates consumers to buy organic food in the UK?: Results from a qualitative study." *British Food Journal* 104(3/4/5): 345-352.

Marsden, Peter V. 2005. "The Sociology of James S. Coleman." *Annual Review of Sociology* 31: 1-24.

Marsden, Terry and Adrian Morley (eds.). 2014. *Sustainable Food Systems: Building a New Paradigm*. Routledge.

Migliore, Giuseppina., Francesco Caracciolo, Alessia Lombardi, Giorgio Schifani, and Luigi Cembalo. 2014. "Farmers' Participation in Civic Agriculture: The Effect of Social Embeddedness." *Culture, Agriculture, Food and Environment* 36(2): 105-117.

Mizruchi Mark S., Linda Brewster Stearns and Christopher Marquis. 2006. "The Conditional Nature of Embeddedness: A Study of Borrowing by Large U.S. Firms, 1973-1994." *American Sociological Review* 71(2): 310-333.

Molm, Linda D., Monica M. Whitham, and David Melamed. 2012. "Forms of Exchange and Integrative Bonds: Effects of History and Embeddedness." *American Sociological Review* 77(1): 141-165.

Morris, Carol and Henry Buller. 2003. "The local food sector: A preliminary assessment of its form and impact in Gloucestershire." *British Food Journal* 105(8): 559-566.

Morris, Carol and James Kirwan. 2011. "Ecological embeddedness: An interrogation and refinement of the concept within the context of alternative food networks in the UK." *Journal of Rural Studies* 27: 322-330.

Muennich, Sascha. 2019. "Profit as Social Rent: Embeddedness and Stratification in Markets." *Sociological Theory* 37(2): 162-183.

Mulligan, Martin. 2015. "On Ambivalence and Hope in the Restless Search for Community: How to Work with the idea of Community in the Global Age." *Sociology* 49(2): 340-355.

Murcott, Anne., Warren Belasco, and Peter Jackson (eds.). 2016. *The Handbook of Food Research*, Bloomsbury.

Negoita, Marian. 2018. "The Always Embedded State: Six Types of State-Society Interaction." *International Review of Social Research* 8(2): 172-184.

Norton, Alanna., Hye-Young Kim and Virginia Zuiker. 2022. "Consumer Embeddedness and Motivations for Farmers Market Patronage: A Qualitative Exploration in Minnesota, USA." *Journal of Human Sciences and Extension* 10(3): 1-21.

OECD. 2024. "Measuring social connectedness in OECD countries: A scoping review." (OECD Papers on Well-being and Inequalities, No. 28). https://doi.org/10.1787/f758bd20-en.

Office for National Statistics. 2021. "Overview of the UK population: January 2021." https://www.ons.gov.uk/peoplepopulationandcommunity/populationandmigration/populationestimates/articles/overviewoftheukpopulation/january2021.

_____. 2022. "Overview of the UK population: 2020." https://www.ons.gov.uk/peoplepopulationandcommunity/populationandmigration/populationestimates/articles/overviewoftheukpopulation/2020.

_____. 2023. "Public opinions and social trends, Great Britain: 5 to 16 April 2023." https://www.ons.gov.uk/peoplepopulationandcommunity/wellbeing/bulletins/publicopinionsandsocialtrendsgreatbritain/5to16april2023.

O'Neill, Kirstie J. 2014. "Situating the 'alternative' within the 'conventional'-local food experiences from the East Riding of Yorkshire, UK." *Journal of Rural Studies* 35: 112-122.

Penker, Marianne. 2006. "Mapping and measuring the ecological embeddedness of food supply chains." *Geoforum* 37: 368-379.

Pickernell, David G., Michael J. Christie, Patricia A. Rowe, Brychan C. Thomas and Laura G. Putterill, and Jamie Lynn Griffiths. 2004. "Farmers' markets in Wales: making the 'Net' work?" *British Food Journal* 106(3): 194-210.

Plöger, Jörg. 2020. "Employers stuck in place? Knowledge sector recruitment between regional embeddedness and internationalization." *Regional Studies* 54(12): 1737-1747.

Portes, Alejandro. 1998. "Social Capital: Its Origins and Applications in Modern Sociology."

Annual Review of Sociology 24: 1-24.
Portes, Alejandro and Erik Vickstrom. 2011. "Diversity, Social Capital, and Cohesion." *Annual Review of Sociology* 37: 461-479.
Portes, Alejandro and Julia Sensebrenner. 1993. "Embeddedness and Immigration: Notes on the Social Determinants of Economic Action." *American Journal of Sociology* 98(6): 1320-1350.
Poulain, Jean-Pierre. 2017. *The Sociology of Food-Eating and the Place of Food in Society*. Bloomsbury.
Prechel, Harland and Lu Zheng. 2012. "Corporate Characteristics, Political Embeddedness and Environmental Pollution by Large U.S. Corporations." *Social Forces* 90(3): 947-970.
Putnam, Robert D. 1995. "Bowling Alone: America's Declining Social Capital." *Journal of Democracy* 6(1): 65-78.
Qendro, Athina-Evera. 2015. "Albanian and UK Consumers' Perceptions of Farmers' Markets and Supermarkets as Outlets for Organic Food: An Exploratory Study." *Sustainability* 7: 6626-6651.
_____. 2019. *A study of Albanian and UK consumers' identity creation within food shopping experiences: A Consumer Culture Theory approach*. Robert Gordon University doctoral thesis. https://openair.rgu.ac.uk.
Rice, Julie Steinkopf. 2015. "Privilege and exclusion at the farmers market: findings from a survey of shoppers." *Agriculture and Human Values* 32(1): 21-29.
Richards, Carol., Geoffrey Lawrence and David Burch. 2011. "Supermarkets and Agro-industrial Foods." *Food, Culture & Society* 14(1): 29-47.
Robinson, Jennifer Meta and J.A.Hartenfeld. 2007. *The Farmers' Market Book: Growing Food, Cultivating Community*. Indiana University Press.
Rutten, Roel and Frans Boekema. 2007. "Regional social capital: Embeddedness, innovation networks and regional economic development." *Technological Forecasting & Social Change* 74: 1834-1846.
Sage, Colin. 2003. "Social embeddedness and relations of regard: alternative 'good food' networks in south-west Ireland." *Journal of Rural Studies* 19(1): 47-60.
Scown, Murray W., Mark V. Brady, and Kimberly A. Nicholas. 2020. "Billions in Misspent EU Agricultural Subsidies Could Support the Sustainable Development Goals." *One Earth* 3(2): 237-250.
Shorett, Alice and Murray Morgan. 2007. *Soul of the City: The Pike Place Public Market*. The Market Foundation and University of Washington Press.
Sonnino, R. 2007. "Embeddedness in action: saffron and the making of the local in southern Tuscany." *Agriculture and Human Values* 24 (1): 61-74.
Sorenson, Olav and Michelle Rogan. 2014. "(When) Do Organizations Have Social Capital? *Annual Review of Sociology* 40: 261-280.

Spiller, Keith. 2012. "It tastes better because ... consumer understandings of UK farmers' market food." *2Appetite* 59: 100-107.

Statista Research Department. 2022. "Agriculture industry in the UK-Statistics & Facts." https://www.statista.com/topics/4150/agriculture-industry-in-europe/#topicHeader_wrapper.

Sutherland, Lee-Ann and Rob J.F. Burton. 2011. "Good Farmers, Good Neighbours? The Role of Cultural Capital in Social Capital Development in a Scottish Farming Community." *Sociologia Ruralis* 51(3): 238-255.

Svendsen, Gert Tinggaard and Gunnar Lind Haase Sevendsen. (eds.) 2009. *Handbook of Social Capital: The Troika of Sociology, Political Science and Economics.* Edward Elgar.

Szmigin, Isabelle., Sarah Maddock, & Marylyn Carrigan. 2003. "Conceptualising community consumption: Farmers' markets and the older consumer." *British Food Journal* 105(8): 542-550.

The Scotsman. 2009. *Festival City: A Pictorial History of the Edinburgh Festivals.* Breedon Books.

Tregear, Angela and Sarah Cooper. 2016. "Embeddedness, social capital and learning in rural areas: The case of producer cooperatives." *Journal of Rural Studies* 44: 101-110.

Trent, Shanda (with illustrated by Jane Dippold). 2013. *Farmers' Market Day.* Tiger Tales.

Trobe, Helen La. 2001. "Farmers' markets: consuming local rural produce." *International Journal of Consumer Studies* 25(3): 181-192.

Tsai, Ming-Chang. 1998. "State Power, State Embeddedness, and National Development in Less Developed Countries: A Cross-National Analysis." *Studies in Comparative International Development* 33(4): 66-88.

UK DEFRA(Department for Environment, Food and Rural Affairs). 2023. *Agricultural workforce in England at 1 June 2023.* https://www.gov.uk/government/statistics/agricultural-workforce-in-england-at-1-june-2023.

_____. 2024a. *UK Food Security Index 2024 (Research and analysis/).* https://www.gov.uk/governmet/publications/uk-food-security-index-2024/uk-food-security-index-2024/uk-food-security-index-2024#overall-assessment-of-uk-food- security.

_____. 2024b. *Agricultural Workforce in the United Kingdom at 1 June.* https://www.gov.uk/government/statistical-data-sets/agricultural-workforce-in-the-united-kingdom-at-1-june.

_____. 2024c. *Food Statistics in your pocket.* https://www.gov.uk/government/statistics/food-statistics-pocketbook/food-statistics-in-your-pocket#chart_4_6.

_____. 2024d. *Chapter 12: Organics.* https://www.gov.uk/government/statistics/agriculture-in-the-united-kingdom-2023/chapter-12-organics.

UK FSA(Food Standards Agency). 2024. *Food and You 2: Wave 7.* https://www.food.gov.uk/research/food-and-you-2/food-and-you-2-wave-7.

UK House of Commons Library. 2018a. *Brexit: Future UK Agriculture Policy.* https://

researchbriefings.files.parliament.uk/documents/CBP-8218/CBP-8218.pdf.
_____. 2018b. *The Agriculture Bill(2017-19)*. https://commonslibrary.parliament.uk/research-briefings/cbp-8405.
_____. 2018c. *The Agriculture Bill(2017-19)*. https://researchbriefings.files.parliament.uk/documents/CBP-8405/CBP-8405.pdf.
_____. 2019a. *Brexit: Trade issues for food and agriculture*. https://commonslibrary.parliament.uk/research-briefings/cbp-7974.
_____. 2019b. *Brexit: Trade issues for food and agriculture*. https://researchbriefings.files.parliament.uk/documents/CBP-7974/CBP-7974.pdf.
_____. 2019c. *Farm futures: A changing landscape for UK agriculture?* https://commonslibrary.parliament.uk/farm-futures-a-changing-landscape-for-uk-agriculture.
_____. 2023a. *UK-Australia Free Trade Agreement*. https://commonslibrary.parliament.uk/research-briefings/cbp-9484.
_____. 2023b. *UK-Australia Free Trade Agreement*. https://researchbriefings.files.parliament.uk/documents/CBP-9484/CBP-9484.pdf.
UK NFU(National Farmers' Union). 2022. *Free Trade Agreements: Getting UK farming 'match ready'*. https://www.nfuonline.com/updates-and-information/getting-uk-farming-match-ready-for-ftas.
UK ONS(Office for National Statistics). 2024. *Population estimates for the UK, England, Wales, Scotland, and Northern Ireland: mid-2022*. https://www.ons.gov.uk.
USDA(U.S.Department of Agriculture). 2013. '*Meet Me at the Market'-The Evolution of a Farmers Market*. https://www.usda.gov/media/blog/2013/08/07/meet-me-market-evolution-farmers-market.
Uzzi, Brian. 1996. "The sources and consequences of embeddedness for the economic performance of organizations: the network effect." *American Sociological Review* 61(4): 674-698.
Velthuis, Olav. 1999. "The Changing Relationship Between Economic Sociology and Institutional Economics: *From Talcott Parsons to Mark Granovetter*." *The American Journal of Economics and Sociology* 58(4): 629-649.
Wann, John L. & Edwin W. Cake, William H. Elliott & Roger F. Burdette. 1948. "Farmers' Produce Markets in the United States: Part1, History and Description." https://ageconsearch.umn.edu/record/309865/files/fpmpt1.pdf.
Wardle, Jennifer., Aslam Sorathia, Pete Smith and Diana Feliciano. 2024. "Environmental, social and economic perceptions of local food production: a case study of Aberdeenshire farmers' markets." *Scottish Geographical Journal* 140(1-2): 233-247.
Warner, Mildred. 1999. "Social Capital Construction and the Role of the Local State." *Rural Sociology* 64(3): 373-393.
Weatherell, Charlotte., Angela Tregear, Johanne Allinson. 2003. "In search of the concerned consumer: UK public perceptions of food, farming and buying local." *Journal of Rural*

Studies 19: 233-244.

Whiteman, Gail and William H. Cooper. 2000. "Ecological Embeddedness." *Academy of Management Journal* 43(6): 1265-1282.

Winter, Michael. 2003. "Embeddedness, the new food economy and defensive localism." *Journal of Rural Studies* 19: 23-32.

Wolff, Georg., Michael Wältermann and Olaf N. Rank. 2020. "The embeddedness of social relations in inter-firm competitive structures." *Social Networks* 62: 85-98.

Woolcock, Michael. 2010. "The Rise and Routinization of Social Capital, 1988-2008." *Annual Review of Social Science* 13: 469-487.

Yassin, Maha. 2024. "The Rise of UK Farmers Markets: Stats, Trends, and the Future of Local Food." https://profiletree.com/the-rise-of-uk-farmers-market- statistics.

Youngs, Julie. 2003. "Consumer direct initiatives in North West England farmers' markets." *British Food Journal* 105(8): 498-530.

Zhong, Shuru., Alex Hughes, Mike Crang, Guojun Zeng, and Suzanne Hocknell. 2022. "Fragmentary embeddedness: Challenges for alternative food networks in Guangzhou, China." *Journal of Rural Studies* 95: 382-390.

http://www.iceland.co.uk
https://boroughmarket.org.uk
https://discovernorthernireland.com/things-to-do/shopping/best-markets#:~:text=A%20Belfast%20Icon-,St.,world%2C%20all%20under%20one%20roof
https://edinburgh.org
https://edinburghtrams.com
https://elephanthouse.biz
https://en.wikipedia.org/wiki/Bath,_Somerset
https://en.wikipedia.org/wiki/Scottish_National_Gallery
https://european-union.europa.eu/index_en
https://european-union.europa.eu/principles-countries-history/history-eu/1970-79_en
https://ewh.org.uk/the-new-town
https://ewh.org.uk/the-old-town
https://farmretail.co.uk
https://growingcommunities.org
https://marketsbetweentwofirths.com/cuparmarket
https://peelham.co.uk
https://profiletree.com/the-rise-of-uk-farmers-market-statistics
https://rosemaryandporkbelly.co.uk/best-farmers-markets
https://slowfoodscotland.com
https://transportforedinburgh.com
https://visitbath.co.uk/blog/read/2024/04/a-brief-history-of-green-park-station-b104

https://visitbath.co.uk/shopping/markets
https://visitportobello.com
https://worldpopulationreview.com/world-cities/bath-population
https://worldpopulationreview.com/world-cities/cardiff-population
https://worldpopulationreview.com/world-cities/edinburgh-population
https://youtu.be/gcfSOHfKrJ8
https://whc.unesco.org/en/list/728
https://www.aldi.us
https://www.alexandrapalace.com/things-to-do/farmers-market
https://www.asda.com
https://www.bathfarmersmarket.co.uk
https://www.bathworldheritage.org.uk
https://www.bbc.com/news/uk-scotland-edinburgh-east-fife-67805425
https://www.belfastcity.gov.uk/stgeorgesmarket
https://www.belfastfarmersmarket.org
https://www.britannica.com/biography/William-Beckford-British-writer
https://www.britannica.com/place/Cardiff-Wales
https://www.citypropertymarkets.co.uk/markets/farmers/partick
https://www.eastcoastorganics.co.uk
https://www.ed.ac.uk
https://www.edinburghcastle.scot
https://www.edinburghfarmersmarket.co.uk
https://www.edinburgh.gov.uk
https://www.eif.co.uk
https://www.ejbf.co.uk
https://www.facebook.com/growingcommunitieshackney
https://www.gcvegscheme.org
https://www.gov.uk/government/organisations/department-for-environment-food-rural-affairs
https://www.greenparkstation.co.uk/markets-events
https://www.growingcommunities.org/market
https://www.hackney.foodbank.org.uk
https://www.instagram.com/bathfarmersmarketgreenpark/?hl=en
https://www.instagram.com/cardifffarmersmarket
https://www.instagram.com/growingcommunities
https://www.lfm.org.uk
https://www.lfm.org.uk/markets-home
https://www.lfm.org.uk/markets/islington
https://www.lfm.org.uk/markets/london-bridge

https://www.lfm.org.uk/markets/notting-hill
https://www.lidl.co.uk
https://www.lothianbuses.com
https://www.marksandspencer.com
https://www.nationalgallery.org.uk/people/william-thomas-beckford
https://www.nfuonline.com
https://www.ocado.com/webshop/startWebshop.do
https://www.perthfarmersmarket.co.uk
https://www.riversidemarket.org.uk/riversidemarket
https://www.sainsburys.co.uk
https://www.scotlandswild.com
https://www.soilassociation.org
https://www.sps.ed.ac.uk/research/research-project/food-researchers-edinburgh-fried
https://www.stpaulswesthackney.org/community
https://www.templebarmarkets.com
https://www.tesco.com
https://www.thegrocer.co.uk/channels/convenience
https://www.usdalocalfoodportal.com
https://www.visitbritain.com/en/destinations/england/bath
https://www.visitbritain.com/en/destinations/england/bath#things-do
https://www.waitrose.com
https://www.weareccfm.com/our-markets/alexandra-palace
https://www.youtube.com/watch?v=yx4hsHz89WA

찾아보기

ㄱ

가격 결정자 160
가격 수용자 160
가공식품업자 40, 150, 213, 215, 254, 310
가족농 117, 160, 201, 282, 316
결사체 80, 81, 82, 86
경제사회학 52, 303
경제적 교환 92, 295
경제적 자본 71, 72, 73, 74, 75
경제학화 양식 323
공동체
    경제공동체 255, 298
    공동체 사회학 298
    공동체성 31, 32, 34, 87, 262, 295
    공동체 성장 216
    공동체의식 39, 64, 149, 184, 185, 238, 255, 256, 264, 283, 288
    공동체적 결속 253~255, 294
    공동체적 공간 184, 255, 257, 265, 274, 286, 296
    공동체적 통합 30
    공동체지원농업 62, 90, 111, 165, 213, 216, 238, 239, 276, 285, 303, 308, 309, 313, 317, 319, 325, 326
    공동체화 30, 256, 257, 260, 262, 296, 305, 323, 328
    공동체 위기 27~34, 255, 290, 294
    도농먹거리공동체 127
    물물교환 공동체 127, 128, 317
    상호 신뢰의 공동체 150
    소비자·생산자 공동체 317
    시민공동체 80, 81, 82, 83, 258
    의사공동체 34~38, 299, 324
    자치공동체 31, 259, 262, 298
    지역공동체 87, 125, 130, 131, 142, 147, 148, 157, 189, 209, 210, 212, 216, 229, 235, 238, 242, 252, 255, 260, 269, 271, 281, 283, 288~291, 293, 313, 317
    지역 먹거리공동체 254, 268, 283
    짐 보관소 공동체 260, 261
    카니발 공동체 260
    판매인 공동체 254, 317
    현대공동체 257, 260, 261, 262, 263
공동체주의자 30, 31, 257, 258, 262, 298, 323, 329
관행농법 64, 66, 292, 319
기회비용 256
계절성 266
그라노베터 Mark Granovetter 53~60, 61, 63, 296, 302, 303, 305

ㄴ

농민시장
    공동체 성장 농민시장 213~242
    리버사이드 농민시장 195~212
    미국 농민시장 44, 47, 48, 113, 127, 250,

251, 252, 280, 294, 300, 303, 305, 311,
313, 324, 326
　배스 농민시장 171~194
　영국 농민시장 39~49, 245~297
　에든버러 농민시장 103~167
영국 농민시장 39~49, 245~297
농업인구
　영국 농업인구 39~44, 300

ㄷ

다원주의
　언론 다원주의 37
　정당 다원주의 37
뒤르케임Emile Durkheim 253, 298

ㄹ

로자Hartmut Rosa 29, 30, 256, 257, 295,
298, 323

ㅁ

마르크스Karl Marx 55, 74, 295, 302, 304
만남의 장소 128, 148, 174, 269, 289
먹거리
　먹거리 가격 62, 143, 163, 228, 268, 327
　먹거리 불안정 324
　먹거리 시민 144, 167, 228, 252, 278,
　279, 287, 293, 320
　먹거리시장 45, 165, 255
　먹거리 품질 235
　먹거리의 지구화 259, 267, 324
　양질의 먹거리 67, 128, 144, 145, 147,
　211, 249~252, 255, 259, 260, 267, 278,
　311, 320, 327
　유기농 먹거리 64, 137, 138, 142, 144,
　147, 153, 210, 215, 216, 241, 242, 250,
　251, 319, 324, 326
　지속가능한 먹거리 61, 144, 147, 198,

216, 217, 229, 242
　지역산 먹거리 45, 63, 64, 66, 67, 123,
　127, 129, 136, 139, 142, 146, 147, 155,
　157, 174, 175, 177, 183, 184, 185, 196,
　239, 254, 268, 272, 273, 283, 289, 293,
　310, 315, 322, 325
　친환경 먹거리 66, 90, 150, 227, 234,
　266, 275, 277, 283, 289, 326, 328
먹거리체계
　대안적 먹거리체계 324
　지역먹거리체계 48, 61, 64, 260,
　281~284, 315, 327, 328
민주주의의 위기 34~38, 324
모리스David Morris 65, 66, 67, 303
뮐러Jan Werner Müller 36, 37, 38, 299

ㅂ

바우만Zygmunt Bauman 260, 261, 262, 263,
294, 299, 323, 324
복합사회 53, 55, 302
배태성
　공간적 배태성 63~68, 89, 90, 93, 119,
　124, 125, 127, 147, 150, 167, 185, 229,
　267, 268, 269, 291, 309, 310
　사회적 배태성 51, 52, 62, 63~68, 89, 90,
　92, 123, 125, 144, 185, 206, 229, 230,
　273, 291, 303, 326
　생태적 배태성 63~68, 303
　자연적 배태성 63~68, 89, 90, 119, 125,
　141, 149, 162, 185, 194, 212, 228, 229,
　235, 266, 267, 283, 291, 303, 309, 310
베버Max Weber 30, 256, 262, 302, 323
벨Daniel Bell 323
부르디외Pierre Bourdieu 69~75, 76, 86, 87,
91, 258, 259, 304, 305
브렉시트 47, 131, 159, 160, 162, 163, 166,
188, 189, 190, 207, 207, 208, 209,

230, 231, 232, 233, 234, 235, 236, 242, 246, 247~249, 268, 270, 272, 279, 281, 282, 283, 311, 317, 320, 321, 322, 325, 327

ㅅ

사회적 관계 29, 50, 52, 54, 56, 58, 59, 60, 62, 70, 78, 86, 89, 90, 91, 146, 254, 255, 256, 263, 264, 290, 292, 294, 295, 297, 302, 305, 323
사회적 공간 129, 210, 237, 238, 242, 255, 264, 265, 269, 286, 289, 328
사회적 네트워크 82, 86
사회적 상호작용 64, 6568, 89~94, 96, 125, 264
사회적 유대감 327, 328
사회학화 양식 323
사회화 30, 58, 59, 60, 256, 262, 274, 305, 323, 325, 326, 328
시장
    시장경제 53, 54, 55, 56, 302
    시장 논리 56, 61
    시장사회 56, 59, 295, 296, 303
    시장사회학 57, 303
    시장 유토피아 54
    자기조정 시장 54, 56
    지역공동체 시장 212, 235, 252, 269, 281, 283, 317
식료 잡화점 312
신고전경제학 57, 59, 60, 61, 303
신뢰
    신뢰사회 291~297
스티글리츠Joseph Stiglitz 53, 54
슈퍼마켓 46, 115, 117, 119~121, 127, 129, 130, 132~135, 137~141, 145, 146, 155, 157~159, 166, 181~185, 201~204, 206, 207, 210, 223~225, 250, 252,
266, 270, 272, 277, 284, 291, 293, 300, 308, 310~313, 316, 318, 322, 325, 326, 329
세넷Richard Sennett 299
쉐보르스키Adam Przeworski 35, 36, 299, 300

ㅇ

양극화 33, 35~39, 288~291, 299, 324
연결망 31, 34, 50, 51, 58, 60, 64, 70~72, 75, 78, 82, 86, 89, 91, 146, 259, 305, 324
영국
    영국 농민시장의 사회학 245~279
    영국 농식품 247~249
    영국 농식품체계 46
    영국 농정 246
영농보조금 208, 233, 234
영양보충 지원 프로그램 316
울콕Michael Woolcock 83, 87, 304
유럽연합
    유럽연합의 공동농업정책 232~235, 248, 249, 320~322
온라인 농민시장 288

ㅈ

자본
    경제적 자본 71~75
    관계적 자본 86
    문화적 자본 71~75
    사회적 자본 31, 50~94, 96, 110~167, 228, 241, 253, 256, 258~260, 263~269, 273, 293, 294, 296, 297, 299, 303~305, 323, 324
    상징적 자본 71, 72, 75
지속가능성
    농민시장의 지속가능성 150~162,

269~279
지역
  지역산 농산물 66, 250, 328
  지역산 먹거리 45, 63, 64, 66, 67, 123, 127, 129, 136, 139, 142, 146, 147, 155, 157, 174, 175, 177, 183~185, 196, 239, 254, 268, 272, 273, 283, 289, 293, 310, 315, 322, 325
지역성 67, 176, 267, 268, 312, 315, 324
짐멜Georg Simmel 29, 30, 256, 262

ㅊ
친환경농법 46, 252, 266, 267, 283, 291, 292, 324
친환경농업 242, 249, 277, 328

ㅋ
콜먼James S. Coleman 69, 76~79, 86, 87, 91, 258, 259, 304
케인스John Maynard Keynes 55

ㅌ
테일러Charles Taylor 30, 31, 298
퇴니스Ferdinand Tönnies 29, 30, 255, 256, 262, 298, 323

ㅍ
퍼트넘Robert D. Putnam 32~34, 69, 79~85, 86, 87, 91, 258, 294, 296, 299, 304, 305, 324
포퓰리즘 35~39, 288~291, 296, 324
폴라니Karl Polanyi 28, 53~60, 61, 63, 296, 302
푸드마일 64, 66
팬덤 정치 37
피건Robert Feagan 65~67, 303
핑커턴Tamzin Pinkerton 45, 47, 74, 176, 314

ㅎ
호네트Axel Honneth 328, 329
홉킨스Rob Hopkins 45, 47, 74, 176, 314
힌리히스Clare Hinrichs 53, 60~62, 63, 303